홍콩의 리펄스 베이 호텔. 홍콩의 태평산에 사는 용의 왕래를 위해 건물 한가운데 사각형의 구멍을 냈다.

한국의 아파트. 복사판에 찍어내듯 천편일률적인 우리나라 아파트.(위)

일본의 전통가옥 나가야. 영주 밑에서 일을 하는 평민들을 위해 지어준 기숙사 형태의 공동주택..

한옥의 지붕과 처마. 한옥의 지붕선은 육중함을 느끼지만 처마선은 춤추는 여인이 버선발을 살짝 치켜 올린 듯이 가볍다.(위)

쓰허위안의 담장. 필요 이상으로 높고 견고하다.담에 가려진 집안의 불빛은 세어 나오지 않는다. 안을 들여다 볼 수 없다. 외부시선을 피한다. 이는 외부의 침해나 간섭을 거부한다는 속마음의 표시다. 높은 담은 중국인에게 물리적이며 심리적인 장벽이다.

구례 화엄사 구층암 기둥. 수령이 500년이 된 모과나무를 그대로 사용해 마치 살아 있는 듯하다.(위)

다다미. 일본인은 다다미가 깔린 방에서 차를 마시며 손님을 맞고 부츠단(佛壇)을 설치, 집안의 안녕을 기원한다.

한옥 안채. 조선은 가부장의 사회였지만 가정 안에서 여성의 권위, 가정경제에서 여성의 위상은 존중되었다.(위)

캉. 방안에 벽돌을 쌓아 침대모양으로 방바닥을 만들고 화덕에 불을 땔 때 바닥을 덥히는 방식이다.

이로리. 일본식 난방장치로 일종의 화로. 방바닥 또는 마룻바닥을 네모나게 파서 그 가운데 넣어 방의 난방을 한다.(위)

고베. 교토의 오래된 마치야를 개조해 만든 고조 건베이 외관.

종가. 전남 나주 종가를 대표하는 남파고택(밀양 박씨)의 모습.(위)

료칸 온천탕. 다이묘는 행차 중간지점에 있던 온천에서 휴식을 취했다. 다이묘와 그 일행을 위한 료칸의 서비스 개선도 이뤄졌다. 료칸 실내에 온천목욕탕이 만들어진 것도 그런 이유 때문이다.

목욕하는 여인들. 이 그림에서 유희적 개념의 문화공간으로서 개울이 묘사되고 있다. 이를 암시하는 기술적 장치는 그네 타는 여인과 행주치마를 두른 여인이 이고 있는 보따리다.(위)

서서 오줌 누는 일본 여성. 치마폭이 좁은 기모노를 입은 일본 여성은 서서 오줌 누는 것을 편하게 생각했다.

문이 없는 중국의 화장실

개별 화장실 문이 없거나 칸막이가 없는 경우가 많다. 2008년 베이징올림픽 이후 상당히 개선되었지만 지금도 농촌은 물론 대도시의 뒷골목에 문이 없는 공중화장실을 어렵지 않게 볼 수 있다.

집, 인간이 만든 자연

김경은 지음 ···

집,
인간이 만든 자연

이가서
Leegasseo publishing

저자 서문

어느 한 나라의 '의식주 문화'를 꿰고 있다면 그 나라의 생활 문화 전부를 안다고 해도 과언이 아니다. 의식주 문화 속에는 각 나라의 세계관과 역사, 국민성 그리고 사회변화 등이 함축되어 있다. 이들은 한 나라의 정체성을 보여주는 요소들이다. 또 의식주 문화는 제각각의 문화적 특징을 갖고 있다. 각 나라의 문화를 파악하는 데 보완적인 역할을 한다.

음식문화는 매우 보수적 성격을 띤다. 우리나라를 예로 들어보자. 일제강점기와 미군 군정을 지나면서 우리는 한옥을 버렸다. 한복도 벗었다. 도시인 대부분은 양옥에서 산다. 한복은 행사용 의복으로 전락했다. 하지만 음식은 여전히 우리 것을 고수하고 있다. 심지어 외국에서 사는 사람조차 김치와 된장찌개를 그리워한다. 음식문화는 쉽게 변하지 않는 성질이 여기서 나온다. 음식문화가 어느 문화보다 고유성과 독자성을 유지하고 있는 이유다.

옷은 음식보다 시대의 흐름과 심미안을 파악하는 데 좀 더 유용하다. 의복 문화는 유행에 민감하다. 유행은 단지 소비 행동의 패턴만 보여주는 게 아니다. 의복 문화는 시대정신을 드러낸다. 지금이야 짧은 치마가 대세지만 조선 말기에는 짧은 한복 저고리가 유행했다. 조선 중기까지는 허리선 밑까지 내려오는 저고리를 입었다. 저고리가 짧아진 이유는 기생문화가 대중 속에 침투한 결과다. 여기에 평민 사이에 가슴 노출은 전혀 수치가 되지 않는 사회적 분위기도 작용했다. 사내아이를 낳았다는 자랑이 여인의 가슴 노출이었다. 유행은 생활 유형과 미의 기준을 변화시켰다. 거기에서 시대 풍조와 개성이 담겨 있다.

하지만 연구를 목적으로 하는 사람이 아니라면 한 나라의 문화적 유전자가 밴 전통적인 음식과 옷을 실감 나게 경험하기는 쉽지 않다. 건물은 좀 다르다. 여행사에서 소개한 순수 관광 상품의 70% 정도가 고건축물 관람이라고 한다. 여행가이드의 설명이 곁들여진다면 둘러본 전통 건축물을 통해 건축 당시 사회상은 물론 그 지역의 자연환경을 엿볼 수 있다. 여행 상품에 대한 사전학습이라도 한 사람이라면 사회구조까지 짐작할 수 있다.

건물은 그런 것이다. 특히 가옥은 한 지역의 문화를 종합적으로 구현하고 있다. 한 나라의 지리와 기후, 한 국가의 과학기술 수준, 한 사회의 생활양식과 가치관, 한 민족의 미의식, 한 지역의 가족제도와 가족 의식을 포괄한다. 건축물은 그 자체가 하나의 박물관인 셈이다.

물론 가옥의 형태는 시대에 따라 달라진다. 자연·사회적 환경이 달라지면 건축양식이나 가옥 구성 방식과 양식도 달라진다. 또 지방에 따라 다른 형태의 가옥을 갖고 있다. 아무리 가옥이 생활을 담는 그릇이라고 할지라도 가옥만 갖고 모든 시대, 모든 지역문화를 설명한다는 것은 무리다. 그래서 한·중·일 문화의 정체성을 확립했던 18세기 중엽 각 나라의 수도에 편재되어 있던 가옥을 중심으로 이야기를 풀었다. 18세기 중엽은 현재까지 영향을 미치는 문화정체성이 확립된 시기다. 세 나라 모두에 해당 되는 이야기다. 또 현대에서도 문화 아이콘으로 자랑하는 대부분이 이 시기에 완성되었다. 대표적 한국문화로는 온돌, 김치, 조선백자 등이 있다. 음식문화의 정수인 만한취안시(滿漢全席), 전통의상인 치파오(旗袍), 전통극인 경극 등은 중국문화를 대표한다. 다도, 기모노, 다다미, 돈가스 등은 일본문화를 상징한다.

한·중·일 3국은 동일 문화권이라고 말한다. 벼 문화권, 젓가락 문화권, 불교·유교 문화권이라는 공통분모를 갖고 있다. 하지만 가옥을 살펴보면 문화를 공유하고 있는 나라인가 하는 의문이 든다. 가옥문화는 음식과 의복 문화보다도 더 세 나라의 연관성이 적다. 대륙과 반도 그리고 섬이라는 지리적 특성과 대륙기질, 반도 특성, 시마곤조(島根性)라는 지형적 특성에 의해 형성된 민족적 성격이 그렇게 만든 것이다.

한·중·일 3국의 철학적 토대는 기(氣)다. 만물의 변화를 기의 움직임으로 본다. 가옥에 있어서 기의 기반은 곧 터다. 터와 그 터 위에 집을 짓고 사는 사람과 끊임없이 기를 교환하며 산다. 하지만 터와 기를 교환하는 방법은 세 나라가 각기 다르다. 한국은 산이 중심이다. 배산임수가 최고의 명당이 되는 이유다. 일본은 물이다. 물을 끼고 있는 집터가 풍수상 길지다. 중국은 집터보다는 집의 방향을 더욱 중시한다.

한·중·일 세 나라가 모두 남녀 구분과 여필종부로 대표되는 남성 중심의 사회였다. 하지만 가옥에 나타난 사회의 계급적 정체성은 전혀 다르다. 한옥은 가옥 배치에서 안채와 사랑채를 두고 남녀 구별을 확실히 했다. 반면 가옥의 중심은 가장이 거주하는 사랑채가 아니라 안주인이 기거하는 안채다. 가옥 배치라는 측면에서는 여성 상위 가옥 구조를 갖고 있다. 계급 역전 현상을 보이는 게 이채롭다.

중국 가옥은 성별 구별이 아니라 세대·가구별 구분을 한다. 대신 세대·가구의 질서는 철저하다. 가족의 위계에 따라 방의 위치와 크기를 달리했다. 이에 반해 일본은 '이에(家)'라는 독특한 가족제도가 가옥 배치와 구성에 영향을 미쳤다. 가문에서 어떤 역할을 하느냐에 따라 거주하는 방의 위치가 달라진다. 또 일본 가옥은 아예 여성을 위한 공간이 존재하지 않는다.

가옥 형태도 유사성보다는 상이성이 더 커 보인다. 가옥 형태는 세계관과 밀접한 관계가 있다. 집단가족 제도를 취하는 중국은 원칙적으로 분가(分家)가 없다. 가족이 늘어나면 방이 아니라 새로운 집을 지어 늘어난 가족 구성원을 수용했다. 그것도 똑같은 형태의 건물을 짓는 자기 유사성을 갖고 있다. 이는 가옥에만 국한되지 않았다. 황궁인 쯔진청(紫禁城)과 황도인 베이징으로 확대된다. 쓰허위안은 쯔진청의 축소판이며 쯔진청 역시 베이징의 축소판이란 얘기다. 또 전쟁과 재난이 많았던 중국 가옥은 철저하게 가족의 안전과 보호에 충실했다. 가옥은 철저한 폐쇄성 원칙을 지켰다.

한국의 가옥은 그 자체가 자연이다. 자연 속의 자연인 셈이다. 그렇다 보니 중국 가옥보다는 개방적이고 자연 친화적이다. 중국의 벽돌, 일본의 다다미처럼 특별히 건축을 위해 가공된 재료를 사용하지도 않았다. 기둥이나 대들보도 생긴 그 모양대로 사용했다. 굳이 인공적인 정원을 만들지 않은 것도 중국이나 일본과 차이가 난다.

일본 가옥인 나가야와 마치야는 산업화 과정에서 정착됐다. 특히 나가야는 노동자 합숙소 형식에서 출발한 가옥이다. 그렇다 보니 작은 가옥 속에 자연을 끌어들였다. 분재와 돌, 모래 등으로 정원을 꾸민 이유다. 또 다다미와 난방기구인 코타츠의 변형은 문화의 일본화(다다미제) 과정을 답습하고 있다.

한·중·일 거주 문화에서 가장 큰 차이를 보이는 것은 난방방식이다. 한국은 온돌, 중국 동북3성은 침대형 온돌인 캉, 일본은 일종의 난로인 이로리와 코타츠를 사용했다. 중국은 동북 3성 이외의 따뜻한 지방에는 아예 난방장치가 없다. 난방 시스템은 입식생활을 하느냐, 좌식생활을 하느냐를 가른 한 원인으로 작용했다.

종합적으로 말하면 중국 거주 문화의 핵심은 '생존'이다. 살아남기 위한 치열한 투쟁 그리고 투쟁 끝에 얻은 지혜가 쓰허위안(四合院) 속에 배어있다. 일본 주거문화의 코드는 '변형'이다. 나가야는 고야의 변형이다. 다다미는 방석(요코자키)에서 방 테두리만 다다미를 깐 오키다다미로 바뀌었다. 이것이 다시 방 전체를 깐 다다미로 발전했다. 한국은 '융합과 공존'이다. 남방문화와 북방문화를 융합된 마루와 온돌, 자연주의 사상과 유교사상이 공존하는 가옥 구성이 이를 단적으로 보여준다.

문화는 뜯어보면 훨씬 흥미진진하다. 연관성과 상이성을 찾아내는 것도 재미있다. 하지만 이 책을 쓰면서 단지 흥미보다 더 중요한 것을 깨달았다. 거주 문화 '대비'는 결국 지혜의 나눔이 아닐까 하는 생각에서다. 굳이 건축가 로라 S. 더스키스의 말을 빌리지 않더라도 집은 '지식이 아니라 지혜로 짓는 것'이기 때문이다. 가옥 문화를 통해 보여준 지혜를 공유할 수 있다면 동양 3국이 가깝고도 먼 나라가 아니라 진정으로 가까운 나라로 가는 데 도움이 될 것 같다. 굳이 '문화비교'가 아니라 '문화 대비'라는 단어를 선택한 것도 그 때문이다. 비교하면 무엇이든 우열을 가리고 싶어진다. 경중을 따지기도 한다.

참, 거짓을 논하는 경우도 있다. 우열과 경중, 그리고 참·거짓을 따지지 말자는 것이다. 세 나라의 문화를 있는 대로 보고 서로를 이해하는 데 도움이 되었으면 하는 바람이다.

이 책을 쓰는 데 여러모로 도움을 주신 황태순 황태순TV대표, 임상빈 중앙대 교수, 박종평 역사비평가, 작가 겸 번역가인 김영식, '조세이지신' 히데미 특파원에게 진심으로 감사드린다.

김경은

차례

동서양에 땅과 집의
의미를 묻다

집이란 무엇인가? 사전적 의미로 사람이 살 수 있도록 지은 건축물이다. 사전에는 거주의 공간이라는 기능성만을 담아 설명하고 있다. 이 설명대로라면 어느 시대, 어느 나라의 집도 같은 의미일 뿐이다.

하지만 집의 의미는 세대와 나라를 달리한다. 자연과 지리, 기후적 영향을 지대하게 받기 때문에 문화적 색채가 배어나는 게 주거공간이다. 심지어 같은 시대, 같은 지방, 같은 문중에서도 가풍, 가족의 역사, 개인의 취향에 따라 다른 의미를 지닌다. 거주공간인 집은 각 나라와 지방, 문중 그리고 가족의 풍속과 습관 가치관이 담겨 있는 가족생활의 그릇이기 때문이다. 이 그릇 속에 담긴 한·중·일 3국의 의미를 찾아 떠나보자.

동서양의 주거생활과
사유체계

관계성과 개체성 그리고 동서양의 가옥

퀴즈 하나를 풀어보자. 원숭이와 판다 그리고 바나나가 있다. 서로 연관성을 갖은 단어를 짝짓는다면? 이를테면 원숭이-바나나, 원숭이-판다 혹은 판다-바나나처럼 말이다.

이는 리처드 니스벳이 동양인과 서양인의 사유체계 차이를 살펴보기 위해 실시했던 여러 가지 질문 가운데 하나다. 긴장할 필요는 없다. 정답은 없으니까.

실험의 결과는 매우 흥미로웠다. 서양인은 원숭이와 판다로, 동양인은 원숭이와 바나나로 짝짓는 경향을 뚜렷하게 보였다고 한다. 나역시 실제 가까운 친구들에게 장난삼아 똑같은 질문을 던졌더니 대부분이 원숭이와 바나나라고 답변했다.

리처드 니스벳은 "서양 사람은 개체(원숭이, 바나나, 판다)의 특성을 염두에 뒀다. 반면 동양인은 관계를 중심으로 유사성을 찾는다"고 결론을 내렸다. 실험 결과는 "동양인은 원숭이가 바나나를 좋아한다"는 생각에서, 서양인은 "원숭이와 판다는 동물이다"는 생각에서 이런 선택을 했을 것이라는 이야기다. 이 결론이 맞는지, 틀리는지는 알 수 없다.

하지만 동양인은 관계를 중시하는 사고를, 서양인은 개체 위주의 사고를 한다는 점은 여러 가지 사례를 들어 설명할 수 있다. 언어 사용 용법도 그중 하나다. 언어학자들은 동서양 언어를 비교할 때, 동양 언어는 상대적으로 동사가 발달됐다. 서양 언어는 비교적 명사가 발달됐다. 이를 설명할 때 흔하게 예시되는 사례가 있다. 손님에게 케이크를 추가로 권할 때 질문하는 방식을 살펴보면 동양인은 "더 먹을래?"라고 묻는다. 반면 영어를 쓰는 서양인이라면 "more cake?"라고 물어본다. 동양인은 동사로 질문을 하고 서양인은 명사로 의중을 묻는다. 그렇다면 이런 차이는 어디에서 올까?

언어는 소통의 매체다. 관계성을 중시하는 동양인은 동사를 이용하는 게 의미전달에 편하고, 사물의 객체성을 부각하는 서양인은 명사를 사용하는 게 의사 표현상 불편이 없기 때문이라고 한다. 명사는 단순한 형태를 특정할 뿐이고 동사는 문장 속에서 관계성까지 의미를 담아내는 경우가 적지 않다.

동양인이 관계성을 중시하는 이유에 대해 많은 학자는 공통된 설명을 한다. 인간과 사물 사이에는 보이지 않은 기의 흐름이 있으며 그 기의 흐름이 곧 관계라고 여긴다. 자연현상 중 하나인 기근을 예로 들어보자. 아주 옛날, 왕은 기우제를 지낸다. 때마침 비가 내렸다면 사람들은 왕의 정성에 하늘이 감동해서 비를 주셨다고 생각했다. 하늘의 감동은 즉 기의 흐름 변화를 뜻한다. 이것이 바로 동양철학의 근간인 '천인감응론'(天人感應論)의 요체다.

반면 서양인에게 가뭄은 자연현상일 뿐이다. 서양인들은 자연현상을 인과론으로 봤다. 가뭄의 원인은 기압의 배치 이상에서 비롯된 기상 현상이다. 거기에는 '하늘의 감동'과 같은 모호하고 추상적인 개념이 침투할 여지가 없다. 현상세계와 초월 세계를 분리해서 이원적으로 사고하는 게 그들의 방식이다. 서양철학의 토대를 닦은 아리스토텔레스는 모든 물질을 형상과 형상을 만들 수 있는 질료로 나눠서 봤다.

가옥 역시 사유 체제와 맞닿아 있다. 인식과 가옥 모두 어떤 구조에 쌓여 있다는 유사성을 갖고 있다. 어떤 구조란 바로 세계관이다. 이제 집 안으로 들어가 보자.

외양은 같아도 속이 다르다

사유체계의 차이는 동서양의 세계관을 반영한 결과다. 사유체계가 추상적이라면 가옥 구조는 구체적이다. 사물을 바라보는 관점, 자연을 바라보는 시각, 인간을 이해하는 방식 등을 구현하고 있기 때문이다. 우선 서양의 주택구조와 생활 양태를 살펴보자. 현관을 들어서면 바로 손님들이 머무를 수 있는 응접실이 나온다. 그곳은 가족이 함께 식사를 즐길 수 있는 식당과 연결되어 있다. 응접실과 식당은 가족의 공유 공간이다. 이곳에서 가족이 함께 식사도 하고 차도 마신다. 보통 2층에는 부부의 침실과 자녀들의 방이 있다. 하지만 침실은 가족일지라도 인기척 없이 출입하지 않는 게 예의다. 이곳은 철저하게 방주인의 개인 공간이다. 문이 닫힌 방은 외부인의 개입이 불가능한 영역이다. 내부는 들여다볼 수 없게 가려진 게 보통이다. 물론 내부의 소리가 밖으로 새어 나가지 않는다. 심지어 갓난아이조차도 잘 때는 별도의 침대를 사용하는 습관을 들인다. 침대는 아이를 위한 독립된 공간이다. 개별성과 개체성 즉 프라이버시를 존중하는 서양 사고방식이 반영된 서양의 집을 '개인의 집합체'라고 규정한 어떤 학자의 말에 충분히 공감이 간다.

개별성과 개체성은 방주인의 개성과 취향을 반영하게 된다. 양옥의 외양과 형태는 거의 비슷하지만 내부는 전혀 다르다. 서양 가옥에서는 복사판에 찍어낸 듯이 천편일률적인 우리나라 아파트와 같은 내부구조는 상상할 수 없다. 재미있는 것은 중국의 아파트 분양 시스템도 우리와 다르다. 분양할 때 아파트 내부는 방과 거실의 형태만 있을 뿐이다. 방문도 설치되어 있지 않다. 입주자가 개인의 취향과 개성을 살려서 내부장식을 해야 한다.

가옥에서 개별성과 개체성 중시는 가족의 일원이 아니라 한 인간으로서 존재 가치를 중시하는 것이다. 사고의 중심을 한 인간에 두면서 발전해왔던 서양 문화와 일맥상통한다.

이해를 돕기 위해 최근 한국에서 일어난 성폭행 사건 판례를 살펴보자. 사건을 담당한 판사에게 들은 얘기다. 술을 먹은 한 여성이 함께 여관에 투숙한 남성에게 성폭행을 당했다고 고소를 했다. 이 여성은 성폭행을 당하는 과정에서 저항이 만만치 않았다고 한다. 남성은 여성을 폭행으로 맞고소했다. 더 나아가 "이 여성이 한쪽 스타킹은 스스로 벗었다"며 무죄를 주장했다. 여성은 "스타킹을 벗은 것은 취중의 무의식적 행동"이라고 반박했다. 정보가 충분하지 않지만 당신이 판사라면 어떤 판결을 내리겠는가? 결론부터 말하면 남성은 성폭행에 관한 무죄판결을 받았다. 담당 판사가 이 같은 판결을 내린 근거는 스스로 벗은 한쪽 스타킹이다. 이 판사는 "한쪽 스타킹이라도 스스로 벗었다면, 모텔에 강제로 끌려 들어갔다는 주장을 뒷받침할

한국의 아파트
복사판에 찍어내듯 천편일률적인 우리나라 아파트

수 없을 뿐 아니라 자발적으로 섹스를 할 의사가 조금이라도 있다고 볼 수 있다"며 이같이 판결했다.

만일 이런 일이 서양에서 일어났다면 어떤 판결이 나왔을까? 설령 스타킹을 한쪽도 벗지 않았더라도 성폭행죄가 성립되지 않았을 가능성이 크다. 왜냐하면 여관(호텔) 역시 가옥과 마찬가지로 매우 개인적인 공간으로 여긴다. 호텔은 숙박 기능만을 갖춘 여행객을 위한 일종의 가옥이기 때문이다. 그 같은 사적 공간을 공유했다는 자체가 판결에서 여성에겐 불리하게 작용할 여지가 높다.

특히 서양인은 보통 호텔에서 목욕가운을 입고 있다. 목욕 뒤에 입는 이 가운은 속옷을 입지 않는 게 그들의 습관이다. 이미 호텔 방에 들어갔다는 자체가 섹스할 의사가 있었음을 인정하는 것이다. 한때 세상을 시끄럽게 했던 전 청와대 대변인의 성추행도 이런 범주에서 판단할 수 있다. 적어도 공적 업무를 핑계로 수하의 인턴을 사적 공간으로 유인했다고 판단된다면 추행의 의사와 상관없이 미국 법은 우리보다 더 엄격한 잣대를 적용했을 것이다.

사회의 벽을 만든 동양의 담

한옥과 일본 가옥은 양옥보다 비밀 유지가 어렵다. 곳곳이 열린 공간이다. 문도 반개방형이다. 마루에서 앉아 있으면, 얇은 창호지를 바른 문을 통해서 안방, 건넛방에서 무슨 일이 일어나고 있는지 충분히 알 수 있다. 집 안에서 개인의 프라이버시나 독립적 생활은 보장되지 않는다고 해도 과언이 아니다. 퍼스널 스페이스는 존재하지 않는다. 당연히 개인의 프라이버시는 설 자리가 없다. 일본 가옥 내부는 아예 벽이 없다. 방을 구분하는 벽은 창호지를 바른 후스마(여닫이문)가 전부다. 개인적 독립성과 사적 프라이버시는 보장되기 어려운 구조다. 이 같은 동양 가옥은 가족 구성원 간의 결속과 일체감을 높이는 구조다. 최준식 교수는 《한국인에게 문화는 있는가》에서 "일단 집안에 들어오면 개인과 개인 사이의 구별이 없어지고 그냥 '우리'가 된다"고 주장했다. 동양에서는 집 전체가 가족 집단의 공간이기 때문이란다.

그러나 동양 가옥에서 담이라는 개념이 개입되면 가옥 내부의 개방성은 사라진다. 서양 가옥에는 담이 없다. 대저택이 아닌 이상 소유권의 경계를 표시하기 위해 쳐진 펜스가 고작이다. 하지만 동양인은 집이 높든 낮든 담을 쌓았다. 근대화와 함께 한옥을 버리고 서양 가옥을 지은 한국인은 한옥 담을 양옥에 그대로 원용했다. 부잣집은 담을 더 높이 쌓았다. 어떤 집은 높은 담 위에 철조망을 감아올려 집의 가치를 떨어뜨리는 것은 물론 도시미관까지 해치기도 했다. 심지어 관공서는 물론 학교도 거대한 담을 쌓았다. 불과 10여 년 전까지 있던 일이다. 중국은 아직도 담쌓기를 중시한다. 담쌓기가 기초공사에 해당한다. 중국에선 집을 지을 때 터를 고른 뒤 제일 먼저 하는 일이 담을 쌓는 일이다. 옛 중국의 도시 주택인 쓰허위안(四合院)은 방벽이 곧 담이다. 옛날 한족의 객가족(客家族)이 북방의 침입을 막기 위해 지은 다층형 집인 투러우(土樓)는 그 자체가 요새다. 사무라이가 사는 일본 저택도 마찬가지다. 외부와 단절된 담장을 갖고 있다.

동양 3국의 가옥 구조는 각 나라의 이원적 의식구조를 닮았다. 어느 학자는 이를 '개인적 집단주의'라고 규정했다. 그것이 가족이든, 조직이든, 국가든 관계없이 소속된 집단을 위해서는 발휘된다. 인정, 희생정신, 애국심, 공생 의식 등이 그것이다. 하지만 그 소속 밖의 집단에 대해서는 철저하게 배척하고 외면한다. 이 같은 개인적 집단주의는 공공의식과 합리적 윤리를 뿌리내리는 데 부정적 작용을 하게 된다. 또 근대화 과정에서도 한 가족이나 한 가문이 지배적인 위치에서 기업을 경영하는 가족기업이 두드러지게 많이 출현한 원인이 되기도 했다.

동양의 가옥 구조는 공유 공간이 넓다. 반면 사적 공간은 매우 협소하다. 이는 가족 시스템을 사회로 확장하는 문화 요인이 된다. 젊은 한국 여성이 서로의 손을 잡고 걷는 모습도 그 사례가 될 수 있다. 한국에선 친구도 가족처럼 대한다. 서양인들에게는 레즈비언으로 오해받을 행동이지만 한국에선 전혀 문제가 되지 않는다. 오히려 친근감의 표시로 여긴다. 또 길을 지나는 사람과 부딪혔다고 해도 그저 얼굴 한 번 돌아보고 그냥 지나친다. 서양인이나 일본인에게 흔한 인

사인 '익스큐즈미' 혹은 '스미마셍'이라는 말조차 하지 않는 경우가
태반이다. 외국인에겐 매우 예의 없는 일이지만 우리는 무례라고 인
식조차 하지 못하고 살고 있다. 이 같은 접촉은 늘 공유해왔던 공간
습성에서 비롯된 버릇이다.

서양의 가옥 내부는 닫혀 있다. 외부를 향해서는 열려 있다. 동양
가옥 내부는 열려 있고 외부와 단절하고 있다는 해석은 너무 지나칠
까? 또 서양 가옥의 폐쇄적 내부구조는 개인주의로 연관되고 동양의
개방적 내부구조는 집단주의와 관계있다면 역시나 지나친 분석일
까? 게다가 굳이 담을 만들지 않음으로써 외부와 소통을 강화한 서
양의 가옥 구조는 동양보다 사회의 공익성을 존중하는 사고방식과
도 무관한 것일까? 외부와 담을 쌓은 동양의 가옥 구조는 가족주의
를 사회적으로 연장, 집단이기주의로 변질된 것은 아닐까?

불행하게도 "그렇지 않다"고 자신 있게 말할 수는 없을 것 같다.
우리나라의 경우 사회적 폐해로 지적되고 있는 지연, 학연, 혈연 중
시의 사고가 사라지지 않고 있다. 중국도 마찬가지다. 관시(關係)가 중
요한 사회적 덕목이 되고 있다. 자신과 관계없는 사람들에 대해
무관심하다. 길거리에서 벌어진 싸움 때문에 심하게 부상을 당한 사
람이 죽어가는 것을 보고도 어느 누구도 경찰서에 신고를 하지 않았
다는 중국발 해외토픽은 이런 현상을 단적으로 보여 주는 예다.

풍수로 본 동서양의
주택관

집터, 자연을 바라보는 시각

　동서양의 사유체계 차이를 가옥 구조에서만 볼 수 있는 것은 아니다. 집터를 통해서도 탐색할 수 있다. 동서양 모두 집터(양택 풍수)에는 잠재의식에 내재 된 우주관, 즉 자연을 바라보는 시각을 간직하고 있다. 우주관 속에는 자연을 바라보는 눈도 포함된다. 사실 자연을 어떻게 바라보느냐는 근본적으로 동서양의 사유체계를 구분하는 기준이 된다고 해도 틀린 말이 아니다.

　옛날 그리스어로 땅을 토포스(Topos)라고 했다. 토포스는 장소라는 물리적 공간을 넘어 가상과 심상의 공간까지 포함하고 있다. 그 뿌리는 역시 신화다. 그리스·로마신화에 나오는 '가이아'가 바로 지모신이다. 모든 신의 어머니이자 생명의 원천이다. 이 같은 신화적 우주관은 철학으로 이어졌다. 아리스토텔레스의 제자이며 식물학의 아버지로 불리는 테오프라스투스는 생명체가 건강하게 생성·생장·번성하는 데 충분한 에너지를 갖춘 적절한 장소가 있다고 역설했다. 그는 그곳을 오이케이오스 토포스(Oikeios Topos)라고 이름 붙였다. 의학의 아버지 히포크라테스도 《공기, 물, 장소》에서 "인간이 거주하는 곳의 기후와 지역이 실제로 인간의 물리적, 도덕적 성격에 영향을 미친다"고 주장했다. 터가 생명뿐 아니라 인간의 성품까지 영향을 미쳤다는 지적이다. 동양에서 대지를 생명으로 여겼던 시각과 거의 일치한다고 해도 과언이 아니다. 아폴론의 신탁이 내려진 델포이처럼 신탁이 내려진 곳은 모두 이런 정신의 기초 위에 자리 잡게 된 것임은 두말할 필요도 없다.

대지와의 교감은 건축물의 구조에도 영향을 미쳤다. 신화 속의 신이 인간의 모습을 하고 있던 그리스·로마 시대의 대표적 건축물은 모두 수평 지향적이다. 그리스의 파르테논 신전, 로마의 판테온 신전은 대지를 향해 달려 나가고 있다. 하늘을 향해 뻗어 있지 않다. 동양의 건축물도 마찬가지다. 다층구조로 된 궁궐과 절도 그렇다. 목재를 주로 사용해 고층 건물을 지을 수 없는 것도 이유다. 하지만 그보다 땅과 밀착된 사유체계와 관련이 깊다. 노르웨이 건축가 노베르그 슐츠는 이 같은 장소에 깃들어 있는 정신을 '장소의 혼'(Genius Loci)이라고 말했다. 장소에는 혼이 있고 그 혼이 건축에 담길 때 사람은 그 장소, 그 건축을 통해 감동 받고 그곳에 스며 있는 아픔과 기쁨, 인생과 역사를 느낀다는 의미다.

지중해 연안의 이집트에서 '터사상'을 좀 더 분명하게 확인할 수 있다. 사막 한가운데 세워진 피라미드는 삼각뿔 모양으로 만들어졌다. 대지의 에너지를 그 꼭짓점에 모으려는 의지의 표현이다. 이는 우리 조상이 대지의 생기를 돋우기 위해 사찰이나 집 근처에 탑을 세우거나 숲을 조성했던 비보사상과도 맥을 같이한다.

기능적 가치를 중시한 서양의 집터

대지에 대한 동서양의 시각 차이가 난 때는 그리스도교가 지배적 종교로서 유럽에 자리 잡은 중세 이후다. 종교는 우주관을 결정하는 데 중요한 역할을 한다. 중세 이후 서양인들은 그들의 생명력을 신으로부터 부여받았다고 믿었다. 대자연에 대한 존경과 경외심이 존재할 여지가 사라진 것이다. 당연히 대자연의 생명력은 무시됐다. 서양인은 우주의 창조주인 신에게 가까이 갈 수 있는 곳에 집을 지으려는 경향이 두드러지게 나타난다. 산꼭대기에 성당이나 영주의 성이 들어선 이유도 그래서다. 주변에 작은 봉우리도 없는 평원이라면 프랑스의 노트르담 성당, 이탈리아의 밀라노 성당처럼 지붕을 칼날처럼 뾰쪽하게 지었다. 수직 지향적 양식이 보편화된 것이다. 이게 바로 고딕양식이다.

'터사상'이 퇴조함으로써 좋은 기운이 있는 곳에 집터를 잡는 일은 서양인에게 관심 밖의 일이 됐다. 집터란 집이 들어선 장소라는 기능적 가치만 중시됐다. 토지의 효율적 이용과 같은 목적이 강조됐다. 따라서 집터를 정하는 기준도 과거의 동양과는 차이가 났다. 주변 생활환경, 편리한 교통, 이웃의 생활 수준, 건물의 밀도 등이 집터를 정하는 기준이 되었다. 살기 좋은 곳이라면 동양에서는 혐오 시설이 될 법한 공동묘지 주변이라도 괜찮다. 미국의 경우는 녹지가 잘 조성된 공원묘지 주변이 일반 주택가의 집값보다 훨씬 비싼 것도 그런 때문이다.

하지만 약 100여 년 전부터 서구사회에도 동양의 집터 사상인 양택 풍수를 도입했다. 이는 동서양을 잇는 국제금융과 무역의 중심지인 홍콩을 통해서였다. 특별한 장소, 다시 말해 생기가 넘치는 집에서 키운 애완동물이 탈 없이 건강하게 잘 자라는 사실을 안 서양인들이 동양 풍수에 관심 갖게 되었다. 경험적 과학으로서 동양 풍수를 수용한 것인데 이것을 '평슈이'라고 한다. 평슈이는 동양 풍수의 곁가지다. 집터보다는 방의 방향과 색깔, 온도 그리고 가구의 방위와 배치, 배색, 문양 등과 같은 가옥 내부에 더 많은 관심을 두고 있기 때문이다. 빌 클린턴 전 미국 대통령이 백악관의 내부 인테리어를 '평슈이' 인테리어 전문가에게 맡겼다는 얘기는 꽤 알려져 있다. 그뿐 아니라 실패의 위험이 큰 벤처기업들이 군집한 실리콘밸리 등에서 평슈이 인테리어가 큰돈을 벌었다. 또 최근 AP통신에서 전도가 양양한 새로운 전문직업 중 하나로 '평슈이 인테리어 전문가'를 꼽았다.

어쨌든 서양은 음택(묘자리)·양택(집터)과 같은 동양 풍수의 본질을 수입하지 못했다. 본질적 세계관의 차이 때문에 그랬을 것이다. 다만 평슈이는 '현세적' 건축 개념 혹은 인테리어 콘셉트로 수용됐다. 대지와 사람의 관계보다는 거주자들의 육체적 건강과 정신적 안정을 얻기 위한 기계적 장치로 여기고 있다. 조상은 물론 후손의 복과 운을 지배할 수 있다는 동양의 생각과는 근본부터 다르다.

자손에게까지 영향을 미치는 동양의 집터

동양은 농경 우주관을 갖고 있다. 동양에서는 땅을 이해하지 않고는 삶을 영위할 수 없었다. 땅은 곡식의 재배와 성장에 직접적 연관이 있기 때문이다. 펄 S. 벅이 쓴《대지》의 주인공 왕룽이 죽어가면서 아들에게 남긴 유언("땅이 있다면 살아갈 수 있다. 누구에게도 땅을 빼앗을 수는 없다")은 땅에 갖는 동양 사람의 애착을 상징한다.

굳이 땅과 함께 살아가는 농민이 아니어도 마찬가지다. 동양인에게 땅은 삶의 의지를 돋우는 특별한 무엇이다. 그래서 풍수가 적용되지 않는 곳이 없다고 해도 과언이 아니다. 특히 동양 의식체계를 지배했던 유교와 만난 풍수는 그 영향력을 확대했다. 특히 국가 창업에 나선 사람들은 풍수를 정치 이데올로기로 활용했다. 조선 태조 이성계는 한양을, 도쿠가와 이에야스는 에도를 수도로 택한 이유도 이 장소가 왕기가 왕성했기 때문이다. 즉 대지 기운과 국운을 일체화시킨 명당을 찾은 것이다. 지축은 기울어져 있다. 지층도 쉬지 않고 꿈틀거린다. 흔들리는 땅에서 살아남아 왕업을 이루기 위해선 무엇보다 지기와 지세를 존중하지 않을 수 없었다.

동양인은 기(에너지)의 흐름을 통해 땅을 이해했다. 기는 곧 동양에서 관계를 맺는 본질적 요소다. 기는 하늘과 우주, 땅과 자연, 사람과 사람 그리고 조상과 자손을 잇는 매개체였다. 기를 살리는 게 곧 사회와 자연을 살리고 생활을 윤택하게 하는 길이었다. 이런 관념은 땅과 인간의 조화를 꾀하게 되었다. 이를 위해 동양인은 터를 잡고 사는 장소에 관한 관심이 서양보다 높았다. 정치 이데올로기뿐 아니라 생활 풍수로도 그 위력을 발휘했다.

그렇다면 동양인에게 삶의 터전이 되는 집터란 무엇일까? "잠은 반드시 (장소를) 가려서 자라"는 한국 속담이 있다. "잠자리에 기가 스며든다"는 속설과 의미가 상통한다. 이 속담과 속설 속에는 누구나 좋은 집터에서 살기 원하는 바람이 내포되어 있다. 집터에도 기가 있어서 그 기운 역시 사람과 하나로 연결되어 영향을 미치고 그 영향력의 정도에 따라 운명이 결정된다고 믿었다. 집터의 위력은 자손에까지 미친다고 생각했다. 이것이 바로 풍수의 본질이다.

한·중·일 풍수, 다르지만 통한다

풍수는 장풍득수(臟風得水)의 줄임말이다. 풍수에 대한 최초의 정의는 중국 동진(東晉)의 곽박이 쓴《장서(葬書)》에 나온다. 그는 바람이 잘 통하고 물이 모인다고 해석했다. 이런 장소에 살거나 묘지를 쓰면 "생기발원한다"고 했다. 즉 생발기지를 얻어 콩나물이 쑥쑥 자라듯이 자손이 대대로 잘 산다는 것이다. 이를테면 경북 봉화의 닭실마을 같은 곳이다.

동양에서는 이런 믿음이 음양오행과 결합 되어 신념화되었다. 신념화된 믿음은 삶의 현장에 적용되어 고유사상(풍수사상)으로 뿌리를 내렸다. 풍수란 중국에서 발원해 한반도를 거쳐 일본으로 전해졌다. 하지만 일본의 풍수는 한국은 물론 중국과도 차이가 난다. 중국은 일본과 같이 물(水)을 중시한다. 하지만 일본은 중국보다 양택(집터) 풍수에 훨씬 큰 비중을 둔다. 우리나라는 물보다 산을 중요하게 생각한다. 양택 풍수보다는 음택 풍수 즉 묏자리에 더 큰 의미를 둔다.

그렇다면 이 같은 차이는 어디에서 왔을까? 국가나 민족 간 문화적 차이로 인해 풍수의 형태가 각 나라마다 다르다. 문화변용의 결과다. 문화변용은 둘 이상 서로 다른 문화가 직접적이고 지속적인 접촉과 교류를 통해 그 한쪽 또는 양쪽이 원래의 문화유형에 변화를 일으키는 현상이다. 나라마다 산천의 특성과 민족의 기질적 특색에 차이가 있어 문화변용이 일어난다. 문화변용은 각 나라의 자연관이자 국토관을 반영한다.《풍토와 인간》에서 와쓰지 데쓰로는 "인간의 존재는 역사적, 풍토적 특수구조를 가졌으며 이러한 특수성은 풍토적 유형에 의해 뚜렷이 나타난다"고 말했다.

풍수는 동양의 생활철학으로 삶을 지배해왔다. 동양의 풍수는 관

닭실마을

한국 최고 명당으로 꼽히는 닭실마을의 풍경. 산을 뒤로 하고 물을 바라보는 자리에 앉은 집터는 전형적인 배산임수다.

계성의 철학이다. 핵심 중의 핵심인 '천지인사상'과 '천인감응론'에 연결되어 있다. 천지인사상은 하늘과 땅 그리고 인간은 하나라는 관념을 바탕으로 삼고 있다. 하늘은 우주요, 땅은 자연이며 인간은 사회다. 그 각각은 서로 기로 통하고 서로에게 영향을 미친다. 유기적 관계에 있다. 특히 삶의 터전인 집터에 생기가 넘쳐흐르면 그 집과 식구에게 정기를 준다. 그것은 다시 가족에게 화기, 지역사회에 활기, 나라에 윤기로 확산된다고 믿었다. 땅의 기운은 인간사회와 조화를 이룬다는 얘기다.

자연 속에서 찾은
한국의 명당

복을 부르는 배산임수의 집터

우리나라는 풍수를 생활철학으로 받아들였다. 무라야마 지준은 1931년 조선 총독부의 위탁을 받고 쓴 《조선의 풍수》 서문에서 "풍수가 적어도 십수 세기 동안 한국 민속신앙체계에서 그 지위를 점해 왔고 고려를 거쳐 조선에서도 한반도 어디를 가나 믿지 않는 사람이 없을 정도로 일반에 보급되어 오늘에 이른 것이므로 다른 문화에 비해 그 지지의 폭이 넓은 것을 인정하지 않을 수 없다"고 말했다.

시대변화와 함께 인식도 바뀌었다. 하지만 여전히 한국인에게 집은 보금자리이자 따뜻한 삶의 터전이다. 집이 생활을 담는 그릇이라면 집터는 그릇의 받침대다. 집터는 집(가문)을 지키는 수호신이 되어야 했다. 그런 만큼 집터를 잡거나 집을 살 때는 반드시 지세를 봤다.

문화적 유전자는 쉽게 변하지 않는다. 깊은 무의식의 바닷속에 잠재되어 있기 때문이다. 한민족에게는 산을 등지고 시냇물이 흐르는 곳에 터를 잡고 볏짚을 올려 집을 짓던 전통이 남아 있다. 그 초가집에서 3대 이상의 가족이 오순도순 모여 행복을 나누던 잠재된 기억

제1장 동서양에 땅과 집의 의미를 묻다

이 대대로 이어져 내려온 것이다. 그것이 바로 '집 문화유전자'다. 문화유전자는 한 사회와 사회구성원이 보유한 내재 된 문화적 속성이다. 문화적 속성 중에는 역사적 전통과 문화적 개성이 포함되어 있다. 연속성을 갖는 성질이기도 하다. 초가집이나 한옥에 관한 문화유전자는 한국인의 정신과 문화에 큰 영향을 끼치며 다양한 형태로 지금까지 이어졌다. 지금도 누구나 따뜻한 아랫목에서 넉넉한 인심을 연상한다. 또 초가집을 마음의 고향이나 어머니의 속살로 여긴다. 초가집에서 우리의 삶과 마음과 떼어내어 생각할 수 없는 동질감을 느끼는 것이다.

"실버들이 늘어진/ 언덕 위에/ 집을 짓고/ 정든 님과 둘이 살짝/ 살아가는 초가삼간/ 세상살이 무정해도/ 비바람이 몰아쳐도/ 정이 든 내 고향/ 초가삼간 오막살이/ 떠날 수 없네…." 최숙자가 노래한 대중가요 〈초가삼간〉을 듣고 있노라면 절로 눈을 감고 고향 집을 그리게 된다. 그것이 바로 토포필리아(場所愛)가 아니고 무엇일까?

토포필리아는 단지 '그리운 내 고향'만은 아니다. '죽을 때 생각나는 장소'라는 게 이어령의 설명이다. 죽을 때 생각나는 곳이란 도저히 잊거나 버릴 수 없는 생명력이 샘솟는 곳이다. 이푸 투안은 《토포필리아》에서 이를 "깊은 정과 사랑의 대상이자 기쁨과 확실성의 원천"이라고 주장했다.

토포필리아는 시인들의 감성을 만나면 좀 더 드라마틱해진다. 정지용 시인의 〈향수〉에서 그리는 곳이 바로 토포필리아일지도 모른다. 넓은 벌판과 그 벌판 동쪽 끝으로 흐르는 옛이야기가 얽혀 있는 실개천이 있는 곳, 물장구치며 놀기도 하고 고기잡이도 하던 곳, 또 어린아이들이 잠자리와 메뚜기를 잡으려고 뛰어다닐 때 얼룩빼기

황소가 울음을 울며 지나던 곳과 우리 정서가 일체화된다. 김소월 시
인의 〈엄마야 누나야 강변 살자〉 역시 한국인의 토포필리아다. 금모
래 빛이 반짝이는 뜰과 갈잎의 노래가 들리는 뒷문이 있는 집, 강물
따라서 물고기가 오가고 앞산에 새소리가 들리는 강변이 바로 우리
가 귀속하고 싶은 장소다. 즉 '옛이야기가 얽혀 있는 실개천'과 '갈잎
의 노래가 들리는 뒷산' 사이에 있는 집이다. 산과 강의 경계에서 자
연과 인간의 조화를 이룬 한옥이다. 이어령은 "한국인의 토포필리아
는 배산임수"라면서 "인간적 문화와 자연의 생명이 만나는 문명"이
라고 주장했다. 그는 배산임수에 대해 "자연이 주는 에코시스템이
갖춰진 장소"라면서 "이미 우리 조상은 환경의 중요성을 알고 있던
것"으로 현대적 의미를 부여했다.

위키 백과사전은 배산임수를 집을 지을 때 산을 뒤에 두고 물을 앞
에 대하고 있는 터로 규정하고 있다. 풍수지리에 따르면, 산을 따라
내리는 생기(氣)가 냇물을 만나는 배산임수를 이상적인 집터 즉 명당
으로 여겼다. 이는 집이 자리 잡은 장소의 지형, 위치 그리고 환경을
더 중시했다는 의미다. 명당은 인간의 몸과 마음이 자연과 조화를 이
루는 곳이다.

초가집을 닮은 조선 선비

우리나라의 집은 우리의 산과 들을 닮았다. 배산임수의 입지에 고
래 등처럼 크고 운동장처럼 넓은 집이라면 아무래도 양복에 갓을 쓴
느낌을 줄지 모른다. 비록 허름하더라도 뒤뜰에 온갖 화초가 자라고
있는 초가집이 어울린다.

집이 우리 산천을 닮았다면 한국인은 집을 닮았다. 한국인의 집은

제1장 동서양에 땅과 집의 의미를 묻다

소박하다. 우리 조상에게 귀감으로 존경받던 조선 선비는 사치와 호사를 거부했다. 우리 조상의 주택관은 청빈과 청렴이라고 해도 과언이 아니다. 이규태는《우리의 집 이야기》에서 우리 조상의 주택관을 엿볼 수 있는 선비사회의 유머 한 가지를 소개하고 있다.

> "큰 집을 옥(屋)이라고 하고 작은 집을 사(舍)라 하는데 옥자를 풀어보면 송장(尸)에 이른다(至)는 말이요, 舍자를 풀면 사람(人)이 길(吉)하다는 말이니, 큰 집에 사는 사람은 화를 입게 되고 작은 집에 사는 사람은 복을 받는다."

선비에게 호사로운 집은 물욕의 대명사였다. 이를 잘 보여주는 게 이규태가 주창하는 '비우(庇雨)사상'이다. '비우'는 비를 가린다는 뜻이다. 비우사상은 비를 막을 수 없는 누추한 집에서도 넉넉함을 느끼며 살았던 청빈한 조선 선비의 생활철학이다. 옛날에 품위와 품격을 갖춘 선비를 '헛가비 선비'라고 불렀다.《한국인의 버릇》에서 이규태는 헛가비를 요즘 말로 "판잣집"을 뜻한다고 했다.

청빈한 생활이 단지 선비들에게 국한된 게 아니다. 위민사상을 실천하는 한 방법이었다. 세종이 한때 살았던 초가집은 매우 극적이다. 임금님이 무슨 초가집 생활을 했겠냐고? 아니다. 옥좌에 오른 뒤, 초가집에서 무려 2년 3개월 동안 살았다. 세종이 왕위에 오를 무렵부터 심한 가뭄이 들었다. 가뭄이 얼마나 극심했는지 '세종 대한'이라는 이름이 붙을 정도였다. 7년 동안이나 계속된 가뭄으로 백성의 굶주림은 차마 말로 표현할 수 없었다. 백성의 아픔을 보다 못한 세종은 "백성이 굶주리고 있는데 임금이 기왓장을 지고 누워 잘 수 없다"

며 경회루 옆에 초가집을 짓도록 명령했다. 신하는 화재와 안전, 건강 등의 문제를 들어 반대 상소를 잇달아 올렸다. 세종은 물러서지 않았다. 새로운 자재를 쓰지 말고 경복궁 내에 있는 낡은 자재를 재활용하라는 어명도 내렸다. 왕과 왕비의 침소인 교태전에서 20여 미터 떨어진 곳에 초가집이 세워졌다. 세종은 "백성과 아픔을 함께 하겠다"며 그곳을 침소와 집무실로 삼았다. 신하들은 물론 왕비인 소헌왕후가 초가집 앞에서 무릎을 꿇고 초가집 생활의 청산을 요구하기도 했었다. 초가집 생활은 곧 위민선정과 통하는 것임을 세종을 통해서 엿볼 수 있다.

우리의 명당은 조상이 주는 선물

한국인은 왜 산자락의 초가집에 의미를 부여했던 것일까? 그 대답을 이규태로부터 들어보자. 그는 그곳을 "정과 인심이 교합하는 지점"이라고 말했다. 그는 "정이 통하는 곳은 조화와 안정과 번영이 약속된 장소"라고 규정하면서 "그 지점에 집을 지어야 한다는 것이 우리 선조의 택지 선정 기초철학이 됐다"고 주장한다.

좋은 집터에서 살면 집안이 편안해지고 살림살이가 핀다고 여겼다. 집이 '살림살이'이라는 의미로 통하는 것도 그와 무관하지 않을 성싶다. 살림살이는 '살다'의 두 갈래의 명사형(살림과 살이)이 합쳐진 아주 독특한 단어다. '살림'은 죽은 것을 살려낸다는 뜻이다. '살이'에는 '함께 살다'는 의미가 있다. 죽지 않도록 보살펴 함께 잘 살아간다는 공생적 철학이 담겨 있는 단어인 셈이다.

"집을 사면 이웃을 본다"는 속담은 이 같은 공생적 철학을 반증하는지도 모른다. 이 속담의 본래 의미는 집을 살 때면, 반드시 이웃의

제1장 동서양에 땅과 집의 의미를 묻다

인심과 환경을 살펴보고 사야 한다는 것이다. 이 충고에서도 우리 조상이 집을 고를 때 얼마나 이웃 간에 정과 인심을 중시했는지 짐작하고도 남는다.

무조건 명당에 집터를 잡는다고 이웃과의 인정이 넘치고 집안의 재산이 늘고 명예가 높아지며 후손이 번창하는 것은 아니다. 여기에는 전제조건이 있다. '적선' 즉 선을 행해야 한다. "명당을 얻으려면 먼저 선을 베풀어라"라는 풍수 격언도 있다. 조선 시대 최고의 베스트셀러인 이중환의 《택리지》는 "집터의 으뜸은 지리"라고 전제한 뒤 "그러나 지리가 좋아도 사람이 살기에 적합하지 않으면 오래 살 곳이 아니다"고 적고 있다. 이웃 인심이 사나운 곳은 결코 명당이 될 수 없다는 뜻이다.

또 다른 속담도 인심의 중요성을 강조한다. "사람 살 곳은 골골이 있다." 이 세상 어디에 가나 서로 도와주는 이웃이 있어서 살만하다는 뜻이다. 물론 그 중심에는 청빈한 조선 선비들이 골골에 옹기종기 모여 행복을 나누며 함께 사는 마을공동체를 만들어낸 조선의 노블레스 오블리주가 있었다.

한국판 노블레스 오블리주로 잘 알려진 경주 양동의 최 부자 집안은 절도 있는 부자였다. 이 집안은 가난한 이웃을 외면하지 않았다. 일례로 생필품도 100리 안의 상인에게서 샀다. 재산이 1만 석이 넘으면 그것을 이웃을 위해 풀었다. 경주 최씨 고택은 생기 융성의 명당으로 잘 알려진 곳이다. 전남 구례의 문화 류씨 집안은 쌀뒤주를 사랑채 헛간에 뒀다. 양식이 떨어진 이웃 사람들이 쌀을 퍼가도록 쌀을 내놓은 것이다. 특히 주인과 마주치지 않도록 집 밖이나 마찬가지인 사랑채에 뒤주를 두는 세심한 배려까지 아끼지 않았다. 조선 영조

52년에 지어진 류씨의 고택 '운조루' 역시 무라야마 지준에 의해 최고의 명당으로 꼽힌 곳이다.

이웃에 선을 베푸는 것은 또 다른 의미가 있다. 지기를 바꾸는 힘이 적선에서 나온다. 움직이는 땅의 생기를 잡아두는 방법은 다름 아닌 적선이었다. 적선 중 으뜸은 조상을 위한 봉사다. 우리 조상은 효행을 실천하지 않는 사람은 명당을 얻을 수 없다고 했다.《대한민국 명당》에서 이규원은 "효라는 바탕이 없이 어느 날 갑자기 출세하고 부자가 되는 게 아니다"면서 "조상을 잘 모셔야 명단의 기운을 받을 수 있고 후손에게 전할 수 있기 때문이다"고 주장한다.

효사상과 풍수가 결합된 게 바로 음택이다. 우리 조상은 무덤을 죽은 자의 집으로 생각했다. 김두규 우석대 교수는《조선풍수 일본을 논하다》에서 "음택은 근본적인 면에서 양택과 차이가 없다"고 말했다. 다만 양택은 집에 사는 사람에게 흉복의 영향을 미친다면 음택은 죽은 사람의 유골이 후손에게 감응한다. 묏자리와 묘 관리가 중요한 까닭이다. 묘지를 쓸 때 집을 지을 때의 원리가 적용됐다. 북쪽에 있는 뒷산이 주산이 되고 남쪽에 있는 앞산이 안산이 되는 식이다.

그렇다면 어디가 명당일까? 한마디로 말한다면 '풍수지리의 꽃'이라고 불리는 혈(穴)이 응결한 곳이다. 풍수학자들에 따르면 혈은 작게는 지름이 2~3m, 크게는 3~5m 밖에 되지 않는 협소한 땅이라고 한다. 마치 숨겨놓은 보물과도 같아 영험이 대단하다고 하는데, 명당 혈 자리에 묻어둔 날달걀은 150일이 지나도 싱싱한 상태를 유지한다고 한다. 얼마나 생활환경이 좋으면 달걀이 그토록 오랜 시간 동안 상하지 않고 견딜 수 있을까? 어쩌면 산 사람이든 죽은 사람이든 그곳이 살기에 최적의 장소임을 강조하는 이야기일지 모른다.

제1장 동서양에 땅과 집의 의미를 묻다

배수임산으로 바뀐
일본 풍수

산보다 물이 좋다

일본은 우리와 마찬가지로 전 국토의 4분의 3이 산지다. 하지만 우리의 국토는 산이, 일본의 국토는 강과 바다가 대표한다. 일본은 4면이 바다인 섬이다. 강과 하천도 많다. 자연스럽게 정서적으로 물과 교감할 수 있는 자연환경이다. 일본인은 당연히 산보다 바다 그리고 하천과 강에 친근감을 느낀다.

에도에는 808개의 마을이 있고 오사카에는 808개의 다리가 있다는 "에도 핫퍄쿠야초(八百八町) 오사카 핫퍄야츠하시(八百八橋)"라는 말도 그런 감정을 잘 드러내고 있다. 에도에는 하천을 따라 형성된 마을이 유난히 많다. 마을에 늘어선 가옥의 담장을 따라 졸졸 흐르는 냇물을 호리와리(堀割)라 한다. 이 역시 헤아릴 수 없이 많다.

오사카의 다리는 굳이 설명할 필요도 없다. '오사카 다리'는 발단된 인공수로를 설명할 때 자주 인용되는 글귀다. 실제로 일본에는 3000여 개의 크고 작은 섬에 113개의 중요한 강, 그리고 수만 개의 하천이 있다.

일본에서 숫자 8은 많다는 의미를 갖는다. 많다는 의미와 함께 '성스럽다'는 뜻도 갖고 있다. '8'을 신성시하는 것은 일본의 창조 신화부터 유래되었다. 창조 신화에 머리가 8개 달린 뱀, '하치키 오헤비'가 등장한다. 이인식은《세계 신화여행》에서 "하치키 오헤비는 가정(문지방과 입구), 물질과 영 그리고 생명과 가축의 수호자를 상징한다"고 말했다. 숫자 '8'은 많은 강과 하천이 일본을 지켜준다는 뜻이다.

우리말 '방방곡곡'(坊坊曲曲)을 일본어로 번역하면 '진진포포'(津津浦浦)가 된다. 우리는 산골짜기가, 일본은 나루와 포구가 국토의 구석구석을 표현한다. 반면 국토가 워낙 넓고 많은 민족이 어울려 사는 중국은 '오호사해'(五湖四海) 혹은 '산남해북'(山南海北)으로 표현한다.

방방곡곡, 진진포포, 오호사해·산남해북은 각 나라 사람이 어울려 사는 마을을 뜻한다. 이를테면 '산골마을'이나 '섬마을'을 이른다. 일본에 있는 산의 모양은 구릉지를 형성하는 우리나라 산과는 다르다. 높이가 수천 미터가 넘는 험악한 산이 즐비하다. 그런 산악지대에서 형성되어 내려오는 물살은 급하다. 계곡도 깊다. 산지에 마을을 이루고 살기는 쉽지 않다. 또 홍수와 산사태와 같은 자연재해가 많아서 일본인은 가능한 한 평야에서 살기를 원했다. 물론 산악지역에도 마을이 있다. 이를 사토야마(里山)라고 부른다. 사토야마는 마을 사람의 생활 터전이 되는 작은 산과 함께 산에서 적응해 가며 사는 사람의 생활을 통칭한다. 최근 한국의 한 방송국에서〈물의 정원 사토야마〉라는 다큐멘터리를 방영, 사토야마의 고달픈 생활을 생생하게 보여 줬다. 많은 사람이 겨울나기를 위해 산을 떠났다.

어쨌든 일본인은 평야, 그것도 가능한 한 하천이나 운하 가까운 곳에 집을 지었다. 그렇다 보니 한국과 같은 배산임수의 입지를 갖춘 곳이 많지 않다. 이 때문에 산보다 물에 더 비중을 둔 풍수를 채택했다. 김두규는 그 근거를 11세기 헤이안시대의 조경 고전인《작정기》에서 찾았다. 우리는 사신(四神-청룡, 백호, 현무, 주작)을 사산(四山)으로 여기지만 일본에서는 주산(主山, 현무) 이외의 나머지 삼신(三神)은 연못(주작) , 흐르는 물(청룡) , 큰 길(백호)로 삼았다는 것이다. 배산임수가 아니라 배수임산의 입지로 바뀐 이유다.

변화과정에서도 일본 특유의 문화적 합리화 과정을 보인다. 일본인은 "산은 인심을 나누지만 물은 인심을 합친다"고 말한다. 산보다 물을 훨씬 가까이했음을 잘 보여주는 속설이다. 김두규는《조선풍수 일본을 논하다》에서 이 과정을 "사방이 산으로 둘러싸인 장풍국(藏風局) 지세에서 큰물로 감싸인 득수국(得水局) 형세로 탈바꿈한 것"이라고 주장했다. 그는 이어 "일본은 개인의 정원부터 왕실 가문의 음택에 이르기까지 풍수를 성공적으로 수용하거나 변용했다"고 전제한 뒤 "이 덕에 앞으로도 강국으로서 지위를 누리게 될 것"이라고 말했다.

이런 의식이 한옥과 일본 주택인 나가야(長屋)의 입지와 구성에 차이를 보이는 원인 중 하나다. 자연과 어울리는 집을 지은 한옥의 무게중심은 가옥 뒤쪽에 있다. 반면 평야에 지어진 나가야의 무게중심은 집의 정중앙이다. 이 때문에 집은 터 중앙에 짓는 게 기본이다. 또 집터가 평평하기 때문에 굳이 별채를 만들 필요성도 크지 않았다. 여기에 대저택이 아닌 이상 별채를 만들지 않고 오모야(母屋, 건물 중앙의 몸체) 하나로 구성하는 게 보통이다. 별채가 있다면 그것은 거실과 부엌으로 사용된다. 방이 더 필요하면 집 안의 구조를 변경한다. 즉 후스마(미닫이문)를 이용해 방 크기나 개수를 조절한다.

또 우리나라 집 뒤에는 산이 있고 낮은 담 밖에는 논과 밭, 더 멀리는 개울이나 하천이 있어서 굳이 정원을 둘 필요가 없지만, 일본은 평지에 집을 짓는 만큼 정원이 필요했다. 정원에 연못을 빠뜨리지 않고 만드는 것도 물을 길조의 상징으로 여겼기 때문이다. 일본에서 물은 재물 운을 뜻한다. 불과 얼마 전까지만 해도 우리나라의 다방이나 은행 매장에 수족관이나 어항을 둔 것도 일본 풍수의 영향으로 볼 수 있다.

화재와 지진, 음택 풍수의 싹을 자르다

우리말에 "잘되면 내 탓, 못되면 조상 탓"이 있다. 일 처리가 잘되어 성과가 났을 경우, 자신의 공로로 치고 성과를 얻지 못했을 경우, 남을 원망하는 자기중심적 성향을 꼬집은 속담이다. "못되면 조상 탓"이라는 의미 속에는 일이 잘못된 것이 죽은 조상이 복을 제대로 내려주지 않았기 때문에 실패했다는 원망이 짙게 깔려 있다. 이는 다름 아닌 조상의 묘지를 잘못 쓴 때문이라는 회한인지 모른다.

하지만 양택 풍수를 중시하는 일본인은 혹시 불운이 닥치기라도 하면 집의 방위가 잘못되었기 때문이라고 믿는 경향이 있다. 대문과 안방, 그리고 부엌과 화장실의 배치에도 각별한 신경을 썼다. 일본 풍수에서 문은 기의 출입구이며 통로다. 이 때문에 막다른 곳에 대문을 내는 것을 극도로 피했다. 방위는 대체로 북향을 선호한다. 태평양에서 불어오는 태풍을 염려했기 때문이다. 남향과 동남향을 선호하는 우리나라와 중국과는 다른 점이다.

일본은 양택 즉 집의 기운인 가상(家象)을 중시하는데 이 역시 나름의 이유가 있다. 산세를 보고 묏자리를 쓰는 음택 풍수를 유지하기

제1장 동서양에 땅과 집의 의미를 묻다

에는 기본적으로 지질이 불안정했다. 지진과 화산 그리고 홍수 등으로 인해 무덤이 유실될 가능성이 컸다. 《명당은 순환한다》에서 김상재는 "화산과 지진 때문에 조상을 땅에 묻는다는 건 생각할 수 없는 일"이라고 주장했다.

또 일본에는 화재가 잦았다고 한다. "도교의 꽃"이라는 관용적 표현이 바로 화재를 뜻한다. 목조로 만든 나가야가 늘어선 가옥 구조는 화재에 취약했다. 나가야도 결국 산속의 고야(오두막집)에서 비롯된 것이다. 도시뿐 아니라 농촌이나 산촌에서도 불이 잦았을 것으로 추측할 수 있다. 오히려 도시보다 더 많은 화재위험에 노출되어 있었다. 고야는 일정한 시간이 지난 뒤에는 태워버리는 게 관례였다. "고야 심리(집이란 불타기 마련이라는 일본인의 사고방식)"라는 말이 이를 뒷받침한다.

우리나라는 유교(효사상)의 영향으로 조상의 묘지를 돌보는 데 온갖 정성을 다했다. 하지만 일본은 현세적인 양명학이 더 강세를 보였다. 그뿐 아니라 화장을 하는 불교의 풍습을 받아들였다. 불교의 장례법은 시신을 태우고 유골을 매장하는 게 보통이다. 고제희 대동풍수지리학회장은 "화장문화가 대세였던 일본이나 중국에서는 음택 풍수가 없거나 배척당했다"고 말했다. 이는 에도시대에도 보편적 현상이었다. 1719년(숙종)에 일본을 다녀온 신유한이 마침 일본의 절(보선사)에 묵으면서 본 일본의 장례법을 《해유록》에 남겼다.

"왜인의 풍속에는 봉분을 만드는 법이 없다. 나의 숙소인 보선사 울타리 옆 빈터에는 구덩이를 파서 무덤을 만들고 돌을 언덕처럼 쌓아놓았다. 가끔 글자 없는 비석을 문 앞에 세워두었는데 이것은 집안에 사는 사람의 생활과 음식이 무덤 속의 사람과 서로 접해 있는 것이어서 보기에 매우 해괴했다."

오늘날 일본의 명당 입지는 일본식 풍수 이론에 따라 조성된 공원 묘지다. 요즘 우리의 납골당 가족묘처럼 묘지 한 기에 죽은 여러 조상의 유골을 모시는 합분 형식을 취한다. 농어촌에는 공원묘지가 아니라 집 한쪽에 가족 묘지를 만드는 경우도 흔하게 볼 수 있다.

일본의 양택 풍수 중시 현상은 그 자체가 자연환경에 적응하는 일련의 과정이다. 하지만 자연환경의 적응만으로 일본 양택 풍수를 설명하기에는 부족하다. 가족제도 또한 조상숭배 형식을 달리하는 원인이 됐다. 일본은 원칙적으로 장자상속을 한다. 하지만 혈연보다는 가문의 업을 이을 수 있는 능력을 지닌 사람에게 가문을 잇게 하는 경우도 매우 흔하다. 와타나베 요시오 도쿄도립대 교수는 "일본에서는 누구의 직계자손이라는 것보다는 지금 살고 있는 이(자기 가정)의 집터인 장소가 개인의 정체성을 규정한다"고 말했다. 이런 이유에서 조상의 묘소관리가 전제되는 음택 풍수보다는 현재 사는 집을 상징하는 가상(家相)을 중시한 것이다. 가계의 안녕과 평안을 바라는 양택 풍수가 더 합리적인 것으로 여겼다.

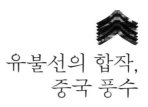

유불선의 합작,
중국 풍수

풍수는 생명을 살리는 양생의 터전

중국은 한마디로 광활하다. 동쪽으로 한반도와 접한 서해(중국 동해)에서 서쪽으로 네팔 접경지역인 히말라야까지 무려 6,000km에 육박한다. 드넓은 대지는 자연의 다양성을 낳았다. 북쪽으로 러시아와 국경 지역인 우다롄츠와 남쪽으로 하이난성 해안지역은 1월 평균기온이 무려 45℃ 차이를 보인다. 고비사막과 같이 건조한 내륙지방과 하이난과 같은 열대우림지역의 1년 강수량 차이는 무려 3,000mm나 된다. 이는 우리나라 평균 강수량보다 1,000mm나 많은 양이다.

필자는 몇 년 전 헤이룽장 하얼빈에서 북쪽으로 약 500km 떨어진 우다롄츠(五大连池)까지 자동차로 이동한 일이 있다. 목적지까지 가는 동안 본 것은 조금 과장해 말하면 딱 두 가지뿐이었다. 콩밭 그리고 콩밭 중간에 줄지어 선 방풍림이다. 창밖으로 펼쳐진 광활한 대지를 보면서 한편으로는 부러움이, 한편으로 원통함이 밀려왔다. 그곳이 한때 고구려의 영토였고 불과 100여 년 전 우리 선조가 땅을 일구고 살았던 간도 지역이라는 사실이 떠오른 것이다.

또 귀이저우(貴州) 성의 새로운 관광지로 부상하고 있는 거터후도 들렀다. 성도인 구이양(貴陽)을 벗어나자 전혀 예상하지 못했던 낯선 풍경이 눈에 들어왔다. 마치 어머니의 젖무덤 같은 봉긋이 솟은 조그마한 산이 수도 없이 스쳐 지나갔다. 우리 산처럼 능선이 겹쳐진 게 아니다. 무덤 봉우리처럼 하나씩 솟아 있었다. 자동차가 얼마쯤을 더 달리자 마치 단면도 촬영을 위해 반 토막 낸 듯 산이 반쯤 잘려 나가 있어 눈이 휘둥그레졌다. 이는 풍화작용으로 뼛속을 고스란히 드러낸 것이다. 거터후에 도착한 뒤에도 더욱 놀라운 장면이 기다리고 있었다. 엄청나게 큰 산에 두 개의 동굴이 산을 관통하고 있었다. 높이가 100m가 넘는 두 개의 터널이 각기 다른 지질시대에 만들어진 것이라고 한다.

기후도 이 같은 자연의 다양성을 만드는 데 일조했다. 민족 또한 한족을 제외하고 54개의 소수민족이 사는 게 중국이다. 소수민족은 고유의 문화를 갖고 기후에 적응하면서 살고 있다. 당연히 주거 양식과 생활방식도 많은 차이가 난다. 하지만 지역과 민족 그리고 기후를 떠나 중국인에게 관통하는 생각이 있다. 집을 인간의 생명과 직접적인 관련이 있는 양생의 터전으로 여긴다는 사실이다.

명당은 삼대가 적선해야 얻을 수 있다

중국인의 세계관을 엿볼 수 있는 격언이 있다. "일명(一命), 이운(二運), 삼풍수(三風水), 사적선(四積善), 오독서(五讀書)"다. 한 인간을 성공에 이르게 하는 지침으로 여기는 격언이다. 운명은 바꿀 수 없다. 고관대작의 자제로 태어나거나 아니면 치유 불가능한 질병을 갖고 세상에 나왔다거나 하는 것이 운명이다. 선천적이다. 하지만 노력 여하에 따라 운명도 새롭게 개척할 수 있다. 쉽게 말해 집터와 묘지를 잘 쓰고 착하게 살면서 열심히 공부하면 성공에 이를 수 있다.

중국 속담은 적선이나 독서보다 풍수가 좀 더 강력한 성공의 수단임을 역설한다. 풍수와 적선의 위력을 알기 쉽게 계량화해서 설명하는 중국 속담도 있다. "삼대가 적선을 해야 남향집에 산다." 물론 남향집은 명당의 대명사다. 이 속담은 적선을 많이 하면 복을 받는다는 의미와 더불어 생기가 넘치는 남향 길지를 좀처럼 찾기가 어렵다는 뜻을 함께 갖고 있다. 중의적 표현이다. 더 중요한 것은 풍수상 명당이나 길지는 바뀐다는 것을 암시하고 있다. 일회성 적선, 혹은 필요에 의한 적선을 경계한 것이다. 김상재는《명당은 순환한다》에서 "명당은 소임이 끝나면 기의 흐름에 따라 다른 곳으로 옮겨 간다"면서 "꾸준한 적선을 통해서만 땅의 생기를 유지할 수 있다"고 강조했다.

그 의미야 어떻든 "삼대가 적선을 해야 남향집에 산다"는 속담에서 길흉화복이 모두 터에 있다는 중국인 선조들의 생각을 충분히 감지하고도 남는다. 이 같은 집단 이성을 갖게 되는데도 나름대로 이유가 있다. 중국인은 오랫동안 농경문화에 천착해 살아왔다. 농경문화 사회에서 토지는 그 자체가 생명이다. 필요에 따라 쓰고 버리는 소모품이 아니다. 옛날엔 토지를 떠나 산다는 것을 상상조차 할 수 없었다. 땅이 영원히 제자리를 지키며 만물을 키워내듯 사람도 그 자리에 터전을 잡고 대대로 살아왔다. 또 후손 대대로 그 땅에서 재산도 모으면서 오래살기를 바랐다. 그런 바람 즉 복(福), 녹(祿), 수(壽)를 실현하기 위해서 만물을 생장시키는 땅의 신비한 힘을 생활에 활용한 게 풍수였다. 풍수는 매우 실리적이고 인간적인 구복의 욕구에서 출발한 셈이다. 생기가 넘치는 장소에 집을 짓거나 묘지를 쓰면 복을 받는다고 믿은 것이다.

　이런 구복적 사상은 땅의 기운을 따져 화복을 구분해내는 지술로 발전했다. 지술은 또 도교와 불교 그리고 음양오행설, 참위설 등 다양한 신앙과 접목되어 정교한 이론으로 정리됐다. 땅을 혼과 기가 깃들여 있는 생명체로 인식하고 대지와 사람의 조화를 꾀했다. 이게 중국 풍수 이론의 핵심이다. 최창조 서울대 교수는 풍수가 하나의 이론으로 정립되어 가는 과정을 "동양 사람의 땅에 대한 무한한 애정 표현"이라고 말했다.

　하지만 한때 미신적 요소가 가미되어 세속화 길을 걸으면서 기복의 사술로 전락했다. 특히 마오쩌둥은 문화대혁명이 성공한 뒤 풍수를 잡술로 규정했고, 풍수 관련 서적의 출판금지 명령을 내렸다. 분서갱유도 서슴지 않았다. 중국인이 가문의 번영과 재산을 주는 사술로 풍수를 받아들이고 맹목적으로 추종한 반작용이었다.

　하지만 지금은 새롭게 접근해가고 있다. 주택과 자연환경 사이의 조화 이론으로 인식되고 있다. 동양의 새로운 학문(환경지리학, 자연지리학)으로 부상할 정도로 풍수지리학은 세계적 관심 대상이 되고 있다. 사회인류학자 와타나베 요시오는 《동아시아의 풍수사상》에서 "풍수는 서양의 과학이나 지리학에는 없는 심도 있는 사상적 패러다임을 간직하고 있는 체계다"라고 역설했다. 동양의 사상적 패러다임에 관한 연구도 활발하다. 중국의 한 고등학교는 풍수를 정식 교과목으로 채택했다. 또 중국 쓰촨(四川)은 풍수를 유네스코 세계문화유산으로 등재하려고 노력 중이다.

바람은 재앙을 막고 물은 재물을 부른다

중국인은 집터에서 미래에 대한 희망과 삶의 의미를 찾았다. 그들에게 집터는 신앙이자 자연지리를 이해하는 채널이었다. 집터를 '운명의 그릇'으로 받아들인 셈이랄까? 즉 집터를 집안의 흥망성쇠 결정 인자로 여겼다. 집안의 흥성을 위해 가옥의 구조나 위치, 방위 등에 신경을 써왔다. 중국인은 이를 상택(相宅)이라고 한다.

상택은 풍수의 일종이다. 우리 식으로 말하면 양택 풍수다. 중국 풍수는 기, 음양 팔괘 등 고대철학의 종교 관념을 그 중요한 근거로 삼고 있다. 이는 중국인의 자연에 대한 인식과 길흉관념, 자손번영에 대한 심리를 반영하고 있다. 이 때문에 중국인이 주거지를 선정할 때 지세와 자연환경에 순응하는 태도를 보이는 것을 당연시했다.

그중 가장 중요한 것은 햇빛의 양이다. 지세를 중시하는 우리나라와 달리 방향과 방위를 좀 더 중시한다는 뜻이다. 지세를 표현하는 '부음포양'(負陰抱陽)마저도 방위와 방향을 위한 도구일 뿐이다. 부음포양은 도교의 사상체제를 세운 노자가 쓴 《도덕경》에 나오는 표현이다. 한의사 김홍경은 《노자》에서 "부음포양에서 부(負)는 배(背)와 같은 의미"라면서 "그늘을 지고 햇볕을 안은 것"이라고 해석했다. 쉽게 말해 산을 뒤로 등지고 논밭을 앞에 둔 양지바른 터 즉 배산임수의 입지를 뜻한다. 배산임수를 선호하게 된 이유를 과학적으로 풀이한다고 해도 전혀 무리가 따르지 않는다. 중국은 북반구 중위도에 위치한다. 이런 지방의 사람은 뒷산이 있고 남향집에 살 때, 가장 쾌적한 생활을 누릴 수 있다고 한다. 이 때문인지 모르지만 중국의 가장 이상적 주택입지와 주택배치를 '남향집의 동쪽 대문'이라고 한다.

중국 도시형 주택인 쓰허위안에서도 남향 선호 현상이 뚜렷하게

홍콩의 리펄스 베이 호텔
홍콩의 태평산에 사는 용의 왕래를 위해 건물 한가운데 사각형의 구멍을 냈다.

드러난다. 쓰허위안은 좌우대칭의 주택 구조다. 기준 축은 남북방향
이다. 이 때문에 남향집이 전형이 되었다. 물론 남향으로 집을 지을
수 없는 경우 북향집을 짓는다. 이 경우에도 꼭 따르는 원칙이 있다.
장범성 한림대 교수는 《중국인의 금기》에서 "절대로 집 앞쪽 지대가
높은 곳을 피했는데, 이는 이런 집에서 살면 '과부나 고아가 생기고
집안이 망한다'는 속설 때문"이라고 적고 있다.

　남향의 햇볕 이면에는 산바람이 있다. 중국인은 바람을 기를 움직
이는 용으로 인식했다. 홍콩의 랜드마크 리펄스 베이 호텔은 37층
건물 한가운데인 중간에 6층 높이의 사각형 구멍을 냈다. 홍콩의 상
징인 태평산에 사는 용이 왕래하는 데 방해된다는 풍수 전문가의 조

언을 받아들여 호텔 건물의 중간을 비워둔 것이라고 한다. 호텔 건물의 구명이 용혈 역할을 하는 셈이다.

홍콩의 번화가 왕자오(旺角)에 있는 몇몇 건물은 도로 위에 지어져 있다. 터널 형식으로 지어진 건물 1층은 차도로 이용된다. 2층은 상가와 사람이 다니는 인도로 조성되어 있다. 1층은 공간(도로)으로 둔 것 역시 용맥 흐름을 끊어서는 안 된다는 중국(홍콩) 사람의 생각이 반영된 것이라고 한다.

풍수에 대한 역사상 최초의 해석을 달고 있는 곽박의 《금남경》은 풍수를 "물을 보고 바람을 막는 것"이라고 정의했다. 물을 얻음으로써 곡식의 생장을 돕고 찬 북풍을 막음으로써 추위를 피하는 장소라고 해석할 수 있다. 방위는 바람을 막고 햇볕을 얻는 것이라면 물은 생장의 힘을 얻는다. 물이 없으면 곡식을 재배할 수 없다. 하늘만 쳐다보고 농사를 짓던 옛사람에게 물은 곧 재물과 같았다. 풍수가 봄, 여름 가뭄이 심하고 물이 귀한 베이징 일대의 화북지방에서 번성한 연유도 여기에 있다는 게 학자들의 주장이다. 화북은 물 부족 지역이다. 최창조 서울대 교수는 《닭이 봉황되다》에서 "중국 풍수가 한국보다 물을 중시한 것은 풍수의 발원지가 반건조 지역이기 때문"이라면서 "중국 풍수에서 물이 곧 재물로 통하는 것은 물이 그만큼 귀했다는 의미"라고 설명했다.

중국 풍수에서 물의 의미는 그만큼 막중하다. 생기의 발원지로 여긴다. 이는 물에 생명의 가치를 부여하지 않았다면 가당치도 않은 해석일지도 모른다. 물의 생명력은 무엇일까? 한 풍수학자는 "천지의 생기가 생동, 유전하는 모습이고 지표를 흘러 냇물이 되고 지하를 통하는 지하수가 되어 땅의 기운을 운반하지 않느냐"고 반문했다. 물이 생기의 운반체 역할도 한다는 뜻이다.

　이런 인식은 풍수에서 인공적으로 연못을 만드는 것으로 이어졌다. 중국의 대표주택인 쓰허위안은 정원식 가옥이다. 이 주택에 빠지지 않는 게 바로 중정의 연못이다. 그만큼 물을 중시하는 중국인의 사고를 엿볼 수 있다. 중국 공원의 특징을 가장 잘 보여주는 이화원의 인공호수(昆明湖)도 풍수지리에 따라 땅을 파고 연못을 만들었다. 또 홍콩에 있는 호프웰센터 옥상에는 별 쓸모가 없는 커다란 수조가 있다. 사업번창 기원과 함께 양초 모양의 호텔과 조화를 맞추기 위한 기교(물과 불의 조화)가 담겨 있는 것이라는 게 한 언론의 보도다.

한·중·일 대표
가옥에 담긴 정신

"한옥은 중국 양식의 집이다. 당송시대의 집을 빼닮았다."

《한국인에게 문화는 있는가》라는 다소 돌발적 제목으로 한국인과 한국문화를 분석한 저서를 낸 최준식 이화여대 교수의 주장이다. 그는 "그것은 하나도 이상할 게 없다"면서 "지금 우리가 쓰고 있는 한자의 훈과 음은 당나라 때의 것"이라고 주장했다. 맞는 말이다. 우리의 궁궐과 사찰 그리고 사원 등의 지붕 모양, 기둥 형태는 당송의 영향을 지대하게 받았다. 우리만이 아니다. 기모노가 당송시대의 복식에서 유래했던 것처럼 일본의 사찰이나 신사 역시 중국에 원형을 둔 가옥 형태라고 해도 크게 틀린 말이 아니다. 적어도 겉모양은 세 나라에서 큰 차이를 발견할 수 없다. 특히 건축적 특성을 가장 잘 표현할 뿐 아니라 집의 모양을 결정하는 지붕은 당송의 것과 유사하다.

아무리 찬란한 문화라도 하늘에서 떨어지듯 독창적이고 독자적인 것은 거의 없다. 세상의 문화라는 게 고대로부터 전해 내려오는 지식 위에서 만들어진다는 '상호텍스트 법칙' 역시 세상의 이치다. 특히 고유의 생활문화는 주변의 문화적 영향을 주고받으면서 진화된다. 지붕과 기둥에서 비롯된 가옥의 겉모양은 비슷하다. 그러나 가옥내부의 형태는 한·중·일 3국이 다르다. 특히 생활무대인 가옥은 궁궐, 사찰, 사원보다 훨씬 고유성이 강하다.

자연이 만든 한옥

자연과 인간이 만들어낸 또 다른 자연

어느 사회, 어느 시대든 새로운 문화를 접하게 되면 새로운 문화와 낡은 문화는 대결하게 된다. 자연스럽게 갈등 조정과정을 겪는다. 경우 따라서 승패가 갈리기도 한다. 그 결과에 따라서 동화, 배척, 융합, 변형 등 다양한 형태의 변용이 발생한다. 새로운 문화는 그렇게 태어난다. 문화변용 과정에서 무엇보다 중요하게 작용하는 게 있다. 민족과 나라마다 소유한 독특한 문화의지다. 문화의지는 어떤 문화가 진화과정 속에서도 고유의 문화적 특성을 잃지 않고 유지하는 어떤 힘이다.

우리나라 건축문화의 수용양식도 문화변동과정을 통해 이해할 수 있다. 우리 건축은 중국과 마찬가지로 통치 이념인 유교적 이데올로기를 담고 있다. 중국 건축은 중축선과 좌우대칭 구조를 통해 유교적 권위를 표현했다. 우리도 마찬가지다. 하지만 한옥은 그 유교적 권위의 상징인 대칭구조에서 벗어나 있다. 중국 가옥 구조의 골격이라고 할 수 있는 좌우대칭과 비율이 적용되지 않는다. 《한국문화는 중국문화의 아류인가》에서 이강민은 〈중국 건축의 규범과 한국 건축의 적응〉이라는 글을 통해 "(한옥은) 일견 중국 건축의 기본구성에서 일탈하는 모습을 보이고 있다"면서도 "하지만 비대칭구조 안에서도 각각의 공간은 시각적으로 균형을 유지한다는 목표로 삼고 있다"고 주장했다. 한반도의 지형, 한국인의 특질과 유교적 이념이 타협하면서 한국인의 특성에 맞는 가옥을 만들어낸 것이다.

이 타협과정에서 한국인의 문화의지가 투영되어 있다. 진중권 전 동양대 교수는 "자연이 되려는 것"이라고 주장했다. 조선 말기 선교사였던 안드레아스 에카르트는 자연과의 친밀도와 관련해서 일본과 한국·중국을 비교했다. 그는 한국 미술에 관한 최초의 책인《조선미술사》에서 "조선인은 중국의 전족과 일본의 분재와 같은 불구의 미를 이상으로 삼지 않는다"면서 "미에 대한 자연스러운 감각을 지니고 있다"고 비교 평가했다. 한국이 중국이나 일본보다 상대적으로 자연친화적이라는 설명이다. 미국의 사회학자 프로렌스 크라크혼은 "미국인이나 러시아인은 자연을 인간에 의해 정복되어야 하는 대상으로 여긴다. 멕시코 농민은 자연에 굴복해야만 하는 것이라고 생각한다. 이에 비해 일본인은 자연과 조화를 유지해야 한다고 생각한다"고 말했다.

가옥은 한 시대, 한 민족의 생활양식과 가치관을 보여주는 전시관이다. 한옥 역시 한국의 문화의지를 가장 잘 표출하고 있다. 한옥을 '자연과 하나 되는 공간' 혹은 '자연과 장인이 만들어낸 또 다른 자연', 한옥의 미를 '자연과 하나 되는 공간미학'이라고 규정하는 것도 그런 시각을 반영한 것이다. 한필원 한남대 교수는《한국의 전통마을을 찾아서》에서 "한옥은 건물, 마당, 담 등이 자연과 어우러진 유

한옥의 그랭이 공법

높이가 일정하지도 않고 매끄럽
지도 않은 주춧돌 위에 나무기
둥을 세우는 방식. 인간과 자연
이 만날 때, 자연에 인간이 양보
하는 모습을 상징적으로 보여주
는 한국인의 특성이다.

기적 복합체"라고 규정했다. 이는 한옥의 건축양식과 재료 선택 등
에 녹아 있는 문화의지가 인위적이거나 가공적이지 않다는 뜻이다.
한옥의 특징인 자연과의 조화, 자유분방함, 과감한 생략, 비균제성
등은 자연스러움을 상징한다.

이런 특성을 상징적으로 보여주는 게 한옥의 '그랭이 공법'이
다. 이는 높이가 일정하지도 않고 매끄럽지도 않은 주춧돌 위에 나
무기둥을 세우는 방식이다. 주춧돌은 집 주변에서 주어온 직경이
20~30cm쯤 되는 흔한 돌이다. 면이 고르지 않고 높이도 제각각이

자연이 만든 한옥

다. 이 자연석을 흔히 '호박돌'이라고 불렀다. 주춧돌로 삼은 호박돌을 덤벙주초라고도 한다. 사전적 의미는 덤벙덤벙 놓은 주춧돌이라는 뜻이다. 주춧돌 위에 세우는 기둥도 자연 그대로다. 휘어 있으면 휘어 있는 대로, 옹이가 있으면 옹이가 있는 대로 썼다. 이때 기둥을 주춧돌 표면의 굴곡 높낮이에 맞춰 깎는 것을 '그랭이질'이라고 한다. 진중권 전 교수는 그랭이 공법을 "인간과 자연이 만날 때, 자연에 인간이 양보하는 모습을 상징적으로 보여주는 한국인의 특성"이라고 말했다.

그렇다면 한국인들은 굳이 이처럼 최소한의 인공적인 작업조차 거부한 것일까? "한국인에게 있어서 전통적인 아름다움이란 몸으로 느끼는 것이다. 당연히 합리적이지 않다"는 언론인 홍사중의 말을 들을 필요가 있다. 그는《한국의 미의식》에서 "옛사람은 명품이나 예술품을 만들어내겠다는 욕심이 없었다. 그들이 욕구했던 것은 감상의 대상이 아니라 일상 생활용품이었다"면서 "거기에는 미학이 개입할 여지가 없다"고 주장한다. 그렇다보니 아름다움보다는 기능성에 중점을 두었다.

심지어 예술품에도 그런 흐름이 반영된다. 조선 풍속화에는 단순미와 여백의 미가 두드러지고, 조선의 막사발에는 순박하고 담백한 맛이 담겨 있다. 그림이면 그림, 그릇이면 그릇대로 맡은 역할만 다하면 그것만으로도 충분하다고 생각했다. 그런 사람에게 인공적인 꾸밈이나 조작은 거추장스럽고 번거로운 일일 뿐이다.

한국의 미를 '비애의 미'라고 규정했던 야나기 무네요시는《조선의 미, 가정의 미》에서 "조선의 것은 인간이 하는 작업의 틀 속에 넣기 어렵다. (……) 자연이라는 것이 많은 몫을 차지하기 때문에 인간의 척도로 완전히 측량할 수 없다"면서 "인간의 기술을 통해 자연을 살린다. 자연을 좇아 더욱 자연에 작용한다"고 말했다. 자연스러움은 한국인의 문화유전자다.

지난 2012년 문화체육관광부와 한국국학진흥원은 한국의 문화유전자 선정을 위해 전문가 100인을 대상으로 한 심층 인터뷰와 일반인 1000명을 대상으로 한 설문조사를 실시했다. 그 결과 자연스러움이 12.3%, 열정 12.2%, 신명 12%, 예의 10.4%, 여유 7.8%, 한(恨) 4.9% 순으로 나타났다. 이 설문을 토대로 문화체육관광부는 '10대 한국문화유전자'를 선정했다. 물론 1위는 자연스러움이었다. 인위적 손길로 화려하게 장식하거나 잘 짜진 기하학적 구도를 잡기보다는 있는 그대로를 드러내는 자연스러움이 한국문화의 핵심임을 다시 한번 확인했다.

곡선의 묘미를 보여준 한옥 지붕

대문 밖
길 따라 선 따라
곡선 없는 곧은 길
모두 바르게 가자고
작은 골목 큰 골목
앞만 보는
직선 아니면 직각
잃어가는 곡선

네모 세모 원

내 주위

하나같이 자로 잰

균형 있는 편리함보다

틈 없는 긴장 속

숨통 조이는

자유분방 잃어가는

경직되어 가는 정서

　시인 안효철은 〈잣대로 잃어 가는 정서〉에서 직선이나 직각이 주는 정서를 통해 곡선이 만드는 풍경을 그리워하고 있다. 사라져가는 곡선의 아름다움을 지키려는 시인의 마음이 간절하다.

　사실 한국인은 직각과 직선을 감성적으로 선호하지 않는다. 칼로 자른 듯 예리한 모서리, 과장되게 장식된 각진 기둥에서 아늑함이나 포근함을 느끼지 못한다. 왜 이런 감정이 생겼을까? 직선과 직각을 자연적이라고 생각하지 않는다. 아니 직선과 직각은 자연 속에 존재하지 않는다고 여기는지도 모른다. 대신 곡선이 자연스럽다고 여긴다. 곡선에서 고상한 운치를 느낀다.

　자연 속에 묻히려고 하는 정원, 산속에 있을 때처럼 비뚤어지고 휘어 있는 모양 그대로를 고집하는 한옥 기둥과 보, 풍파에 흔적을 그대로 머금고 있는 담과 덤벙주초의 돌덩어리에는 자연이 살아 있다. 이것들만으로도 한옥의 자연스러움을 충분히 설명할 수 있다. 하지만 한옥의 지붕을 언급하지 않고 한옥에 느끼는 정서적 자부심이나 서정적 격조를 말할 수는 없다. 한옥을 한옥답게 만드는 게 지붕의

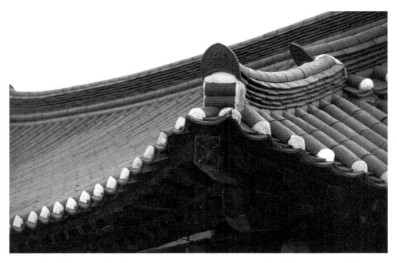

한옥의 지붕과 처마
한옥의 지붕선은 육중함을 느끼지만 처마선은 춤추는 여인이 버선발을 살짝 치켜 올린 듯이 가 볍다.

곡선이기 때문이다.

한옥의 아름다움은 지붕과 처마의 곡선미에 있다. 지붕과 처마의 선은 한옥의 첫인상이다. 그만큼 눈에 띄게 아름답다. 특히 처마의 선은 한옥의 멋 중 멋이라고 한다. 조지훈은 〈멋의 연구―한국적 미의식의 구조를 위하여〉라는 논문에서 '미(美)'를 아름다움, 고움 그리고 멋으로 구분했다. 아름다움은 예쁨, 고움은 우아함에 가까운 개념이다. 멋은 겉으로 드러나는 맵시가 아니다. 조지훈은 멋을 "처음부터 멋 내려고 하지 않아도 원숙해지면 저절로 드러나는 아름다움"이라면서 그 멋을 가장 잘 표현한 것으로 한옥의 처마선을 꼽았다.

한옥의 지붕선은 무거운 기와를 지고 있는 듯 육중함을 느끼게 한다. 반면 처마선은 춤추는 여인이 버선발을 살짝 치켜올린 듯이 가볍다. 경쾌한 처마선이 지붕선의 무게감을 덜어주기 때문에 한옥의 지붕에서 생기발랄함을 느낀다. 여기에서 장중한 남성적 아름다움도, 우아한 여성적 아름다움도 아닌 한국적인 멋이 드러난다. 은근한 인간적인 아름다움이라고 할까?

어쩌면 이 아름다운 지붕선과 처마선은 조지훈의 이야기처럼 처음부터 멋을 내기 위해 만들어진 계산된 곡선이 아닐지도 모른다. 수많은 시행착오를 거치고 숙성의 기간을 지나면서 스스로 드러난 '자연의 선'이다.

어떤 독자는 '한옥 지붕선이 휘어 있나?'라고 의아해할지도 모른다. 한옥의 지붕선을 한번 유심히 보라. 어딘가 휘어 있는지를 꼼꼼히 보라. 아마 쉽게 찾을 수 없을 것이다. 이쪽 용마루에서 저쪽 용마루로 뻗은 지붕선은 마치 직선처럼 곧게 뻗은 듯이 보인다. 실제는 그렇지 않다. 한옥의 지붕선은 완만하게 오목한 곡선이다. 여기에 한옥의 묘미가 배가된다. 곡선을 펴서 직선처럼 보이게 하는 신비가 숨어있기 때문이다.

혹 '배흘림기둥'을 아는가? 한옥에 사용되는 기둥은 눈에 띄지 않을 정도로 배불뚝이 모양을 하고 있다. 이를 배흘림기둥이라고 부른다. 눈으로 보는 기둥은 곧은 원통 모양을 하고 있다. 시각 정보의 부족에서 비롯된 착시작용 때문에 이런 현상이 벌어진다. 이런 공법을 서양에서는 엔타시스(Entasis) 기법이라고 부른다. 또 규모가 있는 건물의 기둥은 눈에 보이지 않을 만큼 안쪽으로 기울어지게 세우는 게 보통이다. 이 역시 착시현상 때문에 기둥이 벌어져 보이는 것을 막기 위한 기술적 처리다. 이와 마찬가지로 지붕선도 아래로 오목하게 만듦으로써 곧은 선처럼 보이게 한 것이다. 기둥에 적용되는 엔타시스

기법을 지붕선에 원용하는 나라는 한국을 제외하고는 아마도 없을 듯싶다.

처마도 마찬가지다. 하늘에서 지붕을 내려다보면 한옥은 반듯한 사각형 모양을 하고 있다. 하지만 처마의 선을 하늘로 치켜세운 형태로 만들지 않았다면 그렇게 네모반듯한 모양을 낼 수가 없다. 이 역시 착시현상 때문이다.

중국 가옥 쓰허위안은 한옥과 마찬가지로 팔작지붕 형식이지만 한옥보다 처마가 훨씬 더 높게 치켜세워져 있다. 일본 가옥의 지붕은 밋밋하게 그냥 내려온 게 많다. 홑처마 형식이다. 네모반듯하게 건축된 중국 가옥과 일본 가옥을 하늘에서 내려다보면, 삐뚤어진 사각형 모양을 하고 있다. 보이지 않는 곳까지 아름다움을 추구하고 있는 가옥은 한옥이 유일하다. 바로 거기에 한옥이 주는 감동이 있다. 착시현상까지 고려해서 지붕선까지 설계한 조상의 지혜에 새삼 감탄할 수밖에 없다. 우리 조상은 지붕이 '제5의 입면'임을 이미 알고 있었던 셈이다.

자연스러움이 파격을 낳다

곡선은 격식이 없다. 물의 흐름처럼 자유분방하다. 물은 높은 곳에서 낮은 곳으로 흐른다. 물은 흘러가면서 변한다. 차면 넘친다. 흐름을 막는 장애물이 있으면 새로운 길을 만든다. 그렇다고 물의 본성이 변하지는 않는다. 형태가 바뀔 뿐이다. 형태의 변화는 무궁무진하다. 형태가 변하면서 다양한 곡선을 만든다.

한국인은 물이 흐르면서 형태를 만들어가는 곡선을 닮았다. 곡선의 속성인 자유분방함도 우리 민족의 특성 중 하나다. 자유분방함은 규칙과 획일주의를 싫어한다. 대신 개성을 존중한다. 홍사중은《한국인의 미의식》에서 "한국인은 원래가 완벽한 것을 좋아하지 않는다. 기하학적인 정연함이며 빈틈없는 계산은 어딘가 자연스럽지 못하다하여 거북스레 여기는 버릇이 있다"면서 "합리성 부족이라는 이유만으로 해명되지 않는 한국인의 독특한 인생관이나 발상법에서 자유분방함이 나온 것이다"고 주장했다. 본성적으로 자연친화적인 성격과 자유분방함이 깊은 연관성을 갖고 있다는 뜻이다.

우리 조상은 철저한 질서와 규범을 중시하는 유교 문화 속에 살았다. 백성들은 경제적 핍박과 착취를 당해야 했다. 한이 맺힌 숨 막히는 사회였다. 숨 쉴 수 있는 방법을 찾아야만 했다. 그것이 바로 질서와 규격을 무너뜨리는 일탈이었다. 신명이 어우러진 자유분방한 일탈이었다. 최준식 이화여대 교수는《한국인은 왜 틀을 거부하는가》에서 자유분방을 한국인의 중요한 특성 중 하나로 꼽고 그 이유를 설명하고 있다.

> "한국인은 무엇을 하든지 질서정연하고 꼼꼼하게 하기보다는 대충할 뿐 아니라 인간의 손을 대서 인공적으로 정밀하게 다듬으려고 하기보다는 가능한 한 자연을 그대로 두는 것을 좋아했던 것 같다. 즉 인간 고유의 원초적인, 비인위적인 성향에 충실하다는 의미에서 한국적 자유분방이라고 한 것이다. 어떤 학자는 이를 자연주의 미학이라고 부른다."

그렇다면 인공주의 미학과 자연주의 미학은 어떤 차이가 있을까? 인위성이란 사람에 의한 조작으로 이루어진 성질을 말한다. 주어진

조건에서 목적을 달성하기 위해 계획된 대로 조작된 것으로 정의할 수 있다. 목적을 수행하기 위해 철저한 질서와 엄격한 규율을 필요로 한다. 한국인은 이 같은 질서와 규율을 거부한다. 대신 파격과 일탈을 즐겼다. 진정 자유분방함이다.

집을 지으면서 느끼는 손맛

자유분방함은 건축에도 적용됐다. 그렇다 보니 한옥에는 정형화된 조형 원리라고 내세울 만한 게 없다. 일관된 규칙성이 적용되지 않는다. 중국의 쓰허위안에서 볼 수 있는 대칭성과 비율은 한옥에선 없다. 다다미를 규격화의 모범으로 삼았던 일본처럼 상품의 표준화 작업에도 뒤떨어졌다. 나무를 껍질만 벗긴 채 통째로 사용한 도랑주 기법을 사용하는 가옥에 표준화라는 것은 가당찮은 일이다.

건물을 세우고 지탱해야 하는 중요한 역할을 하는 게 기둥이다. 이런 기둥마저도 최대한 자연 상태를 유지했다. 기둥으로 사용할 만한 통나무를 골라 그대로 건축재료로 사용했다. 심지어 나뭇결이 노출된 휜 나무 기둥을 그대로 세우기도 했다. 한옥 기둥 재료로는 소나무를 주로 사용했다. 사계절이 뚜렷한 우리나라에서 곧게 자란 소나무를 찾기란 그렇게 만만한 일이 아니다. 비뚤어지거나 옹이가 박혀 있는 게 태반이다. 임석재 이화여대 교수는 《우리 건축 서양 건축 함께 읽기》에서 "못생긴 휜 나무의 본성을 살리는 게 한국 전통 건축의 멋 가운데 하나"라면서 "기둥으로서가 아니라 나무 한 그루로 여겼던 게 우리 조상의 생각"이라고 말한다. 그는 또 "이 같은 조상의 생각은 자연을 닮으려는 자연순화사상에서 기인한다"면서 "한국 전통 건축 기둥은 이처럼 자연을 닮음으로써 인간이 세운 편협한 편견을 거부하려는 평등사상을 속뜻으로 담고 있다"고 역설했다.

　반면 중국 가옥 쓰허위안의 기둥에는 정교한 그림이 조각된 게 보통이다. 그 위에 붉은 색칠을 한 뒤 기름칠을 해 내구성을 높인다. 또 기둥에는 행운을 표현하는 문구인 대련(對聯)을 써서 걸어놓기도 한다. 영화 〈홍등〉의 무대배경인 교가대원 기둥에는 청조 말기에 일어난 태평천국의 난을 진압하여 국민적 영웅이 된 쥐쭝탕(左宗棠)이 쓴 대련(損人慾以復天理, 蓄道德而能文章, 인욕을 줄임으로써 천리를 회복하고 도덕을 쌓을 수 있으며 문장에도 능하게 된다)이 조각되어 있다. 중국인은 한국인과 달리 인공의 미를 추구했음을 뚜렷이 볼 수 있다.

　지나치면 병이 된다. '파격'은 생활의 해학으로 예술의 계곡미로 발전했지만 정작 건축기술의 발전에는 장애요인으로 작용했다. 예를 들어 문이라는 것도 최소한의 바람을 막는 기능을 하면 그만이었다. 그것이 완벽하게 문틈을 막지 않아도 상관없다. 눈대중 손대중으로 틀을 맞추면 그만이다. 그뿐이 아니다. 나무가 바짝 마르지 않아 해가 지나면서 문틀이 뒤틀리기는 경우도 있었다. 문짝이 꼭 맞을 수가 없었다. 한겨울 문틈 사이로 황소바람이 불어 들어와도 그러려니 했다. 유럽이 베르사유 궁전에 똥이 넘쳐나도 화장실을 만들 생각을 안 했던 것과 별반 차이가 없다. 찬바람을 견디지 못하면 고작 문풍지를 문틈에 바르면 그만이다. 만약에 중국의 대칭성과 비율, 일본의 규격화가 한옥에 적용됐다면 문풍지는 크게 쓸모없었을 것이다.

　우리 옷도 마찬가지다. 한복은 입은 사람의 몸매를 드러내지 않는다. 소매와 바지통이 넓은 한복은 여분의 옷이다. 넉넉하다 못해 풍성한 옷이다. 한복 바지는 다리통이 서너 개 들어가도 남을 정도로 넉넉하다. 키에 맞춰 끈으로 길이를 조절해서 입으면 된다. 키가 크

중국 쓰허위안의 기둥
정교한 그림이 조각되어 있으며 그 위에 붉은 색칠을 해 내구성을 높였다. 한옥과 달리 인공의 미를 추구했다.

든 작든, 몸이 뚱뚱이든 홀쭉이든 같은 옷을 입을 수 있다. 우리 속담에 "옷이 몸에 붙으면 복 들어갈 틈이 없다"고 했다. 옷 속의 널찍한 공간은 복을 저장하는 공간이라는 인식을 드러낸 것이다. 한복 치마는 아예 보자기 형태다. 그저 두르고 여미기만 하면 되는 옷이다. "열두 폭 치마"라는 속담도 있다. 오지랖이 넓다는 뜻이다. 이 속담은 몸을 열두 번 감고도 남을 정도로 치마폭이 넓다는 데서 나왔다.

음식을 조리할 때도 지금과 같이 재료의 무게를 달아서 사용하지 않았다. 한국인은 추억의 맛을 '어머니의 손맛'이라고 설명한다. 손맛은 음식 맛의 대명사다. 하지만 손맛이 무엇인가? 음식을 만들 때 손으로 만들어내는 맛이다. 손맛이란 감각의 맛이고 경험의 맛이다.

계량화된 맛이 아니다. 휜 나무를 기둥으로 쓰는 것이나 몸의 치수와 관계없이 입는 옷을 짓는 것이나 모두가 재고 맞추고 자르는 것을 인위적인 것으로 생각하는 한국인의 모습을 그대로 보여준다.

곡선형 한국인

"직선은 인간이 만들었고 곡선은 신이 만들었다."

스페인 건축가 안토니오 가우디의 명언이다. 가우디는 곡선의 미학을 건축양식에 적용한 세계적인 건축가다. 그는 자연과 인간이 어울려 사는 이야기를 곡선으로 풀어냈다. 그 이야기는 생명체가 마치 살아 움직이는 듯한 인상이다.

가우디는 한국인이 잊고 살았던 경험적 기억을 되살렸다. 한국인은 어깨동무한 듯 끝없이 이어지는 산 능선들, 도약을 위한 웅크림처럼 똬리를 틀어 몸을 낮춘 소나무를 바라보며 살아왔다. 자연과 친숙했다. 익숙해지면 따라하고 싶어진다. 그것이 창조의 밑천이 됐다. 산 능선의 어깨동무를 풀어 엎어놓은 초가지붕, 어머니의 젖가슴을 닮은 무덤, 유려한 폭포수처럼 흐르는 한복의 치마, 산허리를 부드럽게 감싼 하천 같은 버선 발뒤꿈치선, 뭉게구름처럼 가벼운 색동신의 코선, 아지랑이처럼 몸을 휘저으며 살아지는 들판의 오솔길, 너울을 그린 듯이 유연한 담장 등을 만들어냈다. 하나같이 자연의 풍광을 닮고 있는 선들이다. 이들 선이 바로 한국의 전통미와 자연미의 중심에 있다. 한국인의 마음에 늘 곡선이 있다는 이야기다.

한옥도 마찬가지다. 그대로 자연을 닮았다. 직선에서 오는 경직성이나 질주의 느낌이 없다. 지나친 압축감도 없다. 상징적이지도 않다. 있는 그대로다. 자연스러움이 살아 있는 집이다. 한민족은 왜 이처럼 유난히 자연스런 곡선에 빠져 있을까? 눈에 잘 띄지도 않는 지붕선에도 안간힘을 쓰며 직선을 거부했을까?

우리 민족은 단지 곡선을 좋아한 게 아니다. 아예 자연에는 직선이 없다고 여기고 살았다. 우리 민족은 직선과 직각을 인공적이라고 생각했다. 인공을 배척한다는 의미는 자연을 수용한다는 의미와 통한다. 곧 자연의 원리에 순응하는 삶을 살겠다는 의미와 다를 게 없다. '곡선은 자연의 선'이라는 명제를 생활에 접목시켰다.

곡선은 인위적이지 않다. 인위적인 것은 가공된 것이다. 직선은 가공된 곡선이다. 곡선에 인공의 힘을 가해서 펴야 직선이 되는 것이다. 직선은 외부의 힘이 작용된 선이다. 외부의 힘이 작용한 것에는 완전한 진실이 존재할 수 없다. 어떻든 인공은 자연과 상대적 개념이다.

자연은 거짓이 없다. 우리 한민족은 뿌린 대로 거두는 정직한 삶을 살아왔다. 그것이 바로 자연과 인간의 조화였다. 자연과 동행하는 삶이었다. 자연에 저항하지 않았다. 그것이 자연을 파괴하지 않는 것으로 생각했다. 그것이 자연재해를 피하는 길임을 알았다. 사람이 어울려 사는 사회도 자연의 범주 속에 있다. 사회의 법도에도 자연성의 원리가 적용된다. 사회에도 곡선의 지혜를 활용했다는 뜻이다. "정직한 사람의 자식은 굶어죽지 않는다"는 속담은 우리 민족의 자연주의적 사상을 고스란히 담아내고 있다.

곡선의 부드러움은 수용과 포용의 의미를 담고 있다. 우리 조상은 부드러운 곡선에 사회를 끌어안는 상징적 의미를 부여했다. 분리와 나눔의 대명사인 직선은 그런 일을 할 수 없다고 봤다. 부드러움이 강함을 이긴다는 처세법을 삶의 지혜로 삼은 이유이기도 하다.

신이 만든 곡선을 인간이 펴는 세상이다. 질주의 상징인 아우토반은 히틀러가 만들었다. 한국의 고속도로도 박정희가 만들었다. 직선은 지름길이면서 독재자의 길이었다. 급하게 가는 길이고 서두르는 길이다. 능률과 효과를 원하는 방법이었다. 현대의 사람들은 돌아가기보다는 빠르게 가는 길을 선호한다. 성공, 효율, 능률, 효과가 성공의 잣대로 여겨진다. 부드러움이 사라지는 이유인지 모르겠다.

천민조차 얕잡아 본 높은 담

한옥의 돌담에서도 우리 민족이 얼마나 자연에 대한 깊은 애정과 애착이 있는지 알 수 있다. 돌담은 인공적인 것을 거부한다. 우선 돌담의 재료와 축성 방법이 그렇다. 돌담을 쌓는 방법은 간단하다. 주먹 크기의 작은 돌부터 수십cm가 되는 큰 돌까지 있는 모양대로 쌓는다. 돌과 돌 사이에 틈이 나 있으면 작은 돌을 끼워 넣었다. 그 위에 황토를 덧입히면 그만이다. 황토에는 나뭇가지나 볏짚을 섞어 넣어서 담이 무너지는 것을 방지했다. 소박하기 이를 데 없다. 소박하다 못해 투박하기까지 하다.

한옥의 담장에는 인공미의 핵심이라고 할 수 있는 규칙성이나 주기성을 찾을 수 없다. 임석재 교수는 "한국 전통 건축에서 돌의 매력은 비정형성"이라고 전제하고 "인공적 가공을 억제하면서 가급적 자연에서 캐낸 상태 그대로 쓴다"고 말했다.

비가공성을 보인 돌담은 주변 자연경관과 공명을 불러일으킨다. 핵심은 집안이 훤히 보이는 나지막한 담의 높이에 있다. 어른 키보다

한옥의 돌담

담장 밖의 전경이 한눈에 들어온다. 담을 낮춤으로써 자연의 숨겨로가 자연의 풍요로움을 만끽할 수 있다.

낮은, 야트막한 담은 집 전체를 끌어안으면서 아늑하고 포근한 느낌을 감돌게 한다. 대청마루에서 내려다보면, 담장 밖의 전경이 한눈에 들어온다. 담장이 집 밖의 풍경을 집안으로 끌어들이는 역할을 하는 것이다. 담을 낮춤으로써 자연의 숨결과 자연의 풍요로움을 만끽할 수 있는 것이다. 역설의 논리가 숨었다고나 할까?

우리 조상은 담장을 따라 그 안팎에 채송화와 봉선화를 심었다. 보통 뒤뜰 장독대 주변에는 맨드라미를 심었다. 붉은 꽃이다. 불행이나 화를 물리치고 장맛을 내기 위한 주술적 행위다. 담장 안에 있는 우물가에는 앵두나무를 심었다. 더운 기운의 붉은 앵두 열매가 물의 찬 기운과 조화되길 바라는 염원이 담겨 있다. 하지만 담장 밑에 심은 화초와 나무의 기능이 척사(斥邪)에만 있는 것은 아니다. 담장 안과 밖을 일체화시키는 역할을 했다.

담장 안팎에는 담장보다 높이 자라는 나무를 심지 않으려고 했다. 담장 안팎의 시야를 차단하지 않기 위해서다. 시야를 차단하지 않음으로써 담장 밖의 전경을 담장 안의 정원처럼 즐길 수 있었다. 이 때문에 집 안에서 밖을 내다볼 때 한옥의 진가를 느낄 수 있다는 얘기가 나온다. 혹자는 이를 두고 자연에 대한 겸허함과 존중을 표현한 것이라고 말한다.

자연에 대한 존경심은 결국 인간애로 표현된다. 집의 담을 낮추면 마음의 문은 저절로 열린다. 중국 가옥 쓰허위안의 담은 높다. 지나는 사람이 위압감을 느낄 정도다. 집은 담 속에 완전히 숨어있다. 감히 집안으로 접근할 엄두가 나지 않는다. 벽은 외부의 침입을 방어하는 데 최고일지 모른다. 그 대가는 소통 부재이고 단절이다.

반면 한옥의 담장 특히 민가의 담은 속살을 감추기엔 역부족이다. 누구나 안을 들여다볼 수가 있다. 방문을 모두 열어 놓으면 중첩된 개방된 문들 사이로 집 안의 숨결이 다 드러난다. 바라만 볼 수 있는 것도 아니다. 담 너머 이웃집의 안방 웃음소리도 들을 수 있다. 심지어 담장을 사이에 두고 아낙들이 수다를 떨며 정을 쌓기도 했다. 서로를 그리는 애틋한 청춘남녀의 사랑 이야기가 담장을 넘나들기도 했다. 담이 한옥과 마을 사람 사이를 끊는 장벽이 아니라 서로 이어주는 다리 역할을 했던 셈이다. 담은 결코 이웃과 소통을 방해하지 않았다. 아니 한옥에 사는 것은 담과 인연을 맺는 것이라고 해도 무방하다. 단절의 상징이 되는 중국의 담과는 차이가 나는 것이다. 담장은 단지 '이곳은 나의 공간이요'라는 것을 알려주는 표식일 뿐이었다.

담의 기능이 거기에 그치는 것은 아니다. 빠뜨릴 수 없는 게 소통이다. 소통 효과를 보여준 속설이 있다. '만약 그 담이 문보다 높으면 사람들의 말썽을 자주 사고, 시어머니가 며느리에게 눌려 살며, 천민이 얕잡아본다'는 게 그것이다. 낮은 담은 다른 사람의 눈을 의식하게 하는 장치이기도 했다. 집안의 불상사나 시어머니의 횡포에 대해 견제하는 데 도움이 됐음을 짐작할 수 있다.

중국처럼 방어적 개념이 도외시 된 것도 아니다. 보호와 방어기능도 갖고 있다. 담장 높이가 낮지만 외부의 침입자에 대한 감시의 기능도 했다. 여기서 '가리지 않는 방어와 보호'가 가능하냐고 반문할지도 모른다. 하지만 우리는 담을 낮춤으로써 낯선 외지인의 동향을 훤히 파악할 수 있었다. 아무리 담이 낮다고 해도 들어오는 도둑을 막을 수 없다면 그것은 담이 아니다. 방법이 다를 뿐이다. 공간을 열어놓는 게 경계와 보호라는 담의 기능을 포기한 것처럼 보이지만 반대로 그 기능을 강화하는 것인지도 모른다. 이웃이 CCTV였던 셈이다. 한옥의 낮은 담은 이처럼 '역설적 방어기능'을 하고 있다.

뒤에 정원, 앞에 마당을 둔 까닭

한옥의 정원은 보이지 않는 곳 즉 뒤뜰에 있다. 후원은 한옥의 독특한 특성 중 하나다. 뒤뜰이라는 낱말에서 어둡고 축축한 인상을 받는다. 세계 어느 나라도 감상의 대상이며 아름다움을 실현한 정원을 뒤뜰에 만들지 않는다.

중국은 중원을 갖고 있다. 사각형 집 중앙에 정원이 위치한다. 일본에서 아무리 작은 가옥이라도 정원이 없는 집이 없다고 해도 과언이 아니다. 그만큼 가옥에서 차지하는 정원의 위상이 높다. 그처럼 중요한 위치를 차지하는 정원이 집 뒤쪽으로 밀려날 리가 없다는 것은 짐작하고도 남는다. 서양에도 중원이 있다. 서양의 정원은 중국·일본과는 다른 이유에서 가옥의 중심에 자리한다.

한옥 연구가 이상현은 《한옥과 함께하는 세상 여행》에서 "밀폐된 공간에서 나무로 불을 피우는 서양은 연기를 밖으로 빼내기 위해 천장 가운데 구멍을 뚫었다. 이 구멍이 점점 커지면서 집 가운데 커다란 마당이 생겼고, 안채와 바깥채 사이의 뜰인 중정으로 발달했다"고 주장한다.

그렇다면 뒤뜰에 있는 한옥의 정원이 차지하는 위상이 일본이나 중국만 못할까? 전혀 그렇지 않다. 정원이 뒤뜰로 간 이유를 곰곰이 따져보면 그 대답이 나온다. 한국인들은 아주 오래전부터 차가움보다 따뜻함을, 어두움보다 밝음을 좋아했다. 좋아한 것뿐만 아니라 온기와 명도를 만들어 사용했다고 해도 과언이 아니다.

그 지혜는 생활공간인 가옥 속에서도 고스란히 배어 있다. 채광과 통풍을 염두에 두고 집터를 잡았다. 굳이 명당 터가 아니라도 뒷산을 배경으로 자리 잡은 한옥은 남쪽으로 달려 나가는 들을 향해 있다. 이처럼 배산임수 구조를 갖춘 가옥은 기본적으로 통풍과 채광에 문제가 없는 곳이다. 가장 일사량이 많고 공기 흐름이 원활했다.

남향의 비탈진 곳은 기본적으로 햇볕이 많이 든다. 가옥에서도 햇볕을 가장 많이 받는 곳은 남쪽의 앞마당이다. 앞마당은 후원과는 대칭되는 개념이다. 이곳에 큰 나무를 심지 않았다. 만일 잔디로 마당을 덮거나 화초와 나무로 조경을 하게 되면 태양광 에너지를 모두 흡수한다. 앞마당에 조경을 한다면 굳이 배산임수에 터를 잡을 이유가 없다.

홍사중은《한국인의 미의식》에서 "햇빛을 되도록 많이 받자니 자연 비탈진 곳에 집이 들어앉기가 쉬웠고 그러자니 뜰도 계단식으로 되기가 쉬웠다"면서 "정원을 앞뜰이 아니라 뒤뜰에 마련한 것은 집 안의 통풍이며 채광이 막히지 않도록 하기 위해서였다"고 말한다. 실학자 홍만선이 쓴《산림경제》의 〈임원심육지〉 편에는 마당 관리방법을 설명하고 있다. "나무가 마루 앞에 있으면 질병이 끊이질 않는다" "집 뜰 가운데 나무를 심으면 한 달에 천금의 재물이 흩어진다"고 경고했다.

양지바른 뒤뜰에 화단이나 화원을 만들었다. 채소, 과일, 화초 따위를 심어서 가꾸는 일을 직업으로 하는 정원사를 순우리말로 '동산바치'라고 불렀다. 정원이 화초 위주였고 산에 가까이 있었음을 짐작하게 한다. 하지만 그것도 형편이 되는 대로 했다. 만약에 뒤뜰이 너무 비좁거나 햇빛이 들지 않는 경우는 아예 정원을 만들지 않았다. 따지고 보면 굳이 후원을 만들 필요도 없었다. 집 뒤쪽의 산에는 온갖 산새가 지저귀고 야생화가 계절 따라 피고 지기 때문이다.《흥부전》에서 박을 타는 대목을 보면 "앞뒤 동산에 기화이초(奇花異草, 진귀하거나 기이한 꽃과 풀)를 나만하게 심어 놓고 양지에는 방아 걸고 음지에는 우물 파고 문전에 버들 심고 울 밖에 원두 놓고…"라는 구절이 나온다.

뒤뜰의 화단은 여성들에게 중요한 휴식공간이 돼주었다. 조선 후기까지 외출이 자유롭지 못했던 여인들에게 꽃이 만발한 후원은 마음의 안식처였다. 또 보통 부엌과 연결된 뒤뜰은 또 다른 여성들의 거점이기도 하다. 공기 잘 통하고 햇볕 잘 드는 뒤뜰에 장독대가 있고 시원한 기운을 활용하기 위해서 우물을 뒤뜰에 두었다.

끼가 넘치는 공간, 마당

한옥은 다른 나라 가옥에 비해 처마가 길다. 깊은 처마는 볕을 가리는 차양이 된다. 지축은 23.5도로 기울어져 있다. 북반구에서는 여름에 일사량이 많아지고 겨울에 일사량이 적어진다. 태양빛의 입사각도 여름에는 높고 겨울에는 낮다. 입사각을 고려한 적당한 길이의 처마는 방의 채광을 조절한다. 여름에는 햇볕을 가리고 겨울에는 햇볕을 끌어안는 지혜가 처마 밑에 있다.

왕의 집무실이었던 경복궁 사정전 좌우에 부속건물인 만춘전과 천추전이 있다. 만춘전은 봄, 천추전은 가을 태양의 입사각, 일사량, 바람의 방향과 세기까지 고려해서 처마의 길이를 달리했다. 만춘전은 봄에, 천추전은 가을에 최적의 근무환경이 되도록 설계됐다는 뜻이다. 특히 경복궁을 복원할 때 천추전에 온돌을 설치해서 왕이 겨울과 가을에 이곳에 머무는 시간이 길어졌다고 한다.

처마와 함께 마당도 채광 조절기능을 담당했다. 잔디나 나무가 없는 넓은 앞마당은 햇볕을 반사함으로써 방과 대청의 밝기를 높였다. 마당이 간접조명 역할을 맡은 셈이다. 이런 이유로 마당에는 큰 나무를 심지 않았다. 빛의 반사가 잘 되도록 만들기 위해서 '마당들이기'도 했다. 마당들이기는 농가에서 울퉁불퉁한 마당에 흙을 가져다 이겨서 평평하게 하고 흰 빛깔이 나는 고령토를 뿌리는 것이다. 고령토로 마당을 고름으로써 빛의 산란을 방지하고 반사효과를 높이려는 지혜가 엿보인다. 마당을 고르는 일은 생활환경을 개선하고 빛도 얻는 '마당 쓸고 돈 줍는' 일인 셈이다.

또 서양의 난방방식과 달리 온돌을 사용한 것도 굳이 중원을 만들 필요를 없게 했다. 이상현은 《한옥과 함께하는 세상 여행》에서 "구들

문화 덕분에 한옥은 건물 밖에 마당을 두게 됐다. 하지만 한옥은 연기가 나지 않는 구들로 난방하기 때문에 중정 대신 집 앞에 큰 마당을 두게 된 것"이라고 주장했다.

그렇다면 넓은 마당이 어떻게 바람과 빛을 만들어내는지를 따져보자. 한여름 앞마당은 작렬하는 태양의 열기를 머금는다. 반면 산을 등지고 있는 뒤뜰은 산바람을 직접 받기 때문에 마당보다는 온도가 낮다. 공기는 찬 곳에서 뜨거운 곳 이동한다. 산바람이다. 선풍기를 틀지 않아도 대청마루에서 시원함을 느낄 수 있는 이유다.

마당은 통풍과 채광이라는 기능적 역할에만 충실한 게 아니다. 또 다른 의미가 있다. 가옥의 양기를 받아들이고 모아두는 장소였다. 많은 양기를 수용하기 위해서 가능한 한 마당을 비워뒀다. 고관대작의 집에 본채는 물론 별채마다 마당이 있었던 이유도 이 때문이다.

안채에 딸린 마당을 안마당, 사랑채에 딸린 마당을 사랑마당, 한 집에서 바깥쪽에 있는 집채에 딸린 마당을 바깥마당, 본채의 곁이나 뒤에 따로 떨어져 있는 별채에 딸린 마당을 별당마당, 안마당과 사랑마당 사이에 있는 중문간마당, 안채 뒤에 있는 뒷마당 등이 있다.

비어 있는 마당의 활용도는 매우 높았다. 결혼과 같은 집안의 대소사가 열리는 잔치마당이 되기도 한다. 타작도 하고 고추도 말리는 노동의 공간으로도 쓰인다. 이 같은 목적에 부합하기 위해서는 조경 시설이 불필요했다.

더 중요한 것은 이웃과 어울리는 화합의 장이기도 했다. 방의 연장선에 마루가 있다면 마당은 마루의 연장선이 다. 가족 그리고 이웃과의 소통이 존재하던 교류공간으로서의 의미도 갖는다. 교류와 소통은 비움으로써 넉넉해지는 법이다. 신광철 시인은 마당을 "민중의

한옥의 마당

방의 연장선에 마루가 있다면 마루의 연장선은 마당이다. 가족 그리고 이웃과의 소통이 존재하는 교류의 공간이다.

일본의 마당

자연을 모방하고 축소하여 상징화했다. 집 밖이 아닌 집 안의 가족을 위한 정원으로 꾸몄다.

삶이 이루어지고 화합하고 통합하는 현장"이라면서 "한국인의 끼 넘치는 즉흥성이 출렁이는 살아 있는 공간"이라고 정의했다.

반면 일본의 마당은 비어 있지 않다. 좁은 정원에는 인공의 연못, 분재된 관목, 바위와 모래 등으로 채워져 있다. 분재된 관목은 산을, 연못은 바다를, 모래와 바위는 바다 위에 외로이 떠 있는 섬을 상징한다. 자연을 모방하고 축소하여 상징화했다. 압축적이고 상징적 아름다움과 아기자기한 기교를 좁은 정원에 담았다. 하지만 이것은 집안 밖의 사람과 나누기 위한 게 아니다. 항상 곁에 두고 집안의 가족이 즐기는 관상용 정원이다. 그렇다 보니 정원에는 정적감이 감돈다. 자연을 집안으로 옮겨 놓음으로써 인공미가 느껴진다. 낮은 담과 열린 마당을 통해 하나의 자연으로 동화되는 한국과는 엄연한 차이가 있다.

한국인을 지배하는 동사 '짓다'

한국어 역시 명사보다는 동사가 상대적으로 발전되어 있다. 명사는 우리 고유어보다 한자가 더 많은 게 현실이다. 필요한 경우 외래어를 차용하기도 한다.

그럼에도 불구하고 어느 나라 말보다 중의적 의미를 갖는 동사가 많은 것 또한 사실이다. 가장 대표적인 단어가 바로 '짓다'라는 동사가 아닐까? '짓다'는 단어의 쓰임은 너무나도 다양하다. '집을 짓다' '밥을 짓다' '옷을 짓다'와 같이 의식주에 해당하는 명사 뒤에 공통적으로 붙을 수 있는 '관용적 동사'다.

프랑스와 영어 같은 서양권의 언어는 물론 동양권의 언어인 일본어나 중국어도 '짓다'는 의미가 한국과 같이 다양하고 다의적으로 사용되지 않고, 분화되어 사용된다. 일본의 경우 '다테루'(세우다-집), '다구'(짓다-밥), '누우'(깁다-옷)와 같이 별도의 동사를 통상적으로 사용한다. 중국어도 마찬가지다. 구우 후(构屋·집을 짓다), 카이 후어(开伙·밥을 짓다), 주어 이푸(做衣服·옷을 짓다)라고 표현한다.

세계 어느 나라에서도 한국어과 같은 예를 찾기 어렵다. 의식주란 사람이 살아가는 데 없어서는 안 될 생활 요소 그 자체다. 그 생활을 지배하는 동사가 바로 '짓다'라는 하나의 단어로 사용한다는 게 흥미롭다.

우리말에서 '짓다'의 활용은 여기서 그치는 게 아니다. '표정을 짓다' '미소를 짓다' '울음 짓다' '죄 짓다' '약을 짓다' '글을 짓다' '농사를 짓다' '이름을 짓다' '짝을 짓다' '구분 짓다' 등 쓰임새가 무궁무진하다. 그 활용도가 의식주 생활을 훌쩍 뛰어넘고 있음을 알 수 있다. '짓다'라는 동사 하나가 사고와 판단(글, 구분, 죄), 정서(표정, 미소, 울음), 생활(약, 농사, 이름, 짝) 등까지 아우르고 있다는 사실 자체가 놀랍다. 삶은 언어활동을 통해 풍부해진다. 단어 하나에도 우리 삶의 의미와 가치를 담고 있는 게 우리말의 특징이라고 설명하고 넘어가기엔 무엇인지 아쉬움이 남는다.

말에는 근원이 있다. 근원을 알며 말의 의미를 이해하는 데 많은 도움이 된다. '짓다'는 의미는 새로운 무엇인가를 세우거나 만드는 행위 일체를 뜻한다. '집'의 단어도 '짓다'에서 파생됐다. 집의 옛말이 '짓'이었다. '짓'은 초가집 지붕에 올린 짚이 변형됐다는 게 국어학계의 정설이다.

단어의 변화에서 유추해본다면, 우리 조상은 초가지붕을 새로 올리는 게 집을 짓는 행위로 여겼고 집을 짓는 게 바로 생활의 터를 잡는 것으로 이해한 것은 아닐까? 또 집을 짓는 행위를 창조 활동의 범주에 포함된 것은 아닐까? '짓다'라는 단어 속에 생각과 감각을 함께 담는 의지가 내포된 것은 아닐까? 그렇지 않다면 '짓다'라는 의미 속에 의식주는 물론 사상과 정서, 생활 등 다양한 의미를 포괄할 수 없기 때문이다.

단어에 관한 얘기를 조금 더 해보자. 집은 삶(생활)을 닮는 그릇이자 거주공간이다. 우리는 '집' 안에 있는 '방'에서 '쌀'로 지은 '밥'을 먹고 '천'으로 '옷'을 짓거나 '몸'을 눕혀 '잠'을 잔다. 여기서 눈치 빠른 독자라면 재미있는 사실을 발견했을지도 모른다. 의식주는 물론 가장 중요한 생활과 신체를 뜻하는 단어가 모두 한 음절로 되어 있다. 그 이유는 간단하다. 자주 쓰는 단어는 음절이 단축되는 경향이 반영된 탓이다.

자주 쓴다는 것은 그만큼 중요하다는 뜻임을 짐작하고도 남는다. 여기서도 집이 우리의 '몸'과 같이 생존에 불가결한 요소로 인식하고 있음을 암시한다. 그런데 공교롭게도 우리 신체 부분을 나타내는 단어 중 눈, 코, 입, 귀, 손, 발 등과 같이 감각과 관련된 기관은 모두 한 음절로 된 단어가 유난히 많다. 언어 아니 단어 하나도 그 나라의 문화와 정신, 그리고 사고방식을 반영하고 있기 때문이다. 매우 독특하고 직관적인 한국인의 특성을 닮아 있다.

산업이 만든
마치야와 나가야

봉급쟁이 사무라이 만든 마치야

일본 전통가옥은 크게 마치야(町屋)와 나가야(長屋)로 나눌 수 있다. 마치야는 사무라이와 부유한 상인이 살던 집이고 나가야는 가난한 백성들이 살던 집이다. 사무라이는 주로 '성 아래의 마을'이라는 뜻을 가진 조카마치(城下町)에 살았다. 조카마치는 쇼군(將軍)의 집인 시로(城) 주변에 사무라이와 부유한 상공업자들이 사는 도시형 마을이다. 이들은 마치야라고 불리는 저택에서 살았다. 조카마치 주변에는 서민들이 사는 시다마치(下町)가 있다. 여기에는 길을 따라서 쭉 늘어선 집이 있다. 이것이 나가야다. 나가야는 여러 가구가 한집에서 사는 공동주택이다.

임진왜란 직후 일본통신사 일행으로 일본을 간 신유한이 교토의 거리를 둘러보고 "거리는 사면으로 통하여 편편하고 곧기가 활줄 같았다. 분칠한 다락과 아로새긴 담장은 2층과 3층이 되었고 서로 잇달아 있는 지붕은 비단을 펴놓은 것 같았다"고 묘사하고 있다. 한 가난한 조선의 관리 눈에는 일본 평민들이 사는 교토 거리도 부러움의 대상이었다.

시다마치 외곽에는 물밖에 먹을 수 없을 만큼 가난한 백성으로 불렸던 미즈노미 백성(水呑 百姓)이나 천민 계급인 히닌(非人)이 허름한 나가야에서 거주했다. 이 지역에는 유곽도 들어서 있었다. 신유한은 창녀와 기생들이 거주하는 오사카의 로카마치(蘆花町)를 둘러보고 "그 길이는 10여 리나 되는데 비단, 향상, 붉은 주렴, 그림 장막을 설치하였고 여자는 국색이 많았다"고 《해유록》에 기록했다. 신유한은 가난한 시다마치를 보면서도 부러움을 숨기지 않았다. 이미 이 당시 한일 양국의 국력에서 얼마나 큰 차이가 났는지를 짐작케 한다.

옛 일본 도시는 신분에 따라 거주지 구분이 명확했다. 이 같은 도시 형태는 무로마치시대 이전부터 만들어지기 시작했다. 각 지방의 다이묘(大名) 중에는 당시 일본의 수도인 교토에 상주하는 사람도 있지만 자신의 영지에 기반을 둔 채 교토에서 근무하는 다이묘가 적지 않았다. 다이묘는 자신의 휘하에 거느린 사무라이와 농노를 데리고 교토에 왔음은 물론이다. 그게 바로 잠시 근무를 위해 사는 집이라는 의미를 가진 가리야(假屋)다.

다이묘의 가리야는 임시 거처이기는 해도 꽤 널찍하고 품격을 갖춘 마치야다. 물론 다이묘를 따라온 무사들도 그 직위에 따라 각기 다른 크기의 마치야를 얻어 살게 된다. 가리야에 사는 사무라이는 농사를 짓지 않았다. 봉급생활자였다.

에도시대에 들어서는 마치야가 더욱 필요해졌다. 도요토미 히데요시가 산킨코타이(參勤交待)를 제도화했기 때문이다. 산킨코타이는 지방 영주(다이묘)로 하여금 바쿠후(幕府) 소재지인 에도(도쿄)와 자기 영지에서 격년, 혹은 3년마다 번갈아 근무하도록 한 것이다. 다이묘는

일본의 전통가옥 마치야
사무라이와 부유한 상인이 살던 집이다.

수천 명에서 수만 명에 이르는 대규모 사단을 이끌고 에도와 자신의 영지를 오가야 했다. 번거로움은 이만저만이 아니었다. 이동경비와 객지에서의 살림살이 역시 만만치 않았다. 또 도요토미 히데요시는 임진왜란 이후 조선으로부터 통신사를 자주 초청한다. 10번이 넘었다. 통신사 대접도 융숭했다. 접대방식도 법으로 정했다. 이 역시 지방의 영주가 재정축적을 하지 못하도록 하는 방법 중 하나였다.

이 때문에 아예 에도에 눌러 사는 다이묘가 늘어났다. 산킨코타이를 포기하고 에도에 정착한 것을 조후(定府)라고 한다. 에도에 정착한 다이묘와 고급 사무라이는 더 크고 좋은 집을 짓게 된다. 고향을 떠나 '기러기생활'을 하던 사무라이는 가족을 모두 에도로 불러들였다. 사람이 모이면 돈을 벌 기회가 많아지는 것은 당연지사다. 상업 발달로 큰돈을 번 상인들도 사무라이의 데이타쿠(邸宅)에 못지않은 훌륭한 집을 지었다. 이렇게 해서 고급저택들이 모여 있는 마치야의 면모가 갖춰지게 되었다.

노동자의 기숙사 나가야

다이묘, 사무라이와 거부 상인은 마치야에서 살지만 대부분의 상민은 나가야에서 살았다. 나가야는 영주 밑에서 일을 하는 평민을 위해 지어준 기숙사 형태의 공동주택이다. 기숙사는 본래 고야가 발전된 양식이다. 일본 민속학 창시자 야나기타 구니오는 《일본 명치·대정시대의 생활문화사》에서 "옛날에 농업이나 어업에 종사하는 큰 작업단은 물론 광산이나 산림에서 일하는 사람들을 모아놓은 공동주택이 나가야"라면서 "그 시초는 노동을 통일하기 위해서였다"고 주장했다.

바쿠후 시대에 들어서면서 나가야는 급격히 늘어났다. 이 시대의 계급은 쇼군-다이묘-사무라이-농민·상민·공민-천민으로 이뤄진다. 쇼군은 다이묘 중 다이묘다. 바쿠후 시대는 다이묘의 시대라고 할 수 있다. 사무라이와 결탁한 다이묘들은 성공적인 영지경영을 통해 자신의 입지를 공고히 해나갔다. 권력을 지속적으로 유지하기 위해서는 산업을 더욱 진흥시켜 재정을 확충할 필요가 있었다. 물론 더 많은 세금을 걷기 위해서 일을 효율화시키고 노동생산성을 배가시킬 필요가 있었다. 이런 필요에 의해 만들어진 집이 나가야다.

다이묘는 더 많은 세금징수를 위해 '나라의 세 가지 보물은 농·상·공인'이라고 '입바른 거짓말'까지 해가면서 농·상·공인을 일터로 몰았다. 물론 인구 구성상 가장 많았던 농민도 그런 흐름에서 제외될

일본의 전통가옥 나가야
영주 밑에서 일을 하는 평민들을 위해 지어준 기숙사 형태의 공동주택.

리가 없다. 많은 세금부담을 안고 있는 농민은 바쁜 농사철이 끝나면 가까운 도시로 나가 허드렛일을 하는 경우가 허다했다. 사실 지금도 산골 마을에서는 그런 관행이 남아 있다. 외지에 나가 있는 동안 이들이 살던 임시주택이 고야(오두막)다.

물론 산업발달과 함께 본래 주거지보다 임시거주지에서 더 많은 수입을 얻게 됐다. 굳이 고향으로 돌아갈 필요성이 없어졌다. 처음에는 남자 홀로 임시주택에 머물며 옹색한 생활을 했다. 점차 벌이가 괜찮아지면서 정주욕구가 커졌다. 가족과 함께 정착하게 되는 과정을 겪는다. 당연히 도시로 밀려들어온 사람들 때문에 고야조차도 확보할 수 없는 형편이 됐다. 도시이주민들에게 충분한 주택을 공급하

제2장 한·중·일 대표 가옥에 담긴 정신

기 위해서 생겨난 것이 도시형 공동주택인 나가야라고 할 수 있다. 야나기타 구니오는 나가야의 모습에 대해 "집은 한쪽이 격자창으로 수로의 돌담에 면해 있고 한쪽은 현관과 부엌의 출입구가 나지막한 울타리 하나로 구분되어 있다"면서 "나가야가 질서 없이 늘어서 있는 게 한때 도쿄의 집 풍경이며 메이지 시대 말기까지 곳곳에 남아 있던 나가야에서 사람들이 살았다"고 말했다.

나가야의 원형, 고야

나무로 만든 작은 오두막집, 고야가 임시주택인 나가야의 원형이다. 아주 옛날 고야는 신성한 곳이었다. 야나기타 구니오는 앞의 책에서 고야의 쓰임새에 대해 "여자가 아이를 낳기 위해서 그리고 따로 불을 사용해야 하는 사람들은 모두 마을에서 떨어진 고야로 들어갔다. 축제(마쓰리) 준비를 하는 사람도 마찬가지로 쇼진야[精進屋, 궁정의 제사 때 제사를 관장하는 도야(頭屋)가 심신을 정갈하게 하기 위해서 일정 기간 기거하는 곳]라는 고야를 지어서 며칠을 지냈다"고 말했다. 고야는 이처럼 엄숙하고 신성한 공간이었다. 외단 고야에서 아이를 낳는 것은 일종의 '출생의 터부'라고 할 수 있다. 우리 조상도 아기가 태어날 때 집에 금줄을 걸어 아이의 무병장수를 기원함과 동시에 외부인의 출입을 허락하지 않았던 것과 마찬가지인 셈이다.

불도 마찬가지다. 특히 불은 지진과 화산 폭발이 많은 일본에서는 화액의 화신으로 여겨진다. 일본 건국신화에서도 천신의 명령을 받고 일본 건국에 나선 이자나미 미고토가 불의 신인 가쿠쓰기를 낳다가 자궁이 타서 죽는다. 이런 이유로 연초에 불로 익힌 음식을 먹지 않는 풍습인 오세치료리가 유래됐다.

야나기타 구니오는 또 "여행자도 원래는 민가에 묵지 않았다"면서 "귀한 사람을 맞을 때는 그를 위해 새로 오두막을 지었는데 이를 임시가옥이라는 의미로 가리야(假屋)라고 불렀다"고 말했다.《해유록》에도 "통신사 일행의 숙소는 통신사행이 있을 때마다 신축됐다"면서 "임시시설이라고 해도 세 사신을 비롯한 당상 역관의 숙소에는 각기 독립된 주방과 욕실, 화장실이 갖춰져 있다"고 기록했다. 임시시설은 곧 고야를 뜻하며 사신이 떠난 뒤 헐거나 그냥 두었는데 곧바로 황폐해져 버렸다고 한다.

고야는 외부인의 출입을 경계하는 일본인의 전통이 남아 있는 흔적인 셈이다. 비록 외국 사신이나 귀한 손님만이 아니라 일을 위해서 타향살이를 하는 사람 역시 외지인이다. 그들도 어느 곳에 정착했든 상관없이 경계의 대상이었다. 그들의 숙소가 고야가 되는 것은 당연했다. 그 같은 처지에 있는 사람들이 넘쳐나게 되면서 고야는 도시에서 흔하게 볼 수 있었다. 이 때문인지는 알 수 없지만 방을 뜻하는 헤야(房)가 고야와 같은 의미로 혼용하는 지방이 적지 않다고 한다. 또 장작을 넣어 두는 '기베야'(木部屋), 된장을 저장해 두는 '미소베야'라는 단어는 아직도 널리 쓰이고 있다는 게 일본 민속학자들의 주장이다.

고야가 도시에 넘쳐나면서 신성한 장소 '고야'의 위상은 땅에 떨어졌다. 고야의 신성한 권위를 지키기 위해서 고야를 대체할 새로운 양식의 건물이 필요했을 것이다. 여기에 경제적·사회적 이유가 겹쳐지면서 나가야가 도시를 지배하게 되었다.

가옥에 배어 있는 사무라이 정신

일본 전통가옥은 흥미롭다. 현관을 들어가면 좁고 긴 복도가 있다. 방문을 닫아 놓으면 복도를 따라 옆으로 방이 몇 개 있는지 알 수 없다. 물론 집안 어른이 자는 방은 대체로 중앙의 막다른 곳이지만 그밖의 방은 그 방주인이 누구인지도 짐작할 수 없다. 가장이 주거하는 방까지 가는 복도도 조금 과장되게 말하면 미로 같다.

복잡하고 아기자기한 집안 구조는 좁은 실내공간을 더욱 협소하게 보인다. 몸을 웅크려 어떤 비밀을 숨기고 있다는 느낌이다. 긴장 그 자체라고 해도 과언이 아니다. 옛날 가옥만 그런 게 아니다. 현대식 단독주택인 '잇코다테'(一戸建て)는 물론 우리나라의 아파트에 해당하는 '만숀'도 내부구조가 복잡하기는 마찬가지다.

그렇다면 일본 주택은 왜 이렇게 복잡한 구조를 갖게 되었을까? 가장 큰 이유는 지진 때문이다. 조선의 사신들도 일본의 지진을 적지 않게 경험했다. 도쿠가와 이에야스의 간파쿠(關白) 즉위식에 축하 사절로 갔던 남용익은 《부상일록》에서 "지축이 흔들려 쪼개지려 한다"고 적고 있다. 숙종 때 일본에 간 임수간도 《동사일기》에서 "1000여 간이나 되는 큰 집이 흔들려 쓰러지려 하니 실로 평생에 보지 못한 일"이라며 놀라움을 표시했다. 일본의 가옥은 목조건물임에도 불구하고 한옥보다 훨씬 많은 기둥(大黑柱, 다이코쿠바시라)을 갖고 있다. 좀 더 튼튼하게 집을 짓기 위해 여러 개의 기둥을 세우다보니 아무래도 내부구조가 복잡하게 되었다.

환경의 적응 이면에는 일본의 긴장문화가 숨어있다. 사무라이의 문화유산이다. 이어령은 《축소지향의 일본인》에서 "일본 가옥은 죽이고 죽는 긴장 사무라이문화의 잔인한 살육 속에서 태어난 주택구조"라면서 "후스마(襖, 미닫이문)만 열면 칼싸움을 할 수 있는 도장이 될 수 있고 마당에는 자갈을 깔아 침입자의 발걸음 소리가 울리도록 고안된 가옥 구조"라고 설명했다. 사실 19세기 후반까지 영주의 첩자인 닌자(忍者)가 활약했다. 닌자는 자신이 섬기는 영주를 위해 첩보 활동, 파괴 활동, 무기와 식량 약탈, 암살 등을 도맡던 집단을 말한다. 영주에 의해 특별관리되는 일종의 테러리스트인 이들이 혹시라도 집에 들어왔을 때 집주인이 어디에 있는지 알 수 없도록 하기 위한 방편이 바로 복잡한 실내구조다.

이들의 침입을 막는 방법도 다양하게 강구되었다. 주인(사무라이) 방 한켠에 머리빗 모양의 낮은 창이 있다. 이 창은 보통 다음 방으로 통한다. 야나기타 구니오는 《일본 명치·대정시대의 생활문화사》에서 "그곳은 호위 사무라이인 '무샤카구시'(武者隱し, 집 안채에 한 층 높게 만들어 휘장을 친 자리. 무사를 숨겨주고 단단히 경호하게 했다고 하여 붙은 이름)가 있던 장소라고 말하는 사람도 있지만 실제로는 그 다음 방이 조다이(帳台, 침전)다"면서 "그 낮은 창처럼 만든 입구는 외부습격에 대비한 구조라고 생각된다"고 밝혔다. 혹시라도 닌자가 이곳으로 들어오면 방어할 준비를 하거나 도망갈 시간을 벌기 위해서다. 야나기타는 또 사무라이의 집만이 아니라 농가에도 유사한 구조가 있다고 주장했다. 그는 "농가에서 침실의 문턱이 높게 만든 것 또는 돌아서 들어가도록 1미터 정도의 판자로 앞쪽을 둘러싸고 있는 것도 같은 목적에서 나온 장치"라고 말했다.

일단 일본 가옥은 후스마가 방벽을 대신한다. 후스마가 방의 칸막이가 된 까닭은 확실치 않다. 하지만 객사(고야)가 집 안으로 들어오고 도시인구 밀집으로 인해 한집에 살아야 하는 식구들이 많아지자

제2장 한·중·일 대표 가옥에 담긴 정신

방의 칸막이 후스마

실내의 실용성뿐 아니라 임전태세의 사무라이 정신을 엿볼 수 있다.

방을 쪼갤 필요가 생겼을 것으로 보인다. 그만큼 내부구조의 바꾸기가 용이했다는 얘기다. 실제로 사무라이 회합이 있을 때마다 미닫이문을 떼어내어 큰 방으로 만든 뒤 회합 장소로 사용했다. 이 같은 가변성은 가족 구성원의 개별적 소유의식은 물론 프라이버시를 위축시켰다.

더 나아가서 옛 일본 가옥에서 방의 기능이 특정되어 있지 않은 경우가 많았다. 가족 구성원은 가장의 지시에 따라 방을 옮겨 다니며 식사나 놀이를 하거나 잠을 잤다는 게 《제5의 문명 발상지 실리콘밸리》를 쓴 이윤선의 연구에서도 확인할 수 있다. 이처럼 방을 옮겨 다닐 수 있었던 것은 무엇보다 실내의 가구 배치를 매우 간결하게 하는 일본인의 특성이 아니면 불가능했다. 일본인은 거창한 가구를 설

치하기를 좋아하지 않는다. 잡다한 가재와 침구 그리고 생활용품은 일종의 창고인 난도(納戶)와 오시이레(押入れ)에 넣어뒀다.

이 같은 공간배치는 실내효율을 높이려는 실용성뿐 아니라 여백의 미, 청결미를 추구하는 일본인의 특성을 드러냈다. 여기서도 만일의 사태에서 늘 결전을 불사하는 임전태세를 갖추려는 사무라이의 정신을 읽을 수 있다. 늘 칼을 차고 다니는 사무라이는 충돌을 피하기 위해 엄격한 예의를 중시했던 것처럼 실내공간을 최대한 확보함으로써 명예스럽지 않은 죽음을 피하려 했던 것으로 보인다. 일본 사무라이의 가옥 역시 생존 코드를 담고 있는 셈이다. 사무라이의 삶이란 곧 승부다. 승부 세계에서 살아남기 위한 생존 코드는 긴장이다. 엄격한 예의, 청결한 가옥 구조 역시 긴장문화의 일단인 셈이다.

예술과 종교가 만나는 도코노마

미국의 사회학자 로버트 R. 머튼이 정립한 '긴장이론'이라는 게 있다. 어느 사회나 문화적 목표와 이를 성취하기 위한 합법적 기회의 차이는 존재하다. 이 차이가 사회의 긴장을 야기한다. 사회구성원은 범죄와 일탈을 통하여 이러한 긴장을 해소하려고 한다는 게 긴장이론의 핵심이다. 머튼은 미국 사회를 모델로 이론을 세웠다. 이 이론을 일본에 적용하면 머튼이 의도한 결과를 도출할 수 있을까?

일본은 대표적인 긴장 문화 국가다. 루스 베네딕트는 《국화와 칼》에서 냉수욕을 예로 들면서 "일본인은 쾌락마저도 엄격한 교육을 통해 배운다"면서 "일본은 긴장 문화 국가"라고 규정했다. 찬물 목욕→신체적 수축→신체적 증상(고통)→심리적 긴장→불안감·불쾌감 증폭으로 이어지는 게 보통 사람의 신체와 감정변화다. 일본인에게는 이 같은 일련의 '감정의 자동화' 과정 이후 한 단계가 더 있다는 게 베네딕트의 생각이다. 긴장과 불안의 이완에서 오는 쾌감이다. 일본인은 이런 쾌감마저도 교육과 학습을 통해 배운다는 뜻이다. 쉽게 말하면 긴장을 즐기는 법을 교육할 만큼 긴장문화가 일반화되어 있다. 아무래도 머튼의 이론은 일본에 적용하기에는 무리가 따를 것 같다.

그렇다면 일본인이 구체적으로 긴장을 즐기는 방법은 무엇일까? 결론적으로 긴장 문화의 탈출구는 예술이다. 야나기타 구니오는 "일본인의 일상생활은 미학이 되고 미학은 일상생활이 되어 생활 구석구석까지 무의식의 영역 속에 널리 퍼져 있다"고 말했다. 일상생활을 예술로 접목한 다도, 멋을 맛으로 승화시킨 일본의 그릇, 눈으로 먼저 먹어야 하는 음식, 대중문화가 된 이케바나(生け花, 꽃꽂이), 장식 예술품으로 바뀐 일본도, 포장예술이 된 후로시키(褓, 일본 보자기) 등을 보면 베네딕트의 생각을 이해할 수 있다. 특히 주거생활 분야에서 도코노마(床の間)와 정원은 예술로 채워져 있다고 해도 과언이 아니다.

도코노마는 한국의 누마루처럼 한 층 높게 만든 다다미방을 말한다. 이곳의 벽은 움푹 패어 있다. 거기에 집안의 조상 위패를 모시는 가미다나(神棚)나 불상을 모시는 부츠단(佛檀)을 설치하여 꽃이나 장식물을 받친다.

도코노마는 다다미방이다. 무로마치시대에 사원을 흉내 내어 다다미방을 꾸민 게 도코노마다. 종교시설에서 모양을 본뜬 것이지만 이곳에서 종교적 의식을 행하지는 않았다. 당시 다다미가 깐 유일한 가옥 내 공간인 만큼 가장이나 집안의 최고 어른의 방으로 이용됐다. 한 층 높여 방을 꾸민 이유는 다다미의 올이 풀리는 것을 방지하기

도코노마

한국의 누마루처럼 한 층 높게 만든 다다미방. 높은 곳의 의미가 부여되면서 특별한 공간으로 바꾸게 되었다.

위함이다. 이 방에는 도코바시라(床柱, 도코노마 옆의 기둥)에 기대어 앉을 수 있는 요코자(橫座, 상좌)가 있었다. 요코자 뒤에서 침구를 깔고 잠을 잤다. 이것이 '높은 곳'이라는 의미가 부여되면서 귀한 손님만이 들어갈 수 있는 특별한 공간으로 바뀌게 된다. 주인이 손님에게 요코자의 권위를 양보함으로 극진한 대접을 상징화했다.

하지만 집안의 모든 방에 다다미를 깐 뒤로는 도코노마가 굳이 접대용 객실이 되어야 할 이유가 사라지게 됐다. 일본인은 본래의 목적을 상실한 도코노마에 좀 더 고상한 의미를 부여했다.

일본인들은 특별한 사물과 공간에 어떤 정신이 깃든다고 믿어왔다. 그 공간에 올바르고 세련된 정신이 깃들도록 하기 위해 그곳에 신성을 불어넣었고 꽃을 바쳤다. 가미다나와 부츠단을 만든 것이다.

제2장 한·중·일 대표 가옥에 담긴 정신

그렇게 함으로써 신이 사는 공간이 된 도코노마는 '무스비'(産靈)가 됐다. 김재평은《일본인 생활·문화이야기》에서 무스비를 "만물을 낳고 성장시키는 신비하고 영묘한 힘을 가지고 있는 조화신"이라면서 "연결, 맺음을 뜻하는 무스비(結び)와 동음으로써 신과 인간을 맺어주는 행위나 도구를 모두 이렇게 불렀다"고 설명했다.

도코노마가 생활공간에서 종교 생활을 겸하는 공간으로 바뀌었다면 꽃꽂이는 종교의식에서 생활문화로 바뀐 사례다. 옛날 마츠리(祝祭)에는 반드시 나무를 세우는 관습이 있었다. 김태영 강릉대 교수는《일본 문화 이야기》에서 "옛날 일본 사람은 나무를 통해서 신령이 내려온다고 믿었다"면서 "이것이 뒤에 나무에서 꽃으로 대체된 것"이라고 설명했다. 이것이 이케바나(꽃꽂이)가 된 셈이다. 야나기타 구니오는《일본 명치·대정시대의 생활문화사》에서 "이케바나는 단순한 꽃꽂이가 아니다"고 전제하고 "자연 속의 꽃을 가지고 우주, 지구, 사람의 3요소를 조화롭게 표현하는 것이 기본이며 꽃에 생명력을 불어넣어 자연의 아름다움을 새롭게 창출해 내는 미의식"이라고 설명했다. 가미다나 혹은 부츠단 그리고 이케바나 꽃이 도코노마에 신성과 예술성을 복합적으로 드러낸다고 할 수 있다.

러브호텔의 기원

한때 일본의 보편적 가옥 구조는 공동주택(나가야)이었다. 공동주택은 세계 어디서나 볼 수 있는 흔한 가옥 구조다. 특히 옛날로 거슬러 올라갈수록 더욱 그렇다. 옛날 공동주택을 짓는 목적은 외부의 공격을 막기 위한 방어적 성격이 짙다.

하지만 나가야 건축 목적은 다르다. 노동 때문이었다. 나가야는 노동자 주택이자 노동자의 삶터였다. 방어적 목적의 공동주택에 사는 거주민은 보통 가족, 친지, 이웃과 같은 1차적 관계에 있는 사람이다. 그러나 노동자를 위한 합숙소 기능을 했던 나가야에는 훨씬 다양한 부류의 사람들이 모여 살았다. 더욱이 나가야는 목조건물이어서 방음이 되지 않았다. 1980년대 2층 낡은 목조건물에서 유학 생활을 했던 한 한국의 교수는 "옆집의 쥐가 돌아다니는 소리가 들릴 정도"라고 말했다. 그만큼 공동생활에서 조심스럽게 행동해야 할 일이 많았다.

이 같은 주거 형태가 일상생활에 적지 않은 영향을 미쳤다. 필요 이상으로 남을 배려하는 습성이 일본인에게 밴 것도 그와 무관하지 않다. 이를테면 자신의 집을 들어갈 때 현관에서 신발을 외출하기 편한 방향으로 놓는다든지, 다른 사람 집에 방문했을 때 주인의 안내가 있을 때까지 기다린다든지 하는 것도 일상적 예의로 정착되어 있다. 타인을 위한 배려가 공동생활의 기본적인 미덕으로 굳어졌고 더 나아가 '일본적 도덕'으로 자리 잡았다.

심지어 '로브호테루'(LOVE HOTEL)의 연원도 생활 미덕의 부산물이다. 로브호테루가 지금처럼 아이징(愛人)이 사랑을 나누는 공간이 아니었다. 본래는 결혼한 부부를 위한 장소였다. 부부가 가족과 이웃에게 피해를 주지 않기 위해 이곳을 찾은 것이다. 가족이나 옆집 사람들에게 피해를 주지 않으면서 자유로운 성생활을 위해서 이곳을 찾는 일본 부부가 상당히 많다는 조사 결과가 발표되기도 했다. '로브호테루'는 일종의 '메이와쿠 방지산업'이라고 해야 할 것 같다. 재미있는 것은 유흥업소의 단속 근거 역시 '메이와쿠 방지조례'라고 한다. 유흥업소가 건전하고 깨끗한 생활환경 조성에 방해가 됐다면 이것이 시민에게 해를 끼친다고 해석하는 것이다.

예의는 누구나 지켜야 할 최소한의 규범이다. 예의를 판단하는 기준은 나의 행동이 아니라 다른 사람의 시선이다. 일본인은 예의가 바르다. 타인지향적 인간관계가 발달된 사람들이다. 심지어 지난 2011년 동북부지방의 대지진 때 남을 위해 배려하던 일본인의 질서 의식은 세상을 놀라게 했다. 진정 '인류는 진화한다'는 사실을 확인시켰다는 찬사를 받을 정도였다.

이 같은 예의범절교육은 아이 교육부터 시작된다. 사무라이가 어떻게 자녀교육을 하는지를 보여주는 일화가 있다. 자객이 횡행하던 에도 말기, 일본의 개척자로 불리는 가스 가이슈는 "내가 살기 위해 칼을 휘두르지 않겠다"며 칼집에서 칼을 뺄 수 없도록 묶어두었다. 그가 '라스트 사무라이'로 불리는 것도 이 같은 인품 때문이다. 하지만 자식 교육은 매우 엄했다. 그가 아들에게 "한마디라도 우는 소리를 내면 사무라이로서 부끄럽지 않게 너를 죽이겠다"고 말할 정도였다. 사무라이뿐 아니라 일반가정에서도 자녀교육은 엄격한 아버지가 담당했다. 일본인이 두려워하는 것은 지진, 벼락, 화재 그리고 아버지라는 말도 이 때문에 나온 것이다.

자식을 강하게 키우겠다는 것이야 어느 나라 부모의 마음이라고 다르겠는가. 일본에서는 강한 아이로 육성하는 최우선의 이유가 한국이나 중국과는 조금 다르다. 나약하게 자란 아이는 남에게 피해를 준다는 우려 같은 게 일본인 부모에게 있다. 이런 정신은 사무라이 정신과 맞닿아 있다. 남에게 피해를 주는 것은 사무라이의 명예를 더럽히는 행위다. 곧 사무라이 정신의 위배다.

가스 가이슈의 말은 사무라이 정신을 대변한 것일 뿐이다. 남에게

해를 끼치는 행위는 죽음으로도 명예를 회복할 수 없는 짓임을 가르치고 있다. 불과 100여 년 전까지 사무라이 집안의 어린아이들은 이런 교육을 받고 자랐다. 일본 표현을 빌리면 '오모이야리(思い遣り, 배려) 교육'이다.

오모이야리 교육법은 사실상 '시쯔케(躾) 교육'의 대표적 사례다. 시쯔케 교육은 올바른 사회의 한 구성원으로 성장할 수 있도록 돕는 일본식 사회교육을 말한다. 몸(身)과 아름다움(美)을 합쳐 만든 일본식 한자 '躾'라는 글자가 시쯔케 교육이 무엇인지를 암시한다. 이런 바른 몸가짐 교육에는 생활 예절, 인간관계, 공중도덕 등이 포함된다.

이 같은 인간교육이 시대가 바뀐다고 달라지는 건 아니다. 일본인이 가장 먼저 내세우는 시쯔케 교육은 바로 '다닌니 메이와쿠오 가케나이고토'(人に迷惑をかけないこと, 다른 사람에게 절대 민폐를 끼치지 말라)다. 당연히 아이들에게도 "다른 사람에게 피해를 줘서는 안 된다"고 가르친다. 이런 가르침을 주기 위해서 가장이나 집안 어른이 자주하는 말이 있다. "개구리는 입을 벌리면 뱃속까지 다 보인다" 또는 "석류처럼 입을 벌리면 마음속을 읽힌다." 말을 조심하라는 어른의 훈계다.

일본의 또 다른 특징은 작은 소리로 대화하는 것이다. 지하철에서 휴대전화로 통화를 하거나 큰 소리로 떠드는 사람을 거의 볼 수 없다. 이를 주변 사람에게 폐를 끼치는 행위로 여긴다. 또 옆집의 쥐 우는 소리는 들을 수 있을 정도로 방음 상태가 형편없는 집도 적지 않음에도 옆집의 이야기 소리는 들을 수 없다. 일본인은 자신이 어려운 상황에 처해서 도움이 필요할 때도 그 사정을 입으로 표현하지 않는다. 혹시라도 이를 거절하는 사람의 입장이 난처해질 것을 우려해서다. 대신 '내가 어려운 형편에 있다'는 표시를 한다. 기모노나 유카다는 왼쪽 깃이 오른 쪽으로 포개지도록 입는다. 기모노나 유카다 옷깃을 반대방향으로 매면 나에게 도움을 달라는 요청이 된다. 도움을 줄 수 있는 형편에 있는 사람은 도움을 요청한 사람에게 아무 말 없이 봉투를 쥐어주는 게 상식이다.

예의가 바른 나라, 일본의 밑바탕은 가정교육이다. 어릴 적부터 교육을 통해 배려의 가치를 익히는 데 가정교육의 초점이 맞춰져 있다. 그것이 사회적으로 자연스럽게 내면화되었다. 자녀교육에서 무엇보다 '메이와쿠'를 강조하는 것은 소음에 민감할 수 없는 가옥 구조와 관련이 있는 것은 아닐까?

'목조건물'이라 쓰고 '배려'라고 읽는다

이왕 얘기가 나온 김에 일본인의 특성으로 자리 잡은 예의와 관련된 몇 가지 이야기를 덧붙이자.

'메이와쿠오 가케나이'가 다른 사람에게 민폐를 끼치지 않기 위한 소극적 배려라고 한다면 기쿠바리(氣配り)는 남을 도와주기 위한 적극적인 배려다. 이어령은 《축소지향의 일본인》에서 기쿠바리에 대해 "일본인이 남에게 신경을 써주는 행동 일체를 포괄하는 개념"이라고 정의하면서 "자기 행동을 자기중심으로 하는 것이 아니라 상대방의 입장과 마음을 고려하는 행동"이라고 주장했다. 자발적이고 적극적인 배려를 뜻한다. 상인이 베푸는 고객 중심의 서비스 정신, 장인이 소비자의 편의성을 고려한 제품생산 등이 바로 기쿠바리의 원형이다.

한편 상대방을 기분 좋게 하는 말을 함으로써 환심을 사는 고마스리(胡麻搯り)도 남에 대한 배려문화의 한 단면이다. 사전적 의미는 아

부 혹은 아첨이다. 하지만 그 단어가 주는 뉘앙스는 본래 의미와는 조금 다르다. 고마스리는 다소 의도된 달콤한 말이다. 기본적으로 상대방을 기쁘게 하면 그 기쁨이 자신에게 돌아온다는 반대급부를 기대하고 하는 말이다. 물론 어떤 이득을 취하려는 목적성은 전혀 없다. 우리식으로 말하면 "가는 말이 고와야 오는 말도 곱다" 정도로 해석할 수 있다. 일본에서는 한때 '고마스리 캠페인'이 벌어지기도 했다.

기쿠바이는 하나의 사회적 윤리다.《감시와 처벌》을 쓴 미셸 푸코의 말처럼 사회적 윤리는 하나의 감시체제다. 윤리에 벗어난 행동에 대해서는 사회적 처벌이 따른다. 일본인은 주변에 민폐를 끼치는 사람을 '뻔뻔한 사람' '낯 두꺼운 사람'(즈우즈우시이 히토)이라고 힐난한다. 만약에 이런 비난을 듣는 사람이라면 이지메를 당할 각오를 해야 할지도 모른다. 이어령은《일본문화와 상인정신》에서 "메이와쿠는 집단주의를 깨는 최대의 적으로 여긴다"고 말했다. 집단에서 따돌림을 당하지 않기 위해 고군분투하는 모습을 일본인들은 "마음으로 울면서 얼굴로 웃는다"고 표현한다. 아무리 괴롭고 힘들다손 치더라도 상대방이 기분을 상하지 않도록 행동한다는 뜻이다.

'메이와쿠'에 자유로워지는 방법은 겸손이다. 겸손은 인격의 기본 중 기본이다. 겸손을 갖춘 사람에겐 절로 고개가 숙이는 게 보통이다. 하지만 어쩌면 강제된 겸손, 즉 억지 겸손이 일본의 정신적 가치처럼 보이는 경우도 적지 않다.

일상에 의미를 부여하는 일본인

일본인은 아무리 사소한 일에도 무엇인가 의미를 부여한다. 그렇지 않으면 직성이 풀리지 않는 성격을 가진 듯하다. "일본 문화는 무의식 속에서 어떤 의미와 가치를 부여하는 곳에서 태어난다"고 한 일본 학자의 말에 수긍이 가고도 남는다. 노렌, 다다미, 도코노마 등 상징적 기물은 예외 없이 목책의 역할을 한다. 천 조각인 노렌, 장판인 다다미, 가장의 침실인 도코노마에 거창한 의미가 부여됐다. 상징화 작업도 진행된다.

우선 노렌은 그 자체가 목책이다. 경계의 의미가 부여되었다. 목책이 불가와 속세를 구분하듯이 노렌은 상점, 부엌의 안과 밖을 구분하는 장치로 치환된다. 다다 미치다로는 또 "요즘 오사카에 있는 상가

노렌

노렌은 경계다. 안에 있으면 편하고 밖에 있으면 불안한 일본 문화의 특성을 보여주는 대표적 상징물이다.

에는 노렌이 카운터에도 놓여 있기도 하며 현대식 아파트 주방에도 시마자키 도손의 시, 〈천곡천여정(千曲川旅情)〉이 인쇄된 노렌을 거는 경우가 적지 않다"고 밝히면서 "상가 카운터는 주인이나 지배인, 부엌은 안주인의 공간임을 확실히 하는 것"이라고 말했다. 굳이 노렌 속에서만 그런 공간 의식이 남아 있는 것은 아니다.

다다미도 마찬가지다. 다다미의 테두리를 '다다미노후찌(疊の緣)'라고 하는데 일본인은 이 선을 밟는 것에 대해 불경스러워한다. 어린아이를 둔 일본 엄마들은 다다미노후찌를 밟은 아이들에게 다다미와 다다미 사이에 있는 칼에 발을 다친다고 가르칠 정도다. 다다미노후찌를 밟으면 복이 달아난다거나 재수 없다는 속신을 인지시키는 방법이다. 다다미 테두리 역시 안과 밖을 구분하는 경계를 의미한다. 그 경계는 이쪽과 저쪽 어디에도 속하지 않는 모호한 공간이다. 다다미 테두리와 관련된 속신이 생겨난 것도 이런 상징성에서 비롯된다.

경계선이란 공간 구분을 전제로 한다. 공간 구분은 나와 남의 영역을 분명히 하는 일본인의 특성과 무관하지 않아 보인다. 예를 들어 일본인이 친구의 회사를 방문했다고 하자. 설령 문 앞 가림막에 가려진 자리에 자신이 만나야 할 사람이 있어도 방문자가 먼저 인기척을 하는 일이 없다. 예의에 벗어나는 행위로 치부하기 때문이다. 파티션 안은 회사직원의 공간이다. 그 경계를 넘어서는 안 된다. 그곳을 넘는 것은 '공간침입'이다.

노렌이 갖는 경계의 의미는 단지 공간 구분에서만 국한되는 게 아니다. 노렌이 주는 공간적 효과(가림막) 그 이상의 무엇이 있다. 다다마치다로는《생활속의 일본 문화》에서 노렌을 걸어두는 이유에 대해 "일본인은 노렌이 없으면 어딘지 모르게 마음이 안정되지 않는 느낌을 받는다"고 주장했다. 다다 마치다로가 말하는 안정감은 결코 공간에서 나오는 게 아니다. 사회심리적인 안정감이다.

노렌은 경계다. 경계선은 안과 밖이 있다. 안에 있으면 편안하고 밖에 있으면 불안하다. 이때의 안(內, 우치)과 밖(外, 소토)은 사회화된 개념이다. 집단의식이 개입된 사회적 개념인 셈이다. 집단의식이 얼마나 강한지 우치와 소토에서 일본 문화의 특성을 찾는 학자들도 적지 않다. 이어령은《축소지향의 일본인》에서 "일본은 우치와 소토의 의식의 속에서 사는 민족"이라고 지적할 정도다.

돌출 행위엔 알레르기 반응

1992년 중국 상하이를 방문했을 때 하나의 충격처럼 다가온 풍경이 있었다. 수많은 아파트가 단지별로 다른 디자인이었기 때문이다. 그 당시만 해도 우리나라에서는 네모반듯한 '성냥갑 아파트'밖에는 볼 수 없던 시절이다. 일본의 집도 마찬가지다. 다만 외형이 비슷한 게 아니라 내부도 공통적 기물들을 공유한다. 도시의 공동주택만 그런 게 아니다. 논 한 가운데 외딴집도 실내구조는 크게 다르지 않다. 몇 개 방 중 한두 개는 다다미가 깔려 있다. 가장의 방인 도코노마가 있고 도코노마 한 편에는 부츠단(佛壇)이 있다. 마당에는 분재로 잘 가꾼 정원이 있다.

오래전부터 공동주택에서 생활한 습관을 반영하고 있는 것일지도 모른다. 하지만 다른 해석을 하는 학자들도 있다. 즉 일본 국민성의 반영이다. 다다 미치다로는《생활속의 일본 문화》에서 이 같은 일본인의 모습을 "집단적인 생활감각"이라고 표현했다. 그가 정의한 집단적인 생활감각은 "어떤 집단은 다른 집단보다 높을 수도 있고 낮을 수도 있지만 그 차이와는 관계없이 모든 집단이 서로 어딘가에서 맞닿아 있는 것"이라고 설명했다. 아마도 좀처럼 자신을 드러내는 행동을 하지 않는 일본인의 특성을 표현한 것이리라.

보통의 일본인은 조직 전체의 조화를 추구하는 특성을 보이는데 이를 '요코나라비(橫並び)'라고 한다. 직역하면 '옆으로 나란히 선다'는 뜻이지만 이를 의역하면 다른 사람과 같이 행동한다는 뜻이다. 샐러리맨은 여름철에 보통 하얀 와이셔츠에 끈이 긴 가방을 어깨에 메고 다닌다. 천편일률적이다. 누구도 큰 흐름에서 벗어나려고 하지 않는다. 만약 보라색 빛깔 와이셔츠를 입었다면 그는 두말할 것도 없이 경원시 된다. 이런 색깔의 와이셔츠는 야쿠자들이 즐겨 입는 옷이다. '샐러리맨의 복장'이 있는 것처럼 '야쿠자의 복장'도 따로 있다.

요코나라비를 준수하지 않았을 때는 어떤 일이 일어날까? 한국에 처음으로 소개됐고 칸영화제에서 최우수 작품상인 황금종려상을 받은 영화, 〈나라야마 부시코〉(이마무라 쇼헤이 감독)의 여주인공 사카모토 스미코(노모 오린 역)는 가수 출신 배우다. 그가 처음으로 주연을 맡은 작품이 이 영화였다. 사카모토는 '일본의 고려장'을 다룬 이 영화에서 산속에 버려져야 할 운명에 처한 늙은 여인의 역할을 맡았다. 나이가 들어 산속에 버려질 운명에 있는 늙은 노모를 현실감나게 표현하기 위해 사카모토는 자신의 앞니 4개를 부러뜨리는 열정을 보였다. 그의 나이 45세 때의 일이다. 어느 배우도 그보다 더 뜨겁게 모정을 연기할 수 없을 것이라는 평가를 받았다.

황금종려상을 수상한 뒤 귀국했을 때 그를 기다렸던 것은 꽃다발을 들고 환호하는 팬들이 아니었다. 경찰의 수갑이었다. 마약복용 혐의였다. 만일 한국이나 중국이라면 이런 일이 가능했을까? 확신은 없지만, 국위선양을 하고 돌아온 그에게 공항에서 수갑 채운 경찰은 비난의 대상이 됐을지도 모른다.

만약에 그가 이를 뽑아내는 '돌출적인 행동'을 하지 않았다면 입국하는 공항에서 수많은 TV카메라가 지키고 있는 가운데 일본 경찰이 그렇게 냉정한 행동을 했을까? 또 가수 출신인 그가 출연한 첫 주연 작품에서 세계 최고권위의 영화제에서 대상을 수상한 작품의 여주인공이 아니었다면 그런 일이 일어났을까? 일본인들이 워낙 돌출적이고 튀는 행동에 알레르기 반응을 보이기 때문에 이런 이유가 아닐까 하는 부질없는 상상을 해본다.

줄 세우기는 계속된다

요코나라비에 부응하지 못하면 일종의 체제가 가해진다. 요즘 표현으로 '이지메'를 가한다. 제재는 앞에서 말한 우치에서 '사이비 우치'를 솎아내는 작업이다. '가짜 우치'라는 것은 어떤 조직에서도 혼란을 야기하고 해악을 끼친다고 믿는 게 일본인이다.

일본에는 집단이익에 배치되는 사람을 '우치에서 소토로'로 밀어내는 제재를 가하는 오랜 전통을 갖고 있다. 그중 하나가 촌락사회의 질서와 규범을 지키기 위해 행했던 무라하치부(村八分)다. 동족 사회 특히 촌락사회에서 그 사회의 질서를 해치거나 결정 사항을 따르지 않았을 경우 촌락의 공동생활에서 제외시켰다.

위키백과에 따르면, 무라하치부는 지역공동체가 함께 처리하던 10가지 일 가운데 장례와 화재진압 등 두 가지 이외의 공조사업(성인식, 결혼식, 출산, 병 수발, 가옥 신축과 보수, 수해복구지원, 여행정보 교류)에서 제외하는 관습이다. 무라하치부 처벌을 받으면 마을 구성원으로 인정받지 못한다. 이어령은 《축소지향의 일본인》에서 무라하치부를 지역적 폐쇄성을 보여주는 예로 들면서 "지역적 폐쇄성은 외부에는 닫힌 사회이며 내부에는 열린 사회"라고 규정했다.

일본인은 방(番)을 기본단위로 지역공동체를 이루며 살았다. 지역 내 사람들과는 친밀한 관계를 유지했다. 그들과는 표정과 몸짓만으로도 의사와 감정전달이 가능한 경우가 많았다. 더욱이 일본은 소속집단의 공동이해를 우선시하는 전통이 지배하는 사회다. 공동의 이익이 무엇인지는 누구나 다 안다. 이 때문에 속내를 시시콜콜하게 드러낼 필요가 없었다.

이런 분위기 속에서 이심전심 식으로 소속된 조직과 교감하는 정서 즉 혼네(本心, 본심이나 속셈 또는 속마음)가 있다. 혼네는 굳이 말을 하지 않아도 서로 통할 수 있는 심정적 교감이다. 혼네의 공감은 외부에 대한 배타성과 집단의 폐쇄성을 조장하기도 한다. 집단의 결속력을 공고히 하는 것이다. 혼네와 대칭되는 개념은 다테마에(建前, 표면상의 방침이나 원칙 또는 겉마음)다. 외교적 수사, 형식적인 대답, 보편적 인식 등이 다테마에에 해당한다. 기본적으로 진심이 담겨 있기보다는 불편한 상황을 만들지 않으려는 마음이다.

혼네와 다테마에라는 이분법적 문화는 기본적으로 사무라이와 조닝(町人) 사회가 분화된 결과다. 사무라이는 명예와 규율을 중시하는 사회다. 반면 조닝의 최대 관심은 상업적 이익이다. 명예와 명분을 중시하는 사무라이 사회는 상대적으로 위선이나 가장이 필요 없다. 반면 조닝 사회는 말 한마디라도 고객 입장에서 해야 했다. 그래서 혼네 사회를 사무라이 사회, 다테마에 사회를 조닝 사회라고 칭하는 학자도 있다.

제2장 한·중·일 대표 가옥에 담긴 정신

일본전문가 알렉스 커는 "다테마에는 본래의 영역 이외의 범위로 넘어갈 때 생긴다"면서 "일본인이 집단을 위한 거짓말에 당당하거나 언론이 국익을 위해서라면 언론자유를 스스로 포기하는 것도 바로 다테마에 문화와 무관하지 않다"고 주장했다.

이 같은 이분법적 태도는 단지 아는 사람이냐, 낯선 사람이냐를 구분하는 데 머물지 않는다. 아는 사람 중에서도 그 심정적 공감을 할 수 없는 사람에게는 다테마에식 대응을 한다. 무라하치부가 동족 사회의 이지메라면, 동종업종의 따돌림은 '나가마하즈레'(仲間外れ)다. 나가마하즈레는 동종업종의 집단이익과 질서에 상치되는 행동을 했을 때 동종업종 사회에서 배척하는 행위이다. 동종업종의 이익을 지키기 위한 수단이었다. 특히 일본은 직종이나 직업 이동이 불가능했던 옛날 나가마하즈레를 당한다는 것은 곧 생계수단을 빼앗는 가혹한 린치라고 생각했다. 무라하치부나 나카마하즈레를 당하지 않기 위해서 촌락사회든 동종업종 사회든 소속집단의 규칙과 결정에 순응할 수밖에 없다. 그 대표적인 예가 에도시대부터 내려온 상공업자의 공인된 독점적 동업조합인 '가부나카마'(株仲間)다. 일본의 횡적 동료관계를 의미하는 나카마의식이 상업화된 형태가 '가부나카마'라고 할 수 있다. 동업자 간의 경쟁을 회피하고 돈독한 결속을 유지하기 위해 동업조직을 결성했다. 나중에는 이익극대화를 위해 가격담합을 하거나 영업독점권을 장악해나갔다. 이 때문에 가부나카마는 물가상승의 원인으로 지목되어 지탄을 받기도 했다.

일본 집단주의 문화의 뿌리인 나카마하즈레는 아직까지 전통이라는 이름으로 명맥을 유지하고 있다. 예를 들어 일본 스시 전문집에는 여전히 여성 요리사가 없다. 이유는 생리 때 분비되는 황체호르몬 때문이다. 생리 때 황체호르몬 작용에 의해 여성의 체온은 약 1℃ 정도 올라간다. 일본인은 체온 1℃ 차이지만 그것이 스시 맛에 영향을 미친다고 생각한다. 그래서 스시 요리사는 '금녀의 직업'으로 굳어졌다. 정말 생리 중인 여성이 요리한 스시 맛은 다를까?

일본의 국기 스모는 여전히 '성적 차별'을 계속하고 있다. 토우효(스모경기장)는 여성이 발을 디딜 수 없는 '금녀의 공간'이다. 1400년 동안 이어져 내려온 전통이다. 이런 금기는 권력조차 무너트리지 못했다. 중요한 스모대회 우승자(요코즈나)에게 관방장관이 우승컵을 전달하며 포상하는 게 관례다. 문제는 여성이 장관인 경우다. 실제로 1990년 당시 모리야마 아유미라는 여성 관방장관이 수상식을 거행하려 했다. 그런데 일본 스모계는 "'여자'가 감히 토우효에 발을 디디게 할 수 없다"면서 수상식 행사 자체를 취소해버렸다. 이처럼 법적으로 차별을 두지 않지만 풍습 때문에 여성이 접근할 수 없는 영역(장소, 일, 행동)이 일본에서는 아직도 존재하고 있다.

스모 얘기가 나온 김에 하나 더 얘기하자. 토우효에서 눈물을 보이는 일도 해서는 안 된다. 하와이 출신 미국 스모 선수 타카미야마가 1970년대 초 한 메이저급 스모대회에서 우승했다. 마침 그의 우승 소식을 들은 리처드 닉슨 전 미국 대통령이 그에게 축전을 보냈다. 축하의 메시지를 전달받은 그는 너무 기쁜 나머지 씨름판 위에서 눈물을 흘리고 말았다. 일본 언론은 이 일을 두고 "'사무라이 정신'에 어긋나게 스모 선수가 경기장에서 어떻게 눈물을 흘리느냐"며 질타한 뒤 스모 선수 자격 운운하며 야단법석을 떨었다.

어찌 보면 일본인 예의는 사무라이 정신과 쇼닝(商人) 상술과 맥을 같이 한다. 결국 일본인의 예의 규범은 사무라이가 살던 마치야 문화와 상인이 살던 나가야 문화의 충돌을 회피하기 위한 하나의 장치처럼 보인다.

유교가 만든
쓰허위안

쓰허위안을 벗어나지 못하는 중국인

중국 산시(山西)성, 허난(河南)성 등 황토 고원지대의 동굴 지하주택인 야오동(窯洞), 푸젠(福建)성 서남지역과 광둥(廣東)성 동부지역 하가(客家)족의 집단주택인 토러우(土樓), 광둥성의 토치카식 돌집인 댜오러우(碉樓), 지붕을 뚫고 '하늘의 우물'이라고 불리는 천정(天井)을 낸 후이저우(徽州) 민가, 일명 담장마을인 홍콩 창타이욱(會大屋), 북방의 성채와 같은 쓰허위안(四合院)….

중국은 넓다. 광활한 영토와 복잡한 지형, 다양한 기후가 공존한다. 통일된 주거 양식을 가질 수 없다. 각 지방에 따라 주거 형태와 가옥의 꾸밈새가 다르다. 하지만 어느 주택에서든 비슷한 느낌을 받는다. 마치 외부 사람과의 접촉을 경계하는 듯하다. 높은 담, 작고 중첩된 문, 외벽을 향한 창문이 없는 내향적 건축구조…. 철옹성 같은 구조다.

이 많은 양식의 가옥 중에서 중국의 '국민주택'은 쓰허위안이다. 쓰허위안은 허베이(華北) 지방의 전통가옥이다. 전국적으로 분포하고

제2장 한·중·일 대표 가옥에 담긴 정신

쓰허위안

중국의 국민주택. 중국인이 갖고 있는 보편적 정서와 문화적 심리를 고스란히 담고 있다.

쓰허위안의 영벽

집 내부를 감추는 역할을 한다. 또 집안으로 복을 부르고 집안의 복이 밖으로 나가는 것을 막는 기능도 있다.

있는 유일한 주거 양식이다. 또 다른 지방, 혹은 소수민족의 토착 가옥에도 쓰허위안의 건축 원리가 그대로 원용됐다. 또 중국인의 보편적 정서와 문화적 심리를 고스란히 담고 있는 가옥의 형태이기도 하다. 그런 측면에서 쓰허위안을 중국 가옥의 대표선수라고 해도 무방할 듯싶다.

영화를 좋아하는 사람이라면 공리가 주연한 영화, 〈홍등〉을 기억할 것이다. 영화의 공간적 배경이 바로 쓰허위안이다. 영화를 찍은 무대는 산시성 대상인의 저택인 '교가대원'이다. 교씨의 큰집이라는 뜻이다. 영화를 꼼꼼히 본 관객이라고 하더라도 영화 속에서 쓰허위안의 구조를 속속히 읽어내기란 쉽지 않다. 영화 무대가 중원, 침실, 식당 그리고 담장과 옥상 등과 같이 파편화되어 연출됐기 때문이다. 그렇다고 하더라도 쓰허위안의 분위기를 파악하는 데는 어려움이 없다. 중첩되는 육중한 담만으로도 쓰허위안의 속살, 아니 건축양식과 중국인의 마음을 엿볼 수 있다.

중국 작가 리궈원(李國文)은 《쓰허위안을 넘어서서》에서 "중국인의 마음은 쓰허위안을 벗어나지 못하고 있다"고 말했다. 중국인과 쓰허위안의 폐쇄성을 언급한 것이다. 사실 쓰허위안은 사방이 견고한 벽돌담과 벽으로 둘러쌓여 있다. 담으로 안과 밖을 구분하고 벽 속에 또 벽이 있는 폐쇄적 구조다. 대문은 건물 크기에 비해 너무 작다. 또 한쪽 모퉁이에 있다. 쓰허위안의 대문은 동남쪽에 있는 게 일반적이다. 신분에 따라 대문의 크기와 형식이 다르기는 하다. 하지만 집의 규모와 비례해서 본다면, 쓰허위안 대문은 외벽 일부라고 해도 과언이 아니다.

아마도 유교적 영향권 안에 있는 나라 중에서 중국에서만큼 대문이 대접받지 못하는 곳은 없다. 왜 그럴까? 작은 대문은 외부 세계와 차단을 위한 장치로 해석할 수 있다. 사방을 벽으로 막아 요새처럼 만든 집에 대문을 크게 만든다는 것은 논리적으로 일치하지 않는다. 대문을 작게 만듦으로써 낯선 이의 접근을 막고 가옥 내부를 더욱 밀폐된 공간으로 만들려는 의도가 숨어있다.

가옥의 밀폐는 북쪽에서 불어오는 겨울의 찬바람과 서쪽에서 불어오는 황사를 막을 수 있는 장점이 있다. 하지만 그것만은 아니다. 쓰허위안은 농경문화와 유교·민간사상이 만든 건축물이다. 특히 중국인은 조금이라도 불길한 징조가 있으면 그것을 막거나 피하려는 습성을 갖고 있다. 중국의 귀신은 전진만 가능하다고 한다. 후퇴하는 방법을 모른다. 밖에서 귀신이 들어오는 것은 원천적으로 차단하기 위해 대문을 한 켠에 작게 만들고 벽을 쌓아 복을 지키겠다는 민간사상이 반영된 것이다.

대문이 있는 외벽을 따라 좌우로 하인들이 기거하는 도좌방 혹은 창고가 들어서 있다. 대문을 지나면 영벽(影壁) 혹은 조벽(照壁)이라는 칸막이벽을 만나게 된다. 영벽도 대문의 연장선에 있는 민간신앙이 반영된 또 다른 기물이다.

병풍 모양의 영벽은 쓰허위안의 얼굴이다. 영벽을 세우는 목적은 집 내부를 감추는 데 있다. 이 기능을 통해 영벽부터 가족의 사적 공간임을 다시 한번 강조한다. 하지만 영벽에는 이보다 더 중요한 역할이 있다. 집안으로 복을 부르고 집안의 복이 밖으로 나가는 것을 막는 기능이다. 이 벽에 집안의 안녕을 기원하는 글귀나 글씨 혹은 다양한 무늬를 쓰거나 그려 넣는다.

영벽을 지나면 수화문(垂花門)이 있다. 이 문은 사실상 쓰허위안의

쓰허위안의 수화문

쓰허위안의 대문. 가옥의 중심선 상에 가로로 세워둔다.

쓰허위안의 중원

인공의 연못을 만들고 그 주변에 기암괴석으로 장식한다.

대문 역할을 한다. 대문이 동남쪽 모퉁이에 설치되어 있다. 반면 수화문은 가옥의 중심선에 가로로 세워둔다. 이 문을 지난 뒤에야 꽁꽁 숨은 원자(院子)라고 부르는 중원이 나타난다. 이는 정형적으로 앞은 가리고 안은 드러내는 선장후로(先藏後露) 건축기법이다. 중국어에서 장(藏)은 숨기다, 로(露)는 드러내다는 뜻이다. 겉은 가려져 있지만 속은 훤히 보여준다는 내향적 건축구조를 말한다.

중원에 들어서면 왜 이처럼 번거로운 구조로 집을 만들었는지 알 수 있다. 가장 화려하게 지어진 정방과 정방 앞마당(중정) 좌우에 있는 집안 식구들이 사는 곁채(廂房)가 중정을 향해 늘어서 있다. 또 방과 방은 회랑으로 연결되어 있다. 쓰허위안은 네(四) 채의 건물이 가운데 위치한 정원(院)을 중심으로 모여 있는(合) 가옥이다. 한마디로 'ㅁ'자 형태의 집에 정원이 집 한가운데 있는 중원형 주택이다.

중원형 주택이라는 의미는 정원의 꾸밈에서 좀 더 극적으로 드러난다. 인공의 연못을 만들고 그 연못 주변에는 진귀한 기암괴석으로 장식한다.

쓰허위안은 쯔진청의 축소판

쓰허위안에는 두 가지 건축 원칙이 있다. 하나는 'ㅁ'자형 평면이다. 다른 하나는 남북을 축으로 동서가 대칭하는 구조다. 'ㅁ'자형 주택의 역사적 연원은 깊다. 지금은 궁궐을 뜻하는 '宮'(궁)자는 본래 집을 뜻하는 글자였다. 지붕(宀) 밑에 네모난 방(呂)이 여러 개 붙어 있는 모양을 상형한 것이다.

약 3,000년 전 중국의 고대국가였던 주나라의 유적지에도 사각 틀 안에 여러 개의 방이 늘어서 있는 쓰허위안 구조와 유사한 흙으로 만든 모형이 발견됐다. 이미 주나라 때 쓰허위안 건축에 대한 사상과 미학의 기틀이 마련된 셈이다.

유교 경전《주례》의 〈고공기〉 편에 중국인은 자신의 이상을 건축에 담아 표현하려고 했다고 적고 있다. 국립중앙박물관 이재경 학예연구사는《중국 사람들은 어떻게 살았을까》에서 "베이징을 비롯한 중국의 역대 도시에서부터 궁궐, 사원, 묘지, 일반주택에 이르기까지 모든 중국의 건축물은 한결같이 〈고공기〉가 제시한 이상적 공간 이념을 구현했다"고 주장한다. 중국에서 처음으로 본 건물이라도 어디선가 보듯 한 기시감을 주는 이유가 여기에 있는지도 모른다.

《주례》는 주나라의 제도(국가와 사회제도)를 기록한 유교 경전이다. 《주례》에서 소개한 각종 제도의 토대는 나라와 가정이다. 가정이 확대된 게 나라라는 의식이 밑에 깔려 있다. '국가'(國家)라는 한자가 《주례》사상을 압축한다고 할 수 있다. 나라와 가정에서 한 글자씩 따서 만든 국가(國家)라는 단어를 통해 곧 나라와 가정은 다르지 않다는 의미를 담고 있다. 린위탕(林語堂)은 "중국인은 가족을 위해서 생존하며 나라를 위해서 그 생존을 성취하려고 한다"고 말했다.

나라와 가정이 다르지 않다는《주례》의 기본정신은 황궁인 쯔진청(紫禁城)과 주택인 쓰허위안의 건축이념과 건축 원리가 일치되는 데서도 확인할 수 있다. 쓰허위안은 쯔진청의 축소판이라고 단정해도 무리는 아니다. 특히 대문과 영벽은 민간사상의 토대 위에 만들었다면 수화문부터 모든 가옥 시설은 철저하게 유교에 근거하여 만들어졌다는 게 특징이다.

쓰허위안의 중원은 쯔진청 태화전의 앞마당과 1 대 1로 대응한다. 태화전 앞마당과 궁궐 내부 전부가 연결되어 있듯이 쓰허위안의 모

쯔진청

쓰허위안의 건축이념과 건축원리가 일치한다.

든 방은 정원과 통하도록 지어져 있다. 쯔진청 중앙에 자리한 태화전
은 황제의 권력을 상징한다. 쓰허위안에서 태화전에 대응하는 건물
은 정당(正堂)이다. 황제의 등극 의식, 황후와 왕세자의 책봉식, 군대
의 출정식 등 각종 국가적 행사가 열리는 태화전이 궁궐의 한가운데
있는 것처럼 정당도 가옥 중심에 위치한다. 정당은 주인이 손님을 맞
는 공간인 동시에 조상의 신위를 모시고 제사를 지내는 가장의 방이
다. 중국인은 수많은 영적 존재 중에서도 가장 중요한 존재로 조상신
을 모시고 있다. 정당의 중요성은 여기에 그치지 않는다. 가장의 거

주 공간이며 가족의 거실 구실도 한다. 가족이 함께하는 공간이다.

중정은 쓰허위안의 중심이다. 중정을 중심으로 가족의 생활공간이 배치된다. 또 쓰허위안이 주거공간답게 만드는 하나의 중요한 시설이다. 사방이 둘러싸인 한가운데 중정을 둠으로써 가옥 내 공기의 흐름을 원활하게 한다. 그래서 겨울에는 따뜻한 공기를 모으고 여름에는 더운 공기를 방출한다. 더욱이 중정에는 두 그루 이상의 나무를 심으며 작은 연못을 만드는 게 보통이다.

태화전과 정당은 모두 남향을 하고 있다. 또 정당 앞마당인 중원과 태화전을 중심으로 전후좌우에 건물을 배치했다. 이재경 학예연구사는 앞의 책에서 "궁궐의 경우 황제를 정점으로, 한 집안의 경우 조상을 정점으로 한 유교적 위계질서를 표현하고 있다"고 기술했다.

중국인의 입장에서 조상을 모시는 정당이 가옥의 중심에 위치하는 것은 상식이다. 중국인은 한나라 때 동중서가 유교를 통치 이데올로기로 수용한 이후 거의 2000년 동안 유교 이데올로기 아래서 살았다. 그 시대의 상식은 당연히 유교적 철학을 기반으로 한다. 황궁의 중심인 태화전이 충(忠)을 강요하는 상징이라면 이에 대응하는 쓰허위안의 정당은 당연히 효(孝)를 대표하는 심벌이다. 가족 사회에서 중심이 되어야 하는 유교적 윤리가 예(禮)와 인(仁)임을 뚜렷이 보여주고 있다.

쓰허위안의 정원은 정당의 앞마당이다. 세대별로 주거가 배치된 쓰허위안에서 중정은 가족의 공유공간으로 중요한 역할을 한다. 크고 작은 집안 행사가 이뤄지는 곳이다.

쯔진청과 쓰허위안이 거의 1 대 1의 대칭적 구조를 갖고 있는데 이 원칙에 배치되는 게 바로 정원이다. 황제가 집무하고 기거하는 황궁에는 정원이 없다. 나무도 한 그루도 없다. 바닥 전체가 빨간 벽돌로 덮여 있다. 혹시라도 있을지도 모르는 자객의 침입에 대비하기 위함이다. 하지만 딱 한 곳이 예외다. 황비의 숙소인 교태전 뒤에 '아미산'이라고 불리는 작은 정원이 있다. 가상의 산으로 나무가 불과 두어 그루 서 있을 뿐인 상징적인 정원이다. 많은 황비들이 황제가 집무에 바쁘거나 아니면 후궁에 싸여 자신의 돌보지 않을 때 이곳을 들러 위안을 삼던 곳이다.

대칭구조에서 조화를 꿈꾸다

쯔진청과 쓰허위안은 남북을 축으로 대칭적 구조를 갖고 있다. 남북의 축을 중축선(中軸線)이라고 한다. 쓰허위안의 중축선을 따라 수화문-중원-정방 등이 세워져 있다. 2진 쓰허위안이라면 정방 뒤에 후조방-중원 등이 이어진다. 궁궐과 가옥의 건축이념이 다르지 않다는 것을 보여준다.

중축선은 본래 궁궐만이 아니라 계획도시인 수도 베이징의 설계기준선이다. 쯔진청의 중축선을 연장한 게 바로 베이징의 중축선이다. 쯔진청 태화전을 출발한 중축선은 북쪽 방향으로 북문인 신무문-인공산인 징샨(景山)-시각을 알려주는 북인 고루(鼓楼)-시계탑인 종루(鐘楼) 등으로 이어져 있다. 남쪽으로는 쯔진청의 정문인 오문-'중국의 문'인 천안문-천안문 광장과 국기게양대-광장 한복판에 있는 인민영웅기념비-명대에 지어진 도성출입문인 전문으로 뻗어나간다.

베이징 중축선

중국 대칭문화의 상징
이다. 중국인들은 좌우
대칭을 최고의 인공미
로 인식한다.

베이징의 중축선은 오늘날에도 연장되고 있다. 중국이 세계의 중심으로 부상하기 위해 이정표로 삼았던 베이징 올림픽의 주경기장인 니아오싸오(鳥巢, 새둥지라는 의미)도 북쪽 방향의 중축선 위에 세워졌다. 중국인의 마음에 아직 살아 숨 쉬는 마오쩌둥도 남쪽 방향의 중축선 상에 잠들어 있다. 마오쩌둥기념관과 그 지하에 안치된 마오쩌둥의 시신도 중축선 상에 누워 있다. 베이징 중축선은 약 8km 정도이어진다. 현대 중국의 최고 건축가인 량쓰청(梁思成)은 "쯔진청의 축선을 타고 흐르는 장엄하고 아름다운 질서 의식은 세계에서 가장 위대한 건축물임을 보여준다"고 극찬했다.

쯔진청의 중축선은 중국 대칭문화의 상징이다. 대칭성이란 인위성을 의미한다. 량쓰청의 말에서 "인공적인 것의 아름다움을 표현하는 방식"이라는 중국식 사고를 드러내고 있다. 사실 중국에서는 좌우대칭을 최고의 인공미로 인식하고 있다. 그것은 단지 감각이 뛰어난 조형미만을 의미하지 않는다. 대칭적 구조를 통해 상대성과 조화를 추구하려는 의지가 담겨 있는 것이다. 서로 대칭되는 것은 결국 조화하게 된다는 게 중국인의 생각이다. 그렇다보니 '좋은 일은 짝을 이룬다'는 생각이 몸에 배게 된 것이라고 할 수 있다. 사자성어도 두 글자씩 뗄 수 있는 좌우 대칭구조로 되어 있다. 서경, 주역, 맹자, 춘추, 장자 등 각종 중국 고전의 글이 대칭적 구조인 사언절구로 만들어졌다. 대칭과 균형을 중시하는 중국인의 관념은 식사 자리에도 적용된다. 초대할 손님의 숫자를 짝수로 맞춘다. 음식 가짓수도 마찬가지다. 결혼의 축의금도 홀수로 하면 큰 실례가 된다.

쓰허위안과 쯔친청은 한 술 더 뜬다. 직사각형 박스 안에 들어간 대칭구조다. 중국 작가 주융(祝勇)은 《베이징을 걷다 : 중국 800년 수도의 신비를 찾아》에서 "베이징은 '중국'의 '중'(中)이라는 한자를 형상화한 도시"라면서 "땅은 네모지다는 생각과 그 중심의 선에 중축선이 그어지고 그에 맞춰 도시를 대칭의 모습으로 건설했다"고 주장했다. 천원지방(天圓地方), 즉 옛 중국인은 하늘은 둥글고 땅은 사각형이라는 우주관을 갖고 있었다. 진순신은 《중국이냐 일본이냐》에서 "중국이라는 말에도 세계 으뜸이라는 기세당당함보다는 감각이 뛰어난 수도의 모습이란 뉘앙스가 더욱 짙어졌다"고 말했다.

계급 지향적인 쓰허위안

쓰허위안은 가정불화를 억제하는 구조, 아니 화목을 강요하는 구조를 갖고 있다. 철저한 위계질서를 반영하고 있다. 위계의식이 살아있는 가정은 불화가 폭발하지 않는 게 보통이다. 집안 식구들 사이에 위계와 질서가 무너지면 가정은 뒤죽박죽이 된다. 특히 부모의 권위에 도전해서는 안 된다. 부모에게 순종해야 하는 데는 아무런 이유가 필요 없음을 중국 속담은 다시 한번 확인시킨다. "천하에 그릇된 부모는 없다."

쓰허위안 구조는 철저히 계급 지향적이다. 쓰허위안의 남북으로 뻗는 축선이 가족의 위계질서를 상징한다. 축선이 곧 서열이고 계급이다. 가장 큰 어른이 축선의 중심인 정당에 거주하는 까닭이다. 정당 거주 자체가 하나의 권위다. 그를 중심으로 동서 양편으로 늘어선 상방과 하방에 서열에 따라 가장의 자녀들은 세대별로 기거한다. 성별, 항렬, 나이, 신분에 따라 제각각의 방이 정해진다. 2진 혹은 3진 쓰허위안이 있는 경우, 후조방에는 방계가족이나 여자들이 그곳에 사는 게 통례다.

좀 더 구체적으로 설명해보자. 우선 가옥의 중앙이 주변보다 그리고 왼편이 오른편보다 공간상 상위의 지위를 갖는다. 이 때문에 정방에는 집안의 어른 내외가 거주한다. 장남 가족은 왼편 첫째 상방에, 차남은 오른편 첫째 상방에서 살게 된다. 남은 남자 자식은 이런 방식으로 순서대로 방을 배정받게 된다. 결혼하지 않은 자식이 있는 경우 남자는 왼편, 여자는 오른편 상방을 차례로 배정받는다. 2진 쓰허위안의 경우 전면은 하인과 손님이, 후면은 집주인 가족이 기거한다.

집의 크기와 재료에서도 위계질서는 뚜렷하게 나타난다. 물론 큰

제2장 한·중·일 대표 가옥에 담긴 정신

위에서 내려다 본 쓰허위안의 구조

남북으로 뻗는 축선이 가족의 위계질서를 상징한다.

방과 좋은 재질로 만든 방에는 서열이 높은 가족이 살게 된다. 가옥의 중심인 정당은 칸(間)이 넓다. 정당의 좌우에 있는 곁채, 즉 상방도 중앙에서 수화문 쪽으로 올수록 방이 좁아진다. 또 정당은 대리석 등과 같이 재질이 훌륭한 자재를 쓰는 반면 상방과 도좌방은 벽돌이나 흙으로 짓는 게 보통이다.

중국 전통의 관념으로 정착된 적장자 우선, 남성 우위가 쓰허위안에 투영되어 있다. 유종광은 《중국은 어떻게 모략의 나라가 되었나》에서 "중국은 혈연에 입각한 사회구조이며 그 근간은 쓰허위안에 잘 나타난 종법(宗法)"이라고 갈파했다. 종법은 가문의 적통을 적장자가 이어가는 제도다. 중국에서 적장자에게 두 가지의 권한이 주어진다. 제사를 주제하는 권한과 가정의 지배권이다. 이 권한으로부터 가까이 있느냐, 아니면 멀리 있느냐에 따라 가족 내 서열과 자리가 정해진다. 형식은 내용을 규제한다. 쓰허위안의 가옥구조가 형식이라면 가정의 질서는 그 내용이다.

위계질서를 상징하는 종법제도는 유교사상의 골격이다. 유교사상에서 빠뜨릴 수 없는 것이 남존여비와 남녀유별이다. 당연히 유교사상에 바탕을 둔 건축구조인 쓰허위안에는 중국의 전통적 규범이 반영되어 있다.

심지어 주인과 손님도 구분하는 의식이 남아 있다. 집주인은 자신의 집을 찾은 손님에게 보통 정당을 비워준다. 최고로 극진한 대접한다는 의미가 담겨 있다. 하지만 초대한 손님은 집안의 회랑을 걸을 때나 식사를 할 때는 반드시 왼편 즉 서쪽 편에 자리해야 한다. 만일 계단이 있다면 주인은 동쪽, 손님은 서쪽을 이용해서 오르내린다. 또 식사를 대접할 경우 주인은 출입구를 마주한 가운데 자리에 앉는데 손님 중 가장 서열이 높은 사람은 주인의 바로 왼편에 앉는다. 그 자리가 주빈석이 되는 셈이다.

이 때문인지는 알 수 없지만 집주인을 '동가'(東家)라고 부르고 집주인이 이용하는 오른쪽 계단은 '동도주'(東道主)라고 부른다. '동도주'라는 말의 유래는 공자가 쓴 역사서 《춘추(春秋)》의 해석서인 《좌전(左傳)》에 소개되어 있다. 춘추전국시대 당시 최강자였던 진(秦)나라가 이웃한 정(鄭)나라를 침범할 기미를 보였다. 진나라에 사신으로 파견된 정나라 문공은 "훗날 진나라 사람들이 장사를 하거나 군사를 움직일 때 우리나라를 지난다면 동쪽 길을 비워주겠다"고 말했다.

진나라가 문공의 제안을 받아들임으로써 정나라는 위기를 모면하게 됐다.

강요된 인내심

수레바퀴 돌듯 반복되는 천재지변과 전쟁의 아픔에서 살아온 중국인을 량치차오(梁啓超)는 도륙의 역사 속에서 살아남은 민족이라는 뜻으로 '육민(戮民)'이라고 불렀다.

엄청난 천재지변과 수많은 전쟁을 겪으면서 중국인은 인간이 하찮은 먼지 같은 존재임을 절실히 느꼈을 것이다. 이 같은 무력감에서 나온 말이 '어쩔 도리가 없다'는 뜻을 가진 '메이파쯔'(沒法子)다. 이는 우리말, '도리가 없다'와 뉘앙스 차이가 난다. 우리말 속에는 자포자기나 체념을 내포하고 있다면 중국말 속에는 기다림이고 인내라는 의미가 숨겨져 있다.

인내심이 생존의 이유가 되는 과정을 잘 보여주는 영화가 있다. 한국에 처음으로 수입됐던 〈부용진〉은 '메이파쯔 정신'을 가장 극적으로 표현한 작품으로 평가받았다. 문화대혁명의 와중에 부농으로 낙인찍힌 호옥음(극중 인물)은 처형된 남편을 저세상으로 보낸 뒤 진숙선과 사랑에 빠진다. 두 사람은 공산당의 허가를 받지 않은 채 비밀 결혼을 했다는 이유로 인민재판에 회부됐다. 호옥음은 3년, 진숙선은 10년 징역형을 받았다. 판결문 낭독에 겹쳐지는 억수같이 쏟아지는 비와 인민재판 광경은 그들의 앞날에 짙은 먹구름이 드리울 것임을 암시한다.

진숙선은 호옥음에게 "무슨 일이 있더라도 살아남아야 해, 설령 돼지처럼 살더라도 절대 죽으면 안 된다"라고 신신당부한 뒤 재판장을 먼저 떠났다. 이게 바로 메이쯔파다. 영화에서 보듯 메이파쯔라는 의미 속에는 전쟁과 천재지변 그리고 경제적인 압박과 같은 수많은 변고 속에서 살아남기 위한 몸부림이 담겨 있다고 할 수 있다. 그 몸부림 속에는 죽어서 극락 가는 것보다 비참하게 살더라도 이생에 남는 게 더 의미 있다는 중국인의 현세적 사생관을 엿볼 수 있다.

이 같은 인내심은 환란의 방어 수단으로만 치부할 수 없다. 대규모 혈족이 한집에서 살아야 하는 가족제도에도 그 이유를 찾을 수 있다. 많은 사람이 같이 생활하다 보면 자신이 손해를 보는 일이 생겨나게 마련이다. 가족을 위해 참고, 양보해야 하기 때문이다. 양보 법칙은 이미 정해져 있다. 철저한 위계질서다. 위계질서는 가옥 구조에서 확실하게 드러난다.

이 같은 가옥구조는 위계질서만이 아니라 권위가 얼마나 중시되는지 보여주는 사례다. 이런 엄격한 권위와 위계 속에서 사는 사람들이 살아남을 수 있는 방법은 오직 참고 견디는 것밖에 없었을지도 모른다. 이 때문인지 중국인의 특성 중에서도 인내심이 첫 손가락에 꼽힌다.

가정의 평화를 갈망한 인내심

중국인의 인내심은 오랜 역사와 전통을 갖고 있다. 중국인이 금과 옥조처럼 받드는 '백인'(百忍)은 온갖 어려움 참고 견디어 낸다는 고사다. 당나라 때 장공예(張公藝)는 산둥성 태산 근처에 살고 있었다. 그의 식솔은 무려 900명이 넘었다. 당 태종 이세민의 아홉 번째 아들인 고종은 태산 순행 길에 그의 집을 찾았다. 어떻게 그렇게 많은 식구들이 화목하게 한 집에서 살고 있는지 그 비결을 묻고 싶어서였다. 장공예는 고종에게 참을 인(忍)자를 100번 쓴 종이를 보여줬다고 한다. 참고 기다린다는 의미의 메이쯔파는 고사나 영화 속에서만 남아 있는 게 아니다. 메이쯔파는 이미 생활 깊숙이 들어와 있고 중국인의 생활철학으로 여겨지고 있다.

더나아가 중국인은 어려운 일, 힘든 일을 참고 견디는 데 머무는 게 아니라 이를 즐겁게 이겨내는 긍정적인 생활방식도 터득했다. 만일 손님이 실수로 그릇을 떨어뜨려 깼다면 '쑤에이 쑤에이 핑안'(歲歲平安)이라고 인사를 한다. 깨진다는 의미의 '碎'(쑤에이)와 동음이어인 '歲' 자를 차용해서 오히려 복을 빌어주는 것이다. 술자리에서 그릇이나 술병이 깨지면 오히려 좋은 징조로 여긴 데에서 비롯된 관용적 인사말이다. 우리는 깨진 그릇을 사용하면 복이 나간다고 여긴다. 만일 그런 그릇을 식당에서 손님에게 제공했다면 아마 '장사를 더 하고 싶냐'는 핀잔을 들어야 할지도 모른다. 하지만 중국에서 깨지고 낡은 그릇은 오히려 그 식당의 역사와 전통이 깊은 것으로 여겨 존경을 표시한다고 한다.

갖은 노력을 해봐야 해결되지 않으니 그 상황을 인정한다는 속뜻도 담겨 있다. 그릇을 깬 사람의 미안한 마음을 덜어 주면서 복을 빌어주는 중국인의 대륙적 기질을 엿볼 수 있다. 궁하면 통한다는 공자의 말이 새삼 되뇌어진다. 절망 속에도 희망을 잃지 않고 기다리는 중국인의 긍정적 사고방식을 손자는 "돌아가는 것이 지름길"이라고 했다. 이는 서둔다고 해결이 되지 않는 공간적, 시간적 제약을 전제하고 있다. 직접 부딪히기보다는 참고 기다리는 것도 하나의 삶의 방식이다. 그것이 바로 특유의 중국인 성격인 '만만디'(慢慢的)로 나타난다.

만만디는 시간상의 여유를 의미한다. 혹자는 "중국에서는 기다리다가 날 샌다" "중국인에게 바쁜 일은 없다"고 말한다. 이 말에는 중국인이 매우 게으르거나 일 처리가 늦다는 부정적 뉘앙스를 담고 있다. 하지만 최근에는 어떤 일에도 마음의 중심을 잃지 않고 심사숙고한 끝에 원만하게 일 처리를 하려는 중국인의 집단적 지혜로 재해석되고 있다. 임어당은 《만만디, 만만디 : 중국인이 본 중국인의 의식구조》에서 "한마디로 개인의 자유가 법적으로 보호받을 수 없었기 때문에 자기방어의 수단으로 얻어진 지혜가 중국인의 인내심"이라고 말했다. 인내심은 결국 신중함으로 이어졌다. 중국인들은 어떤 일이든 좌고우면하는 경향이 있다. 상황을 이리저리 재고 따져보기 때문이다. 개별적 사안보다는 전체적인 상황을 파악하려는 모습이 체질화되어 나타난 게 바로 만만디인 셈이다.

사생활이 보장되는 쓰허위안

쓰허위안의 가옥구조는 사회현상을 담고 있다. 가족공동체는 최소단위 사회다. 아무리 작은 단위의 사회 속에서도 사회생활이 있다. 중국의 가족 사회는 단위가 결코 작다고 할 수 없다. 옛날 적게는 10여 명에서 많게는 수 십 명이 한 지붕 밑에서 살아야 했다. 아무래도 많은 식구가 한집에 산다는 것은 불편을 감수해야 할 일이 많아지는 것을 의미한다. 무엇보다 사생활을 보장받기 쉽지 않았다.

쓰허위안에는 이를 해소하는 장치가 있다. 방의 배치도 그런 장치 중 하나다. 세대별, 가구별로 방을 배치함으로써 최소한의 프라이버시를 존중했다. 중국과 같이 남존여비와 남녀유별을 가정윤리의 핵심으로 삼았던 우리나라의 방 배치가 안채와 사랑채로 남녀를 구분하고 있는 것과는 차이가 난다. 이런 방의 구조는 특히 여성들에게는 해방의 통로가 됐다. 가부장제도 아래서 설움 속에 살던 여성의 고통은 대가족제도 아래에서 확대재생산됐다. 세대별·가구별로 배치된 방을 만들어줌으로써 어느 정도 차별을 피할 수 있는 공간을 만들어준 것이다.

아무리 가구별로 방 배치를 했다고 하더라도 많은 식구가 어울려 살아가는 과정에서 서로 좋은 일만 일어나지는 않았을 것이다. 대가족집단이 함께 사는 중국인들은 가정불화를 피하는 데 어느 나라 사람들보다도 후각이 발달되어 있다. 그것은 생활언어에도 그대로 투영되고 있다.

서양인들은 "영국인은 우산을 휴대하고 다니듯이 중국인들은 무관심을 가슴에 품고 다닌다"고 말한다. 무관심이 중국인 생활의 일부라고 비아냥댄 것이다. 임어당은 앞의 책에서 "'중국의 어머니들은 죽을 때 '공사에 뛰어들지 말라'고 유언을 남긴다"면서 "무관심은 개인의 안정을 위해서 가장 좋은 방법이라고 생각했기 때문"이라고 말했다. 변고와 변란이 비일비재한 사회에서 살아남기 위한 자기보호 본능이 작동했기 때문이다.

중국인의 일상생활 언어 중에서도 이 같은 심리를 드러내는 단어들이 유난히 많다. '뿌즈다오'(不知道)는 중국에서 가장 자주 들을 수 있는 말 중 하나다. 직역하면 '모른다'는 뜻이다. 그 속뜻은 남의 일에 관여하고 싶지 않다는 것이다.

중국 대중가수인 우커췬(吳克群)이 불러 유명해진 노래, '메이꽌시'(沒關係)도 같은 의미다. 메이꽌시는 '괜찮다' '개의치 않는다'는 뜻이다. 꽌시(關係)라는 것은 다른 사람과 마주할 때 이뤄지는 것이다.

앞에서 말했던 대로 관(關)은 관문이고, 계(系)는 관문을 잇는 성곽이다.

중국인들은 '관계'(관계) 안에서 살았다. 그곳은 바로 성안이다. 서로의 얼굴을 맞대고 관계를 갖고 사는 사람은 바로 성안에 있는 사람이다. 실제로 성 밖에 사는 사람과는 관계를 가질 일이 많지 않았다. 다시 만날 기회가 없는 사람의 일에 굳이 관여할 필요가 있느냐는 느낌을 담고 있는 게 바로 메이꽌시인 것이다. 직역하면 '마주하지 않다'는 단어인 부뚜이(不對)가 '틀리다', '심상치 않다'는 의미를 갖고 있는 것은 어쩌면 당연한 이치다.

사회에 문을 닫다

쓸데없이 남의 일에 관여하지 말라는 의미를 가진 '샤오관셴설'(少管閑事)이라는 말도 있다. 샤오관셴설는 다분히 힐난 투의 뉘앙스다. 남의 일에 참견하는 모습이 몹시 꼴불견이라는 뜻을 포함하기 때문이다. 남의 일에 참견하길 좋아하는 사람 혹은 그런 성격을 '아이추평토우'(愛出風頭)라고 한다. 평토우(風頭)는 전조, 동향을 뜻하며 바람의 흐름을 미리 알려준다는 의미를 갖고 있다. 하지만 '말속의 말'의 의미는 다르다. '잘난 체'로 전의되어 사용된다. 중국에서 잘난 체는 금기사항 1호다. 비난의 화살을 피할 수 없기 때문이다.

중국 속담에 "개가 쥐를 잡듯 쓸데없이 참견한다"(狗逮耗子 多管閑事)는 말이 있다. 이는 쥐를 잡는 일은 고양이가 해야 하는데, 개가 나섰다는 뜻이다. 상관없는 남의 일에 관여하지 말라는 충고다. 이 때문에 중국인은 자신의 권한과 능력 밖의 일을 웬만해선 하지 않는다. 이해관계가 개입할 여지가 없는 사안조차 신중한 태도를 보인다. 이를테면 어떤 영화에 출연한 배우의 연기가 좋았느냐, 나빴느냐고 물었다면 돌아오는 대답은 '하이시웅'(還行)이다. 우리말로 해석하면 '돌아간다'는 의미지만 중국에서 '괜찮다'는 뜻으로 쓰인다. 하지만 속뜻은 그게 아니다. 건성으로 하는 대답이다. 즉 '내 머리도 복잡하니깐 그런 것은 나에게 묻지마' 정도의 뉘앙스를 갖고 있다. 진심을 담은 대답을 피하고 싶을 때 쓰는 말이다.

만일 그 속뜻을 모르고 "다시 한 번 생각해봐라. 그 배우의 연기가 대단하지 않았니?"라고 묻는다면 상대방은 '무리하지 말라'(不要勉强)라고 대꾸할지 모른다. '면강'(勉强)은 중국에서 '무리'라는 의미로 쓰인다. 한국이나 일본에서는 '열심히 하는 공부'라는 뜻으로 쓰인다. 중국에서는 열심히 무엇인가에 매달린다는 것을 '오버한다'고 해석한다.

이처럼 남의 일에 관심을 보이지 않는 것은 사회에 대한 무관심으로 나타나기 일쑤다. 대인관계를 지나치게 중시하는 데 대한 반작용일까? 남에 대한 배려가 부족한 게 중국인의 특성이다. 이 때문에 상대적으로 공중 도덕심은 뒷전으로 밀려나는 게 보통이다. 사회와 국가에 대한 관계를 규정한 윤리 즉 중국 식 표현으로 공덕심(公德心)이 아쉬운 게 현실이다. 중국 최후의 유학자로 불리는 량수밍(梁漱溟)은 "중국인은 개인의 도덕만 말하고 공중의 도덕은 중시하지 않는다"고 말했다.

중국 젊은이들은 공원 벤치 같은 곳에서 남의 눈을 의식하지 않고 애정표현을 한다. 어떤 사람도 그들에게 관심을 두지 않는다. 파자마나 팬티 차림으로 집 밖에 나와서 이웃 사람과 이야기를 하는 남성들도 심심치 않게 볼 수 있다. 하지만 불의나 부당한 일조차 본체만

체하는 일이 비일비재하다. 연약한 어린 학생이나 여성이 길거리에서 폭행을 당해도 누구도 말리려 하지 않는다. 심지어 교통사고로 사망한 사람의 시신이 큰길에 방치되어 있어도 경찰이 나타나기 전까지 누구도 신고를 하지 않았다는 중국발 외신을 가끔 접하기도 한다. 외국 사회학자들이 중국인의 특징을 설명하면서 '뿌즈다오(不知道)주의'라는 단어를 쓰는 것도 어느 정도는 이해가 간다.

반대로 남의 도움을 받지 않고 스스로 봉착한 문제를 잘 풀어나가는 사람을 '뷰치오런'(不求人)이라고 한다. 우리말로 직역하면 구할 것이 없는 사람, 즉 남에게 힘을 빌리지 않는 사람이다. 중국에서는 뷰치오런을 능력 있고 책임감이 강한 사람으로 친다.

중국인의 무관심이 사회구조화되어 있음이 언어생활에서도 드러나고 있다. 그렇지만 무관심은 한 울타리 안에서 살아가는 대가족문화 환경에 적응하는 과정에서 자연스럽게 생겨난 쓰허위안 가옥구조의 결과물은 아닐까? 개인적 생활에 대한 간섭이나 개입을 피하는 게 오히려 개인의 자유를 확대할 수 있다는 욕심이 담겨 있는 것은 아닐까?

한·중·일의 주거
상징물과 문화

한·중·일 3국의 주거문화를 상징하는 대표 브랜드는 무엇일까? 한
국은 온돌과 마루, 일본은 다다미, 중국 담을 꼽을 수 있을 것이다. 쓰
허위안이 담에서 중국의 대륙기질을, 온돌과 마루에서 반도기질을,
다다미에서 시마곤조(島根性)를 엿볼 수 있다. 쓰허위안의 담은 가옥
이 갖는 안정성을 상징한다면 온돌과 마루는 융합적 사고를 담고 있
다. 다다미는 일본인의 문화수용 능력을 돋보이게 한다.

온돌과 마루의
만남

이종교배된 온돌과 마루

문화는 물의 흐름과 같다. 문화의 역류는 있을 수 없다. 문화는 중심부에서 주변부로 흐른다. 이게 문화의 속성이다. 우리 조상들도 중국이라는 중심부의 문화를 배우고 또는 닮으려고 했다. 그러나 주변부 문화권임을 숙명으로 받아들이지 않았다. 문화의 수용 혹은 중계라는 수동적 역할에서 벗어나 좀 더 성숙한 문화생산지로 만들어 갔다. 대륙과 해양에서 밀려드는 문화를 하나로 녹여내는 용광로 임무를 자임했다. 그것이 가능했던 것은 우리 민족문화의 기초가 튼튼하고 저력이 만만치 않았기 때문이다. 또 지리적으로 대륙과 해양을 잇는 반도에 위치한 지리적 조건도 장점으로 작용했다.

반도문화를 상징적으로 보여주는 것이 바로 온돌과 대청마루다. 온돌은 북방, 마루는 남방문화다. 온돌을 사용하는 곳은 한국, 중국 동북지역 등 동북아시아 지역 일부뿐이다. 그중에서도 실내공간 전체를 돌로 깔아 복사, 대류, 전도라는 열전달 방식을 몽땅 동원한 난방방식을 채택한 것은 우리 한민족뿐이다. 마루는 무더운 나라의 보

대청마루
무더운 나라의 고상가옥에 볼 수 있는 형태이지만 우리나라에 들어와 한옥의 효율을 극대화했다.

편적 가옥 형태인 고상가옥에서 볼 수 있는 전형적인 형태다. 동남아
시아의 고상건축이 우리나라에 들어와 토착화한 것이다.

여기서 자유 분망한 한민족의 상상력이 발동된다. 이질적이고 생
소한 문화를 이종교배시켜 온돌과 대청마루를 한옥이라는 한 공간
에 배치했다. 더욱이 온돌은 세계에서 가장 뛰어난 난방 시스템이
다. 요즘 말로 하면 융합문화 창조다. 융합은 반도국가에 사는 우
리 민족의 '아니마' 즉 무의식화 된 내적 개성이다. 반도문화란 대륙
과 해양문화가 공존한다는 의미의 이중적 문화만을 뜻하는 게 아니
다. 상이한 두 개의 문화를 결합함으로써 종전에 존재하지 않던 새
로운 문화를 만드는 것까지 포함한다. 가치와 가치를 결합해 새로운
가치를 창조한다는 의미로 쓰이는 생물학적 용어인 크로스브리딩

제3장 한·중·일의 주거 상징물과 문화

(Crossbreeding)을 원용해도 무방하다. 크로스브리딩은 이종교배를 통해 새로운 잡종(우성 종자)을 육성하는 것을 말한다.

한국의 반도문화는 두 개의 상이한 문화가 무작정 결합된 '짬뽕문화'가 아니다. 철저하게 재해석됨으로써 서로의 충돌을 피하면서 효율을 극대화시킨 게 특징이다. 극단의 선택을 피하는 것은 물론 조화시키려는 노력을 중요하게 여긴 탓이다. 이를테면 대청마루의 위치다. 왜 굳이 온돌방과 온돌방 사이에 마루를 놓았을까? 마루를 한쪽에 치중해서 배치했다면 어떻게 되었을까? 아마도 부뚜막을 방마다 설치하는 비효율을 줄이지 않았을까? 그렇다면 왜 이런 비효율을 감수했을까?

한옥의 비대칭성은 유교의 산물

한옥의 구조가 완성된 것은 조선 중기 이후다. 조선 중기는 양반 관료사회가 하나의 사회체제로 굳어졌다. 사회체제를 결정한 유교적 사상이 가옥 구조에도 영향을 미친 것이다. 유교의 '단절문화'와 가옥 구조가 타협을 이룬 결과다. 그 대표적 사례가 안채와 사랑채의 분리다. 안채와 사랑채 분리는 어느 나라 가옥에서나 흔히 볼 수 있는 대칭성을 파괴시켰다. 대칭이라는 용어가 건축학에서 출발했다는 점을 염두에 둔다면 비대칭구조는 일종의 변종된 건축구조인 셈이다. 중국의 쓰허위안, 유럽의 고건물 모두 중심축을 기준으로 해서 대칭적 구조를 갖고 있는 게 보통이다. 하지만 한국 가옥의 특징은 비대칭이다. 마루가 들어섰기 때문에 파격이 이뤄졌다.

비대칭성은 도량주라는 건축기법으로도 확장된다. 도량주는 가지만 쳐낸 둥근 나무를 그대로 기둥으로 쓰는 기법을 말한다. 한옥의 기둥은 모양과 재질 그리고 색상으로 균질화될 수 없다. 수령이 500년이 된 모과나무를 그대로 사용한 구례 화엄사 구층암 기둥은 그 자체가 살아 있는 나무의 형태를 띠고 있다. 서산의 개심사 심검당도 뒤틀린 소나무를 가옥의 기둥으로 사용하고 있다.

여기에는 어떤 규칙이나 규격도 허용되지 않는다. 한마디로 비대칭과 투박함을 포용함으로써 자연과의 조화를 이뤄간 것이다. 독특함과 포용력이 한국인의 문화 의지임을 한옥의 기둥은 잘 보여주고 있다. 대칭의 의미를 인위적 작업으로 여겼던 한국인의 심성을 엿볼 수 있다. 굳이 대칭적인 배열을 거부한 이유는 산기슭에 집짓을 수밖에 없는 지형의 탓만은 아니다.

온돌과 마루의 융합은 겨울나기 위한 난방, 여름살이의 극복을 위한 냉난방의 만남이다. 겨울은 닫힌 구조를, 여름은 열린 구조를 수용했다. 개방성과 폐쇄성의 만남이다. 겨울을 나는 데 필요한 것은 온돌 난방만이 아니다. 방열 차단도 중요했다. 그렇다 보니 폐쇄성이 강조되었다. 온돌방은 외부와 접촉을 피함으로써 폐쇄성은 더욱 공고화되었다. 반면 마루는 통풍 효과를 높이기 위해 개방적 구조를 취했다. 분합문을 천정에 걸어 여름철 내내 개방해 둔다. 열린 공간은 가족은 물론 이웃과 소통하는 공간이 된다. 분합문은 여름에는 들창 형식으로 사용하고 겨울에는 미닫이 형식으로 사용한다. 사용 방법의 다변화가 이뤄졌던 것이다.

특히 가옥의 중앙에 자리한 대청마루는 높게 만들었다. 여름의 습기 차단을 위해 석단을 쌓고 그 위에 마루를 놓았다. 여기에선 나무와 돌의 결합이 이뤄졌다. 이것은 다분히 기술적 접근법이다. 나무가 썩지 않도록 하는 조치다. 일본에서는 품격을 갖춰야 할 필요가 있는

구례 화엄사 구층암 기둥

수령이 500년이 된 모과나무를 그대
로 사용해 마치 살아 있는 듯하다.

건물 이외에는 기단을 사용하지 않았다. 나무 기둥을 그대로 땅에 박
아 세웠다. 이 때문에 한국 격식을 따른 고건축만 현재 남아 있다. 오
래된 일본식 집은 모두 무너져 사라졌다.

자연과학이 된 마루와 온돌

마루와 온돌을 한옥 그 자체라고 말해도 지나침이 없다. 이는 한옥
의 특성을 모두 담아내고 있기 때문이다. 마루는 무더운 여름을 시원
하게, 온돌은 추운 겨울을 따뜻하게 지낼 수 있도록 만든 우리 고유
의 가옥 문화다.

마루는 자연친화적 구조의 대명사로 자연과 사람을 함께 공유하
는 공간이다. 인간도 자연 일부로 여기는 게 한국적 사고라면 마루는

당연히 자연에 열려 있는 공간이다. 마루가 자연으로 느낄 수 있도록 하는 중요한 요소 중 하나가 바람이다. 배산임수의 입지로 지은 한옥의 마루는 뒤뜰의 바람이 마당으로 나가는 통로다. 여름 낮에는 산에 접한 뒤뜰이 아무래도 볕이 강력하게 내리쬐는 마당보다 햇볕의 양이 적다. 그래서 마루에 앉아 있으면 시원한 산바람을 느낄 수 있다.

물론 가옥 구조도 시원한 산바람을 느낄 수 있는 데에 한몫한다. 뒤뜰과 대청마루 그리고 마당이 일자형으로 되어 있어 통풍효과를 톡톡히 보는 것이다. 태양이 작열하는 여름날, 마당과 마루와 온도차가 무려 4℃나 된다는 실험 결과도 있다. 바람은 온도가 낮은 곳에서 높은 곳으로 분다. 마루에 앉아 있으면 선풍기를 쐬는 것 같은 시원함을 느낀다. 한여름 낮의 열기를 식혀주는 바람이 부는 대청마루는 뒤주와 각종 곡식을 저장하는 창고 역할도 가능했다. 한편 화려하고 복잡한 일본과 중국 가옥에서는 천연의 바람을 느낄 수 없다. 가족들이 모이고 어울리는 공간은 절대 밖으로 노출되지 않는 장소에 있다. 그곳에 가기 위해서는 꼬불꼬불한 골목길을 지나듯 해야 한다. 열린 공간인 한국의 대청마루와는 차이가 난다.

또 마루 밑은 텅 비어 있다. 온돌방과 대청마루의 높이를 맞추기 위한 기술적 문제 때문에 생긴 장치다. 이 빈 자리는 공기 흐름을 원활하게 하는 바람의 통로 역할과 함께 마루에 습기가 차는 것을 막아주는 방습역할을 한다. 이곳에 곡식을 저장하는 뒤주와 같은 세간살이를 놓을 수 있었던 것도 통풍이 잘되기 때문이다.

마루는 한옥을 자연 일부로 만드는 데 중요한 역할을 한다. 마루에서 올라서서 담 너머로 펼쳐진 풍경을 바라보는 곱고 품위 있는 여인을 상상해보라. 한 폭의 산수화나 풍경화라고 해도 과언이 아니다.

제3장 한·중·일의 주거 상징물과 문화

담장의 부드러운 곡선이 먼 산의 구릉을 만날 때, 한옥의 자연미는 더욱 빛난다. 이 같은 풍경을 만드는 게 우리 조상이 추구했던 미학이다. 그런 미적 감각에 위반되는 것은 과감히 생략했다. 마당에 담장 위까지 자라는 키다리 나무를 심지 않았다. 나무로 풍광을 가리는 것조차 가공된 자연으로 봤다. 자연에 인공을 가하는 것을 자연의 수정이라고 생각했다. 자연을 자연대로 두는 게 원시적이고 미개하다고 생각했던 서양적 사고와는 많은 차이가 난다. 우리 조상은 가장 자연스러운 것이 가장 인간답다고 여긴 셈이다.

이어령은 한국인을 '겨울형 인간', 일본인을 '여름형 인간'이라고 규정했다. 이는 가옥 구조가 겨울 중심이냐, 여름 중심이냐를 기준으로 한 구분이다. 물론 가족이 어느 공간에서 더 많은 시간을 보내느냐는 측면에서 마루보다는 온돌방의 비중이 크다. 하지만 상징적 의미에서 마루의 위상이 훨씬 높다. 일례로 신주단지를 대청마루에 모시고, 또 이곳에서 제사를 지낸다. 이규태는 《한국인 생활구조》에서 대청마루를 '한국의 신전'이라고 의미를 부여했다. 신성성은 높이로 나타난다.

그뿐 아니라 전통 있는 가문의 대청마루 안쪽에는 한 뼘 정도 높게 작은 마루를 만들었다. 마루 속의 마루인 셈인데, 이를 '높은 마루'라고 불렀다. 김광언 인하대 교수는 이곳을 최고 여성 연장자인 노마님 이외에는 발을 디딜 수 없는 '신성불가침의 공간'이라고 말했다. 옛날 일본 가장이 자리했던 도고노마와 마찬가지라고 할 수 있다. 도고노마도 한층 높은 다다미방이다.

물론 이것은 우리 남부지방의 얘기이고 북부지방에서는 마루가 대단한 대접을 받지 못했다. 건축연구가 서윤영은 《사람을 닮은 집

세상을 담은 집》에서 "북부지방에서는 마루가 창고로 쓰였다"고 주장했다. 아무래도 대청마루의 쓰임새가 상대적으로 적었기 때문일 것이다.

세계 최초의 온실

한 일본 학자가 최근 오늘날까지 영향을 미치고 있는 15세기 중엽의 과학기술 수준을 연구했다. 당시에 개발된 과학기술 중에서 대략 24가지 정도가 최첨단 IT시대인 지금까지 영향을 주고 있다는 게 연구 결과였다. 그중에서 조선의 과학 기술이 절반인 12개를 차지하고 있다는 사실이 놀랍다. 자부심도 절로 생긴다. 그다음으로 중동인 오스만투르크가 5개, 그다음으로 중국 순이라고 한다. 일본은 하나도 없었다.

15세기 초는 세종 시대다. 세종은 왕실과학기술연구소인 '흠경각'을 설치하여 과학 기술의 연구개발을 독려했다. 강우량을 푼(약 3mm) 단위까지 측정한 세계 최초의 측우기, 세계 최초 다연발포인 신기전, 현대과학으로도 재연이 쉽지 않을 정도로 과학적 미스터리를 갖고 있는 자격루(물시계) 등이 당시 대표적인 발명품들이다. 이들에 비해 잘 알려지지 않았지만 21세기 현대사회에 가장 보편적으로 적용되고 있는 세계 최초의 발명품이 있다. 바로 '계절을 타지 않는 농장'인 '능동적 온실'이다. 능동적 온실이란 '인위적'으로 만든 화훼와 채소 재배시설을 말한다.

현대기술로 만든 온실과 비교해도 손색이 없는, 온도와 습도, 채광 조절은 물론 방수, 보온, 단열 기능까지 6박자가 갖춰진 온실이 무려 600년 전에 만들어졌다. 그것도 지금까지 알려졌던 세계 최초의 온실보다 무려 170년 정도나 앞선 것이다. 불과 10여 년 전까지만 해도 독일인이 세계 최초로 '능동적 온실'을 만들었다는 게 정설이었다. 그것도 고작 난로를 피워 만든 온실이었다. 네덜란드 원예학자 무이젠버그가 쓴《온실의 역사》에 따르면 "1619년 독일 하이델베르크에서 난로 시설을 갖춘 온실이 등장했다"는 기록을 토대로 한 주장이었다. 온실에 관한 두 번째 기록은 'Green House'라는 용어를 만든 것으로 알려진 영국인 J. 에너린이 1691년 따뜻한 공기를 실내로 유입하는 온풍난방 방법을 사용했다는 것이다. 우리의 온실은 이보다는 250년 정도나 앞선다.

사실 조선에서는 독일보다 앞서 온실을 만들었을 것을 추정할 수 있는 사료들이 적지 않게 발견됐다. 〈세종실록〉 20년(1428) 5월 27일 기사에는 "세종의 명에 따라 강화도 수령이 귤나무가 잘 자랄 수 있는가를 시험하기 위해 가을에 집을 짓고 담을 쌓아 온돌을 만들어 보호하였다"는 기록이 있다. 짐작하겠지만 여기서 '집'이란 온실을 뜻한다. 〈성종실록〉에는 "장원서에서 연산홍 한 분을 올리니 임금이 '꽃과 열매는 각각 시기가 있는데, 제때에 핀 것이 아닌 꽃은 인위적인 것으로 내가 좋아하지 않으니 앞으로는 바치지 말라'고 명했다"는 대목이 나온다. 이 기록은 성종 2년(1471년) 11월 21일 기사다. 잘 알다시피 연산홍은 봄철 꽃이다. 온실이 아니면 한겨울에 봄꽃을 피울 수 없는 법이다. 왕에게 꽃을 바친 장서원은 온실을 만들어 관리하면서 꽃과 채소를 재배하고 관장하는 국가기관이다.

장서원은 경복궁과 창경궁 사이에 있었다. 북촌 언덕에 장서원이 있던 자리라고 쓴 표지석이 있다. 지금으로 말하면 정독도서관 서쪽 주변의 화동 일대다. 화동은 조선시대 화개동(花開洞)이라고 불린 데서 알 수 있듯이 꽃 피는 고을이었다. 아마도 화개동 어디엔가 온실이 있었을 것으로 추정된다.

이 밖에도 온실축조와 땔감 조달을 위해 백성을 동원했다는 등 온실의 존재를 확인할 수 있는 기록은 수없이 많다. 무려《조선왕조실록》과 각종 영농서 등에 남아 있는 기록은 60여 건에 이른다.

그럼에도 불구하고 온실건축법과 난방법 그리고 재배작물과 화훼의 수확량 등은 알 수 없었다. 그동안 온실의 존재만 확인했을 뿐이지 온실설계도가 발견되지 않았기 때문이다. 그 궁금증은 우연히 발견된 한 권의 책에 의해 일거에 해소됐다. 그 책이 바로 세종부터 문종, 단종, 세조에 이르기까지 4대에 걸쳐 30여 년 동안 어의를 지낸 전순의가 쓴 영농·요리서인《산가요록》이다. 전순의는 의학백과사전인《의방유취》집필에도 참여한 조선 초기를 대표하는 명의였다. 발견될 당시《산가요록》은 절반 정도가 훼손되어 있었다. 그러나 겨울철에 채소 가꾸기라는 의미인〈동절양채(冬節養菜)〉편에 상세하게 온실설계법은 기록했다.

"제일 먼저 임의의 크기로 온실을 짓되, 삼면을 흙벽돌로 쌓고 남쪽면은 전면에 살창을 하고 기름종이를 바른다. 구들을 놓되 연기가 나지 않게 잘 처리하고 구들 위에 한자 반(45cm) 정도의 높이로 흙을 쌓아 채소를 심는다. 저녁에는 바람이 들지 않게 하며 날씨가 아주 추우면 반드시 두꺼운 비개(일종의 멍석)를 덮어주고 날씨가 풀리면 즉시 철거한다. 날마다 물을 뿌려 주어 흙이 마르지 않게 한다. 담 밖에 솥을 걸고 둥글고 긴 통으로 방과 연결해 저녁마다 불을 때서 솥의 수증기로 방을 훈훈하게 해주어야 한다."

제3장 한·중·일의 주거 상징물과 문화

지난 2002년 '《산가요록》의 온실'이 재연됐다. 채소재배도 했다. 이 작업에 참여한 학자들은 언론과 만난 자리에서 "이 온실에 대해 특히 감탄한 부분은 구들을 통해 작물이 자라는 흙 자체의 온도를 높였을 뿐 아니라 가마솥에서 끓인 물을 통해 온실 내의 공기를 덥힌 점이다"면서 "15세기에 식물의 뿌리 주변을 따뜻하게 해주는 현대적 원예방법(지중가온방식)이 사용된 것은 놀라울 뿐"이라는 찬탄을 아끼지 않았다.

온실에 사용된 건자재 역시 뛰어난 효율성을 보였다. 흙벽은 열효율을 최고로 높일 수 있는 재료다. 열전도율이 제일 낮은 건축자재이기 때문이다. 기름종이 살창 역시 열투사율과 방수효율을 높이는 데는 최고의 재료라고 할 수 있다.

현대의 원예학자들도 감탄할 정도의 뛰어난 과학기술이 적용됐지만 안타깝게도 당시 일반 백성들에게 이 과학영농법은 보급되지 못했다. 축조경비와 관리비용이 너무나 많이 소요됐기 때문이다. 조선 초기의 온실은 궁궐전용시설이 된 이유이기도 하다. 온실에서 재배한 채소는 수라상을 비롯한 음식재료로 쓰였을 것임은 자명하다. 꽃도 만만치 않은 수요를 갖고 있었다. 무엇보다 의식용 장식으로 꽃이 매우 중시됐다. 이상희의 《꽃으로 본 한국문화》에 따르면 궁궐의식이 진행되는 장소의 장식, 의식 일부로서 산화와 헌화, 의식에 참여한 사람들의 몸치장, 궁중무용행사 장식 등 꽃의 사용처는 매우 다양했다. 조선의 궁중의례서인 《국조오례의》에는 어좌 주변의 꽃을 어떻게 장식해야 하는지를 일일이 적시해두고 있다. 이 책에서는 한겨울에 생화를 구할 수 없을 경우 지화(紙花, 종이로 만든 꽃)를 사용했다고 적고 있을 정도다.

그렇다면 온실 이외에 온돌이 응용된 다른 시설은 없었을까? 있다. 요즘 한국에서 유행하고 있는 한증 사우나와 비슷한 '한증'이다. 한증은 불을 때서 뜨겁게 달군 한증막에 들어앉아 땀을 내어 병을 고치는 일종의 의료법이었다. 조선 초기부터 '한증소'가 설치되어 무료로 백성들에게 치료를 해줬다. 한증소의 구조는 4~5평 크기에 5m 정도의 높이의 움집이었다. 외부로 열기를 빼앗기지 않도록 황토로 메운 벽의 두께가 무려 1m나 됐다. 저녁 무렵 4시간가량 소나무나 잣나무 장작을 지펴서 바닥을 데피면 그 열기는 이튿날까지 이어졌다고 한다. 물론 바닥재는 온돌임을 두말할 필요도 없다.

온돌이 없다면 콩나물도 없다

온돌은 경험을 통해 체득된 우리 민족의 '문화게놈'이다. '문화유전자'는 우리의 삶을 풍요롭게 만든 하나의 '삶의 기술'로 발전했다. 그 기술은 문화적 정체성과 조상의 지혜가 녹아 있다. 그중 하나가 '콩나물'이라는 신품종 채소개발과 세계 최초 온실재배라 할 수 있다. 물론 이들은 온돌이라는 난방시스템을 이용했다.

한의학에서는 물만 주면 쑥쑥 자라는 힘을 생발지기(生發之氣)라고 한다. '성장의 원천'이라는 뜻이다. 콩나물이 자라는 모습은 참으로 신비하다. 한 줄기의 빛도 들어갈 수 없도록 검은 천으로 꽁꽁 매두었을 뿐인데 물만 주면 시루에 담아둔 콩이 하루가 다르게 자라난다. 그 신비 바로 온돌방 아랫목에서 풀어야 할지도 모른다. 온돌 난방을 하지 않은 어떤 나라에서도 콩나물을 재배하지 않았기 때문이다.

오키타 슈이치 감독이 만든 일본의 인디 영화, 〈남극의 쉐프〉는 극한지인 남극 돔, 후지 기지에서 8명의 남극 관측 대원들이 1년 반 동안 생활하면서 벌어진 이야기를 그린 작품이다. 작품 속 주인공은 요리사 니시무라다. 그가 일본에서 가져온 음식 재료 중 하나가 바로 콩나물이었다. 일본을 떠나 남극으로 가는 과정의 여러 장면 중에 배한구석에 수경재배하는 노란 콩나물을 비춘다. 아마도 남극에서는 신선한 채소를 구할 수 없다는 설정이었을 것이다.

배와 콩나물의 인연은 1904년에 발발한 러일전쟁까지 올라간다. 군사력이 압도했던 러시아가 일본에 패배한 이유는 수병의 비타민 부족이었다. 채소와 과일을 공급받지 못한 러시아 수병이 각기병과 각종 괴질에 걸려 전력이 크게 약화된 것이다. 각기병의 주요 원인은 비타민 부족이다. 러사아군에 승리한 일본군은 러시아의 보급창고와 뤄순 항구 창고에 콩이 쌓인 것을 보고 놀랐다고 한다. 군함에서 콩나물을 수경재배하던 자신들은 각기병에 걸리지 않았는데 콩을 스프로 끓여 먹은 러시아군이 각기병과 각종 괴질이 걸린 것을 알게 된 것이다. 쉽게 말하면 러시아군은 콩의 단백질만을 먹은 셈이다. 콩은 일명 '밭에서 나는 소고기'다. 그만큼 고단백질이다. 콩이 싹튀면 단백질이 비타민 보고로 바뀐다. 일명 발아의 신비다.

의문이 생겼다. 일본 영화에서, 그것도 남극 극지의 탐험대원이 콩나물을 재배하는 장면을 삽입시킬 정도로 콩나물이 일본인에게 친숙할까? 일본인이나 중국인은 콩나물은 거의 먹지 않는다. '도서 천국' 일본에서도 콩나물을 원료로 사용하는 음식을 소개한 요리책을 찾는다는 것은 하늘의 별따기라고 한다. 일본에서 콩나물을 주원료로 사용하는 음식을 맛보기는 쉽지 않다. 라면 전문점에서 라면의 토핑 재료로 콩나물을 올리는 정도다. 일본 슈퍼마켓에서도 콩나물은 찾기조차 쉽지 않다. 동양의 패권국으로 부상하는 기회가 된 러일전쟁 승리에 결정적 기여한 콩나물을 일본 사람이 크게 즐기지 않는 이유를 잘 모르겠다.

'먹을 수 있는 건 모두가 음식 재료'라는 중국에서도 콩나물 요리는 무척 귀한 음식 재료였다. 요즘 콩나물을 재배해서 한국으로 수출한다는 사실이 의아할 정도다. 대신 숙주나물은 즐겨 먹는다. 콩나물과 숙주나물이 함께 들어간 또아(豆芽)라는 요리에 콩나물이 사용될 정도다. 중국인은 콩나물을 먹을 때도 싹만 틔워 1cm 미만의 작은 것만을 먹는다고 한다. 이규태는 《김치의 한국학》에 "서양인들은 콩나물 먹는 전통이 없다. 그들이 먹었다면 콩나물이 아니라 녹두 싹인 숙주나물을 먹었을 따름이다. 동양에서도 숙주나물을 먹은 역사는 길지만 콩나물을 먹는 전통은 문헌상으로 보아 우리나라뿐"이라고 적고 있다.

미국에 콩나물을 전한 사람은 유한대학과 유한양행을 설립한 유일한 박사였다. 일제강점기 때 미국을 유학한 그는 학비를 벌기 위해 콩나물을 길러 시장에 내다팔았다. 콩나물이 생장 속도가 빠른 데서 착안한 것이다. 하지만 그는 처음엔 돈벌이는 고사하고 미국인들에게 웃음거리가 됐다. "'콩의 뿌리'를 먹는 한국인=미개인"이라며 한국의 식생활을 비판하는 미국 언론의 보도가 넘쳐났다고 한다. 콩이 유럽에 전래된 초창기에 유럽인들도 콩을 '악마의 열매'라며 먹는 것을 꺼렸다고 한다. 그 이유는 깍지 속에 콩이 알알이 맺힌 모양이 마치 '단족유령'처럼 보였기 때문이다. 다행히 미국의 저명한 생물학자 중 한 사람이 콩나물의 성분 연구를 통해 한국의 고학생을 도왔다. 콩나물의 성분검사 결과, 다른 어떤 새싹채소와 비견할 수 없을 만큼 영양이 풍부했다.

씨앗 상태인 콩에는 비타민 C가 전혀 들어 있지 않다. 콩은 싹이 튼 이후에야 비타민 C가 생성된다. 콩나물 무침 두 접시(약 400g)면 어른이 하루에 필요한 비타민 C를 충당할 수 있을 정도로 풍부하다. 이게 바로 '발아의 신비'다. 식물은 발아하면서 곰팡이나 박테리아 등과 같은 '외부의 적'으로부터 자신을 보호하기 위해 비타민, 효소, 각종 아미노산 등 새로운 물질을 만들어낸다. 특히 5일 정도 된 새싹에서 비타민 함량이 가장 높다.

한의학에서는 콩나물 새싹을 대두황권(大豆黃卷)이라고 부른다. 대두황권을 말린 것이 바로 한국 최고의 구급약인 '우황청심원'의 주요 원료다. 여기서 잠깐, '우황청심환'을 잘못 쓴 게 아니냐고 의문을 갖는 사람이 있을지도 모르겠다. 우황청심원과 우황청심환은 전혀 다른 약이다. 우황청심원은 대두황권을 비롯한 사향, 우황, 서각 등 30여 가지 원료로 만든 조선시대 최고의 상비약이다. 우황청심환은 중국이 우황청심원을 흉내 내서 만든 우황청심원의 복제품이다. 약재도 당귀 등 9가지밖에 들어가지 않는다. 약효도 우황청심원과는 비교가 되지 않는다. 우황청심원은 조선 사신들의 필수품이었다. 이 약은 수만 리 사행 길을 다녀와야 하는 조선 사신에게 상비약 이상의 가치가 있었다. 여비의 대용이었다. 중국인들은 조선의 우황청심원을 만병통치약으로 여겼다. 그래서 우황청심원 한 알을 얻기 위해 사신에게 온갖 대접을 다했다고 한다.

콩나물에 대한 문헌상 최초의 기록도 식용이 아니라 약용에 관한 것이다. 고려 고종 때 문헌인《향약구급방》에 "콩을 싹트게 한 대두황(大豆黃)을 햇볕에 말린 것을 약으로 썼다"는 기록이 나온다. 콩나물이 우황청심원 원료로 사용되는 이유는 힘줄이 당기는 증상을 치료하거나 근육이 뭉친 것을 풀어주는 효능이 콩나물에 있기 때문이다. 이런저런 '콩나물의 효능'이 알려지면서 급기야 콩나물은 영양분이 가장 이상적으로 조합되어 있다는 초유에 비유될 정도로 뛰어난 건강식품으로 평가받고 있다.

콩나물은 한국의 대표 채소로 꼽힌다. 콩나물로 만든 음식은 헤아릴 수 없이 많다. 무침, 볶음, 찌개, 해장국, 콩나물밥 등 콩나물을 재료로 사용하는 음식이 100가지가 넘는다. 이처럼 다양한 음식 재료로 쓰이는 나물은 세계 어느 나라에도 없다.

드디어 콩나물이 세계적으로 유행을 타기 시작했다. 세계가 '콩나물의 효력'에 관심갖기 시작한 것이다. 세계적 장수촌으로 이름난 러시아의 푼자 마을에서 즐겨 먹는 음식이 콩나물이라는 사실이 널리 알려진 게 계기가 됐다. 미국의 일간지 '뉴욕타임스'도 지난 2006년 뉴저지 주 버겐 카운티의 클리프사이드 파크를 '아시아계 장수촌'으로 소개하면서 한복을 곱게 차려 입고 활짝 웃는 한국인 할머니 3명의 사진을 곁들인 기사를 게재했다. 기사에서는 특히 당시 93세인 송만순 할머니가 "김치와 콩나물 등 채식 위주로 규칙적인 식사를 했다"고 말한 내용을 크게 다뤘다.

한국 문화융합, 유전자로 꽃피다

"온돌과 마루는 두 가지의 문명이 충돌하면서 공존의 에너지를 발산한 문화적 생산품이다."

송호근 서울대 교수는 《한국, 무슨 일이 일어나고 있나》에서 이렇게 주장했다. 북방문화인 온돌과 남방문화인 마루의 결합은 우연히 만들어진 게 아니다. 우리 민족은 이질적인 문화에 대한 거부감이 적다. 다양한 대륙문화와 해양문화를 우리나라의 문화로 수렴했다. 배격보다는 포용을, 아집보다는 조화를 중시했다. 한국인의 문화유전자 속에 융합을 갈망하는 욕구가 없다면 만들어질 수 없는 것이다. 문화에 내재된 갈망은 이질성의 장벽을 극복해서 동질성을 회복시키는 독특한 기질로 분출되고 융합적 사고로 표출됐다. 이 같은 갈망은 창조적인 융합문화를 만드는 원동력이다.

국학의 원류이며 우리 민족의 고유의 정신문화인 풍류도(신선도)도 융합의 산물이다. 유교, 불교, 도교를 하나로 결합한 사상체계다.《삼국사기》〈신라본기〉에 게재된 최치원의 〈난랑비서문〉에 따르면 풍류도는 "우리나라 고유의 현묘한 도"라고 규정한다. 또 현묘한 도를 "포함삼교"(包涵三敎)라고 정의했다. 포함삼교의 의미에 대해 그는 "집에 들어와서 효도하고 나가면 나라에 충성함은 노나라 사구(공자의 벼슬)의 교지와 같고, 하염없는 일에 머무르고 말없이 가르침을 실행함은 주나라 주사(노자의 벼슬)의 종지와 같으며, 모든 악한 일을 짓지 않고 모든 일을 받들어 실행함은 축건 태자(가비라국 정반왕의 태자)의 교화와 같다"고 말했다. 쉽게 말하면 유불선이 섞여 형성된 사상체계가 포함삼교이고 이것이 우리의 고유의 생활철학으로 변모되었음을 밝힌 것이다.

이는 한국의 건국이념인 홍익인간과도 맥을 같이한다. 홍익인간의 핵심 사상 '천지인'은 우리 고유의 음양오행사상이라고 해도 과언이 아니다. 중국은 음양이라는 이원적 대립구도에서 우주의 생성과정과 자연의 움직임을 설명했다. 하늘과 땅, 태양과 달, 삶과 죽음, 남과

여, 양지와 음지 등 상극·대립·격리의 구조인 셈이다. 이는 정과 반의 투쟁 관계로 세상을 바라보는 세계관을 반영하는 것이다.

반면 천지인은 음양오행의 변증법적 접근법이다. 음양이 통일된다. 공존하는 상태로 전환되어 발전하는 습합이 이뤄진 것이다. 습합은 철학이나 종교 따위에서 서로 다른 학설이나 교리를 알맞게 조화시킨 것을 말한다. 두 문화의 습합과정을 통해 대립적이고 상극관계에 있던 음양이 통일되고 공존하는 상태로 전환됐다는 뜻이다.

습합된 문화는 민족 구성원들의 사고와 행위 양식 속에 깊숙이 똬리를 틀고 앉아 있다. 결코 변하거나 약화되지 않는 보편성을 가진 사회적·역사적 자산이 됐다. 그 자산은 생활, 예술, 과학 등 다양한 분야에서 활용되는 것은 물론이다.

우리 민족의 자랑인 한글은 반도인의 기질적 특성을 극적으로 보여주는 좋은 예다. 구상과 추상의 문화를 결합했다. 한자 문화를 적극적으로 수용하고 이를 창조적으로 융합하여 한글이라는 최고의 걸작을 만들어낸 것이다. 여기에는 우선 현상과 사상의 결합이 있다. 자음은 발음기관을 형상화했다. 반면 모음은 천지인 사상을 담아낸 추상적 형상이다. 음양을 구분하는 사상체계에서는 구상과 추상은 결코 어울릴 수 없는 상대다. 하지만 상치되고 이질적인 특성을 융합함으로써 전에는 존재하지 않았던 창조적 조합을 탄생시켰다.

또 고유성과 한자의 표기 방식을 달리 함으로써 시너지 효과를 발휘했다. 우리의 고유어는 표음문자로 표기하는 데 비해 한자는 표의문자로서 고유기능을 살려 사용하고 있다. 새로운 문자 도입에 따른 어휘는 더욱 풍성해졌음은 두말할 필요도 없다. 결합을 통해 공존의 언어생태계를 만들어낸 것이다.

제3장 한·중·일의 주거 상징물과 문화

거북선은 '기술과 전략의 융합'의 예로 적지 않게 인용되고 있다. 기술적인 면으로 거북선을 본다면 우리의 주력함대인 판옥선에 뚜껑을 덮고 쇠못을 박은 '장갑선'이다. 사실 거북선 모양의 뚜껑 덮인 배에 관한 기록은 〈태종실록〉에 언급되어 있다. 귀선(龜船)이 그것이다. 하지만 설계도나 형태에 관한 설명은 전혀 남아 있지 않다. 기록에 따르면 송·명나라도 철갑선을 만들었다. 어디서 거북선의 아이디어를 얻었는지는 알 수 없다. 그렇지만 판옥선에 혁신의 옷을 입힌 것임은 두말할 필요도 없다. 특히 화포가 실용화된 함포사격을 주전법으로 사용할 수 있도록 혁신한 신무기가 바로 거북선이기 때문이다.

이는 철저하게 일본의 전투전략을 파악한 뒤 나온 대비전략이었다. 아다케후네(安宅船) 등 왜군 전함은 속도가 빠르지만 장거리 화포 공격을 하지 않았다. 근접전을 통해 전투식량을 확보하기 위해서다. 왜군은 조총으로 우리 해군을 압도했다. 우리의 판옥선에 사다리를 타고 올라와서 백병전을 벌이는 놋토리(탈취) 전술을 사용한 이유다. 왜구가 배에 오르는 것을 원천적으로 봉쇄할 수 있도록 설계된 거북선은 놋토리 전술을 무력화시켰다.

오늘날의 문화는 전통과의 재결합일지도 모른다. 이를테면 수명을 다한 폐유조선을 둑을 막는 데 사용한 '정주영 공법'도 그중 하나다. 이미 조선시대 때 배로 만든 다리(舟橋)가 있었다. 정약용은 이미 200여 년 전에 배다리를 고안해냈다. 정조가 화성행궁을 할 때 이용할 수 있도록 하기 위한 것이었다. 배를 엮어서 만든 다리 위에 판자를 깔고 그 위에 잔디까지 입혔다. 왕은 물론 종묘사직의 안전을 지킨 혁신이었다.

한과 흥, 끈기와 빨리빨리 그리고…

우리의 융합문화를 대표하는 것은 뭐니 뭐니 해도 비빔밥이다. 이어령은 비빔밥을 우리 문화의 진수라고 치켜세우면서 "익힌 것도, 날 것도 아닌 그 중간 항(項)시스템 속에서 만들어진 것"이라고《디지로그》에서 그 의미를 부여했다. 사실 비빔밥의 진미는 섞이고 어울리는 데서 나오는 맛, '합창의 맛'이다. 융합의 문화, 섞임의 미학이라고 말하는 이유다. 이 때문에 각종 행사에서 수천 명분의 비빔밥을 만들어 나눠 먹는 퍼포먼스가 단골 메뉴가 된 것도 이런 융합의 의미를 담아내기 때문이다. '비빔밥문화'는 한국인 생활의 특질, 아니 대표적인 민족 정서에서도 발견된다. 우리 문화 상징의 하나로 흥과 한, 은근·끈기와 빨리빨리 문화를 꼽는 데 고개를 저어대는 사람이 많지 않을 것이다.

소설가 이문구는 자신의 수필《삶의 대답》에서 한과 흥에 대해 "대대로 이어 민족의 정서가 되었고 민족의 문화가 되었고 문화전통이 되었다"고 말한다. 한과 흥은 상극적이고 모순된 문화코드다. 한은 백성의 애환을 담고 있다. 우리 민족 역사 5000년 동안 우리의 삶이 편안하고 풍족했을 때는 거의 없었다. 하루하루를 살아가는 그 자체가 한 끼의 끼니를 해결하기 위한 고달픈 투쟁이었다. 그렇다고 새날이 밝으면 나아질 것이라는 희망도 없었다. 암담한 삶이었다. 거기다가 양반의 가학적 폭정으로 생활은 피폐해졌다. 백성의 억울함은 커졌다. 또 수없이 반복된 외침으로 백성의 삶은 도탄에 빠지기 일쑤였다. 남존여비, 남녀유별, 삼종지도에서 비롯된 여성에 대한 남성의 악행과 횡포는 여성의 눈물이 마르지 않게 했다. 설움과 분노는 한으로 쌓여갔다. 한의 깊이와 억눌림의 크기는 비례했다. 한은 폭발 직전의 억울함이다. 극과 극은 통하는 것일까?

　이문구는 《삶의 대답》에서 "탄식과 하소연과 청승으로 가락을 잇는 민요와 전설에서도 웃음은 빠지지 않는다"고 갈파한 뒤 (우리 민족의 삶은) 흥과 한이 안팎을 이룬다"고 주장했다. 한과 흥은 더이상 모순이거나 상치되는 개념이 아니다. 우리 민족은 쌓일 대로 쌓인 한을 가슴에 응어리로 쌓아두지 않았다. 폭력적 저항도 하지 않았다. 그렇다고 체념하지도 않았다. 한을 흥으로 변환시켰다. 흥은 한풀이의 돌파구였다. 흥을 돋아 신명나는 난장으로 울분과 분노를 날려버렸다. 한번 흥이 나면 그것을 신명으로 풀어냈다. 익살과 해학 그리고 재치가 넘치는 한마당의 굿판을 벌였다. 우리 민족이 갖고 있는 여유와 멋 그리고 풍류는 한을 흥으로 바꾸는 과정에서 낳은 부산물이다.

　양극단의 요소가 충돌하는 한국인의 상징으로 '은근과 끈기' '빨리빨리'가 있다. 한국인의 특징은 뚝배기와 냄비로 비유되곤 한다. 좀처럼 데워지지도 식지도 않은 뚝배기, 그리고 한순간에 달아올랐다가 사그라지는 냄비는 상극적 특질을 갖고 있다. 한국인의 유전자 속에 느림과 빠름의 기질이 공존하고 있다.

　국어학자 조윤제는 은근과 끈기를 "우리 민족 생활의 표현이요, 민족 마음의 거울"이라고 말했다. 조윤제는 은근과 끈기를 세분화해서 "은근은 한국의 미요, 끈기는 한국의 힘"이라고도 주장했다. 은근은 함부로 속내를 드러내지 않는 기품이고 끈기는 쉽게 단념하지 않는 기질이다. 유사한 개념이 아니며 연속적인 개념이 아닌 은근과 끈기가 어떻게 한국인의 혼성 가치로 규정되는 것일까?

　은근과 끈기는 수많은 외침과 폭정을 견디어낸 인고의 생명력이라고 환경론적 해석을 하는 학자도 있다. 은근과 끈기가 한사군 주둔, 수나라와의 두 차례의 대전란, 몽고군의 점령, 임진왜란과 병자호란 그리고 일제강점기에 외적으로부터 짓밟히고 넘어져도 다시 일어나서 꽃 피우는 잡초와 같은 불굴의 힘의 원천이라는 얘기다. 사실 한반도 주변에 세상을 호령하던 거란족, 말갈족, 여진족, 만주족 등이 겨우 명맥을 잇거나 사라진 것에 비해 우리 민족은 강한 근성을 보여줬다. 그들은 대체로 강력했지만 지속적이지 못했다.

또 다른 학자는 은근과 끈기는 불분명함과 애매함을 내포하고 있다면서 그것은 반도라는 지정학적 색깔이라고 주장한다. 여기에 하나 더 추가하고 싶은 게 있다. 은근과 끈기는 결코 예의, 격식, 의리, 겸손 등이 결합된 정신적 여유와 도덕적 자산이 바탕이 되지 않는다면 나올 수 없는 품성임을 강조하고 싶다. 예를 들어 밥상머리 교육을 살펴보자. 자식의 행동에 대해 훈계를 해야 할 일이 있다면 우리 조상은 지금처럼 현장에서 야단을 치는 일이 없었다. 집안의 어른은 이튿날 아침 밥상에서 격정을 띠지도 노기를 보이지도 않은 채 에둘러서 한마디 하는 게 전부였다.

은근과 끈기의 대척점에 있는 우리 민족의 특성은 빨리빨리 문화다. 빨리빨리 문화는 단기간에 성과를 지향하는 산업화 과정에서 생겨난 후천적 기질인데 이것이 은근과 끈기 문화를 대체하고 있다고 주장하는 학자들이 있다. 빨리빨리 문화가 산업화 과정에서 두드러진 것은 사실이지만 우리 민족의 원초적 감성으로 내재되어 있지 않았다면 이처럼 빠른 시간에 대체할 수 있을까 하는 의문이 든다. 빨리빨리 문화는 근본적으로 근면성과 성실함과 맥이 닿아 있는 것은 아닐까?

우리 민족은 대대로 땅에 뿌리를 두고 농사를 지으면 살아왔다. 때를 놓치면 1년 농사를 망친다. 근면과 성실을 권고한 속담을 헤아릴 수 없을 정도로 많다. "가난 구제는 나라님도 못 한다" "하늘은 스스로 돕는 자를 돕는다" "콩 심은 데 콩 나고 팥 심은 데 팥 난다"는 속담이 있다. 속담은 조상이 관 밖에 내놓고 간 보물이다. 후손들을 위해 남기고 간 지혜만 담고 있는 게 아니다. 그 속에 조상의 삶의 방식이 숨어 있는 것이다. 사실 '한강의 기적'의 원동력을 한국인의 근면함과 속도감에서 찾는 외국 학자가 많다. 하지만 근면, 성실과 빨리빨리는 다르다. 속도감으로 상징되는 빨리빨리 문화는 지나친 경쟁이라는 의미가 가미된 것이다. 지나침은 반드시 대가를 치르는 법이다.

다다미를 통해 본 일본 문화

부와 권력의 사치품

일본인에게 다다미는 습기 차단과 보온을 위해 방바닥에 깐 자리다. 이것은 일본인의 생활공간과 의식공간을 대표하는 기물이다. 일본인은 다다미가 깔린 방에서 차를 마시며 손님을 맞고 부츠단(佛壇)을 설치, 집안의 안녕을 기원한다. 생활공간에서 만들어진 의식은 일본인의 생활문화의 토대가 되는 것임은 두말할 필요도 없다.

다다미를 이해하지 않고 일본 문화를 이해하기는 어렵다. 일본인들이 다다미를 자신의 특유 정서를 담아내는 그릇이라고 하는 것도 일면 이해가 간다. "건초 냄새가 풍기는 다다미방이 그립다"거나 "다다미 위에서 죽고 싶다"는 말을 봐도 알 수 있다. 특히 새 다다미에서 나는 골풀 향기와 피부에 닿는 바닥의 부드러운 감촉에서 인생을 느낀다고 한다. "마누라와 다다미는 새것이 좋다"는 속담도 그런 감정을 대변한다. 이 때문인지 일본인들은 현대식으로 집을 지어도 한두 개씩 다다미방을 만드는 게 보통이다. 아무리 건축양식이 현대화되었다고 하더라도 피부 감촉으로 터득한 다다미 문화를 버리지 못하고 있다.

그렇다면 다다미가 언제부터 어떻게 이런 문화적 코드로 정착된 것일까? 다다미는 일본 전통식 장판이다. 다다미는 '다다무'(たたむ-접다, 겹치다)의 명사형이다. 원래는 접을 수 있도록 만들어졌기 때문에 이런 이름이 붙었다. 일본의 기후는 습기가 많고 덥다. 습기 차단을 위해서 '유카'라는 나무 바닥에 짚단을 깔고 앉았다. 나중에 짚단을 돗자리로 씌운 방석형 매트리스를 만들었다. 지금으로부터 1000여 년 전 헤이안 시대의 일이다. 이것이 오늘날 다다미의 원형이다. 다다 마치다로는《생활 속의 일본 문화》에서 "본래의 다다미는 사모아 주민이 깔았던 '무시로'(짚방석)와 같은 것이다"라면서 "남태평양의 돗자리와 마찬가지로 소박주한(야만적인) 것"이라고 고백했다.

처음에는 침구를 올려놓는 받침대로 사용됐다. 점차 방석이 되고 넓은 깔개로 발전한 것이다. 처음에는 방벽의 테두리를 두르거나 마룻방 일부만을 까는 오키다다미 방식을 취했다. 쇼인츠쿠리(書院造り) 건축양식이 보급된 16세기 가마쿠라시대에 이르러 바닥 전체를 덮는 방식이 나타났다. 쇼인츠쿠리는 선종 사찰양식이다. 이를 볼 때 다다미방은 절에서 정착되어 점차 민간으로 확대됐음을 알 수 있다.

어쨌든 그 당시에 다다미는 부와 권력을 상징하는 사치품이었다. 황족이나 귀족, 고급승려 등 일부 상류층만이 소유할 수 있었다. 또 이를 사용하는 사람의 계급에 따라 다다미의 크기와 두께 그리고 테두리 문양도 규정되어 있었다. 한국으로 귀화한 호사카 유지 세종대 교수는《조선 선비와 일본 사무라이》에서 "중세를 거쳐 근세에 이르러 다도의 발달과 더불어 서원과 무사계급, 상가에 비약적으로 보급되었고 에도 중기 이후에는 일반 도시 서민주택에, 메이지시대에는

다다미

일본인은 다다미가 깔린 방에서 차를 마시며 손님을 맞고 부츠단(佛壇)을 설치, 집안의 안녕을 기원한다.

농민들에게 널리 보급됐다"고 주장했다.

일본 문화의 변용을 상징하다

다다미 넓이가 달라지는 데 대해서는 학자마다 주장이 조금씩 다르다. 일본 민속학의 창시자로 통하는 야나기타 구니오는 "다다미는 원래 우타 카루타의 그림처럼 한 사람씩 앉도록 준비되었다. 나중에 좋은 자리에 앉아야 할 사람이 많아지자 방 가장자리를 돌아가면서 전부 깔게 되었다. 그런데 좋은 자리를 사양하는 법도가 점점 까다로워졌기 때문에 결국에는 중앙부까지 모두 다다미를 깔았다"고 주장한다.

여기에다 기와의 보급도 다다미가 확산되는 데 일조했다. 다다 마치다로는《생활 속의 일본 문화》에서 "다다미가 서민 사이에 보급된 것은 에도시대 중엽에 화재를 막기 위한 기와가 발달하고 나서부터"라면서 "집에 비가 새지 않게 되어 다다미를 깔 수 있었던 것"이라고 설명했다.

발생부터 정착까지는 다다미의 변형이 거듭되는 것을 알 수 있다. 받침대에서 방석으로, 다시 장판으로 질적으로 변화하고 있다. 장판도 처음에는 벽 테두리를 두르다가 점점 방 중앙까지 덮는 식으로 크기의 변화가 생겼다. 이어령은《축소지향의 일본인》에서 다다미가 오늘날의 모습을 갖추기까지 일련의 과정은 한국과 중국의 대륙문화를 받아들여 그것을 점차 일본 것으로 만드는 과정과 닮아 있다고 말한다. 바로 '이이토고토리'(良いとこ取り)의 과정이다. 이이토고토리는 '좋은 것이라면 무엇이든 취한다'는 뜻이다. 즉 새로운 문화에 대한 일본인의 열린 마음을 보여주는 것이다. 일단 문화가 흡수된 뒤에는 철저하게 일본 문화로 재창조하는 일본화 과정을 이같이 말한다.

이를테면 다다미와 다도가 만나서 와비·사비(わび・さび, 부족함에서 충족함을 느낌)라는 일본 고유의 미의식을 만들었다. 일본 글자를 만드는 과정도 다다미가 일본 문화의 코드로 정착되는 과정을 닮아 있다. 일본 글자인 가타가나는 중국 한자를 흘려 쓴 게 기원이 되었다. 이를 토대로 히라가나를 만들어 일본어 체계를 완성했다. 하지만 문자는 물론이고 어법, 어순, 단어의 의미도 중국어와는 전혀 딴판이다. 모두 일본식으로 바꿨다. 심지어 소리글자와 뜻글자를 합친 단어도 만들었다.

새로운 일이나 물건, 사상 등이 발생할 때 누구나가 그 일에 관심 갖고 몰두하는 일본인의 성격과 풍조도 일본 문화 재창조에 일조했다. 이런 일본인의 특징을 '네코모샤쿠시모'라고 한다. 이를 우리말로 굳이 직역하면 '고양이나 국자나' 정도다. 속뜻은 '어중이떠중이'다. 하지만 이를 누군가가 좋다며 관심을 보이면 너나없이 따라 하는 일본인의 특성을 설명할 때도 쓰인다.

중국의 진순신은 《중국이냐 일본이냐》에서 "일본에서는 그 어떤 것이라도 도움이 된다 싶으면 그것을 받아들이는 데 신속하며 열정적이다"고 말했다. 천황폐하 만세가 하루아침에 민주주의 만세로, 키치쿠베이에이(鬼畜米英, 미국과 영국은 귀신과 짐승이다)에서 단숨에 헬로우로 바뀐 것 등은 진순신이 사례로 든 변화무쌍한 일본인의 모습이다. 이 역시 다다미가 다도의 보급과 더불어 서원, 사무라이 계급의 마치야, 상가 그리고 서민주택인 나가야까지 결코 길지 않은 시간에 퍼져나간 것도 유사하다고 할 수 있다. 대세에 민감한 일본인의 특성을 보여주는 사례다.

일본은 장인정신의 토대인 도제제도가 잘 발달되어 있다. 도제제도에서 가장 중요한 것은 관찰과 모방이다. 이것이 숙련자가 되는 데 필요한 지식을 얻는 방법이다. 일본어에서 배우다(마나부)와 흉내 내다(마네스루)의 어원이 일치하는 것은 결코 우연이 아니다. 남을 좇아 하는 게 배우는 것이다. 배우는 것은 부끄러운 일이 아니다. 이런 의식이 생활 전반에 적용되면서 남이 하면 주저 없이 따라 하는 현상이 벌어졌다.

일본의 한 학자는 이 같은 일본인의 특질을 북유럽에 서식하는 들쥐인 '레밍'을 닮았다고 한다. 일명 '나그네 쥐'로 불리는 이 쥐의 행태 중 설명이 되지 않는 게 있다. 일종의 집단자살이다. 모든 쥐가 그

렁듯이 레밍도 대단한 번식력을 갖고 있다. 한 집단에서 개체가 생존이 불가능할 정도의 과포화 상태에 빠지면 나그네 쥐는 대장 쥐를 따라 이탈 없이 집단으로 바다에 뛰어든다고 한다. 레밍이 왜 바다로 뛰어드는지, 왜 이탈은 없는 것인지 그 이유는 과학적으로 설명되지 않는다고 한다. 어떻든 대세에 맹목적으로 추종하는 현상을 빗대어 이 동물의 이름을 붙여 '레밍 효과'라고 한다.

레밍 효과와 비슷한 이론으로 '스탬피드 현상'이라는 게 있다. 이는 소 떼나 말 떼가 질서정연하게 이동하던 중에 한두 마리가 날뛰면 나머지도 덩달아 뛰게 되어 누구도 통제할 수 없는 상태에 빠지는 것을 말한다. 일본인들은 다른 사람의 행위를 쫓는 것을 좋아하지만 그렇다고 맹목적인 것 같지는 않다. 삶이 좀 더 나은 방향으로 바뀐다는 확신을 가진 것들에 대해 추종하는 양상을 보인다는 점에서 일본 학자가 일본인 스스로 '레밍'에 비유한 것은 지나친 겸손이 아닐까?

황군과의 역할관계

대세 순응적 문화가 정착되는 데는 역사적인 배경도 작용한다. 천황제도와 사무라이 사회가 그것이다. "이기면 황군"이라는 일본 속담이 있다. 싸움에서 이기는 게 곧 천황의 뜻이고 정의라는 뜻이다. '승자의 논리가 곧 정의다'는 어느 나라에서나, 어느 시대에서 적용될 수 있는 상투적 속담이다. 하지만 일본 문화에서는 약간의 차이가 있다.

일본은 통일을 이루기 전 100여 명의 다이묘가 100년 동안 치고받는 전국시대를 거쳤다. 그 수많은 전쟁의 명분은 오직 천황을 지킨다는 것이었다. 당시 일본의 전쟁은 지금 우리나라 여야 정당 사이에 벌이는 정쟁과도 같았다. 여야 사이에 벌이는 치열한 논쟁 명분 역시 그때나 지금이나 국가와 국민을 위한 것이라고 한다. 과거 서양의 종교전쟁에서 승자는 패자의 씨를 말릴 정도로 철저한 보복을 했다. 하지만 일본은 전쟁에서도 패장과 그 가족 그리고 일부 고위직 장군들에게만 전쟁의 책임을 물었을 뿐이다. 패장의 부인도 어지간해서는 죽이지 않았다. 승장의 첩으로 받아들이는 일도 다반사다. 일반 백성을 해치지 않았음은 물론이다. 패자 진영의 군사들은 승자 편으로 흡수되면 그만이었다.

또 천황을 위한 전쟁이라는 명분은 대단히 교묘했다. 아군과 적군을 가릴 것 없이 전장에서 죽은 전사자들 모두가 천황을 위해 목숨을 바친 것이 된다. 죽은 자에 대한 예우도 깍듯했다. 아군과 적군을 구분하지 않고 전쟁에서 죽은 사람을 모시는 신사를 지었다.

그중 하나가 한·일, 중·일의 외교적 분쟁의 원인이 되는 야스쿠니 신사다. 이곳엔 메이지 유신 이후 일본이 자행한 전쟁에서 죽거나 천황을 위해 목숨을 바친 250만 명의 신위가 있다. 태평양 전쟁의 희생양이 되어 의미도 없이 죽어간 가미가제 영혼도 여기에 있다. 문제는 제국주의의 전쟁범죄의 A급 전범의 신위 14개를 함께 안치하고 제사를 지내는 데 있다. A급 전범의 야스쿠니 신사 합사는 전범이든 전쟁의 희생자든 모두 천황을 위해 죽었다고 생각하기 때문에 가능한 일이다. 여기에 명분이 낄 여지가 없다. 홍군이든 백군이든 상관없이 모두 천황의 신하이기 때문이다.

야스쿠니 신사에 전범을 합사하고 야스쿠니 신사에 참배한 사람은 공교롭게도 한국 사람이 한 때 가장 좋아했다는 나카소네 야스히로 전 총리였다. 그는 황국식민화에 앞장서 식민지에 파견될 간부 양성에 주력했던 타쿠쇼쿠(拓植)대학교 총장을 지낸 일본의 대표적인 우익 인사다.

길게 만 다다미가 일러주는 교훈

"긴 것에 말려 들어가는 게 상책". 일본인의 생각을 잘 보여주는 또 다른 격언이다. 약자는 강자에게 복종하는 게 최선이라는 뜻이다. 강자에게 한없이 약한 모습을 보이는 일본인의 형태는 역사적 사료에도 적지 않게 발견된다.

에도막부 출현 과정에서 오다 노부나가, 도요토미 히데요시, 도쿠가와 이에야스 등 세 사람이 보여주는 세력 싸움은 이 격언의 의미를 좀 더 분명하게 한다. 도쿠가와는 치욕적인 모멸감을 감내하면서 오다와 동맹 관계를 유지하기 위해 애를 쓴다. 오다의 딸 즉 적장의 딸인 토쿠히메를 며느리로 맞아들인 것도 일례다. 정략적 결혼을 통해 나름대로 챙긴 실리는 엄청난 화를 부른다. 오다의 명령에 따라 도쿠가와는 자신의 부인과 아들을 할복하라고 명령한다. 그 이유는 고부갈등이었다. 시어머니(도쿠가와 부인)가 아들을 못 낳는다는 이유로 며느리, 즉 오다의 딸을 구박했다. 최고 실력자의 딸은 이 같은 수모를 참지 못했다. 남편 노부야스와 결별을 꾀했다. 이를 위해 노부야스가 모반을 꾀하려고 한다는 거짓 정보를 친정아버지(오다)에게 흘렸다. 도쿠가와는 저간의 상황을 파악조차 않고 내린 불의한 오다의 명령에 군소리 없이 복종했다. 일종의 오다에게 자신의 충성심을 확인받고 살아남기 위해 부인과 아들까지 버린 셈이다. 이것이 바로 살아남는 게 최고 가치라는 의미를 가진 '이키노고루'(生き残る)라는 유명한 말을 남긴 유래다.

오다의 누이동생 호치이의 맏딸인 차차히메 요도기미는 토요도미 첩이 된다. 토요도미는 자신의 아내와 아내를 죽게 만든 원수의 조카 딸을 첩으로 맞이한 것이다. 오치이도 정략결혼의 대상이 되기는 마찬가지다. 이웃 지방인 키타오우미의 영주인 아자이 나가마사에게 시집갔다. 좋던 금실은 부부의 문제가 아니라 아버지와의 문제로 깨지고 만다. 아버지 오다와 남편 아자이가 척지게 된 때문이다. 결국 오치이는 스스로 목숨을 끊는 남편을 지켜봐야 했다. 오치이는 오다의 가신인 시바타 가쓰이에와 다시 결혼했다. 그것도 오래가지 못했다. 오다가 토요도미에게 굴복한 뒤 결국 자결하고 만다. 오치이의 자결은 매우 예외적인 경우에 해당한다. 이 때문에 그의 기구한 운명은 아직 회자되고 있는지도 모른다.

토요도미도 혈연을 이용한 세력 확대를 꾀하기는 매한가지다. 토요도미는 친여동생인 아사히히메를 이혼시켜서 새로운 강자로 부상 중이던 늙은 도쿠가와의 첩살이를 시킨다. 죽고 죽이는 전화 속에서 살아남을 수 있는 방법이 결혼으로 연을 맺는 것이다.

일본에서는 강한 자에게 고개 숙이고 복종하는 게 수치가 되지 않는다. 지금도 마찬가지다. 일본은 관료 우대 사회다. 일본 굴지의 기업 임원과 사무관급 공무원과 식사를 같이 한다면 상석은 공무원 차지다. 우리처럼 공직자 눈 밖에 나지 않기 위한 행동이 아니다. 공무원에 대한 우대이다. '오늘날 공무원'은 '옛날 사무라이'이기 때문이다. 직위 역전 상황도 비슷하다. 자신이 부리던 후배가 어느 날 자신의 상관이 되었다면 선배는 아무런 주저함 없이 후배에게 고개를 숙이고 복종하는 게 일본인의 모습이다. 우리처럼 창피하다거나 참을 수 없다는 생각은 하지 않는다고 한다. 과거 전쟁과 합종연횡 등으로 흔히 세력판도가 바뀌는 경험이 쌓여 만들어진 것은 아닐까. 살아남아 있는 게 최선이기 때문에.

일본인의 생활관도 마찬가지다. 일본인의 생활관을 '비리법권천'(非理法權天)이라는 한마디로 압축할 수 있다. 비상식, 몰지각은 합리와 이치를 이기지 못한다. 아무리 합리적이고 이치에 맞는 일이라도 법에 어긋나면 안 된다. 하지만 법은 권력만 못하다. 권력도 천륜을 이길 수 없다는 의미다. 현재의 시각으로 보면 법 위에 권력이 있다는 게 이해되지 않을 수도 있지만 봉건시대에는 당연한 것이었다.

일본 사회에서 법 위에 군림하는 게 또 있다. 풍습, 관습, 습관으로 굳어진 관행과 전례다. 법이 허락하지 않는 일도 관례가 있으면 행해져도 무방한 경우도 많다. '키리스테고멘'(切り捨てごめん)이라는 에도시대의 관행이 있었다. 물론 사무라이는 무고한 백성을 해치는 것을 불명예로 여겼다. 하지만 칼이 잘 드는지, 안 드는지를 실험하기 위해서 무고한 백성을 칼로 베어 죽여도 죄가 되지 않았다고 한다. 그리고 '칼로 베어서 미안'(키리스테고멘)이라고 말을 하면 그뿐이었다고 한다. 유길준이 쓴 《서유견문》에도 "30년 전까지도 평민 가운데 말을 타는 자가 있으면 사무라이가 당장 목을 베어도 처벌할 수 있는 법이 없었다"고 적고 있다. 이 책이 1880년대 중반에 출간됐으니 넉넉하게 잡으면 1850년대까지 이런 일이 벌어졌다는 얘기다.

더욱 끔찍 풍습도 있다. 솎음질이라는 의미를 가진 '마비키'(間引)다. 영아살인 풍습이다. 마비키는 벼, 보리 등 곡식 사이의 잡초를 솎아내는 것을 말한다. 우리로 기근에 시달리던 백성이 갓 태어난 아이를 죽임으로써 이미 태어난 아이라도 굶겨 죽이지 않으려는 마음에서 이 같은 행동을 했다고 한다. 이런 풍습이 만연해서 도쿠가와 막부에서는 영아살인 방지를 위해 보조금을 지불하기도 했지만 끝내 사라지지 않고 18세기 후반까지 이어졌다.

일본의 개방적인 성문화의 일단을 보여주는 요바이(夜這い) 풍속이 사라진 것은 불과 100년에 지나지 않는다. 농촌마을 축제로 이어져 내려온 것인데 마을 남자가 여자 침실로 들어가 밤샘을 하는 풍습이다. 이 때문에 일본의 농촌에서는 "마을의 젊은 아가씨와 과부는 젊은이들 차지"라는 말이 생겨났다고 한다.

일본화의 코드

기모노, 사무라이, 샤미센, 다도, 스시, 료칸….

이들은 명실상부하게 일본 문화를 상징하는 아이템이다. 이들의 문화를 말할 때 다다미와 연결 짓지 않으면 이들 문화의 진면목을 얘기할 수 없다. 이를테면 기모노 입은 여인의 매력, 다이묘를 향해 두 줄로 줄지어 꿇어앉은 사무라이의 비장감, 다도에서 느낄 수 있는 간결함과 정적, 스시에 깃든 장인정신, 샤미센 선율에서 쏟아내는 자유로운 정취, 료칸에 배어 있는 전통과 역사 등은 모두 다다미와 어울리지 않고는 그 진정한 묘미를 감상할 수 없다. 다다미는 일본 문화의 뿌리이며 일본 문화의 키워드다.

서양인들도 일본 문화의 독특성에 주목하고 있다. 일본 문화의 재창조 과정을 압축하는 프랑스어 단어 '다다미제(tatamises)'는 일본화(日本化)를 뜻한다. 짐작하겠지만 그 어원은 다다미다. 모방을 뛰어넘어서 일본 고유의 문화를 만드는 다다미제를 예로 들어 설명해보자.

우선 일본 정신문화의 한 축이라고 할 수 있는 불교의 일본화 과정이다. 1988년 처음으로 일본에 갔을 때 아사쿠사 관음사를 둘러보고 큰 충격을 받은 적이 있다. 관음사 안에는 아사쿠사 신사가 자리하고 있다. 종교는 그 자체가 배타성을 갖는다. 성격이 전혀 다른 종교가 한 공간에서 공존한다는 사실 자체가 좀처럼 수긍되지 않았다. 더욱 이해되지 않는 점도 있었다. 절을 지켜준다는 명목 아래 아사쿠사 관음사 안에 신사가 세워졌다는 점이다. 백제를 통해 유입된 불교와 일본 고유의 종교인 신교의 충돌을 피하면서 공생하기 위한 하나의 방편이었다. 그러다가 일본 정부는 민족주의를 앞세워 불교를 굴복시켰다. 메이지 정권이 신도를 국교로 정한 것이다. 메이지 유신 때는 본격적으로 불교와 신도 분리정책을 폈다. 그 과정에서 불교는 생활종교로서 위상을 잃어갔다. 보편적 종교로서 불교의 색깔은 사라지고 일본화된 불교로서 자리 잡은 것이다. 그럼에도 일본인들은 한 집에 불단과 신사제단을 함께 모시는 경우가 흔하다. 이는 사찰과 신사가 공유하는 아사쿠사 관음사의 재판인 셈이다.

일본의 대표 음식인 스시나 돈가스가 하나의 문화상품으로 정착하는 과정 역시 불교와 다다미 같은 경로를 밟았다. 스시는 원래 생식이 아니라 발효음식이었다. 스시는 쌀과 생선을 삭혀 만든 음식이다. 일본인은 쌀과 생선을 분리시켰다. 삭히는 과정도 생략했다. 대신 주먹밥과 회를 다시 접합시켜 오늘날의 스시를 만들었다.

돈가스도 마찬가지다. 돈가스의 원형은 서양의 쇠고기 커틀릿이다. 옛날 서양인은 쇠고기와 돼지고기 안심은 고기로 먹는 것을 즐기지 않았다. 너무 연해서 요리하기가 쉽지 않았기 때문이다. 햄, 소시지 등 가공육을 만드는 원료로 주로 사용했다. 일본인은 돼지고기와 쇠고기 안심에 부침 옷을 입혀 안심의 약점을 보완했다. 안심을 훌륭한 요리재료로 변형시켰음은 물론 돈가스라는 훌륭한 튀김 음식을 만들어냈다.

한편으로는 강자에게 약하고 약자에게 강한 일본인의 모습을 본다. 또 다른 한편으로는 스스로 강한 자가 되기 위해 끊임없이 새로운 문물에 관해 관심 갖고 새로운 문화를 만들어 가는 일본인의 특성을 함께 본다. 진정한 일본인의 모습은 무엇일까?

일본인의 몸에 맞춘 치수

다다미는 공간의 측정 단위이기도 하다. 방의 크기를 다다미의 개수로 측정하기 때문이다. 로쿠죠(6丈) 다다미방이라면 다다미를 6장을 깐 방이다. 다다미 한 장은 반 평 정도의 크기다. 옛날엔 논의 면적도 다다미로 얘기했다다. "논의 면적 단위는 '단'(段)인데 다다미는 단의 100분의 6으로 쳤다"고 피에르 구루가 《쌀과 문명》에서 주장했다.

《생활 속의 일본 문화》에서 다다 마치다로는 다다미를 "일본인의 몸에 맞춘 치수"라고 정의하면서 "이는 일본식 '모듈사의 시초"라고 주장했다. 다다미 한 장은 한 사람이 누울 정도의 신체 면적이다. 이어령도 《축소지향의 일본인》에서 "다다미는 방에 깔린 자리가 아니라 집을 짓는 기본 단위"라고 규정했다.

다다미가 공간 단위가 된 시점은 16세기로 거슬러 올라간다. 벽에서 첫 번째 기둥까지, 또 기둥에서 기둥까지를 교마(京間)라고 한다. 교마는 다다미의 긴 쪽 길이다. 교마에 맞춰 다다미를 까는 작업을 '다다미와리'(疊割)라고 했다. 교마과 다다미는 가옥 설계의 단위가 된 것이다. 다다미는 면적을 나타내는 단위가 되기도 한다. 이에 따라 징세의 기준이기도 했다. 교토 지방에서는 한때 사용한 다다미 숫자에 따라 세금을 매겼다고 한다. 지방에 따라 다다미 크기가 약간의 차이가 났다. 재미있는 것은 동쪽지방에서 서쪽지방으로 갈수록 다다미의 크기가 커진다는 사실이다. 오늘날에 와서 다다미 한 장의 크기는 3자×6자(910mm×1820mm)로 정착됐다.

면적 단위가 된 다다미는 곧 규격화로 이어졌다. 규격화는 일본 건축이 일정한 규격과 함께 통일성을 갖추는 데 일조했다. 더 나아가 일본 건축의 표준화와 건축산업 근대화를 앞당기는 데 중요한 역할을 했음은 물론이다. 건축가 김기석은《집 이야기》에서 "개량화된 작업에는 '적당히'라는 개념이 침투할 공간이 존재하지 않는다. 오직 완벽을 추구하지 않으면 안 된다"면서 "그래서 일본이 산업사회에 일찍 적응할 수 있었다"고 말했다.

'단위 면적'이라는 의미는 곧 규격화다. 규격화된 제품은 한 치의 오차도 용납되지 않는다. 정확성이 전제되지 않는 규격화란 의미가 없다. 다다미의 한쪽이 크거나 또는 작으면, 또 어느 한쪽이 삐뚤어져 있다고 하면 그것은 쓸 수 없는 물건이 된다.

다다미를 다다미답게 만드는 것은 다다미의 테다. 테와 테 사이는 틈새가 생기는 일은 있을 수 없다. 왜 그러냐면 다다미 테는 성과 속을 구분하는 경계이다. 또 이를 연계하는 가교다. 일본인은 다다미 가장자리에 걸터앉거나 물건을 놓는 것을 매우 꺼린다.《생활 속의 일본 문화》에서 다다 마치다로는 "다다미 단(緣)은 문지방과 같은 것"이라면서 "다다미 가장자리 천은 이쪽과 저쪽을 구분하는 신성한 선이고 성과 속을 구분한다"고 주장했다. 다다미에 틈이 생기는 그것은 성과 속을 연결하는 다리가 끊기는 것이다. 이런 일본인의 의식은 다다미와 다다미 사이의 틈을 조금도 용납하지 않는 것이다. 다다미의 틈은 오류와 실패를 의미한다. 오류와 실패 뒤에 기다리는 것은 할복이거나 사무라이 칼이다.

정확성을 의미하는 일본어 중에 '고진마리'라는 게 있다. 본래의 의미는 사소하다는 것이지만 네코모샤쿠시모와 같이 중의적 의미를 갖는다. '사소한 것에 목숨을 건다'는 뜻이다. 아무리 작은 일에도 혼신의 힘을 쏟는 일본인의 특성을 말할 때 사용하기도 한다. 일본인에게 열심히 한다는 것은 목숨을 거는 일이다. '열심히'라는 일본어 표현은 잇쇼겟메이(一生懸命)에서도 알 수 있다. 목숨을 건다는 마음으로 일을 했을 때 실수나 착오는 최소화되는 것이다.

또 완벽주의는 일본인의 장인정신과도 맞닿아 있다. 메이지 시대 이전까지 백성은 계급이동은 고사하고 직업의 이동조차 할 수 없었다. 아버지의 직업은 승계됐다. 아버지보다 더 좋은 제품을 만드는 게 세상에서 인정받을 수 있는 유일한 방법이었다. 그것이 출세였다.

인정받기 위해서는 결코 결함이나 흠결을 만들어서는 안 된다. 그것은 니혼이치(日本一)운동으로 이어졌다. 이 운동은 일본에서 제일의 물건을 만들어내자는 캠페인으로 일본 제일주의로 발전하게 된다. 이것이 믿을 수 있는 일본 제품을 탄생시킨 원인 중 하나였다. 다다미의 모듈화가 미친 영향은 단지 건축 산업현장의 문제에 국한되지 않는다. 문화적 파장은 그에 비해 훨씬 엄청나다.

일본 미학의 본질

다다미의 규격화는 일본 문화의 중심 테마 중 하나인 형식주의와도 일맥상통한다. 다다미의 모듈화는 조직 내에서 눈에 띄는 것을 거부하는 일본인의 특성과 부합한다. 최준식 교수는 《한국인은 왜 틀을 거부하는가》에서 "모든 문화가 일본에 들어가면 정확히 계량, 측정, 형식화되면서 조금의 파격이나 여유도 없어진다"면서 "일본 문화의 전형적인 특징"이라고 갈파했다. 형식이 공간을 지배하는 게 일본 문화라는 지적이다. 물론 무엇이든 정해진 형식과 틀에 꿰맞추는 것을 견디지 못하는 한국문화의 특성과 대비된다.

일본인은 형식과 틀을 규범이라고 부른다. 다다 미치다로는 심지어 비어 있는 다다미 방에 대해서도 "그 공간은 비어 있는 것처럼 보이지만 자유롭게 비어 있는 것은 아니다. 그러한 공간까지 이러이러하게 쓰여야만 한다는 잠재적인 약속이랄까, 눈에 보이지 않는 설정으로 메워져 있는 것이다. 우발적 선택성이 개입될 소지는 별로 없다. 비어 있는 것 같지만 실은 어떤 규범으로 가득 채워져 있다"고 역설한다. 비어 있는 공간조차 형식의 틀에 꿰맞추어져 있다. 마치 빈 다다미방에서 정숙한 가운데 이뤄지는 다도 의식을, 기모노를 입고 다소곳이 무릎 꿇고 앉아 있는 일본 여인을, 아니면 한 가족이 고타츠에 둘러앉아 이야기꽃을 피우는 다다미방의 풍경을 상상할 수 있어야 한다는 강요처럼 들린다.

일본인들은 다다미방에서 행해지는 다도를 '형식미의 완성품'이라고 말한다. 프랭크 기브니는 《일본, 허술한 강대국》에서 다도를 "일본 사회적 성찬식에 꼭대기에 자리 잡은 제도"라면서 "이 의식은 종교적이라기보다는 심미적"이라고 말했다. 차 한 잔 마시는 게 이처럼 거창한 것일까? 물론 그렇지는 않다. 매우 단순하고 일상적 행위에 지나지 않는다. 하지만 일본인은 이런 행위를 '다도'라는 이름으로 의식화했다. 일본인들은 물을 끓이는 법, 찻잔을 받쳐 잡는 법,

찻잔을 젓는 법, 차를 마시는 법, 찻잔 닦는 법 등에도 절차와 형식을 정해놓고 그에 따른다. 차를 마시는 행위가 아니라 차를 즐기는 의식을 만든 것이다. 마치 다실은 도량이고 차를 마시는 사람은 수도자와 같다고 해도 지나치지 않을 정도다.

왜 그렇게까지 하는 것일까? 다도를 배우려는 사람이라면 누구나 "고매한 인품으로 차를 마셔야 그 맛을 음미할 수 있다"는 얘기를 듣게 된다. 일본의 다도는 강요된 형식일지도 모른다. 옛날엔 다회가 열린 다실에는 늘 죽음의 그림자가 드리워져 있었다. 다도가 정착되기 전에는 사무라이들이 칼 대신 독을 탄 차로 정적을 제거하는 일이 다반사로 벌어졌다. 이런 '악습'은 '일본의 챠소우(茶祖)'로 불리는 센노 리큐(千利休·승려)의 차문화 개혁을 계기로 사라지게 됐다. 일명 '고이챠(濃茶)의 역사'를 만들어냈다. 농도가 짙은 고이챠는 주로 챠가이(茶會)에서 마시곤 했다.

권력을 장악한 도요토미 히데요시는 지방의 영주들을 챠가이에 초대, 센노에게 배운 대로 다도를 행했다. 스스로 커다란 대접에 차를 타서 마신 뒤 옆에 앉은 사람에게 계속 넘도록 했다. 이렇게 해서 한 사발의 차로 여러 명이 마시는 고이챠의 형태가 만들어졌다. 이것은 일본의 '차 혁명'이었다. 과거의 병폐가 점차 사라지게 됐음은 물론 사무라이 사이에 차도를 침투하게 만든 계기였다.

센노는 여기다 일본의 다도정신이라고 할 수 있는 '이치고이치에'(一期一會)를 정립했다. 이치고이치에는 '생애에 한 번뿐인 만남'이라는 뜻이다. 차 한 잔을 나누는 인연이라도 소중히 여기라는 의미를 담고 있다. 정신성을 강조하는 것은 물론 그 근저에는 검소함이 깔려 있다. 불과 1평 반밖에 되지 않는 작은 다다미방에 꿇은 무릎을 붙이고 둘러앉아 침묵 같은 고요함 속에서 차를 음미한다. 다실에 들어가는 문도 고개를 숙이지 않으면 들어갈 수 없을 만큼 작게 만들어져 있다.

이 같은 정신은 일본 미의식의 근간이라고 할 수 있는 와비(侘び)와 사비(寂び)와 맞닿아 있다. 와비는 거칠고 투박하지만 고귀한 아름다움을 갖고 있다는 뜻이다. 와비는 센노가 조선인들이 일상생활에서 사용하던 사발, '이도다완'에서 찾은 정신이며 미의식이다. 투박하면서도 세련되고, 부족하면서도 채워진 중의적 아름다움을 본 것이다. 옛 일본인은 이도다완에서 '미완성의 미'를 느낀다고 한다. 그 아름다움은 오사카성과도 바꾸지 않는다며 탄복했다. 완벽하지 않지만 완벽을 추구하는 내면의 아름다움을 간파한 것이라고나 할까? 이것이 와비다. 부족한 가운데서도 충족을 느끼는 정신적 경지를 뜻한다.

사비도 와비와 같이 역설적이다. 다만 공간적 의미가 배어 있다. 한적한 가운데서도 외로움을 느끼지 않고 협소함 속에서도 답답함을 느끼지 않고 고요 속에서도 무료함을 느끼지 않는 그런 것이다. 사비 역시 한없이 깊은 성찰 없이는 도달할 수 없는 깨달음의 경지에서 나오는 미의식이다. 오카다 다케히코(岡田武彦) 교수는 와비사비를 한마디로 "간소의 정신"이라고 규정한 뒤 "간소의 정신은 표현을 억제하면서 내적으로 풍성함을 누리는 것"이라고 설명했다.

와비와 사비는 일본 미학의 본질이다. 다다미의 형식미가 심미적 가치로 승화되어 만들어진 것이다. 하지만 일본의 근대화와 함께 와비사비 정신은 퇴색됐다. 물질이 정신을 대신하고 있다. 아니 물신주의가 넘쳐나고 있다고 해도 과언이 아니다. 하지만 형식 중시 사상은 여전히 계속되고 있다. 일본인은 선물 포장에 신경을 많이 쓴다. 선물을 받았을 때는 자필로 감사 편지를 쓰는 게 보통이다. 영수증이나 명세서 등도 그냥 주는 법이 없다. 봉투에 넣거나 아니면 접시에 받쳐서 준다.

그렇지만 세태의 변화는 막을 수 없는 모양이다. 형식 속의 정신은 점점 퇴색하고 있다. 오직 외적 형식만을 '형식적으로' 전수받은 듯하다. 한마디로 말하면, 차도를 즐기는 게 아니라 찻잔에 더 많은 관심을 보인다. 일본의 심리학의 대표주자라고 할 수 있는 미나미 히로시는 《일본적 자아》에서 "봉건사회의 고정성이 무너지면서 나타나기 시작한 부족한 자아확실성을 보충하기 위해 일본인들은 형식을 중시한다"고 주장했다. '형식'의 공간적 개념이 형태라면 시간적 관념은 관례라고 할 수 있다. 지나친 형식주의는 관례 중시 관념과 직결된다는 사실을 미나미 히로시도 인정했다.

좁은 곳에서 편안함을 느끼는 일본인

도쿄 긴자의 '크라브'에 가 본 일이 있다. 긴자의 크라브에 한번 가서 술을 마시는 게 일본 샐러리맨의 로망이다. 작용에 대한 반작용일까. 회사 자금으로 크라브에 출입하는 '회사족'에 대한 지탄이 대단하다. 그만큼 비싸다는 얘기다. 고객이 비싼 비용을 지불하면서 찾는 곳이라면 그에 상응한 서비스를 기대하게 마련이다. 쾌적한 분위기와 훌륭한 서비스를 희망한다. 하지만 그런 호사를 크라브에서 기대한다면 큰 착각이다. 일행과 살을 맞대지 않으면 앉을 수 없을 정도로 공간이 비좁다. 일행도 아닌 사람과 엉덩이를 맞대고 술을 먹어야 하는 일도 비일비재다. 서비스를 받기 위해서는 '마마상' 혹은 '오니상'(언니)이 움직일 수 있도록 일어서서 길을 터줘야 하는 게 보통

이다. 그만큼 좁다. 이는 단지 비싼 땅값에서 비롯된 '문제'만은 아니다. 크라브 문화다. 좀 더 일반화시킨다면 무릎을 맞대고 살을 부대끼는 좁은 공간에서 만들어진 문화, 일본어로 표현하면 후레아이노바(觸れ合いの場)다. 그것이 일본 문화다.

'공간축소증후군'이라는 게 있다. 동물은 충분한 활동공간이 확보되지 않으면 공격적으로 바뀐다는 심리학 용어다. 인간도 마찬가지다. 하지만 일본인은 예외다. 좁은 데서 편안함을 느낀다고 한다. 조금 과장해서 말한다면 넓은 곳에서 불안을 느끼는 광장공포증이 있다고 해도 과언이 아니다. '일어나면 (다다미) 반 장, 누우면 한 장'이라는 속담을 일본인의 주택관으로 이해해도 틀린 말이 아니다. 집은 굳이 클 필요가 없으며 필요 이상의 욕심을 부려서는 안 된다는 뜻이다.

다다미 한 장은 일본인 생활공간의 최소 단위다. 우리 식으로 말하면 다다미 두 장은 1평에 해당한다. 검약한 생활과 작은 집을 상징하는 단어가 바로 다다미다. 다다미 4장 반을 '호초'(方丈)라고 한다. 일본의 대표적 고전 수필인 《방장기(方丈記)》를 쓴 가모노 초메이는 호초를 '한거'(閑居)라고 말했다. 편안하고 조용한 집을 뜻한다. 이는 아마도 많은 사람이 사는 좁은 나라에서 공간을 쪼개서 아껴 쓰라는 가르침일 것이다.

사실 일본인은 작은 공간을 크게 활용하는 지혜를 발휘해왔다. 어쨌든 그런 일련의 과정에서 좁은 공간에 친숙해진 것은 분명하다. 영국의 경제잡지 '이코노미스트'는 일본인의 집을 '토끼장'(우사기고야)라고 했다. 이어령은 《축소지향의 일본인, 그 이후》에서 "추운 겨울날 따뜻한 코타츠를 한가운데 놓고 고양이처럼 등을 웅숭그리고 동그렇게 모여 있는 게 전통적인 일본인의 자노마(안방) 광경이며 넓은 벌판에 가도 서로 수레바퀴처럼 둥글게 모여 앉아 오순도순 속삭이고 있는 게 일본 특유의 집회형식인 구루마자(車座)"라고 말한다. 일본 학계에서 '마루야마 덴노(天皇)'로 존경을 받던 정치학자 마루야마 마사오(丸山眞男)는 《일본의 사상》에서 일본인을 "'문어잡이 호리병'(다코쓰보)과 비슷하다"고 말했다. 바위틈이나 구멍 같은 좁은 공간을 좋아하는 문어의 습성을 이용하여 문어 낚시를 위해 만든 목이 좁고 긴 병인 다코쓰보에 일본인의 공간적 습성을 비유한 것이다.

작용에 대한 반작용은 인간사의 보편적 법칙이다. 좁은 공간에 대해 체질화되면서 반대로 넓은 공간에 대한 두려움을 커진 측면도 있다. 이런 흔적은 아이들에 대한 훈육에서 발견할 수 있다. 서양에서 어린이들에게 자주 쓰는 훈육 방법으로 '타임아웃 기법'이라는 게 있다. 바람직하지 않은 행동이나 규칙에 어긋난 행위를 한 어린이에게 격리된 좁은 장소에서 반성할 시간을 주는 일종의 벌칙이다. 한마디로 제한된 공간에 고립시키는 것이다.

일본은 반대다. 오히려 '타임아웃 기법'은 일본 어린이에게 '구제'가 된다. 이어령은 《축소지향의 일본인》"일본 아이들은 좁은 곳에서 안도감을 느낀다"고 주장한다. 아이들이 가장 두려워하는 처벌은 다름이 아니라 집 밖으로 즉 넓은 장소로 쫓아내는 것이라고 한다. 이 책에서 소개한 일본 동요("야단을 맞고 야단을 맞고 저녁때 쓸쓸한 동구 밖 길, 탱하고 여우가 울진 않을까")가 이를 잘 보여주는 예다.

좁은 공간은 집만 국한된 게 아니다. 길도 좁다. 철도 레일도 협궤다. 주차장도 작다. 모두가 작고 좁다. 일본인의 특성인 셈이다. 좁은 공간을 선호하는 게 일본인의 뛰어난 공간 활용 능력을 키웠는지도 모른다. 일본 가옥의 붙박이장인 오시이레는 효과적인 공간 활용의 대명사다. 서랍을 계단에 설치하기도 한다.

이처럼 축소 지향적 공간을 선호하게 된 것은 언제부터일까? 사실상 바쿠후(幕府) 시대 개막과 같은 시기일 것으로 짐작된다. 바쿠후의 출현은 곧 사무라이 시대의 개막이다. 쇼군이나 다이묘는 '자신을 희생하여 영지를 지키는 일'을 가장 중시했다. 바쿠후의 쇼군들은 막강한 권력을 가졌지만 매우 절제되고 검소한 생활을 했다. 쇼군 자신에 대한 사무라이의 충성심을 이끌어내는 수단이었다. 최초의 사무라이 정권인 가라쿠마 바쿠후 시대에 형성된 금욕적인 규율이 전통이다. 만일 사치와 영달에 관심을 보인다면 그를 지지하는 사무라이나 백성으로부터 인정을 받지 못했다.

어쨌든 '작은 집'의 전통이 뿌리를 내리는 데는 도쿠가와 이에야스의 역할도 컸다. 그가 집권하는 동안 "신분에 어울리지 않는 집을 짓지 마라"는 포고문을 10여 차례가 넘게 내렸다. 과분하게 사치한 집을 갖는 것은 분수에 어긋난 행위로 규정한 것이다. 이것이 도쿠가와식 사회개혁의 한 분야였다. 이 시대에 사업이 번성하면서 에도에 넓은 영지를 받은 사무라이도 있었다. 하지만 그보다는 돈벌이에 성공한 상인이 너도나도 넓은 집을 지었는데 이를 막고 나선 것이다.

일본 통일 이후 100년이 지난 뒤 일본을 방문한 신유한이 남긴 《해유록》에는 몇몇 다이묘 집 내부의 화려한 장식에 놀라움을 표하는 장면들이 더러 나온다. 하지만 백성의 가옥 크기에 대한 언급은 거의 찾아볼 수 없다. 다만 그의 눈을 동그랗게 만드는 것은 깨끗하고 잘 정돈된 집이었다. "모든 집의 담과 벽이 다 화려하게 채색되어 있고 묵혀둔 땅은 한 조각도 없었다. 낮고 습기가 있어서 거처할 수 없는 곳에는 푸른 잔디로 금빛 언덕을 만들어서 침도 뱉을 수 없을 정도로 깨끗하였다. 그 가운데 돌을 깎아 터를 만든 곳에는 날 듯 한 지붕이 물가를 굽어보고 있었다"는 게 그 한 대목이다.

쓰허위안의 담과
중화사상

외부인을 반기지 않는 요새

쓰허위안 담장 안과 밖의 느낌은 전혀 다르다. 높고 두꺼운 담장이 주는 무거운 느낌은 안으로 들어갈수록 점점 가벼워진다. 마치 유명 연예인의 사생활을 들춰내는 야릇한 호기심 같은 것이라고 할까? 아기자기한 문양으로 장식된 정당과 동서 상방으로 둘러싸인 중원은 아늑한 느낌을 준다. 그렇긴 해도 당나라 시인 최교(崔郊)가 얘기했던 것처럼 바다처럼 막막(侯門如海)한 것은 어쩔 수 없다. 쓰허위안이 바다의 심연처럼 깊고 깊어서 그 바닥을 가름할 수 없다는 뜻이다.

중국인은 이런 느낌을 안정감 혹은 포근함이라고 표현한다. 중국인들 상당수가 이같이 생각한다면 그것을 '사회적 감각'이라고 표현해도 큰 오류는 없다. 외부인을 반기지 않는 가옥 구조는 '중국'이라는 사회와 역사, 환경의 부산물이기 때문이다. 무엇보다 전란과 재난 속에서 살아남기 위한 생존전략이자 매뉴얼이라고 해도 과언이 아니다. 쓰허위안은 가족의 삶을 지탱하는 최후의 보루였다.

중국인들은 길고 긴 역사 속에서 끊임없이 재앙과 싸워야 했다. 대만 출신 사학자 덩퉈(鄧拓)는 중국 문명의 두 가지 특징으로 천재와 전쟁을 꼽았을까? 중국이 얼마나 많은 재난과 전쟁에 시달렸으면 그랬을까. 덩퉈가 1930년대에 펴낸《중국구황사》에 비극적 재앙의 상처를 일일이 헤아려 기록했다. 한나라가 건국한 해인 기원전 206년부터 1936년까지 2142년간 무려 5150차례나 거대한 천재지변을 겪었다고 한다. 이중 가뭄이 1035번, 홍수가 1037번이라고 한다. 2년에 한 번꼴로 천재로 인해 수많은 생명과 재산을 잃었다. 대지진과 태풍, 대설, 냉해 같은 재난은 포함도 되지 않은 숫자다. 대재난이 일어날 때마다 적게는 수천 명에서, 많게는 수십만 명의 희생자와 이재민이 발생했다.

재난 뒤에는 전염병이 창궐했다. 정처 없이 떠돌아다니며 밥을 빌어먹었을 이재민도 헤아릴 수 없이 많이 생겨났을 것이다. 일정한 거주지가 없이 떠돌아다니는 백성들이 늘어나면 천하는 전란 속으로 빠져든다. 전란은 살육의 참사를 불러왔다. 중국사상가이며 사회학자인 량치차오(梁啓超)는 역사서에 기록된 전국적 규모의 전쟁 횟수를 따져봤다. 그의 계산에 따르면, 진시황이 즉위한 기원전 221년부터 1920년까지 2140년간 국가적 대규모의 전쟁만 해도 무려 160번이나 벌어졌다. 전쟁 기간은 무려 896년이나 된다. 3년 중 1년은 죽고 죽이는 비참한 세상에서 목숨을 연명해야 했다.

패권 장악을 위한 싸움만 발생하는 게 아니다. 전쟁으로 인해 자율적 질서를 무너지면서 종족 사이 혹은 마을 간의 싸움도 끊임없이 이어졌다. 그것이 계투(械鬪)다. 계투는 전란을 피해 살던 곳에서 다른 곳으로 이동한 이주민이 새로운 곳에 터를 잡기 위해 정착 주민과 벌이는 싸움이다. 계투는 나라 살림이 어려울수록 극성을 부렸다. 청나라 말기가 최고조였다. 다툼의 이유도 토지, 수리시설, 상권 등을 확보하기 위한 생존권 싸움이다. 그렇다 보니 그 치열함은 말로 표현할 수 없을 정도였다. 정착민과 외래자 간의 싸움을 의미하는 '토객충돌'(土客衝突)이라는 단어가 중국의 사회학 용어로 통용될 정도였다.

"난세의 사람보다는 태평한 시대에 개로 태어나고 싶다"(寧爲太平拘 不作亂世人)는 속담이 있다. 살생의 피비린내가 얼마나 참혹했으면 혼란스럽지 않은 시대의 개를 부러워했을까? 집을 요새처럼 만들어서 그 속에서 가족의 안전을 지키고 살아남는 게 상책이라는 생각이 드는 게 당연하듯 보인다.

재난과 전쟁이 쌓은 담

《만만디, 만만디-중국인이 본 중국인의 의식구조》에서 린위탕(林語堂)이 말한 것처럼 중국인은 진보와 정복이 아니라 저항과 인내의 민족적 특성이 있다. 이런 천재지변과 전쟁의 아픔을 수없이 겪었던 중국인은 웬만한 사고나 사건에도 좀처럼 놀라지 않는다. 마치 내일 천지개벽이 일어난다고 해더라도 자신이 할 일은 한다는 투다.

이런 중국인의 특성을 보여주는 말이 있다. "처변불경 처변불경"(處變不驚 處變不輕)이다. 변을 당해도 놀라거나 가벼이 굴지 말라는 인생의 잠언이다. 의연하고 신중한 중국 국민성을 느낄 수 있다. 이 같은 중국인의 특성은 또 다른 속담에서도 확인할 수 있다. "내 집이 불에 타 없어졌다. 그러나 지금 나는 달을 볼 수 있다." 본래의 뜻은 고난 뒤에는 행복이 찾아온다는 것이다. 수없이 많은 절망과 고통을 겪으면서 당당하게 사는 중국인의 긍정적인 생활 태도인 셈이다.

쓰허위안의 구조는 수많은 전쟁의 결과물이라고 해도 틀린 말이 아니다. 전쟁과 재난에 대해 느끼는 중국인의 공포감은 결코 말로 표현할 수 없다. 안전하고 평화롭게 살 수 있다는 상상마저도 그들에겐 커다란 선물이었을 것이다.

중국인은 안전과 평화라는 기대와 희망을 집에 담아냈다. 안전을 지키기 위해서 높고 견고한 담을 쌓았다. 최대한 외부와 단절을 꾀했다. 밖의 세계와 분리함으로써 방어 효과를 극대화시킨 구조다. 외부의 침입을 막기 위해 담을 쌓고 문은 닫았다. 늘 전쟁이 이어지는 곳에서 살아남기 위해서는 가옥의 자기방어 기능이 불가피했다.

이를 좀 더 극적으로 보여주는 예는 한족 일족인 하카족의 집단주택인 '투러우'와 '창타이욱'이다. 투러우는 북방 유목민족의 침입을 피해서 피난한 하카족이 중국의 남부지역에서 스스로를 보호하기 위해 만든 가옥이다. 투러우는 대가족을 수용하는 거대한 집합주택이다. 직경이 40~60m에 달하는 방형 또는 원형 형태를 띠고 있다. 또 건물의 외벽은 모두 토벽으로 구축되어 있어 마치 성채 모양이다. 벽의 두께가 무려 2m나 되는 것도 있다. 벽을 따라 안쪽에는 일정한 형식의 생활공간이 정연하게 배열되어 있다. 800명이 함께 거주하는 초대형 투러우도 있다. 하카족에게 투러우는 가옥이자 요새였다.

투러우를 만든 이들보다 더 남쪽에 자리 잡은 하카족은 역시 외부의 침입을 막기 위해서 담장마을인 창타이욱(會大屋)도 만들었다. 창타이욱은 '모여 있는 집'이라는 뜻이다. 대개 20~50채 집이 하나의 담장으로 엮어 만든 공동주택이다. 겉에서 보면 한 채의 거대한 집 같다. 안으로 들어가면 수십 채로 구분된다.

이 같은 폐쇄적 가옥 구조는 중국인의 내향적 기질을 좀 더 강화했는지 모른다. 언어적 습성에도 어떤 생존본능이 스며들어 있다. 단어

투러우(▲)

외부의 침입을 막기 위해 담을 쌓고 문은 닫았다. 늘 전쟁이 이어지는 곳에서 살아남기 위해서는 가옥의 자기방어 기능이 불가피했다.

중에 '외'(外)자가 들어가는 것을 태생적으로 싫어하는 것 같다. 당연히 '외'자가 들어간 단어 중에 부정적이거나 악의적 의미를 갖는 게 유난히 많다. 예를 들면 집 담장 밖을 '마이와이'(門外), 뇌물이나 부수입을 '와이츄우시'(外出息), 부부 이외의 남녀관계를 '와이유'(外遇), 별명을 '와이하오'(外別), 낯선 사람이나 교제가 깊지 않은 사람을 '와이크어'(外客)라고 한다. 이런 단어 속에서 안으로 숨지 않으면 위험에 노출되어 공격대상이 된다는 심리적 방어기제가 작동하는 것이라고 할 수 있다.

담 안에는 모든 게 있다

쓰허위안도 남북을 축으로 대칭적 구조를 갖은 네모난 집이다. 중정 뒤쪽에 있는 정당을 중심으로 동쪽과 서쪽으로 곁채의 역할을 하는 동서 상방이 마주 보고 도열한 듯이 줄지어 있다. 궁궐의 중축선은 권력의 확장을 의미한다면 쓰허위안의 그것은 가족관계를 강화하는 의미를 갖고 있다. 궁궐의 중심이 황제인 반면 쓰허위안의 중앙은 조상이기 때문이다. 조상의 은덕은 가문의 자긍심으로 이어진다고 믿는 게 중국인이다. 황제와 조상은 막강한 구심력으로 작용한다. 황제는 백성을 다스리는 문무백관을 궁궐 속에, 조상은 후손을 쓰허위안이라는 사각의 담장 속에 집어넣었다. 궁궐의 담은 국민의 안녕을, 쓰허위안의 담은 자손의 안전을 지키는 방패막이인 셈이다.

방패막이의 역할을 하는 담장은 구분의식의 상징이다. 담으로 안과 밖을 구분한다. 안팎을 구별하는 가장 큰 경계는 역시 민족이다. 본래 중국에는 민족 구분이 없었다. 너무 많은 민족이 섞여 사는 중국에서 중원을 차지하기 위한 수많은 전쟁, 또 그 전쟁을 피해 이동하는 과정에서 섞기고 혼합됐기 때문이다. 어느 순간 '중화민족' '중화사상'이라는 게 생겨났다.

중화사상은 마치 '세계의 중심'이라는 의미로 사용되고 있는데 본래의 의미와는 사뭇 차이가 난다. 많은 학자는 중국 국경 안에 있는 사람은 문명인이고 그 이외 지역의 민족은 야만인으로 구분하는 중국인의 의식을 중화사상이라고 칭한다. 중화사상을 다른 말로 화이(華夷)사상이라고 한다. 옛날 한족이 살던 중원지역(양쯔 강과 황허 강 사이)의 동쪽을 동이(東夷), 서쪽을 서융(西戎), 남쪽을 남만(南蠻), 북쪽을 북적(北狄)이라고 하대해 부른 데서 나온 용어다. 또 '화하'(華夏)라는 말도 있다. '화'는 문화 수준이 높은 양쯔강과 황허강 사이의 지역, 즉 본래 한족이 살던 지역을 뜻한다. '하'는 그곳에 사는 종족과 사람을 말한다. "중화, 화이, 화하 모두 '중국'과 '중국이 아닌 것'을 구분하는 의미로 쓰이고 있다"는 게 상명대 조관희 교수의 설명이다.

중국 역사가 진순신은 《중국이냐, 일본이냐》에서 "중화사상은 문명의 유무로 인간과 야만을 분류한다는 간단한 뼈대 위에 여러 가지 요소가 붙어서 된 것"이라면서 "문명이 전파되면 그 지역은 이미 야만족이 아니며 중화의 인민이 된다"고 주장했다. 진순신의 말을 정리하면 "중화사상은 중국인을 중국인답게 만드는 아이덴티티" "중국인과 야만인 즉 화이를 구분하는 기준은 민족, 나라, 인종이 아니라 문화 수준"이라는 뜻이다. 중국이 현재의 중국 영토 내에 모든 문화를 중국의 영토, 중국의 역사, 중국의 문화라고 주장하는 이유가 바로 중화사상에서 비롯됐음을 짐작할 수 있다. '중국'이라는 국명이 쓰인 역사는 일천하다. 1917년 중국공산당이 성립될 즈음이다. '중화민족'이라는 단어도 량치차오(梁啓超)가 1901년에 발간된 《중국사서론》에 처음으로 쓴 용어다.

어쨌든 중화사상의 철학적 배경은 《중용》이다. 이 책에서 처음으로 '중화'(中華)라는 단어를 사용했다. "중화의 일치에 이르게 되면, 천지는 제자리를 찾고 만물은 저절로 길러진다." 도올 김용옥은 "여기서 '중'의 의미는 (세계의) 가운데가 아니라 조화"라면서 "중화란 만물을 포용한다는 뜻이다"라고 역설했다. 역사와 영토를 자기 나라로 포함시키는 게 아니라 모든 것을 조화롭게 만들어 제자리에 서게 한다는 뜻이다.

생각하면 말하고 말하면 행동으로 옮기는 게 인간의 습성이다. 중국인의 잘못된 생각은 이상한 행동으로 이어지고 있다. 동북공정과 탐원공정이 대표적 사례다. 동북공정은 우리의 고구려와 발해 역사를 중국 역사로 편입시키려는 프로젝트다. 김치를 파오차이의 아류라고 억지를 쓰고 조선족의 아리랑을 중국의 세계문화유산으로 유네스코에 등재하려는 탐원공정도 잘못된 중화사상의 발현이다. 일본 사학자 가토 도루는《패(貝)의 중국인 양(羊)의 중국인》에서 "중화사상은 중국인의 무절제한 영역 의식에서 비롯된 것"이라고 단언했다.

동북공정과 탐원공정은 중국 정체성 확립 차원에서 추진하는 '중화민족 대가정 만들기'의 일환이다. 이런 캠페인의 이론적 토대는 '통일적 대민족 국가론'이다. 윤휘탁 한경대 교수는《신중화주의》에서 "통일적 대민족 국가론에 따르면 중국은 한족과 다수의 비 한족이 서로 경쟁하면서 분열되기도 했지만 기본적으로 대통일의 오랜 전통에 의해 여러 민족이 단결 융합하면서 통일적인 국가, 통일적 다민족 국가가 형성했다"고 주장했다. 또 "이 논리에 따르면 오늘날 중국 영토 안에 존재했거나 존재하는 모든 민족은 중국이라는 역사공동체를 형성하는 데 역할을 하고 있다"고 말했다. "중화사상 속에는 우리가 제일이라는 독선이 깔려 있다"는《불가사의한 중국인》을 쓴 정원석의 주장도 예사롭지 않다. 마치 동북공정과 탐원공정을 합리화하는 이론처럼 보이기 때문이다.

정원석이 말한 '독선'은 거대한 땅과 풍부한 자원을 가진 중국은 모든 것을 자급자족할 수 있다는 생각 즉 '지대물박'(地大物博)의 사고를 뒷받침한다. 중국인은 "중국에는 모든 것이 있다. 지금 없는 것은 옛날에는 있었다"는 자부심을 갖고 산다. 따라서 담을 쌓고 내 것을 지키기만 해도 충분하다는 자만심이 중화사상의 저류에 흐르고 있다. 결과적으로 실패했지만 청나라 말기 중국이 문호개방을 원하는 서방의 요구를 물리치는 논리가 바로 "우리는 모든 것을 갖고 있다"는 것이었다.

쓰허위안의 체면

중국인은 4대 문명발생국 국민이다. 중국은 불과 200여 년 전까지 5000년을 이어온 세계 최강의 패권국이었다. 비록 한때 이류 국가로 전락했지만 국민의 자부심과 국가적 위상은 아직도 살아 있다.

중국의 문화적 우월성은 누구나 인정한다. 비록 손상된 영예를 회복하기 위한 지나친 과시욕을 부린다고 해도 그것마저 부정할 수는 없다. 자존심과 관련된 일에 대해서 누구나 신경질적인 반응을 보이게 마련이다. 그것은 자존심 이면에 체면이 숨어 있기 때문이다.

중국인은 정말로 체면에 민감하다. 중국식 표현으로 체면은 멘츠(面子)다. 체면을 얼마나 중시하는지 '멘츠'(面子) 앞에 사랑 애(愛)자를 붙인 아이멘츠(愛體面)가 '체면을 차린다'는 관용적 표현으로 쓰인다. 중국인은 흔히 "체면을 지키기 위해 죽지 않고 고생을 참아낸다"는 말을 한다. 쉽게 말하면 죽음보다도 체면을 중시한다는 뜻이다. 린위탕(林語堂)은《내 나라 내 국민》에서 "체면, 운명, 은전을 중국을 통치하는 세 여신"이라고 표현하면서 "남자는 체면을 세우기 위해 살고 여자는 체면을 위해 죽는다"고 말했다. 이를 가장 극적으로 보여주는 것이 '오강전투'에 패배한 항우의 자살이 아닐까?

항우는 패색이 짙어지자 도망갈 것을 권하는 부하들에게 "신하들이 도망친 나를 왕으로 부른다고 하더라도 내가 그들을 어떤 낯으로 볼 수 있겠는가?"라는 말을 남기고 죽음을 선택한다. 그에겐 '체면불구'라는 말이 용납되지 않았다. 항우의 여인, 우희도 마찬가지다. 최후의 결전을 결심한 항우가 우희를 그녀의 오빠인 우자기와 함께 먼 곳으로 떠나보냈다. 항우의 의도를 알아차린 우희는 우자기를 따돌리고 다시 사랑하는 연인의 곁으로 돌아온다. 그리고 항우의 칼을 받고 최후를 맞이한다.

중국인의 맨츠는《초한지》같은 고전에서만 볼 수 있는 게 아니다. 요즘도 상하이 사람들이 자주 하는 말 중에 "집에 불이 나는 것보다 넘어지는 게 더 무섭다"고 한다. 가난한 살림살이를 한탄하는 말이 아니다. 집의 재산이 홀랑 타버리는 것보다 넘어져서 옷에 흙이 묻어 다른 사람에게 흉하게 보이는 것을 더 꺼린다는 의미가 내포되어 있다. 체면을 얼마나 중시하는지를 보여주는 예다.

그렇다면 왜 이처럼 맨츠를 중요하게 생각할까? 중국의 진순신과 이중텐은 "중국적 무신론의 당연한 귀결"이라고 주장한다. 진순신은 《중국이냐 일본이냐》에서 "중국에서 신이 존재하지 않는다"고 말했다. 이중텐도《이중텐 중국을 말하다》에서 "유가에서는 내세가 없다. 그 대안으로 제시한 것이 이름을 남기는 것이다"면서 "사람은 비록 죽더라도 이름을 남기면 죽지 않는 것과 같다"고 주장했다. 영속성 유지 수단인 이름을 욕되게 할 수 없다는 것이다.

얼굴도 체면과 동의어로 활용된다. 옛날 형벌 중에 '경'(黥)이라는 게 있다. 얼굴에 먹물로 죄명을 문신하는 중벌이었다. 중국에서의 최고의 욕설이 '경칠 놈'이라는 말이다. 얼굴을 들고 다닐 수 없는 만큼 나쁜 사람이라는 뜻이다. 또 중국인들 사이에 불문율 같은 게 있다. 혹시라도 싸움이 벌어졌다면 얼굴에 손을 대면 안 된다. 또 쌍욕

을 하더라도 약점을 들추는 일은 금기사항이다. 체면을 상하게 해서
는 안 된다. 중국인들은 체면을 그만큼 중요한 가치로 여기고 있다.

쓰허위안의 높은 담장은 중국인의 체면에 관한 이중성을 보여주
는 것이어서 재미있다. 앞에서도 기술한 것처럼 쓰허위안의 담장은
가족의 안전을 지키는 방어시설이었다. 안전에 대한 과시가 담 높이
와 견고함이었다. 높고 튼튼한 담을 쌓을 수 있는 사람은 고관대작
이나 거상뿐이었다. 이것이 신분과 부에 대한 자랑으로 변했다. 물론
자신의 신분에 비해 낮은 담의 집을 가진 사람은 체면을 구기는 것
이다. 이 때문에 고관대작이나 부유한 사람일 수록 담을 높이 쌓았
다. 심적 위압감을 느낄 정도의 높은 담도 적지 않았다. 대저택 담 높
이는 3m가 넘는 게 흔하다.

스케일의 크기는 방어의 효과와 비례하는 것 같지는 않다. 담장의
높이는 오히려 체면의 크기와 비례했으며 그 자체가 권위가 됐다. 때
로는 그 권위를 지키는 장치가 됐다. 영화 〈홍등〉이나 〈국두〉에서 잘
보여준다. 담은 쓰허위안의 안에서 벌어지는 일을 밖으로 새어나가
지 않게 하는 장막이다. 쓰허위안 안에서 벌어지던 여성에 대한 폭력
과 차별은 높은 담장 뒤에 꼭꼭 숨어 있었다.

체면에는 자신의 허물과 열등감을 감추려는 심리가 있다. 쓰허위
안의 담이 높으면 높을수록 담장 속의 허물과 죄악이 클 수도 있다.
결국 쓰허위안의 담은 외부 침입자에 대한 방어수단이 아니라 자신
의 허물을 숨기기 위한 은폐 수단이 된 것은 아닐까? 쓰허위안 담장
은 겉과 속이 다르고 속내를 드러내지 않는 중국인의 모습을 반영하
고 있다.

가족제도와 가옥의
함수관계

중국은 확대가족제도를, 한국과 일본은 직계가족제도를 수용했다. 물론 일본 가족제도는 일본 고유의 '이에'(家)제도가 가미된다. 중국은 남자 자손이 결혼을 해도 분가 없이 한집에서 살았다. 식구가 많은 집은 한 집에서 수십 명이 살기도 한다. 세대별 구분을 한 가옥구조를 갖는다. 한국은 장자적통주의를 도입했다. 장자 이외의 남자 자손은 분가했다. 가옥 구조는 중국과 같이 세대별이 아니라 성별분리가 이뤄진다. 일본은 한국과 중국처럼 채 구분 없이 하나의 가옥 속에서 후스마로 방을 나눈다. 여성을 위한 독립된 공간이 없는 게 특징이다.

유교가 신념화된 한옥

가옥구조를 보면 가족제도가 보인다

가옥은 가족제도를 투영한다. 가족제도는 가옥의 형태를 결정한다. 가옥은 가족제도에 부합하는 구조로 만들어지기 때문이다. 시대의 흐름에 따라 가족제도가 변하고 가옥 형태도 그 변화에 적응해왔다.

서구 문명의 유입과 함께 대가족제도가 점차 핵가족제도로 바뀌면서 가옥 형태는 서양식으로 변해왔다. 그렇다고 우리 가족에 대한 의미나 성격까지 바뀌는 것은 아니다. 우리에게 가족은 여전히 부계 중심의 영속적인 집단이다. 가족 구성원은 위계서열을 존중한다. 오랜 역사 속에서 몸에 밴 농경사회의 생활 의식구조가 또렷이 남아 있다. 농경사회에서 가족의 의미는 혈연적 친족이다. 가족은 경제공동체이며 최소한의 생산 단위였다. 식구의 숫자가 곧 재산이었다.

우리 민족은 대가족제도 중에서도 직계확대 가족제도를 채택했다. 3대 이상의 직계가족이 한 울타리에서 살았다. 단 장자를 제외한 자녀들은 나이가 들어 결혼하게 되면 별도의 집으로 분가했다. 본가와 분가의 가옥 구조는 차이가 없다. 단 분가에는 사당이 없다. 여성은 결혼과 함께 출가외인이 됐다. 이는 부부 중심의 직계 가족형이라는 의미다. 조선 전기 친족을 실증적으로 연구한 고려대 최재석 명예교수는 조선 전기에 부부와 자녀로 구성된 가구가 무려 64.4%였음을 밝혀냈다.

한옥의 구조가 완성됐던 18세기경 조선은 유교의 본산지인 중국보다 더 유교적인 나라였다. 그래서 유교적 이념이 가옥에 반영되어 있다. 유교적 가정윤리의 핵심은 위계질서와 남녀유별이다. 따라서 한옥은 성별에 따라 공간 분리가 이뤄지는 게 가장 큰 특징이다. 중국은 세대별로, 일본은 역할별로 공간배치가 이뤄진 것과는 큰 차이가 난다.

본래부터 사랑채가 남성 공간, 안채는 여성의 공간으로 구분되지는 않았다. 조선은 남성 위주의 사회다. 당연히 가족의 중대사는 사랑채에서 담당했다. 반면 안채는 가족의 내적이고 사적인 영역을 담당했다. 다만 대외적 활동을 구속받은 여성이 공적 공간인 사랑채 출입을 할 수 없게 됨으로써 자연스럽게 가옥이 남녀의 영역으로 구분되었다. 결국 가장이 기거하는 사랑채는 여성의 발길이 닿지 않는 공간, 안채는 남자들이 출입할 수 없는 금남의 공간이 되고 말았다.

공간 구분은 자연스럽게 남녀의 성역할 분리를 가져왔다. 남자가 할 일과 여자가 할 일이 구분된 셈이다. 남성은 사회생활과 생업을, 여성은 집안일을 책임지게 됐다. 남자는 가계 수입을 맡았다. 반면 여성은 살림을 담당하며 가정경제를 꾸린 곳간 주인이었다. 어떤 면에서는 사랑채의 사랑방보다 안채의 안방이 더 중요한 역할을 했다. 안방은 가신을 모시고 귀중품을 두는 곳이다. 안채의 미래 주인이자

아들의 부인인 '며느리'라는 어원에서도 안방의 중요성을 새삼 확인할 수 있다. 이런 성별 역할은 종교영역에도 적용이 됐다. 이를테면 남자는 유교적 형식에 따른 제사를 전담했다. 반면 여성은 가신신앙 전승의 주체였다. 집안 살림을 책임지고 있는 여성은 집안 곳곳에 있는 가신을 모셨다. 조상숭배는 가문의 번성을 기원하고 가신 공양은 가족의 무사와 안녕을 비는 것이다.

조선 후기 사설시조에서 아들의 부인이란 뜻으로 '며느리'가 처음 사용됐다. '며느리'의 원형은 '메나리'다. '메'와 '나리'의 결합어로 '메를 내려받는 사람'이란 뜻이다. 여기서 '메'의 뜻은 제삿밥이다. 메라는 단어는 지금도 사용된다. 즉 며느리란 제삿밥, 아니 제사음식을 짓는 사람이다. 조선 후기 이후 가정생활의 핵심은 제사였다. 그 제사음식을 담당하는 사람의 중요성이란 더 언급할 필요가 없다.

이 같은 성역할을 볼 때, 생활공간의 분리를 통해 영역 구분과 함께 생활 자체를 분별하려 했음을 알 수 있다. 즉 "군군 신신 부부 자자(君君 臣臣 父父 子子)"라는 공자 말씀을 생활에 구현한 것이다. 남편은 남편답게, 아내는 아내답게, 자식은 자식답게 각각의 본분에 따라 가정사에서 제 할 일을 다 해야 한다는 의미가 가옥에 담겨 있는 셈이다.

조선은 이 같은 유교의 가르침에 따른 생활예절과 풍속을 정착시키기 위한 국가정책도 시행했다. 이를테면 군신, 부자, 부부생활의 모범이 되는 충신, 효자, 열녀의 행적을 소개한 《삼강행실도》를 백성이 의무적으로 익히도록 요구했다. 이 같은 내외문화는 행동규범으로 18세기 무렵 정착됐다. 대표적인 예가 남녀칠세부동석이다.

나이가 어리다고 이 원칙에 예외가 적용되지 않았다. 남자 아이의

평양감사향연도

조선시대 남자들이 아이 양육과 교육을 분담했음을 확인할 수 있다.

육아는 남자가 담당하는 게 상례였다. 남자아이가 일곱 살이 되면 어머니의 품을 떠나 남성의 생활 터인 사랑채에 머물러야 했다. 그렇다 보니 자연스럽게 아이에 대한 훈육은 집안 남자의 몫이 됐다.

묵재 이문건이 일찍이 사별한 아들 대신 손자를 키우는 모습을 일기 형식을 적은 《양아록》에 남성의 육아풍습이 고스란히 담겨 있다. 남성의 육아는 남녀유별이라는 가정윤리가 낳은 부산물인 셈이다. 책만이 아니라 그림도 사료적 가치가 있기는 마찬가지다. 특히 한 폭의 풍속화는 그 시대 상황에 대해 많은 이야기를 전해준다. 김홍도가 그린 것으로 알려진 〈평양감사향연도〉에서도 조선시대 남자들이 아이 양육과 교육을 분담했음을 확인할 수 있다. 특히 할아버지가 손자, 아버지가 아들의 손을 잡고 나들이를 나와 축제(평양감사 취임식)에 어울리는 장면은 남성의 육아가 어느 정도 관습화된 행동임을 알 수 있다. 물론 양반가의 얘기다.

한옥의 중심, 안채

한옥은 높낮이가 있다. 이 때문에 한옥은 보는 위치나 방향, 거리에 따라 제각각의 모습을 띠어 한옥의 아름다움을 더한다. 우리 조상이 한옥에 높낮이를 둬 설계한 것은 단지 외향의 아름다움을 고려한 때문만은 아니다. 높낮이는 서열과 계급을 뜻한다. 공간의 중요성에 따라 지붕과 천장의 높이를 달리했다. 공적 공간이며 신주를 모시는 대청마루(사당이 없는 집의 경우)는 안방보다 천장이 높다. 특이한 것은 안채가 사랑채보다 높다는 점이다. 남존여비, 여필종부, 삼종지도를 가정윤리의 기본으로 삼았던 조선 시대에 여성이 사는 안채가 남성의 생활공간인 사랑채보다 높다는 것은 선뜻 납득할 수 없다.

그렇다면 왜 안채를 사랑채 지붕보다 높게 만들었을까? 우선은 풍수의 영향일 가능성이 있다. 중국 풍수지리서《양택삼요(陽宅三要)》에 따르면 가옥의 중심은 '안방'이라면서 '그곳은 고대(高大)한 곳'이라고 규정했다. '고대하다'는 '높고 크다'는 의미다. 그 속에는 '중요하다'는 뜻도 내포하고 있다.

중국의 쓰허위안에서 고대한 곳은 가장의 거주공간인 정당이다. 한옥에서 안방은 안채에 있다. 안방은 가족 내 중심공간이다. 가옥을 대표하는 곳이다. 신광철 한국문화콘텐츠연구소장은 "한국인은 늘 자연을 포함하여 중심을 잡는다"면서 "그래서 한옥의 중심은 가장 깊은 곳에 자리 잡게 된다"고 주장했다. 가장 깊은 곳에 있는 안채 그 중에서도 안방이 한옥의 중심이라는 얘기다.

가옥의 유일한 권위로서 안채의 위상은 조선 중기까지 이어졌다. 사랑채와 안채가 별도의 건물로 분리되기 시작한 것은 17세기 중엽부터다. 적어도 17세기 초까지 아내의 권위는 가장의 그것에 못지않았다. 양반 가문 자녀들은 남녀차별 없이 균등하게 재산을 분배받았다. 시집간 딸도 예외가 아니다. 또 제사도 장자만이 봉사할 수 있는 특권이 아니었다. 딸뿐 아니라 사위도 제사에 참여했다. 자녀들이 돌아가면서 제사를 모셨다. 어쩌면 지금보다 더 평등한 부부관계였다. 당연히 안채에 대응하는 권위인 사랑채가 생길 이유도 없었다. 남성의 공간은 사랑방이면 충분했다.

사랑방은 대체로 살림채 즉 안채의 바깥쪽에 붙어 있었다. 정약용은《아언각비》에서 "조선 초에 안채 한구석에 마련되어 있던 사랑방은 중기 이후 독립했다"고 적고 있다. 서윤영은《우리가 살아온 집 우리가 살아갈 집》에서 조선 초기에 지어진 경주 양동마을의 서백당

(書百堂)과 관가정(觀稼亭), 안동 하회마을의 충효당(忠孝堂)과 양진당(養眞堂) 등을 소개하면서 "이들은 안채에 사랑방이 붙어 있다"고 적고 있다.

사랑채가 안채보다 크지는 않은 것도 그런 사회적 배경을 담고 있다. 거기다가 조선사회에서 가장 중시된 가치는 가문승계와 가문 보존이다. 결혼의 의미도 남녀가 인생의 반려자를 만나는 게 아니다. 가문과 가문의 결합이다. 여성은 남자의 가문으로 시집을 가는 것이다. 시집간 여성의 제일 임무는 아들 생산이다. 대를 이는 일이다. 이를 위해 안채의 권위를 인정한 것은 아닐까? 이것이 나름대로 가정 안에서 확고한 위치를 차지한 것으로 볼 수 있다.

중국은 '전통 콤플렉스'가 있고 한국은 '정통 콤플렉스'가 있다고 한다. 정통주의는 원리주의와 일면 통한다. 중국에서 들어온 조선의

한옥 안채
조선은 가부장의 사회였지만 가정 안에서 여성의 권위, 가정경제에서 여성의 위상은 존중되었다.

유교가 발생지보다 더 유교적이 됐다. 조선 중기로 접어들면서 유교의 이념이 좀 더 원칙주의로 변질됐다. 신분적 위계질서는 강화됐고 가부장적 권위는 더욱 막강해졌다. 이런 과정을 거치면서 사랑방이 사랑채로 독립했다. 권력의 중심이동과 함께 안채에 붙어 있던 사랑방이 별채(사랑채)로 독립했지만 안채 중심의 가옥 구조는 지속되었다. 그것은 곧 유교적 금욕주의가 확산되고 여성의 정조 관념이 공고해졌음을 의미하는 것이다.

사랑채의 보호를 받다

여성 공간인 안채는 집안의 가장 깊숙한 곳에 위치한다. 이는 남성의 공간인 사랑채의 보호를 받고 있음을 뜻한다. 가옥 구조상 남성이 여성 프라이버시를 존중하는 형태다. 사랑채의 창문은 절대 안채를 향해 내지 않는다. 안채와 사랑채를 연결하는 중문은 안채를 시각적으로 방어한다. 나중에는 아예 안채와 사랑채 사이에 담을 쌓고 중문을 만들었다. 중문은 대문에 버금가는 크기로 만들었다. 부부의 벽이 높아졌다고 생각할 수도 있지만 한편으로 가리개 역할을 하는 중문이 대문만큼이나 중요하게 다뤄졌다고 해석할 수 있다.

'이장렴의 고사'는 중문의 위상을 보여주는 에피소드다. 군금별장이라는 말단직에 있던 이장렴이 기생집 출입을 하며 난봉꾼 행세하던 흥선대원군을 못마땅하게 여겼다. 어느 날 두 사람 사이에 기생집에서 언쟁이 붙었다. 이장렴이 대원군에게 "왕족의 체통을 무너뜨리지 말라"고 일장 훈시를 했다. 게다가 뺨까지 때렸다. 대원군이 권력을 장악한 후 그를 운현궁으로 불렀다. "이 자리에서도 내 뺨을 칠수 있느냐"며 물었다. 이장렴은 "지금이라도 대감께서 춘흥이 집에

운현궁 중문

흥선대원군의 전용문. 이장렴으로 인해 운현궁 중문=비범한 인재 발탁이라는 고사가 생겼다.

서 했던 그런 언행을 하시면 그럴 것이다"고 대답했다. 대원군은 좋은 인재를 얻었다고 생각했다. 이장렴이 물러날 때 "금위대장이 나가시니 중문으로 안내하라"고 명령했다. 중문은 대원군의 전용문이었다. 대원군의 특별한 대우는 정치적 복선이 깔려 있었다. 이장겸은 대원군으로부터 탁월한 능력과 인물됨을 인정받은 셈이다. '운현궁 중문=비범한 인재 발탁'이라는 말이 생긴 저간의 사정이다. 금위대장은 지금으로 말하면 수도경비사령관쯤 된다.

육중한 중문으로도 미덥지 않은 집에서는 중문 앞에 토벽을 쌓아 만든 '내외담'이라는 차단벽을 설치했다. 내외담은 남녀 공간을 구분하는 상징적 경계다. 남편조차도 함부로 이 경계를 넘을 수 없었다. 부부도 이 내외담을 사이에 두고 만났다. 여기서 부부 사이를 뜻하는

내외담

육중한 중문으로도 미덥지 않은 집에서는 중문 앞에 토벽을 쌓아 차단벽을 만들었다.

내외지간이라는 말이 생겼다는 게 통설이다. 어떻든 외부인과 남성에게 대면하지 않도록 여성을 꼭꼭 숨긴 것이다. 안채는 금기의 공간이 되었다. 금기로 설정된 공간은 특별한 의미를 지닌다. 앞에서 얘기했듯 독립된 여성의 해방공간이다.

한국을 제외하고 터키의 오스만투르크 양식의 전통가옥 등 몇몇 나라에서만 독립된 여성 공간을 볼 수 있다. 하지만 가옥 구조상 여성 공간이 가옥의 중심이 되는 사례는 세계적으로 흔하지 않다. 일본 가옥은 여러 개의 방을 두지만 부부 공유공간 밖에 없다. 독립된 여성 공간이 아예 없다.

그렇다면 조선 가옥에 여성 공간은 어떤 의미를 갖는 것일까. 윤일이 동명정보대 교수는 "한옥에서 집안의 두 권위가 상호견제하면서

제4장 가족제도와 가옥의 함수관계

조화를 이뤄가는 공간문화의 법칙을 발견할 수 있다"고 주장했다. 가정 안에서 여성의 권위, 가정경제에서 여성의 위상이 존중되었다는 뜻이다. 옛말에 "집은 안주인이 짓는다"고 했다. 이는 여성이 집안의 대소사를 건사한다는 뜻이다.

가장 중요한 여성의 역할 중 하나는 대가족의 질서유지를 통한 가문승계였다. 이를 위해 여성의 지위 보장을 위한 제도적 장치도 있었다. 조선 시대 사대부 집안의 이혼은 사헌부는 물론 왕이 직접 관여했다. 이는 본부인의 권리를 보장하기 위한 조치였다. 또 권문대가에서는 남편의 품계에 따라 부인에게도 작위와 호칭을 하사했다.

안채의 권위는 어머니의 것

은밀한 사생활로 들어가면 부부간의 질서는 무너지게 마련이다. 배갯밑 송사라는 말이 그저 나온 게 아니다. 여성을 위한 수신서라고 할 수 있는 이덕무의 《사소절(士小節)》에 따르면 부부를 동등한 관계로 규정하고 있음을 볼 수 있다. 이 책은 "부부간에 불화가 생기는 까닭은 다만 남편이 천존지비의 설을 고수하여 스스로 높은 체하여 아내를 억눌러 용납하지 않고, 아내는 제체(齊體, 부부)의 의의를 지켜 나나 저나 동등한데 무슨 굽힐 일이 있겠는가 하는 데서 연유할 뿐이다"라며 부부싸움의 원인을 분석했다. 남편과 아내의 부부관이 조금 다르다는 것을 알 수 있다.

어쨌든 양반사회에서 남편이 부인을 멸시하거나 무시한 기록을 찾아보기 어렵다. 반대로 여성 우위 시대가 아닐까 의심이 들만한 일이 적지 않았다. 황문환 한국학중앙연구원 교수가 발굴해 공개한 조선 초기의 편지가 있다. 조선 초기 안동지방의 양반인 이응대가 죽자, 미망인이 남편의 죽음을 애통해 하면서 쓴 편지다. 편지에 "자내 (자네) 항상 내게 이르되, 둘이 머리 세도록 살다 죽자하더니, 어찌 나를 두고 자네가 먼저 가는가?"라는 대목이 나온다. 아무래도 '자내'라는 표현에 눈길이 간다. '자내'는 오늘날 아랫사람이나 대등한 관계에 있는 사람을 높여 부르는 '자네'의 고어다. '게' '게셔'와 같이 '그대'라는 의미로 부부가 서로를 부를 때 썼던 대등한 호칭이다. 요즘 부인을 낮춰 부르는 '마누라'는 당시엔 남편이 아내를 높여 부르는 존칭어였다. 영감의 대칭어였다. 적어도 사대부 사회에서 이같이 부부의 상호존중은 조선 내내 이어졌다.

우리가 알고 있는 규범적인 조선시대 여인상과는 전혀 다른 모습도 볼 수 있다. 이문건이 쓴《묵재일기》에는 부인의 질투와 시기가 어떠했지 생생하게 적고 있다. 이 이야기는 고을 기생 '종대'와의 부적절한 관계를 의심한 부인의 질투에서 비롯되었다. 이문건의 처는 남편의 처소인 상당에서 두 달여를 묶으면서 남편을 감시하다가 끝내 화병으로 앓아눕기까지 했다. 1553년 10월 2일 일기에는 친구들과 함께 해인사에 갔다가 이문건이 기생 '종대'와 한방에 묵은 것을 알게 된 부인이 자초지종을 물으며 잠자리와 방석 등을 칼로 찢고 태웠다는 대목이 나온다. 요즘 세상에서도 흔하지 않은 일이다.

그뿐이 아니다. 많은 학자가 여성의 일탈 행위를 고발하는 기사를 쓰고 있다. 이익의《성호사설》에서는 "우리나라 여자의 권리가 세서 집안 법도가 잘 서지 못 한다"며 "요즘 사나운 여편네를 둔 집안은 여러 있어도 남편이 권세를 쥐고 있는 집안은 열에 한둘도 안 된다"고 세태를 비판하고 있다. 박제가도《북학의》에서 "요즘 여자들 옷이 저고리는 날로 짧아지고 치마는 날로 길어져 걱정이다"라고 개탄했다.

이처럼 여성의 권위가 어느 정도 인정되었다고 하더라도 그것은 어디까지나 은밀한 부부간의 일이다. 남존여비 사상이 무너진 것은 아니다. 왜냐하면 여성의 권위라는 게 남성으로부터 위임받은 것이기 때문이다. 역사문제연구소가 펴낸 《전통과 서구의 충돌》은 이를 '상황적 권력'이라고 명명했다. 이를 "남편에 대한 사적 영향력으로 가정 영역에서만 통용되는 일종의 가장 권력"이라고 규정했다. 정옥분 고려대 교수도 《결혼과 가족의 이해》에서 "이 같은 관습은 어디까지나 한 사람의 인간으로서 여성의 권리를 보호했다기보다는 가문의 보존을 위해 아내나 어머니로서의 권한을 보장한 것임을 보여준다"면서 "특히 여성의 지위는 아내나 며느리로서 지위보다도 어머니나 시어머니로서 지위가 상당히 강했던 것으로 볼 수 있다"고 설명한다.

안채의 권위는 아내가 아니라 어머니의 권위였다. 아내의 권위든 어머니의 권위든 안채의 권위가 살아 있다는 것은 남존여비의 조선 사회 속에서도 나름대로 여성의 입지가 확보되어 있다는 증거다. 아무리 사회적 관습이 엄격하더라도 일탈 행위는 언제, 어디서나 있게 마련이다. 억압은 늘 반항을 부르게 되어 있는 법이다.

성별 분리를 낳은 공간 구별

조선 초기까지는 사회가 공간을 만들었다. 후기로 접어들면서 공간이 사회를 만들었다. 부부생활이 이를 잘 보여준다. 조선 시대 후기에는 부부생활은 없고 부부관계만 있다고 해도 과언이 아니다. 권문대가의 경우, 가옥 구조상 부부의 합방은 은밀하게 이뤄지기가 어려웠다. 반공개적이었다. 하인들을 통해 안채의 사정을 탐문하고 안채로 드는 일이 다반사였다. 안채 주인이 "안채에 자리를 보겠다"라고 허락하면 하인은 중문을 슬쩍 열어두었다. 다만 바깥주인은 다른 사람들이 눈에 띄지 않도록 비밀스럽게 움직이는 게 보통이었다.

《난중일기》는 1596년 10월 10일 자에 "밤 삼경말(三更末, 12시 30분경)에 뒷방(後房)으로 갔다가 밤 사경두(四更頭)에 누방(樓房, 마루방)으로 돌아왔다"고 기록하고 있다. 여기서 후방은 골방이거나 아니며 부인이 기거하던 안방이다. 누방은 이순신 진영에 있던 수루방이 아니라 양반가의 마루방 혹은 사랑대청으로 보인다는 게 《삶과 생명의 공간, 집의 문화》의 주장이다. 마루방 혹은 사랑대청의 경우도 위로 열어젖힐 수 있는 문을 달아 기거할 수 있는 방 역할을 했다. 난중일기의 이 대목은 남편이 늦은 밤에 안채로 들어가 아내를 만난 뒤 어두운 새벽 시간에 다시 사랑채로 돌아오는 관습을 보여주는 증거다.

주자가례가 더욱 엄격히 적용되는 조선 후반기로 넘어오면서 가장이 손님을 맞던 사랑방의 역할은 더욱 커진다. 사랑방은 사대부 양반의 문화공간이 됐다. 당연히 사랑채는 커지고 화려해졌다. 특히 사랑채의 넓은 툇마루는 부와 권력의 상징으로 여겼다.

사랑방의 위상 격상은 남성지배 양상이 사회제도로 굳어졌음을 의미한다. 제도가 바뀌면 문화도 바뀐다. 부계혈통 중심의 조직화, 남녀유별의 관습이 굳어지면서 조선 여성은 사회생활에서 완전히 배제된다. 여성이 일상생활에서 지켜야 할 내외의 규범은 훨씬 강한 강제성을 띠었다. 그 정도로 얼마나 철저했는지는 대사헌 신개(申槩) 등이 세종에게 올린 상소문에서 확인할 수 있다. "양반집 아녀자는 접촉할 수 있는 범위를 3촌으로 제한해야 하며 만약 이를 어기는

한옥 사랑채

조선 후반기로 넘어오면서 가장이 손님을 맞던 사랑방의 역할은 더욱 커졌다. 사랑방은 사대부 양반의 문화공간이 됐다. 사랑채는 더 커지고 화려해졌다. 특히 사랑채의 넓은 툇마루는 부와 권력의 상징으로 여겼다.

자는 실행(失行)으로 논했다"(출처 민족문화대백과사전)고 적고 있다. 제한된 해방공간을 벗어나는 즉시 여성에게 억압의 공간이 기다리고 있다. 아니 여성은 자신의 공간 밖으로 나오는 것을 남성의 품위를 해치는 것으로 여기고 살았다. 길들여진 것이다. 19세기 말 무렵 한국에서 선교 활동을 했던 선교사나 여행가들은 밝힌 조선 여성의 삶은 비참함 그 자체였다. 영국 여행가 새비지 랜도어는 이 특별한 공간에서 사는 조선 여성을 '겨울 부인'이라고 불렀다. 외부와 출입이 철저히 제한되어 은둔생활을 하는 조선 여성에 대한 안타까움을 표시한 것이다. 사실상 그들은 햇볕 아래 돌아다닐 자유가 없는 존재였다.

대낮에 골목에서 외간 남자를 보게 될 경우, 여인들은 아무 집이나 들어가서 낯선 남성과의 대면을 피했다고 한다. 양반집 여성은 해가진 뒤 외출이 가능했다. 그것도 장옷으로 얼굴을 가리거나 밀폐된 가마를 타야 했다. 이사벨라 버드 비숍은 《조선과 그 이웃나라들》에서 "초경(오후 8시)이 지나야 등불을 밝힌 여성들의 모습을 거리에서 볼 수 있었다"고 기술하고 있다. 사대부 여인들은 야간행차도 꺼렸다. 외국인 선교사들이 "조선에는 집은 있으나 가정은 없다"고 말한 이유도 여기에 있었다.

죽은 자와 산 자가 함께 사는 집

20여 년 전에 말레이시아 힌두교의 성지로 불리는 바투 사원을 둘러본 적이 있다. 바투 사원은 동굴사원이다. 산정 쪽으로 화산 분화구처럼 거대한 구멍이 뚫려 있다. 특히 하늘로 난 구멍이 만들어낸 신비성은 종교적 상징이 됐다. 아니 전설이 됐다.

힌두교에서 죽음과 파괴의 신으로 여겨지는 시바 신에게는 두 명의 자식이 있었다. 누구에게 자신의 권력을 물려줄 것인가를 고민하던 시바 신은 꾀를 냈다. 두 아들을 상대로 지혜 테스트를 해서 더 현명한 자식을 가려내기로 했다. 그리고 시합을 붙였다. 세상에서 가장 아름다운 곳을 한 바퀴 먼저 돌아오는 게임이었다. 물론 승리한 자식에게 자신의 권력을 물려주겠다고 선언했다. 결론적으로 말해 이 테스트에서 승자는 형이었다. 동생은 지구를 순식간에 한 바퀴 돌아왔다. 형은 이미 임무를 완수하고 시바 신 앞에서 동생을 기다리고 있었다.

형에게 세상에게 가장 아름다운 것은 바로 자신을 낳아준 어머니였다. 동생은 형의 지혜에 승복하고 속세를 떠났다. 그리고 찾은 곳이 바로 지금의 바투 동굴이다. 그가 바로 바투 사원의 상징인 무르

간 신이다. 시바 신이 1년에 한두 번씩 둘째 아들을 찾아가기 위해서 만든 길이 '하늘로 난 동굴'이라는 이름으로 전해 내려오고 있다.

동굴 속은 하나의 광장이었다. 축구 경기를 하고도 남을 정도로 넓다. 그 동굴 벽면을 따라 수많은 힌두 사원이 조성되어 있다. 인간은 인간이 만든 신전에도 의미를 부여한다. 신전은 신을 모시는 거룩한 장소이기 때문이다. 자연이 선물한 신전에 대한 경외감은 더욱 커지는 법이다.

우리는 색다른 신전에 대해 탄복한다. 반면 신전이 없는 세상에 대해 이상하게 여긴 사람이 있다. 1894년 조선을 방문한 영국인 여행가 이사벨라 버드 비숍이다. 그는 《조선과 그 이웃나라들》에서 "화려하게 꾸민 신전도 없고 제사를 지내는 제관도 볼 수 없다"면서 "조선인이 숭상하는 것은 고작 자신의 조상뿐이다"라고 말했다. 유교를 국시로 삼고 거의 500년을 지탱해온 조선의 수도 한양에 공자를 모시는 사당 하나 변변한 게 없다는 사실을 이사벨라는 상상도 할 수 없었던 모양이다.

이사벨라의 눈에는 그렇게 보였을지 몰라도 조선은 명실상부한 유교 국가였다. 유교를 숭상하는 나라에서 조상숭배는 무엇보다 중요한 일이다. 나라에서는 종묘를 지어 왕실의 위패를 기렸다. 가정에서는 사당을 지어 조상의 신주를 모셨다. 종묘가 조선의 존엄이듯, 사당은 가정의 명예다. 조상에 대한 배려가 가옥 구조에 반영되었음은 두말할 필요도 없다. 아니, 안 할 수가 없었다. 봉제사가 가장 중요한 가족행사였다. 기제사와 차례 등 제사 종류도 많다. 조선 후기 사대부 집안 종가의 경우에 기제사만도 한 달에 두세 차례 지내는 것은 보통이었다. 명문대가의 종가는 지금도 그 전통을 이어오고 있다. 퇴계 이황 선생의 16대 종손 이근필은 "한 해에 30번이 넘는 제사를 지낸다"고 말했다.

집안에 조상의 신주를 모실 사당을 짓고 제사 지내는 것을 가묘제라고 한다. 이 제도는 송나라 때 정비되었지만 그 꽃은 먼 훗날 조선에서 피어 오늘날까지 이어지고 있다. 서울대 송호근 교수는 "한국만큼 명절이 제례, 특히 조상 제사로 일관되는 나라를 찾아보기 힘들다"면서 "유교 문명의 종주국인 중국은 물론 주변국인 일본과 베트남에서도 조상 제사를 목격하지 못 했다"고 말했다. 송 교수는 이어 "유교문화권, 아니 세계에서 한국이 조상 제사를 지내는 유일한 나라가 된 까닭, 오늘날까지도 후손들이 위패 앞에 은덕을 비는 나라가 된 까닭을 정작 우리도 잘 알지 못한다"며 제사문화의 간소화를 주장했다.

효도 하나의 종교다

우리나라 최고의 사회학자조차도 답변하기 어려운 제사 문제에 대해 언급하는 게 조심스럽다. 봉제사가 그렇게 중시된 것은 가옥의 구조와 관계가 있는지 모른다는 생각이 든다. 적어도 공간구조로 본 전통 한옥은 산 사람과 죽은 사람이 함께 사는 공간으로 구성되어 있다는 데서 착안한 생각이다. 한옥의 구조는 이원적이다. 산 사람이 사는 중심과 죽은 사람이 차지한 중심이 다르다. 중국 집주인이 사는 정당에, 일본 집주인이 사는 도코노마에 조상과 신을 모신다. 산 사람과 죽은 사람이 함께 사는 것과 차이가 난다.

왜 그럴까? "한옥의 중심은 안채"라고 주장한 신광철은 "제사 공간으로 조상을 모시는 사당은 또 다른 중심"이라고 말했다. 사당이

제4장 가족제도와 가옥의 함수관계

제사

제사를 통해 조상을 기억하면서 내 존재를 인식하고 자식을 잘 키워 나를 기억하게 함으로써 나를 영원한 존재로 재생산하려는 게 바로 유교가 갖고 있는 종교성이다.

가옥의 가장 깊숙한 곳에 자리 잡은 이유다. 깊은 곳에 있다는 것은 가장 중요한 공간이라는 뜻이다. 집의 모든 공간과 배치에는 그 나름 대로 이유를 갖고 있다. 가옥에서 가장 중요한 위상을 차지하는 사당 그 자체가 가정윤리라고 해도 무방하다. 사당은 유교적 삶 즉 효사상 을 구현하는 현장이기 때문이다.

그렇다면 조선시대의 효사상은 무엇인가? 부모를 봉양하고 편안 하게 모시는 지금의 효와 본질적으로 차이가 날지 모른다. 조상 숭 배의 의식인 제사와는 떼어서 생각할 수 없다. 결론부터 말하면 제 사는 '선대의 기억'이라면, 효의 실천은 '선대 생활의 발전적 재현'이 다. 그런 측면에서 효사상을 종교성의 매개체로 파악하려는 연세대 류석춘 교수(사회학)의 시도는 매우 의미심장하다. 그는 "제사를 통해 조상을 기억하면서 내 존재를 인식하고 자식을 잘 키워 나를 기억하게 함으로써 나를 영원한 존재로 재생산하려는 게 바로 유교가 갖는 종교성"이라며 "이를 이어주는 매개체가 바로 효"라고 말했다. 이어 "유교에서의 효는 단순한 세속 규범이 아니라 엄숙한 종교적 명령이며, 효의 본질은 부모를 포함한 나의 선대를 '기억'하고 '재현'하는 데 있다"고 주장했다. 유교가 종교적 설득력을 갖는 이유를 설명하고 있는 셈이다.

조선 초기에는 신분에 따라 제사가 달랐다. 조선 왕조의 근본을 이룬 법전인 《경국대전》에 따르면, 1품 이상은 3대 봉사, 7품 이상은 2대 봉사, 일반 서민은 부모 제사만 지내도록 명시되어 있다. 조선 초기에는 남녀의 재산 분배도 공평하게 했고 사위도 제사에 참여할 수 있었음은 이미 이야기했다. 사위가 장모, 장인도 어머니, 아버지라고 부르는 게 보통이었다. 심지어 안동의 유학자 권순기(1679-1746)가 작성한 재산 상속문서인 분재기를 보면 "분재(分財, 재산 분배)와 관련하여 문제를 일으킬 경우 '불효부제'(不孝不悌)의 죄로 내 신주에 고하여 50대를 때린 후 사당에 절대로 들이지 마라"고 적고 있다.

조선 후기 들어 유교윤리가 강화되면서 자녀들이 돌아가며 모시던 조상의 제사를 종손이 독점하게 된다. 대신 재산을 종손이 관리하게 됐다. 그것이 가부장 제도를 더욱 강화시킨 계기가 됐다. 최재석 고려대 명예교수는 "17세기 중엽을 경계로 분재기에 차이가 드러난다"면서 "제사 상속도 17세기에 윤회봉사였던 것이 18세기 초 장자봉사로 굳어졌다"고 주장한다. 조상숭배 기풍이 남녀차별, 장자우대의 원인이라는 뜻이다.

사실 오늘날과 같은 4대 봉사는 17세기 말 두 차례에 걸친 예송논쟁이 끝난 이후부터 시작됐다. 예송논쟁을 통해 주자성리학이 확고하게 자리 잡은 것은 18세기 무렵이다. 1895년 갑오개혁 이후 신분제가 와해됐다. 양반 평민할 것 없이 모든 백성이 4대 봉사에 나섰다고 해도 과언이 아니다. 제사를 객관화된 효행으로 수용한 셈이다.

사회구조의 틀에서 만들어진 가옥은 사회의 변화에 따라서 새로운 기능성을 부여받기도 한다. 아마도 그 기능이 가장 강화된 것 중에 하나로 사당이 꼽힐 것이다. 제사를 통해서 조상의 소망을 잇고 가족문화를 계승하는 하나의 의식을 마련한 것이라고 할 수 있기 때문이다.

가족 제일주의의 뿌리를 찾다

한옥에는 대가족이 함께 살았다. 옛 한국 사람은 커다란 한 울타리 안에 신분과 성별, 서열에 따라 공간을 분리하여 온 가족이 함께 어울려 살았다. 당연히 대가족생활을 고려한 공간배치를 했고 대가족이 모여 살기에 편리하도록 꾸몄다. 한옥 공간을 풀어내는 문법은 역시 가족이다. 한국적 삶에 가장 충실한 가족 시스템을 담고 있다. 가옥은 단지 가족 구성원의 거주공간 이상의 역할을 했다. 생업의 현장이며 가문의 예의와 규범을 가르치는 교육장이었다. 또 조상숭배의 예를 갖추는 '예배당' 역할도 했다. 복합적 기능을 하는 가옥은 그 자체가 한국의 가족 시스템을 담고 있는 것이나 마찬가지다.

조선사회를 지배한 세계관과 사생관은 가족 시스템에서 비롯된다. 이를 결정하는 요인은 효사상이다. 가정의 확대가 국가이듯 가정윤리인 효사상이 연장된 게 국가통치 이념인 충사상이다. 효와 충은 동전의 앞뒤다. 현실적 세계의 효는 부모공양이라면 내세 세계로 연장된 효는 조상숭배다. 이를 가정에서 국가로 공간적 확대했을 때 왕에 대한 충성으로 표현된다.

조선은 신권과 왕권이 끝없이 투쟁한 나라였다. 투쟁의 결과는 번번이 신하들의 승리였다. 형제와의 싸움을 불사하면서 왕권을 찬탈했던 태종, 왕권과 신권의 절충지대였던 의정부제도를 폐지하고 육조 직제를 실시했던 태종과 세조, 어머니에 대한 복수로 폭정을 일삼았던 연산군 정도가 신하를 압도한 조선의 왕들이었다. 신권에 눌려 있던 왕들도 호시탐탐 자신의 권력을 최대한 누리려고 했다. 자신의 권력은 백성으로부터 나온다며 자신의 권한 행사를 정당화했다. 그것은 서양식 표현을 빌자면 왕권신수설이다. 가정도 마찬가지다. 가장은 자신의 권한이 조상으로부터 위임받은 것이라고 여겼다. 왕이 백성 위에 군림하듯 가장도 가족을 압도했다. 특히 장자의 압도적 권위는 제사권에서 비롯됐다. 이것이 바로 종법제도다. 이런 상황을 이화여대 최준식 교수(국사학)는 왕권신수설에 빗데 '종권신수설'이라는 이름을 붙였다.

장자는 가족의 왕이었다. 가족의 재산을 상속받아 그것을 관리하고 가족의 질서유지의 책임을 졌다. 가족은 당연히 가장을 중심으로 모이게 됐다. 가장은 가족 결속과 유대의 핵심이 됐다. 가족의 유대감은 가족이란 단위를 넘어 집성 마을 단위, 씨족의 단위로 확대됐다. 혈연의 결속이 확대재생산되는 그 기저에 조상숭배가 있는 것이다. 그것이 바로 한국의 가족주의 시작이다. 정도의 차이는 있지만 오늘날까지 한국 사회에 엄존하고 있는 가부장제도라고 할 수 있다.

피는 물보다 진하다. 섹스피어가 내린 가족의 정의다. 가족주의는 피와 물의 농도 차이에서 비롯되었다. 가족주의는 "가족집단의 발전과 안위를 개인의 그것보다 중요하게 여기는 사고나 행위의 경향" 혹은 "일체의 가치가 가족집단의 유지, 지속, 기능과 관련을 맺어 결정되는 사회의 조직형태 및 행태방식"으로 정의(류석춘 연세대 교수)된다. 일본의 가족주의는 사회계급으로 확장되고 중국의 가족주의는 촌락의 공동체적 유대로 확대됐다. 한국보다 훨씬 빨린 가족주의의 해체 수순을 밟았다. 우리는 이웃 나라보다 '견고한 가족'을 가진 것일까.

상하, 내외 구분을 낳은 가족주의

한국은 혈연 중심으로 사고하고 행동하는 가족공동체주의가 오늘날까지 이어지고 있다. 사회윤리가 곧 가정윤리라고 해도 지나친 말이 아니다. 사회활동에서 가족 지향적 태도와 가족 중심적 생활방식이 무엇보다 우선시 됐다. 이를 잘 보여주는 사례가 호칭이다. 면식이 없는 사람들이 만났을 때도 예사로이 가족적 호칭을 사용한다. 이익집단의 대표적 조직인 회사에서도 그 같은 호칭을 사용하는 사원들을 자주 보게 된다. 정보산업의 발달과 함께 트위터, 페이스북, 사이월드 등 사이버공간에서조차 '일촌 맺기'와 같은 '가족 만들기'가 이뤄지고 있다. 호형호제의 처세술이 만연된 증거들이다. 가족과 같은 끈끈한 인간관계를 중시하는 것이기도 하지만 그 이면에는 강한 혈연주의와 가족주의가 잠복해 있다. 두말할 것 없이 혈연주의는 한국적 문화의 특성을 반영한 것이다.

진중권 동양대 교수는 가족적 호칭의 남발에 대해 "단순히 공동체적 특성을 표상할 뿐 아니라 안과 밖 그리고 위와 아래를 구분하는 특성을 보여주는 것"이라고 말했다. 서열을 중시하는 집단주의가 표면으로 드러난 게 바로 '호형호제주의'다. 호형호제도 정을 나누고 인간관계의 폭을 넓히는 데 그친다면 사회적 문제가 될 게 없다. 문제는 사적 관계를 훨씬 뛰어넘어 팽배해 있다는 점이다. "우리가 남이가"라면서 서로 밀어주고 끌어주는 집단이기주의로 변질되는 게 다반사다. 조직을 위해서는 부정과 부패도 용인된다. 우리 사회의 모든 부정, 부패는 공공의 이익보다 우선시 되는 집단이기주의에서부터 야기된다. 그 집단이 혈연이면 혈연주의, 지연이면 지역주의, 학연이면 학맥주의로 왜곡되면서 마피아단이 양산됐다. 경제정책을 입안하는 데 주도적 역할을 하는 '모피아', 원자력 정책결정과 집행에 중심적 역할을 하는 '원자력마피아'를 낳았다. 더욱 심각한 것은 공명정대하게 법집행을 해야 하는 사법기관인 검찰 조직도 공안부와 특수부로 나뉘어 싸운다. 도정일 경희대 교수는 "한국사회엔 '끼리끼리 해먹는' 폐습이 뿌리 깊이 박혀 있다"며 '정실주의'와 '패거리주의'를 합해 '끼리끼리즘'이라는 이름을 붙였다.

'끼리끼리주의'에서는 무엇보다 조직적 일체감이 중요하다. 따라서 조직원은 조직의 기준 혹은 조직원 다수의 의견에 동조하는 동조성을 보인다. 이 동조성이 조직의 미덕이 된다. 이름을 대면 알만한 사람이 발가벗고 폭탄주를 마시거나, 구두에 술을 따라 한 모금씩 돌려 마시는 퇴행적이고 변태적인 행위를 통해 조직의 일체성을 확인했다는 보도가 나오기도 했다. 예외적 사항이나 특수 상황이 좀처럼 인정되지 않는 조직문화의 단면이다. 조직의 동조화란 집단이기주의와 조직적 배타성과 맥을 같이하는 말이다.

조금 눈에 띄는 행동을 한다면 "너, 참 잘 났다"며 냉소적으로 바라보거나 혹은 "분위기 깨지 마라"며 그런 행동을 자제시킨다. 이것

제4장 가족제도와 가옥의 함수관계

은 윗사람의 결정에 대해 시시비비를 가리거나 토론하는 문화를 위축시키는 대신 그들의 결정을 따르는 추종주의라는 병폐를 낳았다. "모난 돌이 정 맞을랴" "남이 장에 가면 (나도) 지게에 거름이라도 지고 간다"와 같은 비판 없이 따르는 쏠림 현상은 끼리끼리 문화의 부작용이다. 결국 사회의 다양성은 훼손되기 일쑤다.

한국적 가족주의의 병폐 중에서 빠뜨릴 수 없는 것은 적당주의다. 적당주의는 '좋은 게 좋다'는 행동양식을 말한다. 농경문화는 아무래도 정교함과는 거리가 멀다. 그렇다 보니 품질관리나 끝마무리에 취약성을 드러냈다. 더욱이 일을 관리하는 사람도, 일하는 사람도 한식구다. 일의 실수나 잘못에 관한 지적보다는 관용하는 경우가 많았다. 이는 합리적 사고를 등한시하는 결과를 낳았다.

한옥의 담을 쌓을 때 정교함은 없다. 큰 돌을 쌓고 작은 돌로 그 틈을 메우면 그만이다. 도랑주 기법에서 보듯 나무를 다듬어 사용하지 않는다. 문에 틈이 생기면 나중에 문풍지를 붙였다. 이런 사고방식은 군사정권 시대의 고속성장 과정을 지나면서 물량적 성과주의와 결합하면서 확대재생산됐다. 오직 당장의 문제만 드러나지만 않으면 괜찮다고 여겼다. 일본기업은 120% 만족 없이 새로운 상품을 출시하지 않는다고 한다. 한국기업은 80%만 만족되면 시장에 신상품을 내놓는다고 한다. 나머지 20%는 시장에 내놓은 뒤 고쳐 가면 된다고 생각한다고 한다.

적당주의는 절차와 과정을 무시하고 목적 가치를 중시하는 결과주의를 양산했다. 사회의 발전과 더불어 이 같은 약점은 두드러지게 부각됐다. 대충대충의 날림, 빨리빨리의 조바심, 부실과 부정의 눈속임이 결합, 한국병이 되었다. 우리 가정윤리의 핵심인 염치와 상부상조가 무시된 결과다.

가족제도와 근친결혼

"금기는 욕망이 넘치는 곳에서 발생한다."

정신분석학자 지그문트 프로이드가 한 말이다. 금기는 사회적 제약이다. 사회적 제약은 어느 시대, 어느 나라나 존재한다. 금기 역시 규칙이 적용되는 모든 분야에 존재한다. 다만 금기는 적용되는 대상이나 범위는 민족과 나라마다 제각각이다. 사회성과 역사성을 반영하고 있다. 고정불변의 것도 아니다. 세월의 흐름에 따라 변화한다.

근친결혼은 가장 보편적인 금기다. 이마저도 시대의 변화에 따라 양상이 달라진다. 왕족의 순수혈통 유지가 무엇보다 중요했던 시대는 친족결혼은 금기가 아니었다. 아주 오래된 얘기지만 대표적인 예로 신라 진성여왕이 꼽힌다. 그의 정부(情夫)가 친삼촌이다. 아버지인 경문왕의 친동생이 바로 김위홍이다. 그들은 '은밀하게' 사랑을 나누는 사이가 아니었다. 사실혼 관계는 세상에 공포됐다. 그렇지만 그것이 문제가 되지 않았다. 사회가 친족결혼을 용인하고 있었기 때문이다.

고려 때도 마찬가지다. 고려 왕족의 결혼에 관한 기록을 보면, 친남매의 결혼도 10건이나 발견됐다. 이복동생까지 포함하면 그 숫자는 훨씬 늘어났다. 하지만 족외혼을 풍습을 가진 몽골의 지배를 받으면서 고려사회도 혈족 혼인이 터부시되기 시작했다. 고려 충선왕이 원나라의 압력을 수용하여 외종형제와의 결혼을 금지하고 종친과 귀족의 동성금혼령을 내린 게 근친결혼 금지의 시초가 됐다. 유교의 나라이자 신권의 나라인 조선이 들어서면서 동성동본조차 결혼할 수 없는 '엄격한 사회'로 변하게 됐다.

조선은 중국 형법의 근간인 '대명률'을 원용하여 법을 집행했다. 결혼제도도 마찬가지다. 친족결혼은 사형에 처했다. 동본과 결혼한 사람은 곤장 60대를 맞고 이혼해야 했다. 한국역사연구회에서 펴낸 《우리나라 여성은 어떻게 살았을까》는 〈세종실록〉을 인용, 세종도 동궁을 결혼시키면서 본관이 같은 이원의 딸을 간택에서 제외시켰다는 내용을 소개하고 있다.

이 같은 법적 제약이 아니더라도 유교 사회에서 동성결혼은 수용되기 어려운 분위기였다. 혈족주의 사회였던 조선 시대에 결혼은 독립적 남녀 성인의 결합을 의미하지 않는다. 가문과 가문의 결합이다. 가문의 범위도 매우 넓다. 같은 성에 같은 본관을 가진 동성동본까지 포함됐다. 당연히 동성동본 결혼은 가문 내 결혼이 된다. 즉 근친결혼이다. 그만큼 혼인의 거리가 멀어진 것이다.

특히 씨족사회의 풍토가 남아있던 조선 사회는 일가친척이 한 마을에서 집성촌을 이루어 사는 게 보통이었다. 동성결혼이 수용되기 어려웠다. 이를 대표적으로 보여주는 예가 '월삼성'(越三姓)이라는 관례다. 만일 경주 김씨 성을 가진 부인과 결혼했다면 며느리와 손자며느리는 경주 김씨 성을 가져서는 안 된다는 풍습이다. 적어도 모계 성씨를 3대 정도 거르도록 했다는 얘기다. 결혼한 여자를 택호(여성의 친정이 있는 마을 이름)로 부른 것도 결국 씨족사회의 잔재로 볼 수 있다. 하지만 택호는 본래 본처가 첩을 부르는 호칭(《한국의 유교화 과정》, 런던대 마르티나 도이힐러 교수)이던 것이 언제부터가 결혼한 여성의 호칭으로 바뀌었다.

역사만 금기를 바꾸는 것은 아니다. 사회적 환경도 금기에 적지 않은 영향을 준다. 사회마다 근친의 범위와 혼인의 규칙이 저마다 다른 이유다. 일본의 예를 들어보자. 1965년 한일조약을 맺었던 사토 에이사쿠(佐藤榮作) 전 총리는 사촌 여동생과 결혼했다. 간 나오토 전 총리도 고종사촌 누나와 결혼했다. 부인 노부코(伸子)가 학창 시절, 간 전 총리의 집에서 하숙한 게 인연이 됐다. 한국인이라면 "참 희한한 나라다" "가족끼리 결혼하는 천한 것들"이라고 혀를 차질도 모른다. 하지만 간 전 총리는 "세상 사람들은 여자의 절반 중(미혼인 여자 중)에서 배우자를 선택하지만 나는 모든 여자 중에서 배우자를 골랐다"고 자랑스럽게 말했다.

사촌 간의 결혼이 법적으로 허용되는 일본에서도 근친결혼은 매우 이례적인 일이다. 하지만 사회적으로 배척되는 분위기는 아니다. 심지어 공중파 TV에서도 근친결혼을 당당히 다루는 게 일본의 현실이다. 1994년에 인기를 끌었던 TV드라마 〈위험한 과실〉이 대표적인 경우다. 이 드라마에서는 남동생과 누나가 관계를 맺어 아기를 낳는 충격적 소재를 다뤘다. 만일 한국에서 그런 일이 벌어졌다면 '유생들의 저항'은 호주제 폐지 때와 비교도 되지 않을 것이다. 또 부모의 형제자매를 구별하지 않고 모든 사촌을 형과 동생이라는 하나의 명칭으로 부르는 동남아시아 국가들 역시 일본의 결혼시스템에 대해 쉽게 납득하지 않을 것이다.

그렇다면 동질문화권에 있는 동양 3국 중에서 왜 일본은 본질적인 금기의 문제에서도 차이를 보일까? 일본은 삼촌 이내 혼인을 금할 정도로 친족의 범위를 압축해서 적용하게 된 이유는 무엇일까? 막부 시대를 지나오면서 잦은 전쟁을 겪었던 일본은 혈족혼을 통해 가족의 보호와 부양을 책임지는 전통을 이어가고 있는 것은 아닐까? 그렇다면 근친혼에 관대한 서양과는 어떤 차이가 있을까? 독일, 스위스, 대부분의 아랍 국가들도 삼촌까지를 근친으로 보고 있다. 심지어 러시아, 오스트리아, 태국, 미국의 뉴욕, 하와이, 캘리포니아주는 직계혈족이나 형제자매만 아니면 누구나 결혼할 수 있다. 오히려 한국이 너무 경직되게 친족의 범위를 규정하고 있는 것은 아닐까라는 착각이 들 정도다. 어떻든 금기의 문제는 끝없는 의문을 낳는 테마임에 틀림없다. 혹시 가옥 시스템과 관련이 있는 것은 아닐까.

상업 친화적인
일본 가족제도와
가옥구조

가족제도를 담다

한국은 '어린이 수출국'이라는 오명을 안고 있다. 외국으로 입양된 어린이의 숫자가 한국전쟁 종전(1953년 7월) 이후 2012년까지 약 17만여 명(보건복지부, 국가통계청 자료)이나 된다. 이것도 공식적인 통계일 뿐이다. 비공식적 수치까지 포함하면 20만 명은 훌쩍 넘을 것이라는 게 일반적인 분석이다. 세계 10위권의 '경제대국'이라는 자부심을 무색하게 한다. 지난 2012년에도 양부모를 만나 미국으로 떠난 어린이도 627명이나 된다. 미국으로 보낸 어린이 숫자는 중국과 에티오피아 그리고 러시아에 이어 세계에서 4번째다.

하지만 진정한 숨은 '입양대국'은 일본이다. 일본이야말로 '입양천국'이라고 해도 과언이 아니다. 2011년 한 해에 무려 8만1000여 명이 새로운 부모에게 입양됐다. 이 중 90% 이상이 '성인 입양'이다. 일본에서는 어린이 양자를 뜻하는 '야시나이고'(養い子)라는 말이 있다. 반면 성인 양자라는 말은 없다. 그저 양자라고 하면 성인 양자를 의미한다. 어린이 양자가 훨씬 특별하게 취급받는 셈이다. 입양자의 숫자도 충격적이다.

또 입양 형태도 한국과 중국과는 전혀 다른 양상을 보인다. 입양된 일본인은 한국이나 중국처럼 굴욕적인 일로 여기지 않았다. 그렇다고 크게 달가워하지도 않았다. 양자를 가면 이전에 속했던 '이에'(家)와 법적 인연을 끊어야 한다. 종전의 '이에'와는 가족으로 대우, 경제적 도움 등은 전혀 기대할 수 없다. 한국식으로 말하면 호적을 파낸 것이다. 아무리 성인 나이에 좋은 가문으로 입양이 됐다 하더라도 전혀 다른 생활환경에서 살아야 한다는 것은 말처럼 쉽지 않다. 친가의 생활, 도덕, 습속을 버리고 새로운 가족에 적응하는 게 만만치 않다. 아니 그보다는 친부모와의 절연에 따른 원초적인 상실감과 허망함은 평생 그들의 마음 한구석에 상처로 남아 있는지도 모른다.

그렇다면 일본은 왜 이처럼 성인 입양이 활발하게 이뤄질까? 그 해답은 일본의 가족제도에서 찾아야 한다. 일본은 이에모토(いえもと)라는 독특한 가족제도를 갖고 있다. 이에모토는 혈통보다 가문의 승계가 훨씬 중시되는 가족제도. 김미영 한국국학진흥원 책임연구위원은 《일본의 집과 마을의 민속학》에서 이에모토에 대해 '동일한 경제행위(가업)에 종사하며 좀 더 정확히는 공동의 가산을 근거로 가업을 경영하는 집단으로서, 거주와 생활을 공유하며 그 구체적인 성원의 생사를 초월하여 영속하는 집단'이라고 정의했다. 이는 일본 봉건사회의 유산이다. 부모의 보호와 자식의 복종이 이에모토의 근간이다. 이를 토대로 가문의 영속성을 추구한다. 가문의 영속성 유지에 방해되는 요인들은 배제된다. 이를테면 가문의 명예훼손과 추락, 가업의 손실, 가산의 탕진 등이 여기에 해당한다. 가문승계와 가업 유지 임무를 충실하게 수행할 수 있는 능력을 갖춘 자식 중 한 명을 가

문의 승계자로 선택하는 게 보통이다. 사위를 양자로 입양한 뒤 가문을 승계하는 무코요시(婿養子)가 가장 흔한 이유도 여기에 있다. 무코요시는 사위가 아내의 성씨를 따르기 때문에 우리의 데릴사위와는 다르다.

자식이 없어 가문을 이어갈 수 없을 때는 혈연관계가 아닌 사람을 입양해서 가문의 전통 계승과 가업승계를 꾀한다. 더 나아가 자녀가 시퍼렇게 살아 있는 경우에도 입양된 양자를 가문의 후계자(가장)로 선택하기도 한다. 게다가 하인도 가족의 일원으로 인정받을 수 있다. 하인이 분가한 형제의 가정보다도 더 각별한 가족원으로 대접받는 경우도 흔했다. 프랜시스 후쿠야마는 "다만 하인의 경우, 죽은 뒤 가족묘에 묻힘으로써 인척으로서 가계도(우리의 족보)에 이름을 올릴 수 있다"고 말한다.

혈연이라는 생물학적 요인보다 가업의 보존과 승계라는 경제적 요소가 더 강하게 작용하는 이에모토는 세계적으로 보편적 가족 개념과는 거리가 있다. '부부와 그들의 자녀로 구성되고 주거와 경제적 협력을 같이 하며 자녀의 출산을 특징으로 한다'(미국의 인류학자 머독의 정의)는 게 일반적으로 통용되는 가족의 개념이다. 이어령은 《세계 지성과의 대화》에서 일본의 가족제도에 대해 "혈연 중심의 진짜 가족보다 사무라이 사회에서 보듯 주종의 관계를 가족처럼 맺는 의사가족제도"라고 규정했다. 그는 또 그렇다보니 일본 가족은 피보다 능률, 혈연의 권리보다 상업적 권리를 우선시하게 된 것이라고 말한다.

'가업'과 '상업적 권리'라는 말에서 예전 상가를 재현한 도쿄 우시고메 가구라자카 거리, 나라시의 나라마치(奈良町)가 연상된다. 이곳의 상가는 대부분 1층은 가게로 사용하고 2층에서 사람이 사는 점포

가옥으로 되어 있다.

신분 상승을 위해 이름 세탁한 도요토미 히데요시

현재 일본 양자제도는 에도시대부터 시작됐다는 게 일반적인 학설이다. 양자제도는 사무라이가 자신의 가계를 유지하고 가문의 번영을 위해 다른 사무라이 가문과 결탁하는 방법으로 이를 이용하면서 보편화되었다. 《일본의 집과 마을의 민속학》은 에도시대의 양자 관행에 대해 "당시의 사무라이는 주군에게 가신으로서 일한 대가로 일정액의 봉록을 받는 신분"이라면서 "양자 관행의 대부분은 사무라이라는 가업을 물려주기 위해서 행해진 것"이라고 밝혔다.

사무라이 가문의 정체성은 가문의 상징인 묘지(名字)와 부계 혈통의 집단의식에서 나왔다. 성씨의 정체성이 완전히 확립되기 이전이지만 도요토미 히데요시가 고비마다 바꾼 성과 이름, 입양한 양자의 면면을 보면, 바쿠후 시대 가문의 의미를 짐작할 수 있다.

우선 도요토미라는 이름의 변화부터 보자. 오와리(尾張) 번에서 몰락한 하급 사무라이의 아들로 태어난 도요토미의 결혼하기 전까지 이름은 기노시타 고자루였다. 당시 최고의 실력자였던 오다 노부나가 밑에 들어갔다. 오다 수하에서 고모노(小者) 역할을 했다. 고모노는 주인의 집에 더부살이로 살면서 허드렛일을 하는 사람이다. 그는 첫째 부인 네네와 결혼했다. 그때 기노시타 도키치로로 이름을 바꾼다.

도요토미는 오다에게 실력을 어느 정도 인정받은 뒤 다시 하시바 히데요시로 성명을 바꾼다. 하시바라는 성에는 그의 야심이 숨어 있다. 오다 가문의 가신이던 니와 나가히데와 시바타 가쓰이에가 자신의 미천한 출신 성분을 못마땅하게 여기고 뛰어난 일 처리를 시기했

도요토미 히데요시

고비마다 바꾼 성과 이름. 입양한 양자의 면면을 보면, 적어도 바쿠후시대의 가문의 의미를 짐작할 수 있다.

다. 이를 눈치챈 도요토미는 두 사람의 성에서 한 글자씩 떼어내 하시바(紫羽)로 바꿨다. 자신을 질시하는 오다의 두 가신을 우군으로 만들기 위한 일종의 위장된 충성맹세였다. 비록 한 글자이지만 자신의 성을 나눠준 두 사람도 도요토미에 대한 불편한 마음이 어느 정도 누그러졌을 것으로 짐작된다.

도요토미는 신분 상승을 위한 이름 세탁을 다시 시도한다. 권력 싸움에서 패배하고 오다에게 쫓겨나 명목만 쇼군의 위상을 유지하고 있는 아시카가 요시미츠를 찾아가 양자로 입적시켜달라고 간청했다. 쇼군이 되기 위한 정지작업이었다. 하지만 아시카가의 거절로 그 뜻을 이루지 못한다. 대신 당시 최고 귀족인 후지와라 가문에 세습되어 오던 관직인 간바쿠(關白)를 받는다. 그 뒤에 오다 가문으로부터 하사받은 성씨인 도요토미를 사용하면서 그의 이름 바꾸기는 끝을 맺는다.

성씨 정체성이 분명했던 한국이나 중국에서 성을 바꾼다는 것은

제4장 가족제도와 가옥의 함수관계

가문과의 결별을 뜻한다. 가족제도의 근간인 부계 혈통을 거부하는 행위이기 때문이다. 하지만 일본인은 도요토미의 경우에서 보듯, 인물 혹은 가문의 성장과 발전에 따라 성씨를 바꾸는 일이 적지 않다. 가문은 적어도 혈연과 뗄 수 없는 한 덩어리로 인식하는 한국이나 중국과 다른 일본의 가족문화를 읽을 수 있다.

이젠 도요토미가 받아들인 양자들의 면면을 한번 보자. 도요토미는 오다 노부나가의 넷째 아들인 히데까스와 도쿠가와 이에야스의 차남인 히데야스를 입양했다. 조카인 히데쓰구도 양아들로 입적시킨다. 임진왜란 당시 일본군총사령관 역할을 한 우키다 히데이를 유자(猶子)로 입적시킨다. 유자는 양아버지의 성(姓)과 재산을 상속받지 않는 양자다. 우키다 히데이에는 나중에 도요토미의 양녀인 미게다 시미에와 결혼했다. 양자들이 대부분은 그와 직접적인 이해관계에 있는 사람의 친자임을 알 수 있다.

어떻든 도요토미가 길을 뜬 후 사무라이 양자 입양은 급속히 늘어난다. 과거보다 현재가 훨씬 많다. 경쟁이 더욱 치열해지면 가업승계가 그만큼 어려진 탓이다. 프랜시스 후쿠야마는《트러스트》에서 "사무라이 입양률은 17세기에 26.1%였던 것이 18세기에 36.6%로, 19세기에는 39.9%로 점점 높아졌다"고 밝히고 있다. 사무라이 가족제도였던 이에모토를 근대 민법(1909년, 민적법)에 원용한 게 이런 현상을 빚은 원인이라는 게 프랜시스 후쿠야마의 주장이다.

일본 가옥에는 주인이 정해진 방은 하나밖에 없다. 가장이 기거하는 도코노마만이 특정된다. 나머지 식구는 가장이 지정해준 방을 쓴다. 가장에 대한 충성심의 정도에 따라 방의 배치가 달라지기도 한다. 그것은 가옥과 가족관계가 느슨하다는 것을 의미한다. 성과 이름을 필요에 따라 바꾸는 일본인의 특성은 가옥 시스템과 일면 맥이 닿아 있다.

가족교환과 가업승계

시대가 바뀐 뒤에도 전통 명문 가문은 물론 신흥 명문 가문도 입양을 통해 '가문관리'를 게을리하지 않고 있다. 일본 세습정치의 3대 명문가로 '아베' '사토' '기시' 가문이 그 대표적인 사례다. 이들 가문은 서로의 자식을 양자로 주고받으면서 권력을 강화해왔다. 한 배의 형제임에도 불구하고 각각 다른 성을 쓰는 경우는 흔하디흔한 일이다.

한 예로 아베 신조 총리의 친동생 이름은 기시 노부오(岸信夫)다. 노부오가 기시 가문으로 입양되었기 때문에 성이 달라졌다. 노부오의 양할아버지는 기시 노부스케 전 총리(제2차 세계대전의 A급 전범)다. 문제는 아베 신조 총리의 어머니, 요우코(洋子)가 노부스케 전 총리의 큰딸이다. 친형제임에도 불구하고 형에게 외할아버지가 되고 친동생에겐 친할아버지가 되는 복잡한 인척 관계가 만들어졌다. 한국이나 중국이라면 '천민의 집안'에서도 일어날 수 없는 일이다. 이는 이성 입양이 원천적으로 금지되어 있기 때문이다.

여기에 그치지 않는다. 노부스케의 어릴 때 성명은 사토 노부스케다. 그도 기시 가문으로 입양됐다는 얘기다. 노부스케의 원래 집안도 당시 손가락에 꼽히는 명문가인 사토 집안이었다. 노부스케의 친동생인 사토 에이사쿠도 총리를 지낼 정도다.

이처럼 정가의 명문가에서 서로 자식을 주고받는 '가족 교환'을 하는 이유는 단지 권력 유지만을 위한 게 아니다. 그보다 더 중요한 것은 가업승계다. 일본에서는 가업을 세습하는 풍습이 오래전부터 이어져 내려오고 있다. 그럴 만한 이유가 있다. 일본은 메이지 유신 이전까지 사회계급 이동은 고사하고 직업 변경도 할 수 없었다. 죠닌(町人)은 장사를 잘해서 큰돈을 많이 버는 것이, 쇼쿠닌(職人)은 열심히 기술을 연마해서 아버지나 스승보다 뛰어난 기술을 갖는 것이 유일한 성공이었다. 가업승계가 무엇보다 중요하다 보니 자녀교육, 부모와 같은 기본적 기능과 함께 소기업의 기능까지 가정에서 담당하게 된 것이다. 가족을 단위로 한 가내 수공업과 점포에서 출발한 수없이 많은 가족기업이 면면히 이어오는 이유다.

사실 세계적으로 역사와 전통을 자랑하는 일본의 장수 기업은 대부분 가업을 잇는 가족기업이다. 최장수 기업은 일본 고건축 보수회사인 곤고구미(金剛組)로 578년에 설립됐다. 무려 1450년 가까이 전통 건축물 건설과 고건축물 수리보수를 가업으로 삼고 있다. 세계 최고의 장식품으로 여겨지는 일본도를 만드는 가네코 집안은 25대째 이 일에만 매달리고 있다. 일본 굴지의 유통업체인 마츠자카야도 1611년 포목점으로 시작했던 기업이다.

가업이 먼저냐, 가문이 먼저냐

사실 역사와 전통을 가진 대기업들도 하나같이 마치코바(町工場)에서 출발했다. 마치코바는 조카마치에 있는 종업원이 수명에서 수십 명에 불과한 가내 수공업 공장을 말한다. 마치코바에서는 주로 지역 특산품이나 생필품 등을 생산했다. 이처럼 소상공업으로 시작해 대기업으로 성장한 기업을 '시니세'(老鋪)라고 한다. 이는 오래된 점포를 이르는 말이다. '시니세'까지는 발전한 기업을 제외하더라도 100

년 이상 가업을 이어온 '오래된 점포'는 무려 3만 개에 육박한다고 한다. 개인적 이해보다 집단의 발전을 위해 행동하는 '사회정체성 공유정신'이 가족과 가문에 적용되지 않았다면 이 같은 현상은 일어날 수 없었을 것이다.

심지어 가업의 승계를 위해 혈연적 관계가 없는 사람을 입양하는 경우도 적지 않았다. 사위를 아들로 입양해서 가문의 사업을 물려주는 무코요시(婿養子)는 말할 것도 없다. 컴퓨터게임 시대를 연 기업 닌텐도의 야마무치 히로시 회장의 할아버지가 바로 대표적 무코요시다. 전문경영인이라는 개념조차 없었던 1907년 화투와 트럼프를 만들던 회사, 닌텐도를 이끌던 야마무치 후사지로는 사위 가네다 세키료를 양아들로 받아들인다. 관습대로 가네다는 야마무치의 성을 따르고 가업을 승계했다. 세키료 역시 아들이 없자 1927년 장녀인 야마무치 기미와 이나바 사카노조를 혼인시켜 닌텐도를 물려주려고 했다. 2대가 잇달아 '무코요시 경영자'가 탄생할 뻔했다. 그러나 사카노조는 그의 장남 야마무치 히로시가 5살 되던 해 가정을 버리고 어디론가 사라져버려 행방불명됨으로써 이런 일은 일어나지 않았다.

전기·전자 회사인 마쓰시타의 마쓰시다 고노스케도 1961년 사위 겸 양자인 마쓰시타 마사하루에게 가업을 물려주었다. 17~18세기에 양자로 들어간 사위가 가업을 물려받은 가게가 밀집된 지역이 생겨날 정도로 무코요시는 흔한 일이었다.

역시 일본에도 부모의 후광이 중요한 성공의 요건 중 하나임에는 틀림없는 것 같다. 일본 속담에 '부모의 후광'을 뜻하는 "오야노히카리"(親の七光り)라는 게 있다. 부모의 부와 명성이 크면 자식은 그 음덕을 여러 면에서 입는다는 뜻이다.

영국에 "평민복에서 평민복으로 돌아오는 데는 3대가 걸린다"는 속담이 있다. 우리 식으로 표현하면 "부자 3대 못 간다." 일본 식으로 표현하면 "산넨다이"(三年代)쯤 된다. 잘 사는 부모 밑에서 자란 자녀들이 가업을 번영하기 쉽지 않다는 뜻이다. 이에 부합하는 경제학 용어는 '부덴부룩스 현상'으로, 가족기업이 기업의 경영권을 대물림하면 몇 세대 지나지 않아 결국 쇠락의 길을 걷게 된다는 것이다. 하지만 일본인은 유능한 인재를 양자로 들여 지속가능한 경영체제를 갖췄다. 또 무코요시는 신용을 철저히 지킴으로써 안정적 경쟁력 우위를 확보함으로써 가업의 몰락과 가산의 탕진을 막았다고 할 수 있다. 그 같은 상업문화가 일본 경제 발전의 저력이 된 것임은 두말할 필요도 없다. 이에모토 제도가 일본 산업화의 밑받침이 된 것이다.

부엌의 신을 지키는 노렌

일본의 봉건적 가족제도가 반영된 가옥 내 기물이 있다. 지금은 상점의 표식으로 통하는 노렌이다. 일본을 방문한 경험이 없는 사람도 노렌을 본 경험이 없는 사람은 거의 없다. 서울 강남에서 영업 중인 '오오무라안'(大村庵), '시로키야'(白木屋) 등과 같은 고급식당이 아니라도 스시집 입구나 주방 앞에 상호가 적힌 헝겊이 늘어져 있는 것을 보았을 텐데 그것이 노렌이다. 대개 짙은 바탕색의 천에 흰 글씨로 가몬(家紋)이 그려져 있거나 상호가 씌어 있다. 가몬은 일본인에게 가문의 존재와 역사를 입증하는 증명서라고 할 정도로 중요한 의미를 갖는 상징물이다.

옛날 선종 사찰에서 불상을 모시고 스님이 도량을 닦던 본전과 속세의 사람이 예를 차리는 자리를 인위적으로 구분하기 위해 차단막을 쳤다. 차단막은 대개 격자로 되어 있었다. 이를 목책이라고 불렀다. 절에 있던 목책이 상점과 가옥으로 옮겨지면서 노렌으로 바뀐 것이다.

사찰에서 집으로 옮겨진 노렌은 부엌에 걸렸다. 여러 차례 얘기했지만 일본 기후는 습기가 많고 후텁지근하다. 특히 부엌은 불을 사용하는 장소다. 거기다가 부엌은 가장 후미진 곳에 있다. 한여름에는 견딜 수 없을 정도로 무덥다. 그렇다고 문을 활짝 열어두기도 어려운 여성 공간이다. 노렌을 걸어둠으로써 여성의 사생활을 보호하는 데 도움이 됐을 것이다. 또 햇빛도 가리고 바람도 통할 수 있으니 일거삼득인 셈이다.

부엌에 노렌을 건 흔적은 전국시대로 거슬러 올라간다.《생활 속의 일본 문화》에 따르면 간사이 지방인 우지타와라(宇治田原)에 있던 오래된 옹가(甕家, 비와 햇볕을 가리기 위하여 임시로 짓는 뜸집이나 장막)에서도 노렌의 유래를 짐작할 수 있는 흔적이 발견됐다. 이 책에는 옛 옹가의 부엌으로 들어가는 경계에 폭 1m 정도의 종이로 만든 칸막이가 매달려 있었다고 적고 있다. 우지타와라는 키요모리가 일으킨 '헤이지의 난'(平治の乱, 1159년)을 피해 도망간 영주, 신제의 영지다.

그렇다면 왜 부엌에 노렌이 걸렸을까? 또 굳이 매일 살을 비비며 살아가는 가족이 모여 사는 공간을 안과 밖으로 구분한 이유는 무엇일까? 이를 설명하기 위해서는 일단 일본 전통가옥의 구조를 살펴볼 필요가 있다.

일본 전통주택인 마치야는 건물 본체(오모야), 별채(하나레), 창고(쿠라), 헛간(나야) 등으로 구성되어 있다. 오모야는 보통 하나의 커다란

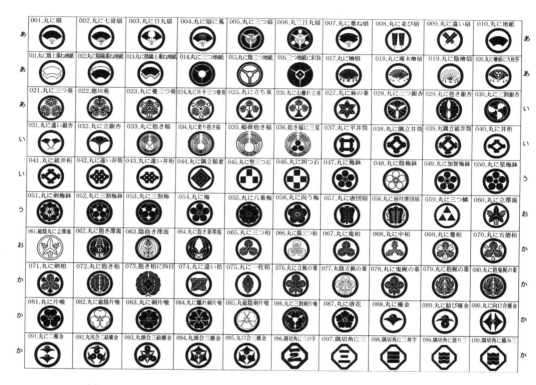

가문

일본인에게 가문의 존재와 역사를 입증하는 증명서라고 할 정도로 중요한 의미를 갖는 상징물이다.

방 형태이지만 미닫이문인 후스마로 칸막이를 해서 여러 개의 작은 방으로 꾸미는 게 보통이다. 다시 말하면 후스마를 떼어내면 커다란 하나의 방이 된다.

주목해야 할 곳은 하나레다. 오모야로부터 분리되어 별개로 사용되는 작은 규모의 하나레는 외부인의 접촉을 피하는 구조로 되어 있다. 여기에 부엌이 달려 있다. 부엌도 협소하다. 북쪽 편, 혹은 동북쪽

유교가 신념화된 한옥

편 구석에 자리한다. 가족구조에도 피동적 존재였던 일본 여성의 위상을 엿볼 수 있는 대목이다. 하지만 다다 미치다로는 다른 주장을 한다. 그는 《생활 속의 일본 문화》에서 "별채라는 것은 세계 어느 나라에서도 그다지 좋은 의미를 갖는 장소가 아니며 무언가 비참한 곳으로 쓰인다"면서 "그런데 일본에서는 그렇지 않다"고 주장했다.

하나레가 갖는 의미는 역시 부엌에서 찾아야 한다. 일본 부엌에는 가족의 삶과 꿈을 요리하는 공간 이상의 의미가 있다. 일본 부엌에는 물의 신과 불의 신 즉 신성(神性)이 살아 있다. 일본의 칠복신 중 하나인 다이코쿠(大黑 부엌의 신)가 그 주인공이다. 다이코쿠의 형상은 머리에는 두건을 쓰고 한 손엔 요술 방망이를 들고 있다. 그리고 어깨에 보물 주머니를 지고 있다. 다이코쿠는 한국의 부뚜막 신인 조왕신에 대응되는 신이다. 이 신은 부엌의 물(우물, 건강)과 불(부뚜막, 재물)을 관장하는 복덕의 신이다. 이처럼 중요한 신이 사는 곳이라면 그들과 소통할 수 있는 사람만이 들어갈 수 있는 곳이다. 부엌의 주인은 안주인이며 집안의 가계를 관장한다. 그런 자격을 갖춘 사람만이 부엌 출입이 가능하다. 이를 경계하기 위해서 노렌을 걸어둔 것이다.

상업과 사람을 키운 노렌와케

부엌은 안주인의 정신적 고향이다. 함께 사는 신으로부터 정신적 위안을 얻고 그 신을 위해 의식을 올리는 게 당연한 이치다. 일본인들은 부엌을 신성하게 여기며 부엌에도 가미다나(神棚)라는 제단을 만들어서 다이코쿠에게 치성을 드리고 소원을 빈다. 일본인들이 소원을 비는 모습은 천편일률적이다. 가미다나 앞에서 박수를 세 번 친다. '가시와데'(拍手)라는 것으로 손뼉 소리를 내어 신을 부르는 행위다. 이어 합장을 한다. 우리의 여인네들이 부뚜막에 정화수 한 그릇을 떠 놓고 조왕신에게 빌며 기도하는 것과 차이가 난다.

이처럼 신의 거주지이며 제단인 부엌에 노렌을 쳐 신성한 영역과 속세를 구분한다. 다다 마치다로는 "부엌의 노렌은 사찰에 세워진 야시로(屋代, 네 개의 말뚝에 새끼 줄을 엮음)가 사찰을 상징하는 것과 같다"는 주장을 한다. 실제로는 말뚝을 박고 새끼 줄을 쳐둔 절터가 신의 몸이 되듯이 노렌을 친 부엌이 신성한 영역이 되었다.

어떤 지역, 어떤 가문에서는 부엌에 국가 수호신인 아마데라스오미노가미(天照大神)를 모시기도 하지만 어디까지나 '부엌의 신'은 다이코쿠다. 조왕신이 가신인 것과 마찬가지다. 기도의 내용은 당연히 집안의 안녕과 가정의 결속이다. 노렌에 가문(家紋)을 새겨 넣음으로써 그 의미를 상징화시켰을 가능성이 있다. 마치 결혼식과 같은 집안 잔치 때 가문의 문장을 수놓은 예복, '몬츠기'(紋付き)를 입음으로써 가문의 소속감을 느끼게 하는 것과 유사한 것이다.

가문과의 연결성을 좀 더 분명하게 확인할 수 있는 노렌와케(暖簾分け)라는 노렌과 관련된 증표가 있다. 비혈연 관계에 있는 가족 구성원에게 농가를 주고 분가시키는 경우가 있다. 이때 '노렌을 나눠준다'는 의미의 노렌와케라는 말을 쓴다. 분가한 새로운 주인에게 지원하는 돈을 노렌다이(暖簾代)라고 하다. 노렌다이는 일본 회계학계 용어로 전용되어 기업의 주식 가치를 뜻하는 말로도 사용하고 있다.

노렌와케는 도시보다는 주로 농촌 지역에서 행해졌다. 노렌와케도 도시화 됐다. 도시 상업지역에서는 주인이 종업원에게 가게를 독립시켜주는 관습을 뜻한다. 쉽게 말하면 분점을 내주는 식이다. 분점의 운영자가 되기 위해서는 데치(丁稚, 말단 점원) → 데다이(手代, 중간 관리

자) → 반토(番頭, 지배인) → 오반토(大番頭, 우두머리 지배인)의 단계를 밟아야
한다. 물론 승급의 기준은 가문의 규율 준수와 이익이다. 반토 중에
서 자립해서 성공할 수 있을 것으로 보이는 수제자에게 주인이 자신
의 전통적인 상호를 공유할 수 있도록 노렌와케를 넘기는 것이다. 철
저한 봉건적 도제제도라고 할 수 있다. 주인은 노렌와케를 반복해서
제2, 제3의 분점을 두는 경우도 많다. 노렌와케가 한개인으로 하여
금 기술 정진을 하도록 하고 또 다른 사람에게 기술 전수를 할 수 있
는 풍토를 마련했다고 할 수 있다. 이것이 기술대국이면서 상업대국
으로 발전하는데 결정적 토대가 됐다.

또 창업자 가문의 성씨를 쫓은 회사 이름이 많은 것도 노렌와케 전
통과 무관하지 않다. 물론 이는 가문과 회사를 동일시하고 공유하는
집단이익을 추구하는 방편이기도 하다. 어떤 통계에 따르면 미츠이
(三井)물산, 스미토모(住友)상사 등 일본 상장회사의 절반가량이 창업
자 혹은 제조자의 이름을 회사명으로 사용한다고 한다. 이런 회사에
서 일하는 종업원은 봉건사회의 사무라이가 영주를 모시듯 창업자
가문의 명예를 내걸고 일을 하는 셈이다.

상인의 존재 이유

일본에는 가문의 유산으로 내려오는 게 있다. 가계, 혈통, 집안·지
위를 나타내기 위하여 이용해온 문장인 가몬(家紋)이 그것이다. 가몬
은 가문의 상징이다. 대문, 가구 등 가옥의 장식에 자주 사용된다. 지
역과 가문별로 나뉘어 오랜 세월을 철저히 봉건적으로 살아온 유산
이다.

특히 전쟁에서 중요한 역할을 했다. 과거의 전쟁은 깃발의 싸움이

었다. 깃발을 빼앗으면 이기고 빼앗기면 전쟁에서 지는 것이다. 깃발의 상징성은 여기에 그치지 않는다. 적군과 아군을 구분하는 표식이다. 군사를 통솔하기 위한 의사소통의 수단이기도 했다. 불과 100여년 전까지 전쟁터에서 깃발의 기능은 어느 나라에서나 대동소이했다.

하지만 일본에는 다른 나라에서 볼 수 없는 특별한 깃발이 있다. 사무라이의 개인용 깃발이 있다. 이는 장수 깃발과는 전혀 다르다. 사무라이가 등 뒤에 꽂고 다닌다는 의미로 '사시모노'(指物)라고 불리는 가문의 문장이 새겨진 깃발이다. 〈가게무샤〉, 〈라스트 사무라이〉 등과 같은 일본 영화를 보면 사시모노를 꽂고 전장을 누비는 사무라이 장면을 볼 수 있다.

전국시대의 사무라이는 깃발을 등에 꽂고 싸운 이유는 간단하다. 자신의 출신과 소속을 밝히는 게 사무라이의 당당한 처신이라고 생각했기 때문이다. 깃발은 가문의 자존심이자 존재감이다. 이를 숨기는 것은 가문을 욕되게 하는 행위다. 가토오 히데토시는 《모래성 속의 일본인》에서 "묵묵히 깃발을 세우고 그것을 사수하는 데서 일본인은 존재감을 느낀다"고 전제하고 "사시모노는 사무라이의 존재의 선언이요, 때에 따라서는 점거 선언"이라고 의미를 부여했다.

사시모노가 사무라이의 존재감이라면 노렌은 죠닌(町人) 즉 상인과 장인의 존재 이유다. 가토오 히데토시는 "사시모노와 노렌은 상징적으로 완전히 일치한다"고 주장했다. 노렌은 상업화된 사시모노라는 얘기나 마찬가지다. 사시모노가 '무사도 정신'을 대표한다면 노렌은 '죠닌 정신'을 상징한다. 사무라이가 자신의 신분 노출로 인해 죽음의 표적이 될 수 있음에도 불구하고 사시모노를 등에 꽂듯이 죠닌은 노렌이 손상되는 것을 가문의 최대 수치로 알았다. 이 때문에 화재가 발생했을 경우 화염을 뚫고 들어가 노렌을 지키는 것을 당연하게 여겼다. 노렌은 곧 가문의 명예고 신용의 척도로 여겼기 때문이다. 아니 자신의 분신이라고 여겼다.

노렌이 어떤 의미를 알 수 있는 한 사례가 이어령의 《축소지향의 일본인》에 소개되어 있다. 일본 최초의 신사인 이세(伊勢) 신궁 앞에서 참배객을 상대로 수백 년 동안 떡을 팔아온 '아카모치야'(明餠屋)라는 작은 떡집이 있었다. 태평양전쟁 때, 이 떡집은 군부로부터 병사들에게 제공하기 위한 떡을 대량으로 수주받았다. 일확천금을 벌 수 있는 기회였다. 하지만 품질을 유지하면서 납기 안에 주문량을 생산할 수 없다고 판단한 떡집 주인은 주저 없이 서슬 퍼런 군부의 요구를 거절했다. 돈을 벌기 위해 품질이 떨어진 상품을 만들 수 없다는 게 그의 신념이었다. '아카모치야'라는 노렌을 더럽힐 수 없다고 여겼기 때문이다. 노렌이 곧 신용이고 신용이 곧 품질과 서비스 질임을 보여주는 사례다.

노렌은 가내수공업에 종사하는 사람에게든, 장사로 생활을 꾸리는 사람에게든, 농사를 짓는 사람에게든 지금까지 하나의 문화가 되어 면면히 이어지고 있다. 일본에서는 '노렌'이라는 단어는 그 자체가 하나의 잠언으로 받아들여지는 것도 같은 맥락이다. '절대로 노렌을 더럽히지 말라'는 금언에서 노렌은 '신용'을 뜻한다. 가게의 신용이나 명성이 훼손됐음을 비유할 때 '노렌에 흠집이 났다'고 표현한다. '노렌을 목숨보다 소중히 여겨라'는 격언에서 노렌은 '상인정신'을 의미한다.

점포 문을 열고 닫을 때 '노렌을 걸다' '노렌을 걷다'는 관용적 표

사시모노

사무라이 가문의 깃발로, 자신의 출신과 소속을 밝히는 게 사무라이의 당당한 처신이라고 생각
했다.

현을 쓴다. 우리에게도 잘 알려진 구리 료헤이가 쓴《우동 한 그릇》
에서도 시작과 맺음은 바로 "노렌을 내걸다"와 "노렌을 내리다"였
다. 여기서 노렌은 점포나 상점을 뜻한다. 노렌이 걸려 있다면 영업
중임을 알 수 있다. 이런 연유에서 상점 이름을 '노렌나'(暖簾名)라고
부르기도 한다. '노렌이 낡았다'는 관용어에서 노렌의 의미는 '전통'
과 상통한다. '노렌이 더럽다'는 말이 '장사가 잘 된다'는 의미로도
사용되기도 한다. 옛날 상점을 드나드는 사람은 노렌에 손을 닦았다.
많은 사람의 손을 닦은 노렌이 때를 많이 탔기 때문에 생긴 속설이
다.

노렌과 작업복 그리고 깃발

노렌이 상업화되는 데 결정적인 역할을 한 사람은 '목숨을 걸고 노렌을 지킨다'는 오사카 상인이다. 세계적으로 유명한 오사카 상인정신도 그 출발은 노렌이다. 오사카의 센바(선착장) 거리에는 입양된 사위(무코요시)가 가업을 물려받아 운영하는 점포가 유난히 많다. 무코요시에게는 새로운 가문을 욕되게 하거나 웃음거리로 만드는 것은 도저히 용납될 수 없는 수치다. 가문을 욕되게 하는 것은 거래의 손실, 아니 점포의 폐업보다 더 명예스럽지 못한 것이다. 그들의 명예는 신용에서부터 출발한다.

신용에 철두철미했던 무코요시가 주로 오사카 항구 센바에 밀집되어 있었다. 이들을 '센바상인'으로 불렀다. 또 이윤보다 고객과의 신뢰를 유별나게 중시했던 그들의 상업방식은 '센바상술'이라고 명명됐다. 당시로선 매우 파격적인 상술이었지만 센바상인의 인기는 꽤 높았다. 센바상술 또한 유명세를 탔다. 굳이 오사카지방 출신이 아니라도 센바에서 일을 배운 사람이라면 점포마다 서로 그를 '모셔가기' 위해서 경쟁을 벌였을 정도였다.

센바상인의 상도를 현대식으로 표현하면 '고객감동경영'이다. "돈을 남기는 장사는 최하이고, 가게를 남기는 장사는 중간이고, 사람을 남기는 장사를 최고로 삼는다"는 격언이 오사카 상업정신을 압축한다. 센바의 영예는 양자로 들어간 가문의 명예를 지키고 양부모의 가산을 온전히 후대에 물려주기 위해 땀을 흘린 무코요시의 노력의 결실이다.

한 지역의 행동양식은 더 넓은 범위까지 확대 전파되는 게 일본 문화의 특성 중 하나다. 노렌정신 즉 오사카의 상인정신은 일본 전역으로 전파됐다. 그리고 고유하고 독특한 일본 문화로 정착됐다. 지금도 '센바상술'이 많은 작가의 소설 소재로 활용되면서 많은 이야기를 만들어내고 있다.《하얀거탑》의 원작 소설가로 국내에 잘 알려진 여류 소설가 야마시키 도요코의 《온나노 군쇼(여자의 훈장)》와 《노렌》도 그중 하나다. 특히 《노렌》은 오사카 센바에서 장사하는 다시마 상인이 오사카의 상도를 지키기 위해 고군분투하며 살아가는 모습을 그려 국내 독자들에게도 많은 감동을 주었다.

정직한 산업문화 확산의 매개체는 말할 필요도 없이 깃발이 변한 노렌이다. 이어령은 《축소지향의 일본인》에서 깃발문화에 길들어진 일본인을 '문장형 인간'(紋章型 人間)이라고 명명했다. 그는 "사무라이가 가문을 걸고 싸우듯 장인은 한텐(일본 작업복)을 걸고 일을 하며, 상인은 노렌을 걸고 신용을 지킨다"고 말했다. 만약 '문장형 인간'이 되지 못할 처지에 있는 사람 즉 어디에 속할 수 없는 사람은 '로진'(浪人)이 된다. '로진'은 과거 봉건시대 때 어떤 영주에게도 속하지 못해 길거리를 떠돌던 사무라이를 뜻한다. 이것이 오늘날에 와서는 '재수생' '취업 낙방생' '백수'라는 의미로 치환되어 쓰인다. 일본인 시각에서 로진은 어느 대학, 어느 직장 즉 어느 깃발 아래 설 수 없거나 노렌에 속하지 못하는, 그저 못나고 불필요한 인간인 셈이다.

집 안에는 복, 집 밖에는 악

일본은 태풍 다발 국가다. 지진에 못지않게 일본인을 두렵게 만드는 게 바람이다. 태평양에서 불어오는 태풍 피해를 최소화하기 위해 전통가옥의 문(현관)은 북쪽을 향해 냈다. 그래서 집안 분위기는 다소 어두운 편이다. 일본 전통가옥의 문에 겐칸(玄關)이라는 이름을 붙인 이유다. '玄'자는 북쪽 방위를 뜻한다. 음양오행에서 북쪽은 현무(玄武)가 상징한다. 또 '玄'에는 어둡다는 의미도 있다. 현관은 북쪽으로 난 어두운 문이라는 뜻이다.

일본인에게 현관은 특별한 의미가 있다. 도교에서 현관의 의미는 도를 통하는 문이다. 스스로 깨달음을 강조하는 불교 선종의 도량(선방)을 현방(玄房)이라고 했다. 현방에서 참선과 같은 구체적인 실천이 행해진다. '玄'을 우리는 '검을 현'으로 읽는다. 엄격히 말하면 검은색이 아니다. 검은빛이라고 해야 맞다. 해가 떠오르기 직전의 어스름한 빛이다. 새로운 시작을 뜻하는 추상적인 빛이다. 새로움이 들어오는 통로이며 경계다. 또 안(우치·內)도 밖(소토·外)도 아닌 우치와 소토를 구분하는 경계다.

외부인을 맞는 의례의 공간이기도 하다. 현관의 구조에서도 의례의 공간임을 알 수 있다. 현관을 열고 들어가도 방안을 훤히 열어주지 않는 게 보통이다. 현관에서 바라보면 좁은 복도가 있고 그 양쪽으로 방이 있다. 또 현관과 방이 닿아 있는 마루는 턱을 한층 높게 만들었다.

그 이유를 알기 위해서는 우치와 소토의 경계는 무엇인지를 알 필요가 있다. 우치가 포함된 복합어를 보면 그 의미가 좀 더 분명하게 전달될 수 있을지 모르겠다. 일본말로 '우리 집'을 '우치미'(內身)라고 표현한다. 우치는 집이고 소토는 집 밖이라는 의미가 내포되어 있다. 집 안에 있는 '우리 우물'은 우치이토(內井戶)다. 일본의 우물은 집에서도 가장 깊숙한 부엌에 있다. 믿을 수 있는 사람끼리 나누는 비밀을 우치와바나시(內輪話)라고 한다. 밀담은 결코 비밀을 공유하는 내밀한 관계에 있는 사이가 아니면 나눌 수 없는 '우리끼리의 얘기'다.

이런 단어에서 우치와 소토 사이에는 쉽게 어울릴 수 없는 경계가 있음을 확인할 수 있다.

물론 '경계'의 범위와 의미도 탄력적으로 적용된다. 가족, 이웃, 마을, 영지, 국가라는 기준에 따라 우치와 소토는 다르게 적용된다. 일단 가족의 확장된 의미는 동족집단이다. 그것은 한국이나 중국도 마찬가지다. 전통적인 농업국가에서 보편적으로 느끼는 인식이다. 농사의 생산 단위는 가족이 아니라 마을이다. 마을 사람이 함께 논에 물을 대고 함께 모를 심고 수확도 한다. 일을 함께하는 마을 사람이 서로를 부르는 말이 우치다. 우치가 아닌 사람은 모두가 소토다. 일본인의 심리구조를 다룬 도이 다케오의 《아마에의 구조》에서 "신경을 써야 하는 것이 우치이고 신경을 쓸 필요가 없는 것이 소토"라면서 "일본인은 우치에 대해서는 정성을 다하지만 소토에 대해서는 아무렇게나 대한다"고 말했다. 소토의 사람은 경원과 배척의 대상이다.

이를 극적으로 보여주는 일본 풍습이 있다. 악령을 쫓고 복을 부르는 의식인 '아메마키'(豆券き)다. 일본인은 입춘 전날 "오니(귀신)는 밖, 복은 안"(鬼は外、福は内)"이라고 외친다. 또 나이의 숫자만큼 콩을 먹은 뒤 귀신 복장을 한 사람에게 콩을 뿌린다. 악령을 쫓는 사람은 집 안에 있다. 오니는 집 밖에 있다. 복과 악은 안과 밖으로 양분되어 있다. 복은 안에 있고 화는 밖에 있는 것이다. 이런 시각은 악의적인 풍습으로 만들어내기도 했다. 한국학 중앙연구원 문옥표 교수가 쓴 《일본의 농촌사회》에 소개된 군마현 하나사쿠 마을풍습 '산린보우'(三隣亡)는 한마디로 소토로부터 복을 착취하는 행위라고 할 수 있다. 산리보우는 이웃한 세 집이 망해서 그 집의 복이 자기에게 오기

를 비는 일련의 행위를 말한다. 산린보우는 원래 특정한 기일(忌日)에 지은 집에 불이 나서 이웃한 세 집까지 불에 타서 망했다는 미신적 유래에서 생겨났는데 이 지역에서는 복을 착취하는 풍습으로 바뀐 것이라는 게 문 교수의 설명이다.

우리 민족 풍습 중에는 이웃에 대한 해코지를 거의 찾을 수 없다. 우리의 척화초복 의식은 대부분 이웃과 음식, 정을 나눈다. 예를 들어 동짓날 의식인 백가반(百家飯)은 이웃집을 돌며 밥을 구걸해 먹는 것과 비슷하다.

쓰허위안과 중국의
확대가족제도

중국의 이상적 가정, 5대동당

문화대혁명으로 중국의 대가족제도가 사실상 붕괴됐다. 산업화로 인해 핵가족화는 가속화되고 있다. 1인 가구인 '독신가정', 부부와 미혼 자녀로 구성된 '핵심가정'이 폭발적으로 늘어나고 있다.

핵가족화는 가족들에게서 함께하는 식사 시간을 앗아갔다. '혼밥'을 하는 게 흔하다. 아침은 회사나 학교 근처에서 한 끼를 때운다. 이게 현재 평범한 중국인의 모습이다. 심지어 1가구 1자녀 제도인 '독생자녀제도' 도입 이후 4명의 조부모, 2명의 부모로부터 사랑을 듬뿍 받고 자란 버릇없는 아이가 늘어나는 현상을 뜻하는 '4·2·1신드롬'이 극성을 부리고 있다. 일상화된 외식과 '4·2·1신드롬'은 오늘날 중국 가족의 자화상이다.

3대 이상의 대가족이 모여 살던 쓰허위안은 옛날 그대로의 모습을 보여주는 곳이 많지 않다. 도시개발로 헐리거나 도시노동자의 '집단

수용소'(大雜院, 여러 가구가 함께 모여 사는 공동주택)로 전락한 지 오래다. 쓰허위안은 베이징 후통(胡同) 거리 등에 일부가 보존되고 있을 뿐이다. 농촌사회도 마찬가지다. 노인부양을 위해 '주간가정'(主幹家庭, 직계가족 3대 이상이 함께 생활하는 가정)을 권장하는 중국 중앙정부의 정책이 무색할 정도로 가족분할이 급속히 진행되고 있다. 농촌에서도 쓰허위안의 모습은 점점 찾기 어려워지고 있다.

그리움을 아는 이만이 쓰라림을 알까? 나이 든 중국인이 꿈꾸는 가정상은 '종명정식'(鐘鳴鼎食)이라고 한다. 중국인에게 가족은 한솥밥을 먹는 식사공동체다. 종을 쳐서 식구들을 모으고 솥을 걸어놓고 함께 식사하는 모습이 바로 종명정식이다. 많은 식구가 어울려 사는 다복한 가정을 상징하는 표현이다. 옛날 중국인이 그리던 이상적 가정은 '5대동당'(五代同黨)이다. 쉽게 말해 5대 가족이 한 집에서 행복을 느끼며 사는 가정이라는 뜻이다. 공동식사의 상징인 훠궈를 곁들인다면 금상첨화다. '5대'라는 표현은 다분히 과장된 상징적 표현이다. 요즘 중국식으로 표현하면 '연합가정'인 셈이다. '연합가정'은 직계와 방계 가족이 한 울타리 안에서 함께 어울려 사는 가정이다.

불과 몇십 년 전까지도 몇 대의 대가족이 한 집에서 살을 부대끼며 사는 게 중국 가정의 모습이었다. 명실상부한 유교적 대가족제도가 운영되었다. 옛날 중국 가정의 가족 수는 우리나라보다 많았다. 우리나라는 직계확대가족제도를 따랐기 때문에 맏이를 제외한 자녀가 결혼하면 분가했다. 반면 순수확대가족제도에 따랐던 중국은 우리와 달리 자녀가 결혼한 뒤에도 분가하지 않고 한 집에 모여 사는 게 통례였다. 가장의 사망, 가장의 가정관리 권한 포기, 형제 혹은 시누이와 올케 사이의 심각한 갈등 등 특별한 경우를 제외하고는 분가

하는 법이 없었다. 사실상 본가와 분가의 개념 자체가 존재할 여지가 없는 가족제도인 셈이다.

쓰허위안의 가옥구조는 온 가옥이 한집에 살 수 있는 지혜가 그대로 투영되어 있다. 린위탕(林語堂)은《만만디 만만디》에서 "중국인의 가옥구조는 철저히 가족 중심으로 되어 있어 개인 공간은 거의 없다"면서 "쓰허위안 속에 물보다 진한 피가 흐른다"고 말했다.

처첩제도의 비밀

앞에서도 설명했지만 쓰허위안은 서너 채가 정원을 둘러싼 형태의 집이다. 출산, 혼인 등으로 식구가 늘어나거나 하인들을 새로 들이면 방이 더 많이 필요할 터, 그래서 정방 뒤에 또 다른 쓰허위안을 짓는다. 쓰허위안 건축양식에서 똑같은 형식을 반복하는 자기 유사성을 띤다. 흔하지는 않지만 정방 뒤에 후원을 만들고 동서 방향으로 일자형 집인 후조방(後照房)도 볼 수 있다.

수십 명에 달하는 가족을 가진 고관대작이나 지주, 부자 등은 남북의 축선을 따라 여러 개의 중원과 중원을 둘러싼 건물을 이어진 쓰허위안에서 살았다. 중원이 하나가 있으면 1진(進) 쓰허위안, 두 개가 있으면 2진 쓰허위안, 세 개가 이어지면 3진 쓰허위안이라고 불렀다. 당연히 여러 개의 중원을 가진 쓰허위안은 거대한 집단건물을 형성하게 됐다. 지금까지 남아 있는 가장 큰 쓰허위안은 '민간고궁'으로 불린 강남의 왕가대원으로 9진 쓰허위안이라고 한다. 물론 이같이 큰 집은 식솔만이 살지는 않는다. 아주 옛날 중국에서는 왕이나 귀족 문벌들은 천하를 제패하고 패권을 잡는 천하 제1의 실력자가 되기 위해 자신의 집에 '식객'을 모셨다. 식객은 쉽게 말하면 천하의 패업을 이루는 방법을 자문해주는 정치엘리트다. 제나라 맹상군은 무려 3000여 명의 식객을 거느렸다고 한다. 식객이 되지 못한 사람은 유사(遊士)라고 했는데 그들은 여기저기 돌아다니면서 자신의 아이디어가 채택되도록 설명하였는데 이를 유세(遊說)라고 한다.

그렇다면 중국인들은 하나의 커다란 중원을 두고 공유하면 될 텐데 왜 굳이 여러 개의 중원을 둘까? 결론부터 말하면 여러 세대, 여러 가족이 함께 사는 데 따른 불편함을 최소화하고 각 세대와 가족의 독립성을 보장하기 위한 지혜에서 온 것이다. 취사와 세면은 공동의 구역을 정해서 했다. 최소한 부부를 중심으로 한 부분 가족들의 프라이버시를 보장한 셈이다. 권영걸 서울대 교수는 《한·중·일 공간조영》에서 "쓰허위안은 가족생활의 비밀 혹은 프라이버시 유지와 대가족생활의 영위에 편리하다"고 말했다. 서윤정의 《사람을 닮은 집, 세상을 담은 집》에는 "여러 세대가 같은 집에 살아도 각자에게 정원과 부엌이 주어지기 때문에 세대별로 독립성이 어느 정도 보장될 수 있다"고 기록하고 있다. 그는 또 "대가족제도와 처첩제도를 있게 한 비밀이 바로 중정"이라고 주장했다.

또 재산 문제는 동서고금을 불문하고 가정불화의 가장 중요한 원인이다. 하지만 본가와 분가의 개념이 불분명한 중국에서는 모든 형제가 남녀 구분 없이 동등하게 분배하여 상속하는 게 원칙이었다. 이중톈은 《중국을 말한다》에서 "가정의 재산은 가장이 아니라 가족 소유"라고 전제하고 "가장은 다만 그 재산을 관리할 권한만을 갖는 것"이라고 설명했다. 가장에게는 재산분할권이 없다. 깊이 생각하지 않으면 재산 싸움이 발생할 여지가 없는 것처럼 보인다.

하지만 이상과 실제가 일치되는 일은 생각만큼 흔하지 않다. 아니

왕가대원

민간고궁으로 불리며, 중원을 9개나 가지고 있는 9진 쓰허위안이다.

현실이 이상을 배반한다고 해야 맞는 얘기일 것이다. 쓰허위안의 화목은 가족 간의 상호조화와 양보가 전제되지 않으면 유지될 수 없다. 쓰허위안은 친족 3대는 물론 숙부와 백부 그리고 고모 가족 등도 함께 사는 가옥이다. 외삼촌과 이모 가족도 한집에서 살기도 했다. 많은 사람이 한집에 산다는 것은 그만큼 가정의 불화와 갈등의 소지가 크다. 폭발성도 크다. 특히 불가피하게 가족 분할이 이뤄질 때 갈등은 폭발하게 마련이다. 공동으로 쓰던 손바닥 크기의 정원과 부엌을 놓고 형제자매간 재산 싸움이 벌어지기가 일쑤였다. 대궐 같은 쓰허위안에 사는 사람들이야 그럴 리가 없겠지만 달랑 집 한 채와 논밭 몇 마지기가 전 재산인 보통사람들에겐 땅 한 조각도 소홀히 할 수 없는 중요한 재산이기 때문이다.

특히 중국인은 양쯔강, 황허강과 같은 큰 강을 오가며 장사를 익혔다. 땅이 넓은 만큼 상업적 내공도 깊다. 한마디로 장사꾼의 유전적 기질을 이어받았다. 상업적 거래와 협상을 전쟁처럼 한다는 게 중국인들 아닌가? 특히 거래에 있어서 개인 이익을 추구하는 데 조금도 에누리를 허락하지 않는다. 수박과 같은 큰 과일도 저울에 달아 값을 매긴다. 그만큼 정확하다.

정확한 사람은 매사 주의가 깊다. 주의 깊은 사람들은 평범하고 눈에 익은 것조차도 의심의 눈길을 버리지 않는다. 만천과해(滿天過海)는 이 같은 중국인의 특징을 역설적으로 설명하는 고사다. 장사귀가 바다를 두려워하는 당 태종이 눈치채지 못하도록 집 모양의 커다란 배를 만들어 무사히 바다를 건넜다는 데서 유래된 고사다. 어떤 목적을 갖고 하는 행동은 평상시 다르지 않게 매사에 조심하라는 의미를 담고 있다.

중국인은 심지어 세상을 속이지 못하는, 즉 거짓말을 하지 못하는 사람을 '부퉁시'(不童事)라고 부른다. '뭘 모르는 순진한 사람'이라는 뜻이다. 이는 아마도 수많은 부정부패, 학정 등에 시달리면서 살아남기 위해 속고 속이면서 살았던 중국인의 생활상을 반어적으로 드러내는 것인지도 모른다. 이 때문에 중국인들은 내 것과 네 것을 철저하게 구분한다. 부모, 형제자매 사이에도 예외가 없다. 이것이 재산분할을 둘러싸고 골육상쟁을 낳은 기질적 원인이라고 할 수 있다. 결국 쓰허위안은 가족의 화목을 '끝까지' '완전하게' 보장하지는 못한 가옥구조였다고 할 수밖에 없다.

담을 넘지 않는다

이중톈은《이중톈, 중국을 말하다》에서 "중국인 누구나 심리적으로나 논리적으로나 자기 단위를 외부 단위와 구별한다"면서 "내외 구분이란 가깝고 먼 것을 정하는 것"이라고 정의했다.

중국인에게 가깝고 먼 것을 따지는 내외 구분의 기준은 담이다. 담은 나와 남의 집을 경계하기 위한 것이다. 이 같은 본래의 기능에 충실하기 위해서는 서양 집의 펜스 정도면 충분할지 모른다. 그런데 쓰허위안 담은 필요 이상으로 높고 견고하다. 담에 가려진 집안의 불빛은 밖으로 새어 나오지 않는다. 안을 들여다볼 수도 없다. 외부 시선을 피한다. 이는 외부의 침해나 간섭을 거부한다는 속마음의 표시다. 높은 담은 중국인에게 물리적이며 심리적인 장벽이다.

이런 장벽이 쳐진 상황에서 경계의 안과 밖은 전혀 다른 세상이다. 집 안은 안식과 위로, 편안함, 따뜻함 그리고 안전을 제공한다. 집 밖은 위험 그 자체다. 이 같은 정신적 괴리현상이 중국인의 독특한 기질 중 하나인 내외관념을 싹 틔웠다. 내외관념은 쓰허위안의 담장에 고스란히 투사되어 있다. 쓰허위안의 담장 안에 가족집단이 있다. 가족집단 즉 친척 사이에도 안과 밖을 구분해서 불렀다. 호칭에 유난히 내·외(內外) 자가 들어간 것이 많다. 대충 훑어보면, 와이쯔(外子)는 남편의 외도로 낳은 아이 혹은 첩에게서 낳은 아들을 뜻한다. 외할머니는 와이포(外婆), 외할아버지는 와이공(外公)이라고 했다. 반면 아내를 네이쯔(內子), 처제를 네이디(內弟), 처조카는 네이찌(內姪), 처의 친척을 네이쥬엔(內眷)이라고 한다. 부모의 남자 형제를 당형제, 여자 형제를 표형제라고 했다.

가족의 연장선에는 사회가 있다. 옛날 사회는 성곽으로 둘러싸인

쓰허위안의 담장

필요 이상으로 높고 견고하다.담에 가려진 집안의 불빛은 새어 나오지 않는다. 안을 들여다 볼 수 없다. 외부시선을 피한다. 이는 외부의 침해나 간섭을 거부한다는 속마음의 표시다. 높은 담은 중국인에게 물리적이며 심리적인 장벽이다.

지역의 한계를 넘기가 어려웠다. 성곽 안에 사는 사람은 가족, 친지, 이웃이다. 프랜시스 후쿠야마는《트러스트》에서 "중국인은 결코 혈통과 마을을 넘어서지 않는다"고 갈파했다. 깊은 신뢰가 밑바탕이 되어 피를 나누고 한 고향에서 살았던 사람을 배반하거나 경쟁하려 하지 않는다. 가족집단주의는 지역연고주의로 확장된다는 사실을 지적한 것이다.

"우리 집의 담장은 이웃집에 속한다"는 중국 속담도 후쿠야마의 주장을 뒷받침하는 듯하다. 담장을 넘어온 옆집 권철 대감의 감을 따 먹은 뒤 어린이 이항복과 권 대감이 주고받는 이야기는 마치 이 속담을 스토리텔링한 듯하다. 하지만 이 속담에는 이웃과 어울려 살아야 한다는 교훈 이상의 의미를 담고 있다. 중국식 표현으로 말하면 '동향 관념'(지연중시 사고)을 드러낸 것이다.

물론 동향관념도 중국인의 속성 중 하나다. 어쩌면 영·호남 지역 갈등이 큰 사회적 문제가 된 한국보다 중국이 더 강한 동향 의식을 가졌다고 해도 지나치지 않는다. 중국은 한국에 비하면 엄청나게 넓은 농토를 경작해야 했다. 지역 사람이 힘을 합쳐 일할 필요성이 그만큼 커진 것이다. 이 필요성은 지역민들의 관계를 공고하게 했다. 더욱이 중국은 잦은 수해 피해를 봤다. 목숨을 걸고 수리 사업을 함께했던 '노동운명체'다. 그뿐 아니라 이웃은 성곽을 넘어오려는 이민족에 맞서 싸운 운명공동체다.

문과 문을 통하는 길

중국인들이 처음 본 사람과 인사를 나눌 때 성씨와 고향을 물어보는 버릇이 있다. 중국에선 고향과 성씨를 탐문하는 첫 인사가 꽌시(關係)의 시작이다. '꽌시'(關係)라는 단어의 연원을 안다면 이를 이상하게 여기지 않을 것이다. 꽌시라는 단어 자체가 가문·마을공동체를 뜻한다. '꽌'(關)은 본래 국경을 넘나들 수 있는 길, 즉 관문을 의미한다. '시'(係)는 꽌과 꽌을 잇는, 즉 길과 길 사이에 있는 성(城), 즉 연결고리를 뜻한다. 가장 가까운 꽌과 꽌 사이란 다름이 아니라 고향의 일가친척이 어울려 사는 성곽 안의 고을이다. 연암 박지원의《열하일기》에서 "3리마다 성(城)이요, 5리마다 곽(郭)"이라고 했는데 이것이 고을의 크기 그리고 이웃 마을과 거리를 어느 정도 짐작할 수 있는 단서를 제공하고 있다.

옛날은 전형적인 농업사회였다. 농촌은 집성촌을 이루고 사는 게 보통이다. 특히 옛날 중국인들은 농사철에 성 밖에 있는 논과 밭에서 일했다. 농사를 지을 수 없는 계절에는 성안에서 외부의 침입을 막기 위한 대비를 했다. 가족과 지역이 꽌시(關係)의 중요한 요소가 되는 것은 당연한 이치다. 그리고 그들이 살던 성곽 안이 세상의 전부라고 해도 과언이 아니다. 옛날부터 내려오는 "세상은 모두 형제다" "가까운 이웃은 형제고 먼 손님은 친구"라는 속담은 매일 얼굴을 맞대고 사는 제한적 사회에서 비롯된 것이다. 한마디로 말하면 '가정의 천하'라고 할 수 있다.

앞에서 언급했지만 중국은 쓰허위안의 확대판이 궁궐이고 가정의 확대판이 국가다. 중국의 시이리앙꽝(許烺光)은 "중국의 사회구조는 가정이 기초이며 가정 중 구성원의 관계는 부자관계가 주축이다"면서 "부자관계는 모든 관계의 기초이며 가정, 종족, 국가로 확대되었다"고 밝혔다. 《주역》〈가인괘〉에도 '정가이천하 정의'(正家而天下 定矣)란 표현이 나온다. 가정이 바르게 서야 천하도 바르다는 뜻이다. 가정윤리가 곧 사회윤리다.

게다가 사회적 연줄을 의미하는 꽌시는 지역적·혈연적 요소에다가 정치·사회적 요인과 결합되어 더욱 강력한 힘을 발휘한다. 중국은 워낙 땅이 넓어서 중앙정부의 통치력이 지방 구석구석까지 미치지 못했다. 옛날에 이런 상황을 "하늘은 높고 황제는 멀리 있다"(天高皇帝遠)라고 표현했다. '법은 멀고 주먹은 가깝다'로 대체할 수 있다. 법치 대신 인치, 즉 중국식 표현으로 '아치'(我治)가 횡행했다. 아치는 스스로 다스린다는 자치를 말한다. 아치는 아무래도 공평하지 못했다. 피는 물보다 진하고 팔이 안쪽으로 굽는 친소의 원리가 적용되는 게 비일비재했다. 꽌시를 맺어 놓을 사람(꽌시후·關係戶)과의 친밀도가 아치의 기준이 되는 일이 허다했다.

그뿐 아니라 꽌시에 의한 벼슬에 오르는 사람(過班)도 한둘이 아니었다. 결국 꽌시가 중국의 사회적 자본을 위축시키고 말았다. 프랜시스 후쿠야마는《트러스트》에서 "한 나라의 경쟁력은 그 나라가 보유한 신뢰 수준에 따라 결정된다"고 말했다.

인맥관리의 선수

인적 네트워크인 꽌시왕(關係網)은 한 개인이 갖는 인간관계의 범위다. 그것은 나를 중심으로 가족, 친척, 친구, 친지, 동문, 동향 등으로 확대되지만 그 근저에는 정을 나누는 단계에 머무는 게 보통이다. 정은 살과 살을 맞대는 접촉성과 접촉이 어느 정도 지속되는 시간성을 전제로 한다. 여기에 인적 네트워크에 이해가 개입되면 인정을 나누는 수준에 머물지 않고 사회적 협력관계로 발전한다. 이 단계에선 보통 이해관계와 거래가 개입하게 된다.

중국의 인맥을 파헤친 위양(于阳)은《강호 중국》에서 서로의 이익을 주고받는 인맥 자원으로 친척, 친구, 동창, 동문, 이웃, 동료, 스승, 제자, 전우, 상사, 부하, 동향인, 패거리, 의형제, 세교(대를 이어 오래도록 사귀어 온 친분), 옆집, 양부모, 의형제 등 17가지를 들고 "이 같은 인간관계는 서로의 일 처리를 부탁할 수 있다는 심리적인 동의를 전제로 한다"고 주장했다. 사실 부탁받은 일을 능수능란하게 처리하는 사람을 '노강호'(老江湖)라고 불렀다. 노강호는 본래 세상 물정에 밝은 사람을 의미했다. 이것이 인맥 관리를 능수능란하게 하는 사람이라는 의미로 전의됐다. 노강호는 어떤 측면에서 노회한 사람이라는 의미와 통한다. 나이가 지긋하고 쉽게 흥분하지 않으며 이해타산이 빠르다. 하지만 변화를 두려워하는 유형의 인간이라고 할 수 있다. 어쩌면 노회한 사람은 중국인이 지향하는 전형적인 인간일 수 있다. 수많은 전란과 역경을 딛고 이겨낼 수 있는 지혜를 갖은 사람이라는 의미에서 그렇다.

친분 중시 풍조는 사회적 혼란기에 더욱 극성을 부린다는 게 위양의 주장이다. 이 책에서는 청나라 말기부터 중화민국 시기까지를 '인맥 집단의 성숙기'라고 규정하고 "'꽌시'라는 단어가 청대 말에 등장한 것이 이를 입증한다"고 밝혔다.

사실 꽌시문화는 타향살이를 하는 해외이주자들에 의해 더욱 빛을 발했다. 초기의 해외이주민은 중국의 최하층민이다. 반노예로 미국 광산과 철도 공사장에 팔리거나 세계 각국으로 돈벌이를 위해 떠났다가 귀국하지 못한 이들이 대부분이다. 중국인도 이들을 '쿨리'(苦力)라고 불렀다. 이들이 바로 오늘날 세계의 상권을 장악하고 있는 '화상'의 원조다. 유랑민이나 마찬가지인 그들에게 중국 본토의 지원이 있을 리 만무했다. 자본도 기술도 없는 이들이 그나마도 터를 잡고 살아갈 수 있는 것은 뛰어난 손재주가 한몫했다. 중국 이주자는 대개 세 종류의 칼로 현지에서 기반을 닫았다. 이를 삼파도(三把刀)라 하는데 식칼(菜刀), 가위(剪刀), 면도칼(剃刀)을 이른다. 음식점, 양복점, 이발소를 운영하면서 삶의 기반을 잡았다는 뜻이다.

조금 논외의 이야기지만 '이파도'(二把刀)라는 말도 있다. '서투른 실력'이나 '엉터리'를 이르는 말인데, 두 개의 칼을 잡으면 하나의 일도 제대로 이룰 수 없다는 의미의 관용적 표현이다. 중국인들은 오직 하나의 칼을 들고 샌프란시스코의 차이나타운, 오사카와 고베의 난

킨마치, 인천의 중국인 거리를 형성하면서 한 곳에 모여 살았다. 같은 직종에 종사하는 사람들은 경쟁하는 대신 화합하고 협력했다. 혈연과 지연으로 묶인 인간관계가 협력과 화합을 낳은 힘의 원천이다. 자기 공동체 밖의 도움이 필요하지 않도록 서로 격려하고 지원하면서 살았다. 심지어 혈연과 지연이 있는 사람을 돕는 일에는 손해를 보는 게 눈에 보이더라도 결코 주저하지 않는다고 한다. 이는 이민족 땅에서도 잘 살 수 있다는 것을 보여주려고 한 해외 이주중국인의 자존심이었다.

중국 화교들이 보여준 자생력은 어디서 나왔을까? 담 속에서 여러 채의 집들이 모여 하나의 거대한 집을 이루는 중국의 가옥과 닮아 있지는 않을까? 자기들끼리 도움을 주고받으며 이룬 '화교대국'은 담 속에서 고단한 삶을 극복하기 위해 끈질긴 생명력을 보였던 쓰허위안의 가족애에서 나왔다고 봐도 하등 이상할 게 없다.

특히 화교들이 지역사회나 공동체 밖의 도움을 받지 않기 위해 여러 단체를 조직했다. 동종조합, 주거지 단체, 종친회, 자선단체 등을 결성했으며 온갖 고생을 감수했다. 특히 친교와 사업 측면에서 큰 역할을 한 것은 종친회로 알려져 있다. 쓰허위안에 살던 사람들도 자신의 혈족과 마을을 넘어서 경쟁하려고 하지 않았다. 자기들끼리 협력과 도와가면서 자활 의지를 키워갔다.

천금은 집, 만금은 꽌시를 산다

중국을 '꽌시의 나라'라고 말한다. 사실 중국 상대로 사업하는 사람들로부터 "중국에서는 꽌시만 좋으면 모든 일을 할 수 있다"는 얘기를 자주 듣게 된다. 또 중국에서 비즈니스를 하는 사람 중에 많은 사람이 법망이 허술하다는 의미로 "법률은 거미줄"이라는 중국 속담을 인용하면서 넋두리를 풀어놓기도 한다. 비즈니스의 원칙이나 규범보다는 인간관계를 중시하는 '꽌시문화'에 의존하고 있는 중국의 상거래 문화를 지적한 말이다.

이 때문에 중국인은 사람을 사귀고 관계를 엮기 위해서 적지 않은 노력을 한다. 중국인이 친구 사귀기를 얼마나 중시했는지는 남송 때 남강(南康) 군수였던 계아(季雅)의 일화가 잘 보여준다. 군수로 발령받은 계아는 이사 갈 집을 찾던 중 군자 중 군자라는 소문이 난 여승지의 옆집이 매물로 나왔다는 소식을 들었다. 그는 단숨에 1100냥을 주고 집을 샀으나 이는 터무니없이 비싼 것이었다. 이사 한 뒤 어느 날 여승지를 만났다. 여승지가 "왜 그렇게 많은 돈을 주고 굳이 나의 옆집을 샀느냐"고 물었다. 계아는 "집값은 100냥에 지나지 않습니다. 1000냥은 당신과 같이 훌륭한 인격과 높은 학식을 가진 이웃을 얻기 위해 쓴 것입니다"라고 대답했다. 여기에서 '천금으로 집을 사고 만금으로 이웃을 산다'는 얘가 나온 것이다. 중국은 그만큼 인맥을 중시했다. 중국에서 꽌시는 비즈니스고 능력이자, 처세가 되기도 하고 권력이 되기도 한다.

꽌시가 중요한 만큼 일종의 낯가림 같은 것도 심한 게 중국인이다. 낯가림은 처음 보는 사람과 좋은 관계를 만들 수 있는지, 아닌지 그 여부를 따지는 행위라고 할 수 있다. 요즘 중국인은 사람을 사귈 때 가장 먼저 '취안쯔'(圈子)를 따진다고 한다. 자기를 둘러싼 지인 그룹이다. 다시 말하면 끼리끼리라고 할 수 있다. 취안쯔는 일종의 사교 클럽이다. 상류층은 특히 사적인 모임인 취안쯔를 즐긴다. 대표적인 취안쯔는 일명 '홍색귀족'이라고 불리는 원로혁명가의 자녀 모임이다. 홍색귀족은 또 비슷한 수준의 집안(門當戶對)끼리 결혼함으로써 견고한 벽을 만들어가고 있다. 일종의 그들만의 메이저리그를 만들어가고 있다. 공산당 내 혁명 원로나 당·정·군 고위 간부 자제들로 이뤄진 정치파벌인 태자당, 상하이방, 공산주의청년단 등이 대표적인 예다. 중국에는 '1대에 걸친 친구, 3대에 걸친 친척'이란 말이 있다. 오랜 친구 관계가 혈연처럼 가깝다는 뜻이다. 그 친지의 관계는 대를 이어가는 경우도 적지 않다.

중국인은 간접적 꽌시도 중시한다. 이를테면 '친구의 친구는 나의 친구'라고 여기는 것이다. 소개장 문화가 발달한 것도 이 때문이다. 사실 소개장 문화는 중국 문자의 역사만큼 오래되었다. 중국의 비즈니스에서는 특히 소개장이 중요하다. 간접적 관계 형성도 자기들만의 리그를 이어가는 방법이라고 할 수 있다.

중국에서 처세가 뛰어나지 않으면 장사에 성공할 수 없다. 중국에서 '상도(商道)는 인도(人道)'라는 의미로 통한다. '관계 만들기'는 주로 술을 먹거나 밥을 먹으면서 이뤄지는 게 보통이다. 만일 누군가 집으로 초대해서 중국 식 전골이라고 할 수 있는 휘궈를 대접한다면 그것은 깊은 관계를 유지하고 싶다는 뜻으로 이해해도 무방하다. 중국인은 집 초대와 휘궈에 특별한 의미를 부여한다. 즉석요리인 휘궈를 먹기 위해서는 조리용 불이 필요하다. 중국에서 타오르는 불은 사람 사이의 우정을, 화덕 위에 얹은 둥근 그릇은 이웃 간의 융화를 의미한다. 비교문화연구가 김문학은 《반문화 지향의 중국인》에서 "아는 사람이 끼여서 일이 잘 풀리는 것을 '잘 먹는다'(吃得開), 모르는 사람이어서 안 된다는 것을 '잘 안 먹는다'(吃不開)"라고 소개하고 있다.

중국에는 "한 번 만나면 새로운 친구가 되고 두 번 만나면 오래된 친구가 된다"는 말이 있다. 실상은 그렇지 않다. 중국인의 마음을 열기는 그렇게 호락호락한 일이 아니다. 속마음을 좀처럼 열지 않는 게 중국인이되. 대신 중국인은 꽌시를 맺으면 무한신뢰를 보낸다. 사람과의 관계를 맺음에 있어 결코 옹졸하지 않다. 이것이 바로 중국의 대륙기질이라고 할 수 있다. 외교관인 한 중국인 친구는 "중국인 한 사람을 진정한 친구로 두면 중국 생활이 편할 것"이라면서 "중국인 친구가 웬만한 일은 다 거들어 줄 것이기 때문"이라고 말했다.

온돌, 캉 그리고 고타즈

현재의 한국과 일본 중국 주택의 차이를 낳은 결정적 요인은 난방시스템의 차이다. 한국은 온돌, 중국은 침대식 온돌인 캉(炕)과 난로, 일본은 화로형 난방인 코타츠와 이로리라는 고유한 난방시스템을 갖고 있다. 이 같이 다른 난방시스템이 생활공간의 형태를 제 각각으로 만들었다. 생활공간의 형태는 주택의 구성과 배치, 건축재료, 집안의 내부장식, 의복모양은 물론 주거생활방식에도 지대한 영향을 미쳤다.

인류가 발명한
최고의 난방, 온돌

온돌방은 매직 룸

"한국인의 방은 인류가 발명한 최고의 난방방식이다. 이것은 태양열
을 이용한 복사난방보다도 훌륭하다. 방바닥 전부를 데우는 방식은
여태껏 본 것 중에 가장 이상적인 난방방식이다."

민족애가 넘쳐나는 한국 건축가의 자화자찬이 아니다. 근대 건축
의 거장이자 유기적 건축의 창시자인 프랭크 로이드 라이트가 자신
의 자서전에서 온돌방은 '매직 룸'이라며 온돌에 관해 설명한 내용
이다. 그는 일본 정원의 면모를 가장 잘 보여준다는 일본 데이고쿠
호텔을 설계한 미국 건축가다. 그가 정작 미국 건축학계에서 신화적
존재로 자리매김할 수 있던 계기는 데이코쿠 정원 때문이 아니다. 온
돌과 관련이 있다.

그가 한국의 온돌을 경험한 것도 데이코쿠 호텔 설계를 위해 1914
년 일본 도쿄를 방문했을 때였다. 라이트는 우리나라 최초 유럽풍의

건축물인 덕수궁 석조전을 지었던 오쿠라 기하치로의 저택으로 안내됐다. 오쿠라 집에는 온돌방을 꾸며놓고 '오쿠라슈쿠칸'이라고 명명한 미술관을 겸한 문화재 수장고가 있었다. 한일병탄조약 이후 오쿠라가 온돌이 설치되어 있던 경복궁 자선당을 뜯어 일본 자신의 집으로 통째로 옮겨놓은 게 바로 오쿠라슈쿠칸이다. 어느 날 라이트는 오쿠라슈쿠칸의 온돌방에 묵게 됐다. 그곳에서 한눈에 온돌의 구조와 원리의 위대성을 간파했다. 그는 자서전에 "어느 겨울날 저녁 식사 초대를 받아 건축주 집에 갔는데 방이 너무 추워 밥을 먹는 둥 마는 둥했다. 그런데 식사 후 옮겨 간 방은 달랐다. 봄이 온 듯 방 안이 따뜻하고 쾌적했다. 난방기구는 어디에도 없었다. 나중에 이 방이 한국 궁궐 건물을 뜯어 옮겨 지은 한국식 온돌방이라는 것을 알았다"고 적고 있다.

라이트는 자신이 설계와 건설을 맡고 있던 데이코쿠 호텔 욕실 바닥에 전기식 온돌을 들였다. 목욕탕 난방이라는 라이트의 발상은 로마의 유적에서 얻었을 가능성이 매우 크다. 로마 시대에는 온돌과 유사한 난방시스템을 일반주택이 아닌 목욕탕에서 사용했다. 이를 하이퍼코스트라고 한다. 하이퍼코스트는 용광로 속의 뜨거운 물을 바닥 밑의 수로로 흐르게 해 목욕탕을 데웠다. 온돌이 아궁이에서 데운 불에 의한 열기가 구들장 아래를 통과하면서 열기를 전달하는 방식과는 차이가 난다. 라이트는 하이퍼코스트 방식을 이용해서 데이코쿠 호텔에 뜨거운 물을 흐르는 수로 대신 열선을 깐 것이다.

온돌방식이 실내난방으로 처음 적용된 건물은 라이트가 설계했던 고든하우스다. 이 건물은 유기적 건축물의 상징으로 꼽힌다. 고든하우스는 2001년 오리건주 재개발로 인해 인근 지역의 공원으로 옮겨졌다. 그 장면이 CNN을 통해서 미국 전역에 중계 방송됐다. 그 정도로 미국인의 사랑을 받은 건축물이다. 고든하우스의 난방방식은 고체에 열을 저장하여 이용하는 바닥난방 기술인 온돌 원리를 원용해서 만든 보일러식 온돌인 '패널히팅'(온수순환 식 바닥난방)이다. 이것이 바로 현재 아파트 등에서 사용되고 있는 난방방식의 기초가 됐다.

라이트는 패널히팅을 자신이 추구했던 '유기적인 건축'의 중요한 요소로 인식했다. '이상적'이란 표현 속에 '유기적'이라는 의미도 내포되어 있다. 건축에서 '유기적'이란 건축물 자체가 하나의 생명체처럼 자생 능력을 갖추고 있음을 뜻한다. 라이트는 온돌을 주택에 생명을 불어넣는 장치로 파악했다.

사실 온돌만 아니라 모든 난방은 주거공간을 단순한 거처가 아니라 안락한 생활공간으로 만들어주는 기능을 한다. 그 기능의 성패는 열효율에 의해 갈린다. 온돌은 지금까지도 최고의 열효율을 가진, 어느 나라에서도 찾아볼 수 없는 독특한 난방시스템으로 인정을 받고 있다. 여름에 땅바닥에서 올라오는 습기는 구들 고래가 차단한다. 겨울에는 구들장이 열기를 저장한다. 온돌은 하나의 아궁이에서 여러 개의 방에 열을 공급할 수 있다. 지금으로 말하면 전천후 난방이다.

열 공급 방법도 매우 과학적이다. 전도, 대류, 복사와 같은 열의 전달방식이 총동원되고 있다. 불을 때면 더워진 공기가 위로 올라가는 대류현상, 아랫목에서 윗목으로 뜨거운 열이 전달되는 전도현상, 방바닥이 열을 일시에 방출하지 않고 머금고 있는 복사현상 등과 같은 과학적 원리가 그대로 담겨 있다. 저녁에 불을 때면 이튿날 새벽까지 방의 온기가 남아 있을 정도로 열 축적 능력이 뛰어나다.

온돌로 사용한 암석도 단열 효과가 좋은 운모를 사용해 매우 과학적이었다. 우리 조상은 운모의 약용성에 주목했다. 조선궁중의학 경전 《향약집성방》《동의보감》에서는 "신경통과 관절염에 좋다"고 기록하고 있다. 최근에야 밝혀진 일이지만 흑운모를 방구들로 사용하면 원적외선이 방출돼 각종 질병 예방에 도움이 되는 것으로 알려졌다.

한민족 3대 발명품 중 하나

1900년대 당시 서양건축에 사용되었던 난방방식은 페치카가 대세였다. 돌을 쌓아 만든 방벽에 붙여서 만든 러시아풍의 벽난로다. 페치카는 열효율이 온돌보다 현저히 떨어진다. 한쪽 구석에 설치된 벽난로는 방 전체를 데우기에는 역부족이다. 방 안에서 통나무를 태우기 때문에 연기와 재도 날린다. 이를 방지하기 위해 천정을 높게 만들어야 했다. 이는 반대로 열효율을 떨어뜨리는 결과를 낳았다. 열효율이 떨어지는 만큼 열의 방출을 막기 위해서 두꺼운 벽을 만들어야 한다. 따라서 건축비가 많이 든다. 집이 결코 자연친화적이지 않다. 생명력을 갖추기에는 해결할 점이 많은 난방시스템이다. 라이트가 온돌에 대해 감탄하고 탄복한 것은 어쩌면 당연한 일인지도 모른다.

사실 온돌에 대해 주목한 서양인은 라이트만이 아니다. 라이트가 온돌을 경험하기 전 조선에 체류하거나 여행한 경험이 있는 외교관이나 선교사가 남긴 기록물에 빠지지 않고 나오는 게 온돌의 과학성에 대해 찬사와 감탄이다. 이는 경북대 김귀원 교수가 〈구한말 프랑스 문헌에 나타난 한국의 주거문화〉란 논문에서 인용한 내용만으로도 충분히 확인할 수 있다.

온돌

서양인들조차도 온돌의 과학성과 효율성은 부정하지 않았다. 현재 유럽에서 온돌을 원용한 난방 방식이 급격히 늘어나고 있다.

"아시다시피 한국인은 우리보다 먼저 난방장치를 이용할 줄 알았다. 비록 연기가 땅바닥 틈새로 스며들지만 이를 너무 예민해 하지 말아야 한다. 게다가 이 세상에는 아무리 좋은 것이라도 결점 없는 것이 있을까?"

　　― 프랑스 신부인 샤를르 달레가 쓴《한국천주교회사》서문 중에서.

"온돌은 겨울철 방을 따뜻하게 하는 화로 역할을 한다. 아이디어가 뛰어나며 통풍 장치를 보충하면 훌륭한 난방장치다."

　　　　― 미국 퍼시벌 조웰이 쓴《조선, 조용한 아침의 나라》에서.

19세기 초·중엽에 조선을 방문, 온돌을 본 뒤 느낀 서양인의 소감이다. 비록 몇 가지 단점을 지적하고 있지만 온돌이 당시 최신식 난방시스템임을 시인하고 있다. 또 한국에 지적소유권이 있다는 사실도 인정하고 있다. 온돌에 대한 긍정적 평가는 한옥에 대한 가혹한 비판과는 비교가 된다.

　　한옥에 대한 평가는 눈물이 날 정도로 혹독하다. 외교관 샤이에 롱베이는 초가집을 "짚, 나뭇잎, 진흙을 대충 섞어 만든 허간"이라고 폄하했다. 외교관 이폴리트 프랑뎅은 "한국 건축은 원시시대의 우스꽝스러운 모습"(《프랑스 외교관이 본 개화기 조선》)이라고 비하했다. 당시의 조선인을 원시인 취급하고 있다. '열악한 주거환경=미개인'이라는 인식이 깔려 있다. 조선을 거쳐 간 외교관이나 학자나 신부 등은 대체로 일본과 중국 여행 경험이 있는 사람이다. 이미 근대화에 착수한 일본의 화려하고 세련된 가옥을 보고 난 뒤여서 후한 점수를 주기 어려웠을 것으로 짐작된다. 또 식민지 지배를 합리화하기 위한 제국주의적 시각이 반영되어 있다. 그렇다고 해도 지나치게 가혹한 비판이라는 인상을 지울 수 없다.

　　이처럼 조선인의 주거생활에 대한 이해가 부족했던 서양인들조차도 온돌의 과학성과 효율성은 부정하지 않았다. 현재 유럽에서 온돌을 원용한 난방방식이 급격히 늘어나고 있다. 유럽에서 새로 지어지는 주택의 절반 이상이 바닥난방을 택하고 있다고 한다. 세계인들이 온돌에 열광하고 있다. 또 온돌 난방문화는 세계인 속으로 전파되고 있다. 한글과 금속활자와 함께 우리 민족의 3대 발명품으로 여겨지는 온돌에 대한 자부심이 절로 생긴다.

온돌 보급의 일등 공신

혹 '부챗살 잠자리'를 아는가? 한겨울 한파가 몰아치던 밤이면 작은 온돌방 아랫목에 온 식구들의 발을 모으고 부채꼴 모양으로 누워 잠을 자던 시절이 있었다. 온돌방의 온기와 식구들의 체온이 모여드는 따뜻한 잠자리, 그것을 행복의 전부로 알고 살던 시대가 있었다. 이 같은 소박한 행복을 우리가 느낄 수 있었던 것은 아마도 조선 중기 이후라고 할 수 있다. 온돌이 한반도 전역에 보급된 것은 불과 수백 년 전이기 때문이다.

온돌은 북방문화의 산물이다. 한반도 전역으로 전해지기 전에는 한반도 북부의 추운 지방에서 사용되던 난방시스템이었다. 당시의 온돌 난방한계선은 한반도의 중북부 정도였다. 물론 궁궐과 관청, 부잣집에서는 병자나 노인을 위해서 온돌을 들이는 경우가 더러 있었다. 일반적 문화로 받아들일 수 있는 수준은 아니었다.

조선 초기만 해도 귀족은 추운 한반도 북부지방을 제외하고는 온돌을 거의 사용하지 않았다. 중국식의 입식 문화를 따르는 게 사대부의 권위에 어울린다고 생각했다. 물론 예외는 있다. 젊은 나이에 중풍을 얻은 최충성이 온돌을 깐 '증실'을 만들어 치료했다는 기록(최충성의 《증실기》)이 남아 있다. 최충성은 세종 때 사람이다. 조선 초에 이미 고아와 노인 혹은 병든 사람을 위한 의학적 용도의 온돌이 설치됐다는 뜻이다. 당시에는 온돌을 들이는 데 적지 않은 기술이 필요했다. 또 온돌을 깐 뒤 관리비용도 만만치 않았다.

궁궐에 설치된 온돌도 매우 예외적인 경우였다. 태종은 집권 17년(1417년) 되던 해 조선 최고의 싱크탱크라고 할 수 있는 성균관 기숙사 한 칸에 온돌을 들였다. 이 온돌방은 병을 앓거나 휴식이 필요한 유생의 휴식공간으로 활용됐다. 그 이후 세종은 성균관 기숙사인 동재와 서재 일부에 구들을 놓고 장판을 깔았다. 한국고문서학회에서 엮은 《조선생활사》는 "성균관 동재와 서재 모두 온돌방으로 교체된 것은 그 뒤로부터도 100년이 더 걸렸다"고 밝히고 있다. 궁궐에서도 온돌은 아주 예외적인 주거 형태였다.

물론 왕도 온돌방 생활을 하지 않았다. 적어도 선조 이전에는 온돌방에 보루를 깔고 앉아 있는 임금은 한 명도 없었다. 마루가 깔린 전각과 침실에서 침상과 의자 생활을 했다. 조선 초기 임금이 생활한 침상의 모습을 구체적으로 확인할 수 있는 단초는 명종 18년에 발생한 '어실의 화변'(1563년 2월4일, 왕의 침실 화재 사건)이다. 〈명종실록〉에 따르면 화재와 관련해 영의정 윤원형 등이 안부를 전했다는 기록과 함께 화재 원인을 설명하고 있다.

"어실은 온돌로 침상 아래에 으레 화기를 넣어서 따스하게 한다. 그때 반드시 먼저 네모반듯한 벽돌을 침상 아래에 벌여놓은 다음 화기를 넣어야 하는데도 내관(여언장·김종·김세호)이 4일에 벽돌을 벌여놓지 않고 이글거리는 불을 넣고는 다시 살펴보지 아니하여 불꽃이 세어져 화기를 뚫고 '침상의 판자'에 닿아 불이 붙었다. 밤 이경(9시~11시)에 이르러 불꽃과 연기가 치솟았으나 겨우 끌 수 있었다. 만일 밤이 깊어서 끄지 못했다면 불은 크게 일어났을 것이다."

왕이 침상 생활을 했음을 알 수 있다. 윗글에서 '화기'란 숯을 담은 화로를 뜻한다. 즉 왕실의 난방방식은 고래를 파고 구들장을 올리는 온돌이 아니었다.

온돌이 한반도 전역으로 보급되는 데 일등공신 역할을 한 사람은 김자점이다. 그는 역사의 흐름을 되돌린 사건, 인조반정의 수괴로 후대의 손가락질을 받는 인물이다. 김자점은 광해군을 폐위시켜 제주도로 유배시킨 장본인이다. 세계적 자랑이 된 온돌을 한반도 전력에 보급한 일등 공신이 역사적으로 지탄받는 인물이라는 점은 역사의 아이러니가 아닐 수 없다.

조선 시대 풍속과 생활상을 기록한 성대중의 《청성잡기》에 "온돌의 유행은 김자점에 의해 시작됐다"고 단정적으로 말하고 있다. 인조 때 도성을 둘러싼 산들에 솔잎이 수북이 쌓여 여러 차례 산불이 나자 김자겸이 임금(인조)의 걱정을 덜기 위해 오부(五部, 다섯 방위로 나누어 정한 한성부의 행정구역)의 집에 온돌을 설치하자고 제안하고 이를 시행했다고 한다. 《청성잡기》는 온돌을 권장한 유일한 이유로 '산불 예방을 위한 솔잎 제거'라고 적고 있다.

어쨌든 김자점의 제안은 대성공을 거두어 온돌이 선풍적 인기를 끌었다. 온돌에서 전달되는 아늑한 온기를 맛본 백성들은 너도나도 구들을 들였다. 취사와 난방을 겸할 수 있는 등 여러 가지 편리성이 온돌 보급을 촉진시켰다. 사실상 이때부터 부엌 아궁이가 방구들과 연결됐으며 좌식문화가 본격적으로 터를 잡아갔다. 반면에 의자와 침상은 방에서 퇴출되기 시작했다.

17세기 초 전 세계적으로 불어 닥친 한파, 임진왜란과 병자호란과 같은 변란도 온돌문화가 정착되는 데 결정적 역할을 했다. 임진왜란을 겪은 뒤 궁궐에도 본격적으로 온돌방이 만들어졌다. 〈인조실록〉에는 영의정 이원익이 "선조의 나인들이 모두 말하기를, '사대부집 종도 온돌에 거처하는데 나인으로서 마루방에 거처해야 되는가' 하므로 이로부터 대궐 안에 온돌이 많아졌다 하니…"라고 말했다. 사대부는 물론 평민에도 온돌이 보편화되었음을 알 수 있다.

역사의 아이러니는 여기에 그치지 않는다. 온돌이 민간사회로 퍼져나가고 있는 상황에서도 조선의 지성(실학자)들은 온돌 보급에 쌍수를 들고 반대했다. 영·정조 시대의 문예부흥을 이끌고 새로운 시대정신을 일깨웠던 선각자는 정작 온돌의 진면목을 알아보지 못했다. 실학을 집대성했다는 평가를 받는 이익도 《성호사설》에서 "따뜻한 온돌이 유약한 인간을 만드는 데 일조하고 있다"며 '온돌유해론'을 폈다. 이미 치료용 시설로 사용된 온돌방에 사는 게 유약한 인간을 만들다니 논리상 모순이 있다. 연암 박지원도 온돌 무용론을 폈다. 중국을 둘러보고 쓴 《열하일기》에서 온돌의 기술적 문제점을 적나라하게 비판하고 있다.

'온돌의 법제화'가 된 지 불과 50년도 되지 않아 산림피해와 건강저하 등을 이유로 온돌 혁파 주장이 또다시 득세했다. 아궁이의 먹성이 너무나 왕성했다. 솔잎만이 아니라 금수강산을 먹어치웠다. 우리의 아름다운 산하는 하나둘씩 민둥산이 되어갔던 것이다.

《조선생활사》는 산림을 보호하기 위한 현종의 입산금지 정책 등을 소개하면서 "그 결과는 신통치 않았다"고 적고 있다. 이 때문에 김자점을 역적으로 몰아세우는 '부관참시'가 이뤄지기도 했다. 《청성잡기》를 쓴 성대중도 국법으로 온돌 보급을 권장한 '김자점법'에 대해 "역신이 만든 법이 많은 데 그중 하나가 온돌 보급"이라고 규정하고 "습지나 산이 모두 민머리가 되어 버려 장작과 숯이 날이 갈수록 모자라게 되는 데도 해결책이 없다"며 안타까움을 표시했다. 박지원이 1780년에 쓴 《열하일기》에서도 고르지 못한 구들로 생기는 온돌의 기술적 문제 등을 낱낱이 지적했다. 중국처럼 벽돌로 구들을 놓는 것과 같은 기술적 보완, 열효율을 높여야 한다고 주장했다. 물론 "(새로 지은 집의) 방을 말리려면 땔감 백단을 때야 한다"며 연료낭비도 지적했다.

19세기 초 조선을 찾은 외국인에게 가장 생소한 조선의 풍경이 바로 민둥산이었다고 한다. 조선에서 연료는 나무밖에 없었다. 나무가 우거질 새가 없었다. 곳곳이 벌거숭이산으로 변했다. 일종의 '공유재의 비극'이었다. 주인 없는 자산의 남용으로 산림이 남아나지 않게 되는 현상이 빚어진 것이다.

자원 낭비 등과 같은 많은 문제점을 안고 있음에도 불구하고 얼마나 빠른 속도로 온돌이 보급되었는지를 짐작하고도 남을 일이다. 특별한 장점이 없다면 온돌의 전국적 보급은 불가능했다. 20세기 초에 발간된 '특별한 세상'이라는 뜻을 가진 《별건곤》이라는 월간 문학잡지에 실린 〈외국에 가서 생각나는 조선의 것〉이라는 글에 조선 사람이 보는 온돌의 장점이 적시되어 있다.

"중국의 캉이나 서양인의 침대나 일본의 다다미에서 거처해봤으나 우리 조선의 온돌처럼 따뜻하고 경제적이요 위생적인 것은 없습니다. 일본처럼 비습하고 중국처럼 추운 지방에 있어서 봄과 늦은 가을 난로, 화로 같은 것을 설치하지 않으면 학생기숙사 같은 데서 참으로 추어서 견디기 어렵습니다."

일본 가정문화를 만든
화로, 이로리와 코타츠

이로리가 만드는 화목한 가정

최근 일본인 손에 넘어갔던 문화재 한 점이 되돌아왔다. 조선 왕실이 제작한 '오륜행실도' 목판이다. 철종 10년(1859년)에 복각된 복각본이다. 원판은 정조 21년(1797년)에 백성을 교화할 목적으로 왕실에서 발간한 것이다. 오륜행실도 활자본은 보존되어 있다. 이를 찍어낸 목판의 소재가 파악된 것은 이번이 처음이다. 그만큼 사료적 가치가 높다. 예술성도 돋보인다. 목판의 그림은 김홍도의 작품으로 특유의 사실적이고 세련된 감각이 돋보인다.

한편으로 귀중한 문화재 반환에 대해 반갑지만 다른 한편으로는 가슴이 먹먹하다. 일본인이 이 목판으로 일본의 난방장치인 이로리(囲炉裏)를 보관하는 장식용 상자로 사용한 사실 때문이다. 일본 전통 문양인 부채 모양의 상자 손잡이로 만들기 위해 목판 둘레의 여백과 서각된 글씨를 도려내어 목판은 심하게 훼손된 상태였다고 한다. 문화재에 대한 무지에서 비롯된 소치인가, 아니면 이로리에 대한 일본인의 자부심에서 비롯된 소행인가?

제5장 온돌, 캉 그리고 고타즈

이로리

일본식 난방장치로 일종의
화로다. 방바닥 또는 마룻
바닥을 네모나게 파서 그
가운데 넣어 방의 난방을
한다.

이로리는 13세기경 무로마치시대부터 사용한 일본식 난방장치로
일종의 화로다. 방바닥 또는 마룻바닥을 네모나게 파서 그 가운데 넣
어 방의 난방을 한다.

우리나라 사람들도 "등 따뜻하고 배부르면 그만"이라고 한다. 온
기가 가족의 단란함과 충족된 삶의 지표라고 해도 과언이 아닌 듯하
다.

일본에서 이로리는 가정 화목의 상징으로 통한다. 일본인에서 화
목한 가정의 모습은 이로리에 둘러앉아 음식을 먹는 것을 상상한다.
이로리 위에는 보꾹에서 내려진 막대기나 끈에 매달린 나베(냄비)가
있다. 냄비 밑에는 이로리에 화롯불이 피어있기 마련이다.

일본인은 우리보다 한술 더 뜬다. 식사 방법이 우리와 다른 데서

유래한다. 일본인은 차부다이라고 하는 독상에서 식사한다. 일본인에게 여러 사람이 함께 먹는 음식은 거의 없다. 나베료리는 예외적음식이다. 더욱이 나베료리는 이로리로 끓여 먹는 즉석요리다. 이로리라는 단어 속에서도 가족식사라는 의미가 중첩된다. 온 가족이 함께 한자리에 모여서 식사하는 게 일본인에게는 곧 풍족한 삶인 셈이다. 건축평론가 가와조에 노보루는 가족식사의 소중함에 대해 "식탁에서 가정의 빛나는 중심을 본다"고 의미를 부여했다. 실제로 "(이로리 위에 놓인) 나베에서 음식이 펄펄 끓는다"는 관용적 표현이 풍요로운 생활을 뜻한다. 사실 과거 추운 겨울날 따뜻한 이로리 앞에서 옹숭그리고 동그랗게 모여 있는 게 전통적인 일본인의 안방(지노마) 풍경이라고 한다.

이로리 예법

이로리에 대한 의미는 가족 식사라는 데 국한되지 않는다. 이로리는 가족의 위계와 질서를 상징한다. 이로리 주변에 둘러앉았는데 가족간의 서열에 따라 자리가 정해져 있다. 이것을 일명 '이로리 예법'이라고 했다. 이로리 예법은 위계를 표현하는 신성한 의식과 같았다.

화롯가의 정면을 요코자(橫座)라고 한다. 집주인의 자리다. 다다미를 방 전체에 깔기 전에는 요코자에는 돗자리나 다다미가 한 장이 가로로 깔려 있다고 한다. 이 때문에 '옆으로 깐 자리'(요코자)라고 지칭했다. 요코자 그 자체가 가장의 위엄과 권위를 드러낸다. 가장 이외의 가족 누구도 그곳에 앉을 수 없다. 그 자리에 앉으며 '네코'(고양이)라는 비난을 받을 각오를 해야 했다. 따뜻한 것을 좋아하는 고양이가 주인이 없을 때 이곳에 웅크리고 앉곤 해서 생긴 말이다. 손님이 있을 땐 손님은 요코자를 중심으로 오른쪽부터 서열 순서대로 앉는다. 손님이 없을 때 남자 식구들이 위계 순서대로 앉는다.

왼쪽으로는 여성이 위계에 따라 자리한다. 왼편 첫 번째 자리도 지정석이다. 집안의 안주인 자리다. 안주인이 부재중이라고 해도 딸이나 며느리가 앉을 수 없다. 안주인의 지정석을 '주걱잡이 자리'라고 했다. 이 자리에 앉는 사람은 가족에게 나베료리를 퍼주는 권한을 갖고 있다. 그것은 막강한 권한이다. 일본의 주걱은 우리식으로 말하면 곳간 열쇠다. 우리나라의 며느리가 시어머니에게 곳간 열쇠를 물려받아야 시집살이에서 끝나듯이 일본의 며느리도 주걱을 넘겨받아야 명실상부하게 안주인으로 인정받았다. 화롯가의 말석은 두말할 필요도 없이 요코자의 맞은편 자리다. 이 자리를 나무 밑동이라는 의미인 '기지리'(木尻)라고 명명했다.

일본인들이 얼마나 엄격하게 자리 배정을 하고 위계질서를 지켰는지 "남자 체면보다 나베 끓이기"라는 속담만 봐도 알 수 있다. 가장 체면조차도 맛있는 나베료리 앞에서는 허무하게 무너진다는 뜻을 담고 있다. 하지만 말 속에는 가장의 권위가 얼마나 엄중한 것인지 짐작하기에 부족함이 없다. 역설적인 표현인 셈이다.

과거 일본의 가정에서 자리는 위계와 질서를 뜻한다. 사회조직은 가정조직의 확대판이다. 이것은 하나의 독특한 문화로 정착됐다. 위계와 질서는 일본이 갖는 '자리 문화'의 씨앗이고 원자다.

빨라도 너무 빠른 코타츠의 변신

어떻든 시대의 흐름과 함께 가장의 권위와 가족의 서열 문화에 변화가 생겼다. 위계의 형식에도 변화가 생겼다. 그것은 화로의 불이 장작불에서 숯불로 바뀌면서 일어난 일이다. 일본 민속학의 창시자 야나기타 구니오는 《일본 명치·대정시대의 생활문화사》에서 "이로리는 지방에 따라 오카로(丘爐)라고 했다"면서 "오카로는 높은 곳을 뜻하는 것으로 봐서 오카로를 윗방까지도 가지고 갈 수 있었을 것"이라고 말했다.

이처럼 화로의 이동이 가능해진 이유는 장작불이 숯불로 대체되었기 때문이다. 작은 난방기구가 생기고 그것을 옮길 수 있게 되면서 굳이 가장이 요코자를 고집할 이유도 없어졌다. 귀한 손님도 굳이 화로 주변에 모셔야 할 필요가 없어졌을 것이다.

이로리에서 진화한 화로가 우리에게도 귀에 익은 코타츠(火燵)다. 한국의 온돌과 같은 난방시스템이 없는 일본에서는 추운 겨울을 나기 위한 필수품이다. 코타츠는 거실이나 방바닥을 잘라내고 그 위에다 '야구라'(櫓)라고 불리는 나무 탁자를 설치하여 이불이나 담요 등으로 덮고 야구라 밑에 화로를 놓은 난방기구다. 다다미에 걸터앉아 코타츠에 깔린 이불을 덮고 있으면 추위를 견딜 만하다. 이 때문에 코타츠 주변이 가족 활동의 중심이 된다. 한겨울뿐 아니라 한여름도 마찬가지다. 여름에는 화로를 피우지 않고 이불을 걷은 코타츠에서 생활하기 때문이다.

임진왜란 직후 통신사 일행으로 일본을 방문했던 신유한은 《문견잡록》에 일본인의 방과 코타츠에 대해 상세하게 기록하고 있다.

"나라 안 왕궁이나 민가에 모두 온돌로 불을 지피는 법이 없고 다만 마루방 위에 두꺼운 자리와 솜 요를 깔고 잔다. 솥이나 냄비 같은 밥 짓는 그릇은 모두 따로 부엌에 두어 연기와 불이 사람이 거처하는 방과 서로 접하지 않는다. 다만 지극히 추울 때는 방 가운데 지로(地爐)를 설치하여 흙을 쌓아 숯불을 피우고 작은 평상을 그 위에 놓는데 평상은 우리나라의 작은 창처럼 구멍이 여러 개 나 있어 불기운이 통하고 이불과 요로 덮어서 거기에 올라앉아 땀을 내는 사람도 있고 그 옆에 앉아 손발을 쪼이는 사람도 있다."

숯불 화로와 함께 목화산업의 발달이 코타츠 출현에 결정적 역할을 했다는 게 야나기타의 주장이다. 그는 같은 책에서 "목면이 없었다면 아마도 이불을 씌우는 화로인 코타츠는 탄생하지 않았을 것"이라면서 "작은 화로에 장작을 피우는 대신 부삽으로 붉게 달구어진 숯불을 운반하게 된 뒤에 생긴 것으로 추측할 수 있다"고 주장했다.

전통적인 코타츠는 움푹 꺼진 바닥에 나무 탁자를 올린 호리코타츠(掘り炬燵)였다. 이것이 바닥 대신 나무 탁자 밑에 난방장치를 설치, 이동이 가능한 오키코타츠(置き炬燵)로 발전됐다. 더 나아가서는 초소에 쓰는 반쇼(番所) 코타츠, 네코 히바치(앞뒤에 여러 개의 구멍을 뚫은 흙이나 도자기로 만든 화로) 등과 같은 제품으로 진화를 거듭하고 있다.

코타츠는 잠자리도 변화시켰다. 코타츠가 개량되기 전에는 겨울밤의 잠자리는 고역이었다. 고타츠의 화력이 너무 약해 난방 효과가 부분적이었기 때문이었다. 매우 추운 날이면 코타츠 화롯불에 몸을 충분히 데우고 입고 있던 옷을 벗어 덮고 자는 게 고작이었다. 사치를 부린다면 뜨거운 물을 담은 일종의 핫팩인 유담부를 이불 속에 넣고 잤다. 목면의 발달과 함께 이불과 솜으로 만든 잠옷 등도 등장하게 된다. 특히 바닥에서 올라오는 찬 기운을 막기 위해서 두터운 요를 깔고 잤다. 대신 덮는 이불은 코타츠가 방안 공기를 덥혀놓았기 때문에 굳이 두꺼울 필요가 없었다. 이 때문에 일본인들은 펄펄 끓는 온돌방에서 얇은 요를 깔고 두꺼운 이불을 덮고 자는 한국인을 잘 이해하지 못한다.

사무라이와 화로가 만나다

일본의 난방문화는 일본인의 삶의 방식이나 사고방식에도 지대한 영향을 주고 있다. 엄격한 위계질서나 주종관계를 중시하는 사무라이 문화가 화롯가로 옮겨진 것이다. 즉 화로를 중심으로 줄을 세웠다는 뜻이다.

그 영향은 지금도 계속되고 있다. 이런 현상은 루이 베네딕트의 예리한 눈에 포착됐다. 그의 책《국화와 칼》은 이어령의《축소지향의 일본인》과 함께 '일본 문화를 알려주는 책' 10권 중 한 권으로 선정됐다. 그는《국화와 칼》에서 재미있는 일본인의 모습을 기술했다.

"(일본 여성은) 양장을 했을 경우 남편보다 앞서 나가거나 나란히 걷기도 하지만 일단 기모노로 갈아입으면 남편 뒤를 따른다"면서 이에 대해 "계층 관념은 세대와 연령에 따라 달라진다. 일본인의 계층제도란 인간 상호관계 및 국가 관계 등의 관념에 대한 기초이며 사회적 체험에 의해 일본인들의 사고 속에 깊이 박힌 생활 원리이고 자연스러운 일이다"라고 설명했다.

김용운은《한국인과 일본인》에서 "일본인의 정해진 자리는 '칼로 벤 자리'이며 일본 문화는 이 자리를 연결하는 '직선문화'"라고 갈파했다. '직선문화'는 위계질서를 의미한다. 일본에서는 이 질서를 조금이라도 어지럽히는 행위는 용납하지 않는다. 그는 또 위계질서를 어지럽히는 행위는 '부끄러운 일'과 같다는 생각이 관습화되어 있다고 강조했다.

이 같은 위계질서의 규범은 집단주의적 사고로 이어지고 있다는 게 일반적인 분석이다. 김영명 한림대 교수는 《콤플렉스의 나라 일본》에서 "집단주의는 일본인의 몸에 밴 프로그램"이라면서 "집단주의 중심에는 회사, 바쿠후, 국가에도 가정의 가장과 같은 막강하고 핵심적인 권력체가 존재한다"고 주장했다. 집단의 윤리가 우선됨은 물론 집단권력을 중심으로 순위 매김이 이뤄질 때 그 집단의 윤리도 좀 더 효율성을 갖게 된다. 일본의 대표적 심리학자 미나미 히로시는 그의 대표작 《일본적 자아》에서 "일본인이 서열을 매기는 것을 좋아하는 성격은 자아불확실성에서 온 것"이라고 역설했다.

집단주의는 획일주의와 닮았다. 집단에 대한 의존성이 강하다는 것은 그만큼 집단에서 따돌림받는 것을 두려워한다는 뜻이다. 집단 따돌림이라는 것은 도덕적으로 용납될 수 없는 행동, 규칙을 지키지 않는 행위에서 비롯된 게 아니다. 다른 사람과 구별되는 행동에서 유발된다. 이샤야 벤다샨은 《일본인과 유태인》에서 "마을 사람들이 보리 씨를 뿌리기 시작했기 때문에 우리 집도 급히 보리 씨를 뿌리자는 것"이라고 일본인 특성을 꼬집었다. 이웃을 흉내내면서 획일성이 강화된 것이다. 그는 "여기에서 일본인의 획일주의가 근원이 됐고 이것은 일본의 생산성과 연결된다"고 주장했다. 영화작품 〈하나비〉, 〈기쿠리로의 여름〉 등으로 한국에도 잘 알려진 영화감독 기타노 다케시도 "빨간 신호등도 함께 건너면 무섭지 않은 게 일본인"이라고 주장했다.

침대를 데우는 중국인

온돌과 침대가 결합한 캉

"중국이 근대화되었지만 십수억 명의 중국인들은 황토 한 다랑이, 한 마리 소, 아내 하나, 아들 셋(지금은 하나), 그리고 따뜻한 온돌을 이상 으로 삼아 살고 있다."

생활이 비록 구차하더라도 행복한 가정을 꿈꾸는 중국인의 소박한 희망을 이규태는 《신열하일기》에서 이렇게 표현했다. 여기서 눈에 띄는 것은 '따뜻한 온돌'이다. '따뜻한 온돌'은 가족과 더불어 사는 중국인의 삶의 터전을 상징하는 중국 북부지방의 난방시스템인 캉(炕)을 말한다. 캉은 방 일부에만 구들을 까는 난방시설로 침대형 온돌이라고 생각하면 이해하기가 쉽다. 방안에 벽돌을 쌓아 침대 모양으로 방바닥을 만들고 화덕에 불을 때 바닥을 덥히는 방식이다. 이규태는 《한국인 생활구조》에서 캉을 "침대문화와 온돌문화의 중간"이라고 말했다.

방 하나에 캉이 하나가 있는 게 기본이다. 하지만 벽면을 따라 두 개 혹은 세 개가 있기도 하다. 캉은 중국 주택에서 온기를 느낄 수 있는 공간으로 취침과 휴식을 겸한다. 이 때문에 캉 위에서 가족들이 차를 마시며 정담을 나눈다. 중국 가옥에서 우리로 말하면 온돌방 아랫목과 같은 구실을 한다. 구들과 캉은 돌을 데워 방을 따뜻하게 하는 난방원리가 동일하다. 취사를 겸한 난방방식이라는 것도 유사하다. 그런 때문인지는 알 수 없지만 한국과 북방계 중국인의 정서도 일면 비슷해 보인다.

하지만 최근 한국과 중국의 정서적 이질감과 문화적 거리감을 증폭시킨 사건이 발생했다. 현재 중국 영토인 고구려와 발해를 중국 역사에 편입시키는 근거로 온돌을 이용하고 나선 것이다. 중국이 최근 역사 다시 쓰기 즉 동북공정을 하면서 이 프로젝트에 온돌을 포함했다. 현재까지 발견된 유적으로 볼 때 온돌의 지적재산권은 고구려에 있다. 온돌은 고구려 문화일 뿐 아니라 한반도 전체로 전파된다. 한민족이 큰 자랑으로 삼는 문화유산이다. 동북공정에 나선 중국학자들은 이를 무시하고 온돌의 발생지가 고구려이고 그 땅이 현재 중국에 속한 만큼 온돌의 지적소유권도 중국에 있다는 황당한 주장을 펴고 있다. 이는 역사와 문화를 부정하는 억지다.

중국인도 염치가 있다. 온돌이 캉의 변형 즉 캉이 변해서 온돌이 된 것이라고까지는 하지 않고 있다. 김남웅 단국대 교수는 그 이유에 대해 《문헌과 유적으로 본 구들이야기 온돌이야기》에서 "본래 중국의 문화 즉 만주를 포함하지 않는 베이징 지역과 그 이남 지역에는 캉과 같은 난방법이 없던 것이 확실하다"면서 "송나라를 남쪽으로 밀어내고 중원을 장악한 금나라 때부터 캉에 대한 언급이 잦아지

캉

방안에 벽돌을 쌓아 침대모양으로 방바닥을 만들고 화덕에 불을 땔 때 바닥을 덥히는 방식이다.

으로, 금나라 사람들이 캉을 베이징, 톈진 등 중원지대에 보급한 것"
이라고 말하고 있다. 금나라는 고구려의 옛 영토에서 탄생했다. 우리
민족의 활동무대와 겹친다. 그러므로 금나라 사람들이 고구려의 구
들을 변형시켜 사용했음을 쉽게 유추할 수 있다.

김 교수도 "캉은 고구려시대 초기의 구들 형태에 가깝다"면서
"만주 같은 추운 지방에서 중국의 주거생활 문화와 접목되어 발전
한 것"이라고 밝히고 있다. 캉은 온돌과 입식문화의 상징인 침대의
만남에서 비롯되었다고 할 수 있다. 이것이 황화 남쪽 일부와 일본
의 큐슈, 카자흐스탄까지 전파됐고 심지어 몽골 지방의 주거인 '게
르'(텐트)에도 원용되었다는 게 정설이다. 따뜻하고 습한 중국의 화남

지방에서는 깡의 흔적을 찾을 수 없다. 난방장치 자체가 필요 없을 만큼 따뜻한 기후를 가졌기 때문이다. 대신 마루와 침대 생활을 했다.

100일 동안 온기가 살아 있는 아자방

온돌이 깡에만 영향을 준 게 아니다. 깡도 온돌에 영향을 줬다. 경남 하동군 칠불사에는 아자방이 이를 설명하는 근거다. 아자방(亞字房)은 신라 효공왕 때 담공선사가 방바닥과 높이를 달리하는 아(亞)자 모양의 단을 쌓은 이중 온돌을 설치한 방이다. 아자방은 방의 구조가 아(亞)자 모양으로 되어 있어 붙여진 이름이다. 무려 1100년 전에 만들어졌다. 이미 고구려 문화가 지리산 자락까지 영향을 미치고 있었음을 알 수 있다.

아자방은 우리 전통온돌 중 가장 과학적인 온돌로 여겨진다. 세계 건축대사전에도 독특한 구조양식으로 소개되어 있다. 전형적인 온돌도 아니고 그렇다고 전형적인 깡의 모습도 아니다. 매우 특이한 온돌식 난방구조였다. 하지만 불을 때면 높은 곳과 낮은 곳 모두 따뜻했다고 한다. 그것도 한번 불을 지피면 100일 동안이나 따뜻했다고 한다. 형태 일부만 깡과 비슷한 온전한 온돌방인 셈이다.

회암사지에 발견된 탁상식 구들도 마찬가지다. 옛날만 그런 게 아니라 포목점이나 식당 등에도 공간 일부를 높여 바닥난방을 한 것을 볼 수 있다. 이는 고구려 초기의 온돌 형태가 변형된 것이라고 김남웅 교수는 주장한다.

또 조선 시대에는 깡의 건축방식 도입을 적극적으로 주장하는 사람들이 적지 않았다. 구들을 돌이 아닌 깡처럼 벽돌이나 기와를 이용하자는 주장이었다. 조선 숙종 어의였던 이시필은《소문사설》에서 중국의 벽돌 온돌 설치법을 설명했다. 이 책은 그 효능에 대해 "도제조의 방과 제조 및 낭청의 방을 모조리 이 방법에 따라 마루를 철거하고 개조하였는데, 비용이 절감되고 일이 줄어들 뿐 아니라 아침에 온돌을 설치하기 시작하면 저녁에 거기서 잘 수 있으니 매우 빠른 방법이라 하겠다"고 적고 있다.

박지원도《열하일기》에서 한국 온돌이 열효율이 떨어지는 이유 6가지를 지적하면서 벽돌 온돌의 도입 필요성을 주장했다. 박지원은 무엇보다 산하의 황폐화를 막는 방법으로 이 방안을 제안했다.

어쨌든 캉과 온돌을 결합한 한국의 온돌침대가 국제표준이 되고 있다. 우리나라가 제안한 돌침대와 흙침대 등 온돌식 전기침대 국제표준안이 국제전기표준위원회(IEC)에서 정식 채택됐다고 한다. 온돌의 종주국으로서 기술도 수출하게 됐다. 그 기술과 함께 온돌의 정신도 함께 수출되길 바란다. 온돌문화에 깃든 우리의 따뜻한 마음까지 전 세계에서 전할 수 있다면 금상첨화다. 그렇게 된다면 중국이 온돌을 중국화하려는 의도는 물거품이 될 것이다.

제6장

공존을 거부한
좌식과 입식문화

좌식이든 입식이든 그 자체가 생활양식이다. 생활양식은 민족 혹은 나라(지방)
가 갖은 독특한 고유문화의 원형질을 표현하는 방식이다. 입식과 좌식생활 문
화도 이 고유한 원형질에서 파생되었지만 시간의 흔적이 쌓이면서 최적의 생활
양식으로 정착되었다.
한국과 일본은 좌식생활을 하는 반면 중국은 입식생활을 한다. 좌식생활을 하
느냐 아니면 입식생활을 하느냐에 따라 주거공간의 구성과 배치, 주거의 형태
는 물론 생활문화도 달라진다. 잠자리, 상차림, 앉는 자세, 인사법 등 수없이 많
은 생활방식에 영향을 끼친다.

아궁이에서 피어오른
좌식문화

자세로 정신을 표현하다

"황새는 왜 한쪽 다리를 들고 서 있을까?"

어린아이라도 한 번쯤 궁금증을 가졌을 법한 의문이다. 결론부터 말하면 체온 조절을 위해서다. 새는 사람보다 체온이 높다. 참새처럼 몸집이 작은 새는 42도 정도 된다. 몸집이 큰 조류는 작은 조류보다 체온이 조금 낮다. 황새도 40도 웃돈다. 체온이 높은 만큼 그것을 유지를 위한 '신진대사 비용'도 많이 든다. 신진대사 비용은 곧 에너지다. 에너지를 절약하기 위해 휴식을 취하거나 잠을 잘 때, 한쪽 다리를 배속 깃털에 숨긴 채 서 있는 것이다. 황새는 몸집이 큰 만큼 열손실을 막아야 할 필요성이 더 큰 셈이다.

더욱이 조류에는 인간이 갖는 체내 발열 시스템이 작동되지 않는다. 사람은 체내의 갈색지방을 태워 에너지를 만든다. 겨울에도 갈색지방이 타면서 열을 내기 때문에 어느 정도 추위에도 견딜 수 있다.

그렇다면 황새가 한쪽 다리를 들고 있다고 해서 그것을 '외다리 자세'라고 이름을 붙일 수 있을까? 그 대답은 '아니요'다. 동물에게는 정지된 동작은 있을지언정 자세는 없다. 이를테면 강아지가 움직이지 않고 곧게 서 있다고 해서 그것을 부동자세라고 이름 붙이거나 엉덩이를 땅에 붙이고 앉아 있다고 해서 '쪼그려 앉은 자세'라고 명명할 수 없다는 뜻이다.

사람에게만 '자세'가 있다. 자세는 오직 사람이 몸을 움직이거나 가눌 때 사용하는 단어다. 하지만 인간에게도 똑같은 이름이 붙여진 자세에도 형태가 다른 게 있다. 바로 '바르게 앉는 자세'다. 입식문화권에서 정좌라는 의미조차 없다. 그저 의자에 걸터앉으면 그만이다. 사실 의자에 앉는 자세는 특별할 게 없다. 어느 나라, 민족에 관계없이 그 모양은 크게 다르지 않다.

오죽했으면 로댕은 불편하기 짝이 없는 자세를 취한 조각상, 〈생각하는 사람〉을 통해 '영원히 사유하는 인간상'을 만들어냈을까? 로댕은 〈생각하는 사람〉의 의미를 "벌거벗고 바위에 앉아, 양발은 모은 채 주먹은 입가에 대고 그는 꿈을 꾼다. 이제 더이상 그는 몽상가가 아니라 창조자가 되는 것이다"라고 밝혔다. 로댕은 작품 속의 인물이 취하고 있는 여러 자세를 설명하고 있다. 하나 더 추가할 게 있다. 왼쪽 무릎에 오른쪽 팔을 괴고 있는 모양이다. 자연스러운 자세가 아니다. 의자에 앉는 자세라는 게 특별할 게 없다. 그래서 몸을 비틀지 않으면 고뇌하는 형상을 표현할 수 없기 때문은 아니었을까?

'일어나다'와 '일어서다'의 차이

우리나라 주택구조의 변화는 경제발전의 한 단면이다. 경제성장과 함께 아파트 숲을 이룬 신도시가 우후죽순처럼 생겨났다. 도심의 불량주택은 양성화라는 이름으로 양옥집으로 다시 지어졌다. 〈새마을노래〉의 노랫말처럼 '새마을'을 가꾸면서 초가집은 농촌에서 거의 사라졌다.

새로 지어진 주택은 편의성과 기능성이 우선시 됐다. 주택구조의 서구화란 곧 서양식 주택을 모방한 것에 불과하다. 우리의 전통과 생활 습관은 무시됐다. 어쩌면 배제됐다는 표현이 더 정확할지 모른다. 서양식 주택의 보급과 함께 한국적 주거문화 역시 그 정체성을 잃었다. 전통 파괴의 필연적 결과는 생활문화의 변화였다. 우리의 생활양식마저 점점 바뀌었다. 우리가 뭉개고 앉아 있던 방바닥을 의자, 탁자 그리고 침대 등 입식생활에 필요한 가구에게 내주었다. 입식생활 방식으로 바뀌었다.

하지만 바뀌지 않는 게 있다. 습관이다. 의자 위에서도 다리를 접고 앉는다. 그게 편하다. 심지어 포장마차에 있는 등받이도 없는 좁디좁은 빨강·파랑 플라스틱 의자에서도 신발을 벗고 양반다리로 앉을 수 있다. 남들이 보기에 무척이나 불편해 보일지 모른다. 입식생활을 하는 서양인이 본다면 묘기를 부린다고 할지 모르지만 그만큼 편한 자세가 없다. 나의 몸에 밴 자세가 양반다리라고밖에 그 이유를 설명할 수 없다. 아마도 좌식문화에 익숙한 민족적 유전자를 머리가 아닌 몸이 기억하고 있는 것은 아닐까?

그런 의문에 대한 대답은 의외로 쉽게 찾을 수 있다. 이미 서구화된 주거 형태가 굳어진 뒤 태어난 우리들의 아이들이지만 TV를 볼 때 소파 위로 슬며시 다리를 올려 양반다리를 하는 모습을 발견할 때가 있다. 결코 놀라운 일이 아니다. 태어나면서부터 소파나 의자에 앉는 생활을 해온 어린아이에게도 문화유전자로 몸에 밴 좌식생활 방식이 무의식적으로 드러난 것이다. 유전적으로 저장된 무의식을 활성화시키는 '프라이밍 효과'(Priming Effect)가 자연스럽게 드러난 것이다. 좌식문화를 가진 나라가 상대적으로 흔한 편도 아니다. 그중에서도 책상다리하고 생활하는 민족은 우리 그리고 아메리카 인디언 정도라는 점을 염두에 둔다면 프라이밍 효과를 무시할 수 없다.

좌식문화를 단지 무의식의 활성화 결과라고 여기는 것은 너무 단견이 아닐까? 유전자적 요인을 우리말에서 찾아봤다. 흔히 언어는 생활문화의 거울이라고도 한다. 언어와 생활문화는 밀접하게 상호작용을 하고 있기 때문이다. 좌식생활도 마찬가지다. '드러눕다'와 '일어나다'가 그것이다. '드러눕다'의 사전적 의미는 편하게 누워 있는 상태를 말한다. 즉 바닥에 눕는 게 편하다는 뜻을 내포하고 있다. 아주 옛날 우리 선조들은 땅 밑으로 판 굴 위에 짚으로 지붕을 덮은 동굴에서 생활했다. '드러눕다'는 비바람과 추위를 피해 좁은 동굴집에 들어가면 누울 수밖에 없다. 이런 행위에서 유래한 말이라는 게 김준봉 국제온돌학회장(북경공업대 교수)의 설명이다.

'일어나다'도 같은 맥락에서 살펴볼 수 있다. '일어나다'는 누운 상태에서 앉거나 아니면 앉은 상태에서 일어서는 것을 말한다. 즉 몸을 일으킨다는 의미다. 그렇다면 왜 몸을 일으킨다는 직접적 표현인 '일어서다'가 아니라 '일어나다'는 표현이 일반적으로 쓰일까? '일어나다'는 이 역시 어디론가 나가기 위해서 몸을 일으킨다는 목적성이 담겨 있다. 이 단어에서 나가지 않은 상태에선 앉아 있거나 누워 있는 게 몸에 배어 있음을 유추할 수 있다. 즉 실내생활의 기본 바탕이 방바닥이었음을 암시하는 대목이다.

우리말만 그런 게 아니다. 좌식생활을 하는 일본에서도 이런 친화적인 표현을 쉽게 찾을 수 있다. "게타(신발)를 맡긴다"는 관용적 표현을 보면, 일이 잘못될 우려가 있음에도 불구하고 그 위험을 무릅쓰고 다른 사람에게 일을 맡긴다는 뜻을 가진다. '실패해도 큰 부담이 없는 일'의 상징적 물건이 게타다. 신발을 벗어야 하는 다다미 생활에 길들여져 있는 일본인에게 게타는 상대적으로 대접을 받지 못한 데서 유래되었을 가능성이 있다.

한국인의 정

속담은 조상들이 살던 시대의 집단적 지성이다. 속담 속에 당시 사회적 가치가 반영되는 것도 그 때문이다. "앉은 자리 풀도 안 난다" "누울 자리를 보고 발 뻗어라" "등 따뜻하고 배부르면 정승 부러울 게 없다"와 같은 속담 역시 우리가 오래전부터 좌식문화 생활에 길들어진 좌식문화에 자부심을 갖고 있다는 반증이다. 특히 등 따뜻한 것과 배부른 것을 동일시하고 있다. '방바닥'이 풍족하고 안락한 삶의 상징으로 여겼음을 알 수 있다.

거기에 그치지 않는다. 농촌생활 경험이 있는 사람이라면 굳이 속담을 인용하지 않더라도 따뜻한 아랫목에서 가족, 친구, 애인 마음의 온기를 나누던 추억이 떠오른다. 그런 사람이라면 누구라도 시인 배한봉이 쓴 시, 〈쩌글쩌글 끓는 아랫목〉에 공감할 듯하다.

장작 군불을 때면
쩌글쩌글 밤새도록 끓던 아랫목
식구들 둥글게 앉아
동치미 국물로 찐 고구마 먹던 아랫목
이불 속 가운데 모인 발 간질이며 들썩거리던

그 뜨거운 아랫목

이 시는 단지 엉덩이와 아랫목 바닥의 유쾌한 촉감만을 노래하는
것은 아니다. 이불 속에선 발과 발이 부딪히고 있다. 사람과 사람이
살을 맞대고 어울리고 있다. 정이 서로 통하고 있다. 발과 발이 부딪
히는 것은 앉은뱅이 자세가 아니면 불가능한 자세다. 이규태는 "한
국의 정(情) 문화는 접촉본능에서 유래한다"면서 "그 본능은 온돌에
연유하다"고 말했다. 하지만 불과 얼마 전까지만 해도 접촉본능조차
규제를 받았다. 앉는 자세와 위치에도 서열이 있었다. 충분히 짐작하
겠지만 아랫목은 집안 어른의 차지다. 윗목에 신분이나 위계가 낮은
사람이 앉았다. 앉는 자세도 손윗사람이나 평등관계에 있는 사람은
양반다리로 마주 앉았다. 손윗사람 앞에 앉는 경우는 무릎을 꿇고 앉
았다. 연세대 출판부가 발간한 《한국인의 삶과 미래주택》에 따르면,
몸과 접촉면이 높을수록 높은 가치가 형성된 것이라고 밝히고 있다.

언어와 음악은 통한다. 흔히 음악을 '소리언어'라고 말한다. 그렇
다면 악기는 음악의 소리기관이라고 할 수 있을까? 우리 악기 중에
서도 앉는 생활문화의 단면을 보여주는 게 있다. 거문고다. 이어령은
《우리문화 박물지》에서 "거문고는 눕혀서 품어줄 때만 소리를 낸다"
면서 "거문고는 누워서 살고 일어나서 죽는 '역설의 악기'"라고 말했
다. "모든 악기는 직립의 의지 속에서 소리를 내고 누워 있는 휴식의
자세로 소리가 끝난다. 그러나 유독 거문고는 예외다. 소리를 낼 때
는 눕히고 오히려 연주가 다 끝나면 수직의 자세로 세워진다"는 게
그의 설명이다.

좌식생활을 염두에 두지 않으면 결코 우리의 유전자 지도를 그릴

제6장 공존을 거부한 좌식과 입식문화

수 없다. 절도 그중 하나다. 우리는 절을 할 때 방바닥에 손을 대고 무릎을 굽힌 뒤 고개를 숙인다. 입식생활을 하는 중국에서 큰절하는 한국식 인사법(중국에서는 황제 이외의 사람에게는 무릎을 굽혀 몸을 숙이는 방식의 인사를 하지 않는다)을 이해하지 못한다. 두 무릎을 모두 꿇고 고개 숙이는 예법은 매우 예외적이다. 청나라 때 황제를 알현할 때 절을 세 번 하고 절할 때마다 머리를 세 번 조아리는 삼궤구고두(三跪九叩頭)가 있기는 했다. 흔한 경우는 아니다. 보다 일반적 인사법은 한 무릎을 굽히고 주먹을 겹쳐진 양손을 모으는 자세. 열하에서 청나라 옹정제를 만난 박병원도 한쪽 무릎만 땅에 대고 상체는 고추 세운 채 고개를 숙여 인사했다는 기록이 《열하일기》에 남아 있다.

먼 옛날에도 의례적 행사가 아닌 경우 보통의 중국인은 자신의 양 팔꿈치를 잡고 고개를 숙여 인사했다. 또는 주먹 쥔 손을 다른 손으로 감싸고 고개를 숙이기도 한다. 이들을 공수식(拱手式) 인사법이라고 한다. 또 신분이 낮은 아랫사람에게 하는 '경례'(頸禮)라는 표현이 중국 고전에 간간이 나온다. 우리식으로 말하면 머리와 어깨를 잇는 뒷덜미만 까딱하는 '덜미절' 즉 지금 유행하는 목례다. 중국의 인사는 서서하는 게 보통이다.

양반다리는 그 자체가 수양이다

좌식 문화권에서는 앉는 모습이 나라마다 약간의 차이가 난다. 한국은 엉덩이와 넓적다리를 바닥에 댄 채 한쪽 다리를 책상다리처럼 접어 모으고 앉는 자세인 양반다리(결가부좌 혹은 책상다리) 자세를 정좌로 친다. 눈만 감으면 그 자체가 명상이나 묵상 혹은 참선하는 자세가 된다. 반면 일본은 무릎을 꿇고 그 위에 엉덩이를 얹은 채 허리를 꼿꼿이 세우고 앉는 자세를 정좌(세이자)라고 한다.

　로댕의 〈생각하는 사람〉처럼 고개를 숙이거나 턱을 괼 필요가 없다. 좌식문화에서 앉는 그 자체가 마음을 가라앉히는 자세가 된다. 재미있는 것은 화가 난 상태에서 두 사람이 언쟁을 높이고 있을 때 누군가 상황을 진정시킬 양이면 '앉아서 얘기하라'고 중재를 한다. 앉는 자세가 그 자체로 성찰이고 의식의 지평을 넓히는 힘을 갖는 동작인 것이다. 이는 무릎을 꿇고 앉는 일본도 마찬가지다. 이를 두고 이어령은 《축소지향의 일본인》에서 "정신문화는 몸의 자세로도 나타난다"면서 "동양의 앉는 문화는 평화적, 내적, 명상적 문화인 반면 서양의 서는 문화는 전투적, 행동적, 외적 문화"라고 규정했다. 이어령은 중국도 본래 앉는 문화였다고 전제했음은 물론이다.

　선 문화냐, 앉는 문화냐에 따라 정신문화의 차이를 낳는 것은 결국 자세의 유연성과 관련이 있다. 선 자세가 그만큼 활동적이고, 앉은 자세가 정적이라는 얘기다. 앉는 자세에도 유연성에 약간의 차이가 난다. 우리의 양반다리는 결코 정지된 동작이 아니다. 우리 조상들은 반듯이 앉아서 몸을 좌우, 앞뒤로 흔든다. 이처럼 몸을 좌우, 앞뒤로 흔드는 것을 '부라질'이라고 했다. 이어령은 《푸는문화 신바람의 문화》에서 "선비의 정좌는 단정한 자세이지 결코 부동자세를 의미하는 것은 아니다. 선비의 기품은 좌우로 흔들어 몸을 풀어주는 유동성에서 나온다"는 요지로 말했다.

　선비가 바른 자세로 앉아 책을 읽는 게 자기수양방법 중 하나였다. 양반다리 자세에는 선비정신이 담겨 있다. 자기수양은 불교의 참선에서 영향을 받았다. 참선의 자세 즉 가부좌를 튼 채 명상하는 자세를 선비들이 받아들인 것으로 볼 수 있다. 가부좌는 양반다리 상태에서 왼쪽 발을 오른쪽 허벅다리 위에 올려놓고, 오른쪽 발을 왼쪽 허벅다리에 올려 교차시킨 자세다. 양반다리는 어떻게 보면 가부좌의 변형된 형태다. 그렇다면 이 자세는 유교와 불교의 영향을 주고받으면서 만들어진 게 아닐까?

선비라고 하면 무엇보다 결가부좌를 틀고 명상에 잠긴 듯 의연하게 앉아 있거나 아니며 결가부좌를 틀고 책을 읽고 있는 모습을 떠오른다. 앉은 모양새 자체가 선비의 품위와 품격을 상징한다. 조선 양반들은 결가부좌를 틀지 못하면 양반 체통에 손상이 가는 것으로 생각했다. 조선 정조 때 이조판서와 대제학을 지낸사 홍낙영은 '자세 콤플렉스'에 시달렸다. '숏다리' 신체 구조 때문에 결가부좌를 틀지 못한 것이다. 홍낙영은 "광대들의 신기에 가까운 기예와 유연한 몸짓은 끊임없는 노력의 결과"라면서 "나 역시 더 많은 노력을 해야 할 것"이라는 다짐의 글을 남기기도 했다.

개화기 때 조선 선비가 서양 열강의 도전에 당당하면서도 지혜롭게 대처하는 하나의 수단이 바로 앉는 자세였다. 영국 군함이 조선의 교두보를 확보하기 위해 고금도(古今島)에 정박, 문물 교환을 강요했다. 사실상 문호개방을 요구하기 위한 구실이었다. 이때 해미(海美) 현감이 군함에 올라 갑판에 돗자리를 깔고 앉은 뒤 "함장이 그 바닥에 결가부좌를 틀지 않으면 얘기를 않겠다"며 버티었다. 영국 군함은 어떤 실리로 챙기지 못하고 조선의 땅을 떠나야 했다. 이규태가 쓴 《한국인의 정신문화》에 나오는 한 대목이다.

정좌는 인간 본연의 모습

세이자, 다도의 시작

무릎을 꿇고 앉는 자세를 정좌로 치는 나라는 일본밖에 없다. 무릎을 꿇고 상체를 꼿꼿이 세우고 앉는 세이자(正坐)는 일종의 부동자세다. 세이자에 대한 유래에 관해서는 일본에서도 아직도 갑론을박이 계속되고 있다. 다도와의 연관설이 그래도 가장 설득력이 있어 보인다. 프랭크 기브니는 《일본-허술한 강대국》에서 다도를 "일본 사회적인 성찬식의 꼭대기에 자리 잡은 제도"라고 규정했다. 기브니가 이처럼 의미 부여를 한 이유는 동작 자체는 매우 단순한 행위이지만 차 끓여서 마시는 일련의 과정을 명상수행으로 보았기 때문이다. 물론 명상수행의 시작은 자세다. 그런 논리라면 다도는 세이자로부터 출발하는 셈이다.

다도는 16세기 말 도요토미 히데요시의 차 선생이며 일본의 차조(茶祖)로 불린 센노 리큐에 의해 완성됐다. 센노 리큐의 다도정신은 '조용히 숨어 있는 정신세계'로 규정된다. 간소함과 정적이다. 다다미가 깔린 것 이외에 특별한 장식이 없는 다실에 모여 차 한 잔 나눠 마시면 만족하다는 뜻이다. 역설적으로 허례허식을 벗어던진 인간 본연의 모습으로 돌아간다고나 할까?

다도의 도량인 다실은 무척 협소하다. 아주 작은 다실은 다다미 한 장 크기다. 그 규모를 알려주는 단어가 '쓰메갸쿠'다. 쓰메갸쿠를 직역하면 '밀어 넣은 손님'이다. 다실에 제일 나중에 도착한 손님을 이렇게 불렀다. 다실의 수용인원 즉 편하게 앉아서 차를 즐길 수 없을 만큼 많은 사람이 좁은 다실로 모여들었음을 짐작하게 한다.

다실의 문도 좁디좁았다. 이 문은 '나지리구찌'라고 부른다. 이 문이 얼마나 작고 좁은지 고개를 숙이지 않으면 들어갈 수 없다. 겨우 60cm 정도였다고 한다. 김태영 강릉대 교수(일본학과)는 《일본 문화 이야기》에서 이처럼 작고 좁은 나지리구찌를 만든 이유에 대해 "다실 안에서는 누구나 똑같은 인간의 자격으로서 마주하게 된다는 상징적 의미"라면서 "이 역시 속세의 신분을 벗어버리고 마음과 마음이 통하는 인간끼리의 정신적 교감을 중시하고자 하는 의도에서 비롯된 것"이라고 설명했다.

이렇게 좁은 방을 잇사곤류(-座建立) 또는 "후레아이노바"(觸合の場)라고 부른다. 잇사곤류는 주인과 손님의 마음이 서로 통하는 차 자리를 마련하는 것을 뜻한다. 후레아이노바는 서로 몸의 접촉을 느낄 수 있는 좁은 공간이다. 이처럼 좁은 공간에 여러 사람이 모여 차를 마시기 위해서는 무엇보다 앉는 자세가 중요했다. 이어령이 《축소지향의 일본인》에서 "좁은 다실에 여러 사람이 모이면 느슨하게 책상다리를 하고 팔짱을 낀 채 앉아 느긋하게 있을 수 없는 노릇"이라고 전제하고 세이자는 '축소지향적 자세'라고 규정했다. "축소지향적 자세는 긴장을 강조하는 문화로 이어진다"는 이어령의 주장에 새삼 동

감이 간다. 한 예로 일본인은 벽에 등을 기대고 앉는 법이 없다. 가장 편안하고 이완된 상태에 있어야 하는 방에서조차도 긴장감이 감돈다.

좁은 곳에 여러 사람이 모이게 되는 만큼 예의가 중시된다. 이 때문에 세이자 자체가 하나의 예법이 되었다. 일본인들은 세이자를 다도의 시작이라고 말하는 이유도 여기에 있다. 일본에서는 긴장된 상태가 정상이고 이완된 상태가 비정상이다.

앉는 자세도 정부가 결정했다(!)

일본의 원로 사학자 히구치 기요유키는《일본인의 성》에서 "옛날 일본에서는 죄인을 보고 웃는 게 처벌의 일종이었던 일이 있다"면서 "이게 '웃음거리가 되다'는 말의 유래"라고 주장했다. 웃음은 조롱거리가 된 데 대한 반성을 하라는 사회적 압력인 셈이다. 아이들에게 긴장감을 줄 필요가 있을 때 무릎을 꿇고 앉는 벌을 주는 우리와는 확실히 차이가 난다.

세이자는 예의범절과 함께 성(性)의 의미도 덧칠해져 있다. 일본 남성의 문화를 상징하는 것은 역시 사무라이 정신이다. 무사도는 봉건사회에서 충성과 봉사라는 계약적 규범 위에서 피어났다. 일본은 계급사회였다.《국화와 칼》에서 루스 베네딕트는 메이지 이전의 일본을 '일본식 카스트 사회'라고 규정했다. 계급성은 다실에서도 드러난다. 다실에는 주로 사무라이와 상인이 출입을 했다. 계급상 사무라이가 위고 상인은 아래다.

야나기타 구니오는《일본 명치·대정시대의 생활문화사》에서 "윗사람이라면 책상다리로 앉는 게 정좌이고 여기에 마주하는 사람은 무릎을 꿇고 앉았다"고 말한다. 그에 따르면 처음에는 양쪽 무릎을 모아서 아래로 대고 양발은 발끝을 모아서 붙이는 게 윗사람을 모시는 법도였다. 용건이 생기면 곧바로 일어설 수 있는 자세를 취하기 위함이다. 일본 사회의 정점에 있는 황족이 양반다리를 하고 앉는 것은 어느 정도 이해가 간다. 그 앞에서 쇼군도 다이묘도 무릎을 꿇고 앉았다. 그 논리라면 사무라이 앞에서 상인도 무릎을 꿇는 게 당연한 이치다.

특히 에도시대에는 사무라이의 권력은 무소불위였다. 사무라이는 법 위의 존재였다. 농민이나 상공인 등 양민이 사무라이에 대해 무례를 범하면 그 자리에서 칼로 목을 벴다. 이는 죄가 되지 않았다. 이는 '기리시테 고멘'이라는 제도다. 사무라이가 칼날이 무딘지 아닌지를 알아보기 위해 무고한 양민에게 칼질해도 죄가 되지 않았다. 이를 '츠지키리'라고 한다. 이런 마당에 아무리 거상이라도 목숨이 아깝지 않다면 사무라이에게 예의를 갖추는 것은 자명한 일이다.

상인이야 무릎을 꿇는 것은 당연한 일로 보인다. 그렇다면 왜 높은 계급의 사무라이도 무릎 꿇고 낮은 계급의 사무라이를 마주한 것일까? 늘 긴 칼로 무장하고 있는 사무라이의 복장이 문제였다. 사무라이는 긴 것과 짧은 것, 두 자루 칼을 허리에 차고 다녔다. 두 개의 칼을 찬 것을 타이토(帶刀)라고 한다. 하이도(佩刀)라고 불리는 긴 칼을 찬 상태에선 무릎을 꿇고 앉는 게 여간 불편한 일이 아니다. "나중에 남자들이 주인과 손님 모두 무릎을 꿇고 뒤쪽 발끝을 펴서 발등을 아래로 대고 앉게 된 것은 전적으로 이 같은 환대 방법이 변화된 데서 비롯된다"는 게 야나기타의 부연설명이다. 그가 말한 환대방법이란 주인이든, 손님이든 서로 대등하게 대하는 방식으로 바뀌었다는 것이다.

이렇게 해서 다도와 사무라이 예법이 결합한 게 세이자다. 사무라이의 생활은 곧 일본 사회의 모범이었다. 사무라이의 앉는 자세가 일본 사회의 준거 모델이 된 것이다. 16세기 말 신유한은 《문견잡록》에 "귀천, 남녀, 노장, 아이, 병약한 자를 막론하고 앉기만 하면 반드시 꿇어앉는다. 비록 길가에 술을 파는 여인이나 논에서 벼를 베는 사람이라도 반드시 두 무릎을 붙이고 옷을 여미고 앉는다"고 적고 있다. 신유한은 그 이유에 대해 "옷에 섶(두루마기나 저고리 따위의 깃 아래에 달린 긴 헝겊 조각)이 없고 아래는 바지가 없으므로 그렇게 하지 않으면 생식기를 가리기가 어려운 까닭"이라고 분석하고 있다.

세이자의 기원과 관련 깜짝 놀랄 이론(異論)이 최근 제기됐다. 《정좌와 일본인》이라는 책에서 "세이자가 일반화된 것은 메이지 시대 이후"라는 주장이다. 그것도 '예의 바른 일본인'의 이미지를 만들어내기 위해 메이지 정부가 의도적으로 세이자를 사무라이의 상징적 예법으로 정했다고 한다. 물론 종전에는 전혀 없던 새로운 이야기다. 사실 메이지 정부가 고기를 먹지 않는 국민에게 육식하도록 강요한 전례가 있다. 일본 국민 역시 정부의 방침이나 지시에 적극적으로 부응한다. 그렇기는 하지만 정부가 설마 '앉는 자세'까지 간섭했을까 하는 의문은 남는다.

벗는 게 신성한 것이다

"부끄럽기 때문에 감추는 게 아니라 감추기 때문에 부끄러워진다."

《팬티 인문학》을 쓴 요네하라 마리의 유명한 말이다. 좌식문화에 익숙한 사람들은 상대적으로 맨발을 드러내는 것에 대해 너그러운 편이다.

서경원 전 국회의원이 비행기 안에서 실내화를 벗은 채 돌아다녔다고 해서 한 언론으로부터 "국제적 망신거리"라고 심한 질타를 받은 일이 있다. 물론 탑승한 비행기 속에서 국제적 신사의 품위를 지켜야 하는 것은 마땅한 일이다. 하지만 좌식문화권에 생활하는 사람의 입장이라면 무의식적인 행동으로 눈감아 줄 수 있는 사안이 아니었을까?

일본의 신칸센을 타면 상당히 많은 사람이 신발을 벗은 채 편한 자세로 앉아 있는 것을 어렵지 않게 볼 수 있다. 좀 과장해서 말하면 신칸센을 탄 일본인은 가장 먼저 하는 일이 신발을 벗는 일이라고 해도 지나치지 않다. 일본인들은 신발을 벗는 순간, 마치 집안에 들어온 것처럼 편안하게 느낀다고 한다는 게《생활 속의 일본 문화》에서 다다 미치다로는 이야기한다. 좌식문화 속에 사는 사람들의 신발을 벗는 행위는 곧 앉는 자세로 돌아가기 위한 무의식적 행동일지도 모른다.

그 책에 따르면 중국인은 구두에 가치를 두고 일본인은 맨발에 가치를 둔다. 심지어 일본인은 구두를 벗을 때 즉 맨발이 되었을 때 좀 더 고급스러운 곳에 있다는 느낌을 받는다고 의미를 부여했다. 맨발로 드나드는 곳을 신성하게 여기는 것이다. 이를 알 수 있는 일본의 관용어 "발을 씻다"는 부정적인 일이나 찜찜한 일에 대하여 관계를 청산한다는 뜻이다. 이 관용적 표현은 불교에서 유래됐다. 인도의 절에서 스님들이 아침에 시주를 마치고 돌아온 직후 발을 씻는다. 발을 씻는 행위는 속세의 시름에서 벗어나기 위해 몸을 깨끗이 한다는 상징적 의미를 담고 있다.

불교에선 부처님의 발을 '신앙의 대상'으로 받든다. 부처님의 구도 행위가 길 위에서 이뤄졌음을 되새기기 위한 것이다. 특히 열반에 든 부처님의 두 발을 제자들이 볼 수 있도록 관 밖으로 내놓음으로써 맨발의 상징적 의미를 극대화했다. 소승불교를 신봉하는 동남아시아 국가에서는 맨발이 아니면 절에 들어갈 수 없는 것도 이런 이유에서다. 문재인 대통령도 지난 2018년 인도를 국빈 방문했을 때 '맨발의 투혼'을 발휘한 일이 있다. 문 대통령과 김정숙 여사는 인도 뉴델리의 간디추모공원을 찾아 맨발에 검은 슬리퍼를 신고 제단을 한 바퀴 도는 의식을 진행했다. 인도식으로 인도의 정신적 지도자인 마하트마 간디에게 존경의 뜻을 표한 것이다.

일본 고찰의 고승들이 대웅전과 같은 법당 안에서도 양말을 벗고 지내는 것을 흔히 볼 수 있다. 아마 중국인은 물론이고 우리나라 사람들도 꽤 의아하게 여길 만한 행동이다.

한국에 스승의 날이나 어버이날, 스승과 부모의 발을 씻기는 세족 의식이 유행했다. 일본에서도 발 대신 손을 씻는 테미즈야(手水舍)가 있다. 절이나 신사에 가면 어디서나 볼 수 있는데 참배하기 전 손을 씻는 곳이다. 한국인들은 약수로 착각하고 마시는 경우가 종종 있지만 마실 물은 아니다. 왼손과 오른손 순서로 씻고 나중에 입을 헹군다. 왼손은 과거의 잘못, 오른손은 현재의 죄, 입은 말의 상처를 씻어낸다는 뜻을 함축하고 있다. 이런 행동은 불교의 영향이다.

중국 송나라 때 도성의 사례를 들어 불교 윤리를 설명한 책《석씨요람》에 따르면, 목욕의 의미를 몸을 씻고 말을 씻고 마음을 씻는 것이라고 정의하고 있다. 어떻든 일본인이 사찰이나 신사에서 손을 씻는 것은 우리가 제례를 올리기 전 목욕재계하는 것과 동일한 의식이다. 이런 의식에 이어지는 참배 역시 신발을 신은 채 할 수 있는 행위가 아니다. 맨발 상태가 신을 향한 가장 겸손한 태도다. 겸손한 마음가짐을 할 때 신과 직접적이고 원활한 소통을 할 수 있다고 믿는 게 일본인이다.

신발 벗고 쇼핑하기

일본인은 절의 불당이나 사원의 사당과 가옥 내 다다미방을 동일시한다. 다다 미치다로는 "일본 가옥에는 하이에라키(지배제도, 계급제도를 지탱해주는 권위의 체계)가 있다"고 주장한다. 그리고 도마(土間 토방) – 이타노마(板の間 마루) – 다다미라는 세 단계의 공간을 제시했다. 그는 "그중에서 가장 수준 높은 공간이 바로 다다미"라고 주장했다. 그 이유는 다다미에 가장 격이 높은 신(부처님)을 모시기 때문이라고 한다.

도마에는 부뚜막 신, 불의 신, 물의 신 등이 살고 있다. 이타노마에는 집터에 사는 토착신이 있다고 믿고 있다. 일본인은 도마에는 신을 신고 이타노마에는 슬리퍼를 착용한다. 다다미 위에선 맨발 차림이다. 신발을 벗을 수 있는 장소가 좀 더 상위 개념의 공간으로 여긴다는 뜻이다.

다다 미치다로의 기준이라면 19세기 말 백화점은 이타노미 수준의 대우를 받았다고 할 수 있다. 물론 백화점과 관청에서 슬리퍼를 신었다는 이유에서 국한된다. 영국의 역사학자 크리스토퍼 히버트가 세계 유명 도시에 관해 쓴 《도시로 읽는 세계사》를 보면 1870년 미츠코시 백화점과 시로키아 백화점 등이 개장할 무렵 쇼핑객은 실내화로 갈아 신은 뒤 백화점 객장에 들어갔다. 실내화로 갈아 신는 번거로움에서 벗어난 것 역시 입식문화의 상징인 의자와 탁자가 활용되면서부터다. "1871년 정부 사무실에 의자가 처음으로 등장하면서 사람들이 건물 안에 들어가면서 신발을 벗지 않아도 됐다"는 것 역시 이 책의 설명이다.

맨발에 대한 자부심은 단지 가옥구조 때문만은 아니다. 야나기타 구니오는 《일본 명치·대정시대의 생활문화사》에서 맨발은 원래 '사무라이 계급의 예장(禮裝)'이라고 설명하고 있다. 그는 "맨발이 아니고는 마음대로 뛰어다닐 수 없다는 것과 가죽 왜버선이 본래 신발의 일종이었던 것을 생각하면 그다지 이상한 이야기가 아니다"라고 주장한다. 적어도 20세기 이전까지 일본에서는 맨발로 다니는 행동이 특별한 게 아니었다. 이는 1901년(명치 34년) 도쿄에 맨발로 다니는 금지령이 내려진 데서도 알 수 있다. 일본인의 변신은 놀랍다. "세계사에서 주권국가에 의해 문명 수입이 일본만큼 훌륭하게 수행된 예는 찾기 어렵다"는 루스 베네딕트의 '찬사'가 여기에도 적용된다. 20세기 초에 들어선 뒤로는 맨발로 다니는 여성은 화류계에 종사하는 사람으로 취급받았다.

입식문화, 의자에 앉다

발을 숨겨야 하는 이유

1999년 4월 21일 일어난 일이다. 영국 엘리자베스 2세 여왕이 한국의 정서가 속속히 배어 있는 도시, 안동의 하회마을을 방문했다. 마침 73번째 생일을 맞은 엘리자베스 2세 여왕을 위해 하회마을은 생일잔치를 준비했다. 생일상은 류성룡 종택인 충효당에 차려졌다. 엘리자베스 여왕이 신발을 신은 채 충효당 마루에 올랐다. "한국 관습과 예절로는 방에 들 때 신을 벗는다"는 안내자의 언질에 엘리자베스 2세 여왕은 선뜻 신발을 벗었다. 서양의 언론은 신발 벗은 행위를 긴급 뉴스로 다루는 등 호들갑을 떨었다. "마루에 오를 때 신발을 벗도록 권유를 받을 때마다 서양 문명의 치부를 절실히 느꼈다"는 아놀드 토인비의 넋두리를 들었다면 서양 언론도 이처럼 야단스럽지 않았을지 모른다. 토인비가 말한 '치부'란 실내에서도 신발을 신고 생활하는 비위생적인 서양의 생활양식을 비판한 것이다.

어떻든 입식생활을 하는 서양의 상류사회에서는 남 앞에서 신발을 벗는 것을 예의 없는 행위로 여긴다. 신체의 과다 노출이 흠이 되지도 않고 심지어 베어풋트(barefoot)가 하나의 트렌드가 된 지금에야 그런 일이 없다. 하지만 옛날엔 남성이 여성의 발을 엿보는 것조차 음란하고 불순한 행위로 여겼다. 요즘 방식으로 말하면, 성추행인 셈이다. 그런데 영국 국왕이 맨살은 드러낸 것은 아니지만 신발을 벗었다는 사실 자체만으로도 특종이 되고도 남을 일이다.

입식생활과 좌식생활이라는 생활방식이 발에 대한 인식 차이를 만든 것이다. 입식생활을 하는 중국인이나 서양인들은 집안에서도 잠자는 시간이 아니면 거의 신발을 벗지 않는다. 중국인과 서양인에게 발은 숨겨야 할 신체 부분이다. 이 때문에 중국과 서양에선 발에 대해 편견을 갖고 있다. 그들에게 발에서 연상되는 이미지는 더럽고 냄새나고 못생긴 것이다. 이 같은 부정적 인식은 예의와 연동됐다. 그래서 맨발 상태는 예의에서 벗어나는 행동으로 치부됐다.

심지어 성스러움의 상징인 성모마리아 조각이나 그림에도 성모마리아가 맨발을 드러낸 경우는 거의 없다. 맨발을 통해 성모 마리아의 순결성을 강조해야 하는 등 불가피한 경우에도 기술적 처리를 통해 가능한 한 발 전부를 드러내지 않는 게 보통이다. 필자의 집 주변에 있는 성당의 성모마리아 상은 치맛자락이 발등 일부를 덮고 있지만 발가락 10개가 전부 드러나 있다. 하지만 꽃을 발등에 조각하여 마치 빨간 꽃신을 신고 있는 듯이 착각하게 만들어져 있다.

발을 숨기는 이유는 여러 가지가 있다. 무엇보다 맨발에서 에로틱한 성징을 느끼기 때문이라는 게 학계의 통설이다. 작가 해블록 엘리스는《성애학 연구》에서 발을 "가장 빈번하게 등장하는 에로틱한 상징"이라고 말했다. 독일 심리학자 아이그레몬트도《발과 신발의 상징과 에로티시즘》에서 발과 에로티시즘 사이의 관계성을 설명한 뒤

"맨발은 성적 매력의 수단으로 존재한다"고 결론짓는다.

이런 상황을 극적으로 그린 그림이 있다. 존 에버렛 밀레이가 그린 〈1746년의 방면 명령〉은 이런 상황을 표현한 작품이다. 가족을 지키기 위해 사랑하지 않는 사람에게 몸을 허락해야 하는 여인의 상황을 섬세하고 긴장감 넘치게 그린 명작이다. 여인은 맨발 차림이다. 맨발의 성적 의미를 통해서 성 상납을 피할 수 없는 숙명적이고 비극적 현실임을 드러내고 있다.

다른 예도 있다. 오래전에 헝가리를 발칵 뒤집어 놓은 사건의 가십 기사를 읽었다. 고등학교 여교사가 학생들과 게임에서 진 벌칙으로 스트립쇼를 했다는 내용이다. 한 여교사가 실제로 옷을 벗었고 함께 게임에 참여했던 나머지 교사 1명은 신발만 벗었다는 내용이었다. 신발을 벗는 행위는 곧 탈의와 같은 의미임을 알 수 있다. 후속 기사를 추적할 수는 없었다. 만일 옛날이라면 스트립쇼를 한 교사뿐 아니라 신발을 벗은 선생님도 학교로부터 징계를 면하기 어려웠을 것으로 짐작된다. 과거에 여성이 공개적인 자리에서 신발을 벗는 것은 곧 노골적인 추파로 해석되기 때문이다.

요즘에는 반대로 신발을 신고 있다는 자체가 큰 위안이 되는 사례도 있다. 많은 청중 앞에서 나체쇼를 하는 서양의 스트립쇼 걸은 결코 구두를 벗지 않는다. 신발로 발을 가림으로써 나신을 드러낸 수치심과 치욕스러움을 떨어낸다고 한다.

서양 여성들은 신발에서 일종의 마력을 느끼고 있는지도 모른다. 신발로 사랑을 표현하기도 한다. 신데렐라는 구두를 통해 꿈꾸던 왕자와의 사랑을 이뤘다. 신발에 인격을 부여하는 서양 속담, "남의 신발을 밟지 마라"는 곧 남의 여성을 탐한다는 의미를 내포하고 있다.

또 프랑스에서는 결혼식 때 신은 신부의 구두를 평생 보관한다. 그렇게 하면 안녕과 행복에 넘치는 부부생활을 할 수 있다고 믿는 것이다.

신발이 갖는 의미는 여기에 그치지 않는다. 나라마다 문화마다 각양의 뜻을 함축하고 있다. 혹시 '흐루시초프의 구두'라는 말이 있다. 1960년 10월 12일, 당시 소련 대표로 참석한 UN 본회의에서 소련의 동유럽 개입을 비난하는 서방 인사의 연설이 잇따랐다. 그러자 흐루시초프 당시 총리는 구두로 탁자를 두드리면 연설을 방해했다. 아니 '그렇지 않다'는 반대의 의견이었다. 소련에서 이런 행동은 강력한 반대, 적극적 항의를 뜻하는 보디랭귀지이다. 지난 2006년 사담후세인 이라크 대통령이 죽은 뒤 후세인 국민이 그의 동상에 신발로 매질했다. 같은 맥락으로 이해할 수 있는 대목이다.

그만이 아니다. 2008년 생방송 기자회견 중 조지 W. 부시 전 미국 대통령도 구두 세례를 받았다. 이라크 침공에 대한 정당성을 주장하는 부시 전 대통령을 향해 이라크의 문타다르 알자이드 기자가 자신이 신고 있던 구두를 벗어 던졌다. 그 기자는 명예훼손죄로 3년이나 옥살이를 했다. 2011년 이집트 혁명 당시 군중은 신발을 휘두르며 무바라크 전 대통령에게 정치적 분노를 표출했다. 이슬람 문화권에서는 구두를 던지는 행위는 머리를 때리는 행위다. 만일 이런 일이 사적으로 벌어졌다면 신발을 던지는 행위를 결투신청으로 받아들인다. 또 중동에서는 구두 밑창을 보이는 행위는 목욕을 생각한다. 오바마 전 미국 대통령이 네타냐후 이스라엘 총리와 책상에 두 발을 올려놓고 통화하는 사진이 공개됐을 때도 이스라엘 언론은 오바마의 무례를 지적했다. 그리스에서도 두 발을 드러내 보이는 것은 지옥에나 가라는 욕설이다.

제6장 공존을 거부한 좌식과 입식문화

역사의 어느 순간에 태어난 의자

의자 역시 신발과 함께 입식생활을 상징한다. 동서양을 막론하고 현대생활을 상징하는 문화적 코드가 됐다. 바닥에 앉는 문화생활을 해온 한국이나 일본에서도 의자 없는 생활을 생각할 수 없게 된 게 현실이다. 하지만 의자가 입식문화에 길들어진 서양이나 중국의 역사와 늘 함께한 것은 아니다. 외래물품이었던 의자는 상대적으로 짧은 시간에 중국인의 생활필수품이 됐다. 또 의미 확대와 기능변화 그리고 예술성 가미와 같은 진화와 변환과정을 겪으면서 하나의 보편적 문화로 자리 잡았다.

세상에 모습을 드러낼 당시 의자는 결코 가구가 아니었다. 권력의 상징물이었다. 권좌, 왕좌, 옥좌, 용상, 체어맨과 같은 단어가 이를 방증한다. 의자는 아주 오랜 시간 동안 '권력'으로 군림해왔다. 물론 권력의 크기에 따라 의자의 모양과 장식이 달랐다. 중세 유럽에서는 귀족이나 부자들이 아니면 등받이가 달린 의자에 앉을 수 없었다. 평민들은 바닥에 앉거나 등받이가 없는 긴 의자(벤치)나 판자로 만든 스툴(Stool)에 앉아야 했다. 평민에게 의자는 단지 바닥의 냉기와 습기를 피하는 데 도움이 되는 가구에 지나지 않았다.

일본의 이시게 나오미치는 《식의 문화 식의 정보화》에서 "중세 유럽 평민사회에서 개인용 의자란 존재하지 않았고 탁자도 이동식이었다"면서 "무엇인가 있으면 그 위에 철판만 올려놓은 게 탁자였다"고 주장했다. 중세를 지난 뒤 의자는 가옥구조와 산업 형태의 변화에 적응하면서 일상적 생활용품이 됐다. 즉 서양 사회에서도 등받이와 팔걸이가 있는 제법 품격을 갖춘 의자가 보편적 문화로 정착된 것은 까마득히 먼 과거의 일이 아니라는 뜻이다.

중국은 본래 입식문화가 아니었다. 우리와 마찬가지로 바닥에 자리를 깔고 앉아서 생활했다. 영화나 드라마로 제작된 〈초한지〉나 〈삼국지〉와 같은 먼 옛날의 고전 사극을 보면, 극 중 인물들이 의자 생활에 매우 친숙한 양 묘사되고 있다. 실제로 그 시대에는 의자가 보편적으로 사용되지 않았다. 《장정일 삼국지》를 쓴 소설가 장정일은 "당시 중원 사람들은 오늘날 영화나 드라마에 나오는 것처럼 의자에 앉아 생활하지도 않았고 밀가루 음식을 즐겨 먹지도 않았다. 오히려 국수를 '호식'(胡食 오랑캐 음식)이라고 생각해 즐겨 먹지 않았다"고 말한다.

한나라 시대의 문헌이나 벽화 등의 유물을 보면 당시 사람들은 방바닥에 연(筵)이라고 불리는 일종의 돗자리를 깔고 앉거나 무릎을 꿇고 앉았다. 이를 '평좌'(平坐)라 부른다. 웅크리고 앉거나 다리를 뻗고 앉는 것은 예의에 어긋난 것으로 여겼다. 주나라부터 한나라까지 중국의 예의범절을 기록한 《예기》의 식사 예절 편인 〈석〉(席)에 따르면, 바닥에 앉아서 '안'(案)이라는 상에서 식사했다는 기록이 나온다. '안'은 물건을 놓는 장방형 탁자를 이른다. 이보다 작은 탁자를 '기'(幾)라고 했다. 앉거나 눕는 데 쓰는 의자를 석(席) 혹은 상(床)이라고 했다. 이는 〈석〉에 설명되어 있는 내용이다.

의자의 역사

중국인이 차가운 땅바닥을 피한 흔적을 발견할 수 있다. 일종의 평상인 '탑'(榻)이 그 증거다. '탑'은 '상'에서 모양이 변한 것이다. 형태는 의자와 평상 중간쯤으로 보인다. 길쭉한 게 특징이다. 길이는 사람이 누울 정도인 것도 있다. '탑'이란 표현이 지금도 빈번히 사용된다. 중국의 국가지도자가 지방 혹은 해외 순방을 할 때 "XX에 하탑(下榻)했다"라는 표현을 신문이나 잡지 등에서 볼 수 있다. 여기서 '하탑'이라는 뜻은 '투숙하다' '짐을 풀다'이다. 잠을 자던 평상 즉 '탑'이 곧 중국식 침대의 전신인 셈이다. '하탑'은 손님을 맞아 공손하고 극진하게 대접한다는 의미로도 쓰인다.

한나라가 망한 뒤 중원의 패권을 놓고 위, 촉, 오가 각축을 벌였다. 이 정립 구도는 사마 일가에 의해 진(晉)으로 통일되면서 끝난다. 통일국가 진은 오래 유지되지 못하고 혼란에 빠졌다. 이 시기가 중국 역사상 가장 혼란한 시대인 위진남북조시대다. 후대의 역사가는 이 시대를 일명 '중국의 분열시대'라고 명명했다. 강남으로 쫓겨난 한족은 불과 300여 년 동안 동진(東晉), 송(宋), 제(齊), 양(梁), 진(陳) 등 5대 왕조(남조)가 교체됐다.

한족이 쫓겨난 빈자리인 황허강 유역의 화베이(華北) 지방에는 무려 16개의 국가가 5개 이민족(5호16국, 북조)에 의해 분할통치됐다. 5호16국은 초원지대를 찾아 가축을 몰고 이동 생활을 하던 유목민족이 세운 나라들이다. 이 때 서아시아를 지배하고 있던 유목민족인 선비족으로부터 영향을 받은 물건 중 하나가 바로 의자였다. 이를 '호상'(胡床)이라고 했다. 호상은 이동에 편리한 휴대용 의자다. 현대식으로 말하면 접었다 펼쳤다 할 수 있는 폴더형 의자다.

그것이 아무리 편리하더라도 외래문화는 결코 스펀지처럼 쉽게 흡수되지 않는다. 인간에게는 새로운 것에 대한 호기심보다는 두려움을 갖는 습성을 갖고 있기 때문이다. 이를 가리켜 '네오포비아'(Neophobia) 심리라고 한다.

한족은 '호상'을 수용한 뒤에도 상당기간 동안 호상 위에 종전에

한희재야연도

위진남북조시대에 사용하던 다양한 가구들이 그려진 그림. 오늘날과 비슷한 크기와 모양의 의자가 존재했음을 알 수 있다.

앉던 자세대로 앉음으로써 외래문화에 대한 거부감을 표시했다. 몸에 밴 자세로 의자 위에 앉은 것이다. 옛날이든 오늘날이든, 어떤 이유에서든 일단 몸에 밴 것에서 익숙함과 편안함을 느낀다. 그것은 관성이 되고 습관이 된다. 이것이 바로 '경로의존성'(Path dependency)이다.

제6장 공존을 거부한 좌식과 입식문화

또 바닥에 정좌를 하고 앉는 것을 '좌'(座), 의자에 앉는 것을 '거'(踞)라고 구분한 것도 '관성의 법칙'이 적용된 것이다. 물론 이 역시 의자 생활에 익숙해지고 편안함을 느끼면서 의자와 바닥 구분 없이 앉는다는 의미로 두 가지가 혼용되어 쓰이게 됐다.

'호상'의 형태는 엉덩이를 의자에 댄 채 발을 땅바닥에 대고 다리를 늘어뜨려 앉는 현대식 의자와 유사하다. 위진남북조시대에 사용하던 다양한 가구들이 그려진 그림 〈한희재야연도〉를 보면, 오늘날과 비슷한 크기와 모양의 의자가 존재했음을 알 수 있다. 중국 학자의 리리는 《중국문물》에서 "수당시대에 접어들자 새로운 스타일의 높이 걸터앉는 수족고좌형 의자가 봇물처럼 생겨났다"고 밝히고 있다. 의자는 송나라로 접어든 뒤에도 여성에게는 사용이 허락된 것 같지는 않다. 《노학암필기(老學庵筆記)》 "송나라에도 사대부가에서 부녀들이 의자에 앉으면 법도에 어긋난다고 비웃었다"고 적고 있다.

어떻든 의자문화 즉 입식문화가 곡절을 겪은 끝에 중국인의 생활로 굳어졌다. 호상이 들어온 후한시대부터 입식생활로 변화하기까지 무려 500년이라는 시간이 걸린 셈이다. 당송시대로 접어들면서 당시의 의복도 의자생활에 적응할 수 있도록 바뀌어 갔다. 비교문학사 김문학은 《한중일 신문화 삼국지》에서 "기모노는 당나라 당시의 의복의 형태와 비슷하다"면서 "복장 때문에 책상다리를 할 수 없었을 것"이라고 말한다. 결과적으로 당나라는 의자에 적응한 반면 일본은 앉는 자세를 바꾼 셈이다.

의자의 짝꿍은 탁자다. 탁자의 보급은 식사 방법과 식사 풍경을 바꿨다. 여러 사람이 둥근 탁자에 모여 한 가지 음식을 먹고 난 다음 다른 음식을 순서대로 나눠 먹는 중국의 식사법은 당송시대에 완성된다. 온 가족이 함께 식사한다는 것은 중국인의 사유 체제에 중요한 변화를 낳았다. 중국인은 공동으로 식사할 때 맛있는 식사를 했다고 생각한다. '혼밥'을 하면 살이 찌지 않는다고 걱정을 했다. 반면 공동으로 식사를 하면 많은 영양을 섭취할 수 있고 재미있다고 생각했다. 중국인에게 식탁은 음식과 영양이라는 의미로 제한되지 않는다. 가족이라는 개념을 떼어놓고 식탁을 생각할 수 없다. 중국에서 식탁은 허기진 배를 채우는 장소일 뿐 아니라 가족이 어울리는 공간이다. 어떻든 중국식 원형 식탁은 함께 먹고 나눠 먹을 수 있게 만든 하나의 장치다.

보이지 않은 여성미, 발

발의 성적 의미가 유난히 강조되는 민족이나 지역 사람은 하나같이 입식생활을 한다. 중국도 마찬가지다. 우리에게도 잘 알려진 장예모 감독의 〈붉은 수수밭〉에서도 중국 사람이 갖는 발에 관한 생각의 일단을 엿볼 수 있다.

주인공 구월(공리)이 가마 타고 시집간다. 사랑하는 사람과 한평생 함께 살 수 있다면 얼마나 기쁜 일이겠는가? 그의 남편은 문둥병을 앓는 돈 많은 양조장 주인이다. 돈에 팔려 가는 한 젊고 예쁜 여인의 회한과 앞날에 관한 두려움이 구월이 돌발적 행동을 하게 했다. 구월이 가마 밖으로 하얀 두 발을 내민 것이다. 극 중 시대의 성윤리로 볼 때 이 행동은 파격적인 유혹행위다. 여자가 맨발을 보인다는 것은 곧 몸을 허락하겠다는 사인이다. 당시는 중국 여성들은 맨발로 집 밖으로 나가는 것조차 불가능한 때였다. 근육질의 가마꾼은 밖으로 내민 그의 발을 가마 속으로 살며시 넣어준다. 영화 속에서 짐꾼을 위한 잠시의 휴식 시간이 주어졌다. 구월의 발을 '숨겨준' 가마꾼은 그녀를 어깨에 메고 붉은 수수밭 속으로 사라진다. 구월이 저항하지 않음은 물론이다.

옛날 중국 여성에게 노출되길 가장 꺼리고, 노출되었을 때 가장 큰 수치심을 느끼는 신체 부위는 발이다. 목욕탕에서 불이 나는 것과 같이 위급한 상황이 벌어진 상황에서 중국 여성은 발을 가린다고 한다. 나체 상태에서 가리는 신체 부위는 곧 섹슈얼 포인트라는 게 학자들의 일반적 견해다. 실제로 그런지는 알 수 없지만 일본 여성은 엉덩이를 숨기고 유럽 여성은 가슴을 감싸고 한국 여인은 얼굴을 가린다고 한다. 배꼽을 감추거나 넓적다리를 가리는 민족도 있다고 한다.

중국 남성들이 여성의 발을 성적 욕망을 채우기 위한 대상으로 삼는 것은 오랜 전통이다. 중국 남성의 성적 쾌감을 위해 여성을 잔혹하게 학대했던 전족이 그 일례다. 전족은 거의 1000년 동안 이어졌다. 전족이 행해졌던 기간 동안 중국에서 여성에 대한 유일한 미적 기준은 발의 크기였다. 작은 발이 미의 상징으로 치부됐다. 하인리히 슐리만은 《150년 전 청일을 가다》에서 "발 크기가 엄지손가락의 3배 반인 여자가 4배 반인 여자보다 훨씬 더 아름답다는 인식이 있었다"면서 "중국에서 작은 발은 젊은 여성에게 희망을, 결혼한 여자에게는 자부심을 줬다"고 청나라 때의 일반적인 풍조를 소개하고 있다. 그러나 그것은 남성에게 쾌락, 이상도 이하도 아니었다. 전족한 여성이 신는 신발을 '금련'(金蓮)이라고 불렀다. 금련의 원래 의미는 최고로 아름다운 연꽃을 뜻한다. 중국인들은 금련에 술을 따라 마셨다. 이를 금련배(金蓮盃)라고 했다. 불과 10cm 정도의 작은 꽃신에 술을 따라 마시는 행위는 곧 신발의 주인을 정복했음을 의미하는 것이다.

경국지색으로 칭송받던 양귀비의 발 크기가 불과 10cm를 넘지 않았다고 한다. 중국 역사상 가장 날씬한 미인으로 회자 되는 조비연은 손바닥 위에서 춤을 출 정도로 작은 발을 가졌다. 발이 너무 작아서 부축을 받지 않으면 걷지도 못했다.《열하일기》에서는 전족한 여인의 모습을 잘 묘사하고 있다. 박지원은 "전족을 한 여인네들의 걷는 모습은 차마 눈뜨고 못 보겠다. 뒤뚱거리며 땅을 밟고 가는 꼴이 마치 보리씨를 뿌리는 듯 왼쪽으로 기우뚱 오른쪽으로 기우뚱, 바람도 하나 없는데 저절로 쓰러지고 하니 참, 그게 뭔 짓인지 모르겠다"며 안타까움을 표시했다.

당시 중국은 요즘처럼 미모의 기준이 되는 얼굴 생김새나 체형은 남성의 관심 밖이었던 모양이다. 보이는 것이 아니라 감추는 것에서 여성의 아름다움을 찾는 남성의 변태적 성욕이 표출된 것은 아닐까?

남성이 숨긴 발의 의미

전족은 처음에 전쟁포로의 탈출방지책 중 하나였다. 전족 모양과 형태를 보고 당시 시대 상황의 운세에 대한 점을 쳤다는 기록도 있다. 전족이 전쟁과 깊은 관계가 있음을 알려준다. 작은 발이 섹스 심벌이 된 것은 원나라 때다. 이 당시 한족 여성들은 전족한 작은 발을 이상형으로 여겼다. 명과 청나라로 넘어오면서 그 폐해는 더 심각해졌다. 의식 있는 몇몇 황제가 엄격한 전족 금지령을 내렸지만 허사였다. 오히려 청나라에 들어선 뒤로 더욱 확산됐다. 만주족의 지배를 받던 한족 여성들이 한족임을 오히려 드러내기 위해 전족을 고수한 때문이다. 김명호 성공회대 교수는《중국인 이야기》에서 쑨원(孫文)의 오른팔이며 제1세대 혁명가 랴오중카이의 입을 빌려 천족(天足, 전족을 하지 않은 원래 모습의 발)의 여인은 대접을 받지도 못하고 행세도 못하던 20세기 초 중국의 상황을 소개하고 있다. 아버지 유훈에 따라 전족하지 않은 여자와 결혼하려 했던 랴오중카이는 "상류사회 집안에는 전족을 하지 않은 신붓감이 전무했다"며 낙담했다.

권력과 부를 가진 사람의 사랑을 얻기 위해서든, 민족적 자긍심을 유지하기 위해서든 중국 여성들은 처절한 고통을 감내하면서 전족을 했다. 서너 살부터 발의 성장을 억제하기 위해 압박 붕대로 감듯 발을 동여맨다. 그리고 동여맨 천을 바느질한다. 이런 짓을 성장기가 끝날 때까지 수없이 반복했다. 그러면 발의 성장은 멎고 엄지발가락을 제외한 발가락과 발등은 꾸부려진 기형적인 발이 된다. 그 고통이 얼마나 심한지 '전족 한쪽, 눈물 두 섬'이라는 말이 있다.

여성의 발은 철저하게 남성의 쾌락적 성욕에 희생당했다. 중국 남성이 자신의 발 건강을 얼마나 중시하는지를 보면 남성의 이중성이 드러난다. 발 건강의 의미를 역설적으로 강조한 속담, "발뒤꿈치가 갈라진 사람에게는 돈을 빌려주지 마라"는 오랜 경험에서 얻은 집단의 지혜라고 할 수 있다. 발의 건강이 좋지 않은 사람은 오래 살지 못하다는 의미를 중국 남성도 일찍이 알고 있었다는 뜻이다. 그럼에도 불구하고 가학적 성 쾌락을 위해 여성의 발을 학대하고 건강성을 훼손했다는 것은 남성의 이기적 행태가 아니고 무엇일까?

중국인이 발 건강을 얼마나 중시했는지 분명히 보여주는 또 다른 사례가 있다. 물이 귀하던 옛날에도 중국인은 머리를 며칠씩 감지 않았다. 하지만 발만큼은 하루에도 몇 번 씻었다. 발 마사지에 심취하는 것도 발 건강과 직접적 관련이 있다.

중국에서는 남성 역시 맨발을 드러내지 않는 게 보통이다. 신발 속에 숨겨진 발은 '복심'의 의미를 담다. 《삼국지》에서 조조가 사마중달의 그릇됨과 야심을 저울질하는 질문을 던진다. "발바닥이 왜 손바닥보다 흰지 아는가?" 사마는 답변을 못 한 채 우물쭈물했다. 조조는 "발바닥은 손바닥과 다르게 항상 숨겨져 있어 하얗다"고 자답했다. '대답하지 못하는 것을 보니 너(사마중달)는 결코 야심가가 되지 못한다'는 조롱인 셈이다.

사마중달은 위나라를 손아귀에 넣고 싶은 복심을 끝내 드러내지 않았다. 실어증 환자행세를 하거나 자신의 애첩과 그 애첩 사이에서 태어난 아들을 사살하면서까지 조조 일가의 견제를 피해 나갔다. 때를 기다린 끝에 조조와 조비가 죽고 조방(명제)이 황제로 등극하자 사마중달은 야심을 노골적으로 드러냈다. 당시 실권자 조상이 명제를 배알하기 위해 낙양성을 벗어난 틈을 타 궁궐을 장악한다. 조방은 사마중달에게 제압당해 땅바닥에 엎드려 목숨을 구걸했다. 사마는 그때 조방의 등을 하얀 맨발로 밟은 채 조조가 자신에게 했던 "발바닥이 왜 손바닥보다 흰지 아느냐'고 묻는다. 조조의 말을 한시도 잊은 일이 없음을 실토한 것이다.

목욕, 같으면서
다른 시선

"청결의 진화는 우리 육체의 역사이기도 하다."

한 세계적인 칼럼리스트의 말이다. 목욕은 곧 문명사와 궤를 같이 한다는 뜻이다. 목욕은 개인위생과 청결의 차원을 뛰어넘는 문화다. 목욕은 숭고한 신의 뜻을 따르기 위한 의식이기도 했다. 의학과 목욕이 결합되기도 했다. 즐거움을 위한 사교의 수단이기도 하다. 또 서양에서는 한때 빵보다 강력한 통치효과를 내기도 했다. 단지 건강이라는 하나의 테마로 다룰 수 없을 정도로 흥미로운 기록을 담고 있다.

목욕하는 이유야 한국과 중국, 일본이 크게 다르지 않다. 하지만 목욕방식은 세 나라의 문화와 풍습 그리고 지리적·기후적 여건의 차이를 그대로 반영하고 있다.

기를 지키기 위해
목욕을 꺼리다

옷 입고 욕탕에 들다

조선의 뛰어난 문화 역량에 비해서 목욕문화는 상대적으로 보잘 것없다. 목욕은 조선 시대 생활문화의 범주에 포함되어 있지 않았기 때문이다. 이는 말할 필요도 없이 유교가 전통으로 자리 잡은 조선 사회에서 신체 노출은 도리에 어긋나는 행위다. 유교의 본질은 신독(愼獨)이라고 해도 과언이 아니다. 신독은 혼자 있을 때도 다른 사람이 지켜보는 듯이 흐트러지지 않도록 몸가짐을 조심하는 것을 뜻한다. 비록 몸을 씻기 위해 옷을 벗어야 하는 행위조차도 퇴폐적 행위로 보고 탐탁하게 여기지 않은 것도 이 때문이다.

사실 조선 시대에 육체는 천대를 받았다. 육체는 욕정을 담은 그릇으로 치부됐다. 탈의와 목욕은 욕정을 드러내는 질탕한 행동으로 해석되었다. 개화기에 일본을 방문한 우리나라 선비가 료칸(旅館)에서 목욕을 권하는 일본인의 권유를 이기지 못하고 옷을 입은 채로 욕탕에 들어갔는데 목욕을 도와주는 발가벗은 유나(湯女)가 목욕탕에 들어와 혼비백산했다는 전설 같은 이야기가 전해져 내려올 정도다.

조선 양반사회에서 도덕에 대한 강박관념은 목욕에 대한 결벽증을 낳았다. 이 시대에는 목욕이라는 구체적인 일상을 다룬 문헌조차 찾기가 쉽지 않다. 사대부 남성들이 어디서, 어떻게 목욕했는지에 대한 기록은 거의 남아 있지 않다. 사대부의 생활문화상을 엿볼 수 있는 이문건의 《묵재일기》가 그나마 자료다운 자료다. 41세부터 73세 죽음에 이르기까지 32년 동안 이어진 일기는 조선의 정체성과 가치관이 확고하게 정립된 16세기 후반의 기록물이라는 점에서 더욱 가치가 크다. 그는 경상도 상주에서 유배 생활 모습도 꼼꼼히 남겼다. 목욕에 관한 기록도 보인다. 목욕은 거의 격월 행사였다. 그가 유배 생활을 하던 2년(1545년~1546년) 동안 모두 열두 번 목욕을 했다. 그나마도 추운 겨울엔 건너뛰기가 일쑤였다. 여름에는 부분 목욕이라고 할 수 있는 등목을 주로 했다. 머리를 감은 것은 통틀어 4회에 지나지 않는다. 금욕생활을 해야 했던 시묘생활 중에는 아예 목욕다운 목욕을 하지 않았다.

사대부의 귀양살이는 고독하고 팍팍했다. 하지만 일상생활에는 전혀 불편함이 없다. 제주도 문화재감정관 김순이이 쓴 《제주 유배인과 여인들》은 '죽음의 땅'으로 일컬어지던 제주에서 사대부의 유배 생활을 추적한 책이다. 이를 보면 일부 사대부는 첩실을 얻어 아이를 낳고 함께 살 정도로 생활에 제약이 없었음을 알 수 있다. 아무리 유배 생활을 한다고 하더라도 목욕은 하려고 마음만 먹으면 언제나 할 수 있었다. 그럼에도 목욕을 자주하지 않은 것은 목욕에 대해 지금과 다른 관념을 갖고 있음을 방증하는 것이다. 굳이 "청결이나 불결은 신체와의 관련된 위생적인 문제이기보다는 사회문화적 문제"라는 문화 인류학자 츠지 신이치에의 말을 상기시킬 필요도 없다.

목욕탕을 설치하자던 통신사 보고

조선 사람들에게는 의복을 벗은 채 속살을 드러내는 게 비도덕적이라고 생각했다. 이런 시각은 자유분방했던 고려 시대와는 딴판이다. 1123년 북송의 사신인 서긍이 고려에 한 달 동안 머물면서 보고들은 고려인의 생활상을 기록한《고려도경》에 따르면, 고려는 적어도 목욕에 관한 한 사회적 규제와 억압이 전혀 없는 사회였다. 이 책에서 서술한 목욕에 관한 내용을 옮기면 다음과 같다.

> "옛날 역사책에 고려에 대해 적은 기록에 따르면, 그 풍속이 모두 다 깨끗하다 하였는데 지금도 여전히 그렇다. 고려 사람들은 늘 중국 사람들이 때가 많은 것을 비웃는다. 그러므로 이른 아침에 일어나 반드시 먼저 목욕한 뒤 집을 나선다. 또 여름에는 날마다 두 번 목욕하는데 거개(대체로) 시내에서 한다. 남자와 여자가 서로 내외를 하지 않고 의관을 모두 벗어 언덕에 던져두고 물가를 따라 벌거벗되 괴이한 일로 여기지 않는다."

고려는 불교국가다. 목욕을 마음의 때를 씻는 수행으로 여겼다. 전 국민이 불교 신자인 고려에서 목욕이 생활 일부가 되는 것은 어쩌면 당연한 귀결일지도 모른다. 또 민간에는 통일신라 시대의 정신문화라고 할 수 있는 '영육일체사상'이 이어져 내려오고 있었다. 이 사상의 핵심은 '아름다운 육체에 선한 정신이 깃든다'는 것이다. 특히 여성이 외모에 관심이 남달랐던 이유다. 이 때문에 오래전부터 쌀겨, 녹두, 팥, 콩 껍질 등을 원료로 만든 비누로 목욕하는 게 일상 중 하나였다.

어떻든 이런 풍습은 조선의 유교적 규율로서는 수용하기 어려운 것이다. 아니 거부했다는 표현이 적합하다. 조선은 《고려도경》에서 쓰여 있는 고려의 목욕에 관한 내용의 삭제를 명나라에 요구하는 '외교적 결례'까지 범한다. 다케쿠니 소모야스는 《한국 온천 이야기》에서 "조선에서 그 같은 야만적 행위는 사라진 지 오래됐다. 중국 역사서에서 그 같은 내용을 삭제하라고 요구했다"고 주장했다. 이 책에는 '삭제 요구 사건'의 시기를 명시하진 않았다.

이런 목욕 기피 현상이 초선 초부터 정착됐던 것은 아니다. 여전히 불교문화가 평민사회에서 뿌리 뽑히지 않았던 만큼 하루아침에 즐기던 목욕을 끊을 수는 없었을 것이다. 불교사상의 영향이 남아 있던 조선 초기 일본 목욕문화를 수입해야 한다는 일부 주장이 제기된 것도 이 같은 흐름을 반영한다. 조선 시대 최초의 조선통신사 정사였던 박서생은 1428년 일본을 다녀온 뒤 세종에게 올린 통신사 보고에서 일본인의 목욕 습관과 공중목욕탕 운영방식 등을 소개하면서 조선도 이런 풍습을 받아들이길 요청했다.

"일본인의 풍속이 노소 없이 목욕하길 좋아하기 때문에, 큰 집에는 각기 욕실을 설치하고 여염마다 또한 여러 군데 욕탕을 설치하고 있는데, 그 욕실의 제도가 매우 잘 되어 있어 편리합니다. 탕을 끓이는 자가 각(角, 뿔로 만든 나발)을 불면, 이 소리를 들은 사람들이 다투어 돈을 내고 목욕을 합니다. 비옵건대, 제생원·혜민국·왜관 한증·광동교 등지와 외방의 의원 등 사람들이 많은 곳에 모두 욕실을 설치하여 돈을 사용하는 법을 돕도록 하소서."

박서생은 위생관리의 필요성보다는 화폐통용을 위한 방법으로 공중목욕탕 설치를 제안했다. 조선 초기에는 화폐통용이 활발하지 못했다. 과거시험을 보기 위해 지방에서 한양을 올라와야 하는 유생들도 길을 떠날 때 먹을거리와 이부자리를 챙기는 번거로움을 감수해야 했다.

영조시대 사람, 성대중은 《청성잡기》에 "옛날에 여행자는 원(院)에 묵었다"면서 "원에는 각각 관리하는 사람이 있지만 그저 땔감과 물 정도만 갖추고 있을 뿐 여행자가 양식이나 그릇, 솥 등을 모두 짊어지고 다녀야 했으므로 몹시 번거로웠다"고 적고 있다. 화폐가 통용되지 않았고 주막에서 제공하는 것이 고작 잠자리, 땔감과 술이 전부였기 때문이다. 조선 중기에 이르러 화폐 사용이 활발해지면서 여행객들은 주막에서 먹을거리를 해결하거나 색주가(주막의 작부)와 술 한잔할 수 있었다.

박서생의 고언은 완전히 수용되지 않았다. 다만 건강과 위생을 위한 공공 목욕 시설이 세종 때 만들어졌다. 세종은 공부하는 유생들을 위해 성균관에 욕통을 제공했다. 또 감옥의 죄수에게 두 달에 한 번씩 목욕을, 한 달에 한 번씩 머리를 감을 수 있도록 허락했다.

유교 문화가 조선 사회에 정착된 조선 중기 이후에는 목욕에 대한 인식은 고려 시대와 천양지차였다. 이는 일본을 둘러보고 온 사절단이 일본의 목욕문화를 야만적 행위로 묘사하고 있는 데에서도 알 수 있다. 임진왜란 직후 조선통신사로 일본에 여행한 신유한은 《해유록》에서 "이 나라 풍속은 반드시 욕실을 만들고 남녀가 벗은 체 함께 목욕한다"면서 "만 리 밖 오랑캐의 복장을 한 지방에서 이무기 창자에 새의 말을 지저귀고 형제가 한 여인을 데리고 살고 남녀가 목욕을 함께하는 자들을 어찌 논할 수 있겠는가?"라고 반문한다. 목욕 자체보다는 전반적인 일본의 성문화에 관한 비판이기는 하지만 차마 글로 옮기기에도 민망할 정도의 혹독한 독설이다.

단옷날 여인의 목욕

조선의 도덕적 규율이 남성보다 여성에게 더 철저하게 적용됐음은 언급할 필요도 없다. 조선 시대는 사내아이가 일곱 살이 되면 엄마의 품을 떠나 아버지에 의해 양육됐다. 성별 분리가 강요되던 사회였다. 사대부가 여성의 생활공간은 안채에 한정됐다. 혹시라도 외출해야 하는 경우 얼굴을 감추어야 하는 게 여성의 규범이었다. 그런 사회에서 여성이 알몸을 드러내야 하는 목욕이 일상생활의 일부분으로 수용된다는 것은 상상하기 어려운 일이다. 유희적 의미의 목욕이 침투할 수 있는 사회적 분위기가 존재하지 않았다.

사회적 약자를 위한 예외는 어느 사회, 어느 시대나 늘 존재했다. 파격도 하나의 사회질서 중 하나이기 때문이다. 이를 시각적으로 잘 보여주는 신윤복의 〈목욕하는 여인들〉은 여성들이 개울에서 젖가슴을 드러내놓고 목욕하는 작품이다. 이 그림에서 유희적 개념의 문화공간으로서 개울이 묘사되고 있다. 이를 암시하는 기술적 장치는 그네 타는 여인과 행주치마를 두른 여인이 이고 있는 보따리다. 행주치마를 두른 여인이 방물장수인지 아니면 기방에서 일하는 하인인지는 알 수 없다. 하지만 보따리 한 귀퉁이로 술병 모가지가 드러나 있다. 술과 먹을거리가 담겨 있을 것으로 짐작된다. 술도 한잔하고 그네를 타다가 이것이 지겨우면 개울에 들어가 목욕을 하곤 했을 것이다.

목욕하는 여인들
이 그림에서 유희적 개념의 문화공간으로서 개울이 묘사되고 있다. 이를 암시하는 기술적 장치는
그네 타는 여인과 행주치마를 두른 여인이 이고 있는 보따리다.

이 명화 속에서 주인공의 신분을 단정적으로 규정할 수는 없다. 소매와 옷깃 그리고 겨드랑이에 남색 헝겊을 댄 삼화장을 입은 것으로 봐서 평민 여성들은 아님이 분명하다. 기생일 가능성이 크다. 그들이 비록 기생일지라도 개울이 여성의 해방공간임을 암시하는 데는 부족함이 없다. 그런 의미에서 이 작품은 휴머니즘에 뿌리를 두고 있다. 진정한 휴머니즘은 결국 에로티즘과 통하는 게 아닐까?

금지의 원칙이 철저히 지켜졌던 조선 시대에 또 다른 여성 공간이 있었다. 여성의 외출이 완전히 봉쇄된 것은 아니었던 모양이다.《이규태의 600년 서울》은 조선 시대의 숙정문을 "여성의 해방지대"이

기를 지키기 위해 목욕을 꺼리다

329

며 "인도주의가 트인 숨통"이라고 규정했다. 이규태가 이렇게 주장하는 근거는 "사내 못난 것 북문(숙정문)에서 호강 받는다" "숙정문을 열어두면 음풍이 분다"는 시중에 떠돌던 소문 때문이다. 이런 이야기는 세시풍속에서 유래한다.

아녀자가 새해가 밝은 뒤 정월 보름 이전에 숙정문을 세 번 다녀오면 그해 집안의 액운이 사라진다는 풍습이 있었다. 감추라고 하면 더욱 내보이고 싶은 게 인간의 심리다. 결국 양화가 악화를 구축했다. 정월만이 아니라 1년 내내 끼가 넘치는 여인네들의 숙정문 나들이가 이어졌다. 성적 유희가 가능한 공간으로 바뀐 것은 역시 꽃이 있는데 벌이 모여들기 때문이다. 언제인지는 명확하지 않지만 숙정문은 타락의 공간으로 낙인찍혀 폐쇄되고 말았다.

신윤복의 그림에서도 선정적 에로티즘을 느낄 수 있다. 바위 뒤에 숨어 목욕하는 여인을 엿보는 두 명의 동자승이다. 여기서 의문이 생기는데, 이들은 정말 우연히 엿보게 되었을까? 전신 목욕을 극도로 금기시했던 조선 시대에는 전국적으로 목욕하는 날이 정해져 있었다. 오월 단오(5월 5일)와 유월 유두(6월 15일)가 그날이다. 이 그림에서 한 여인이 그네를 타고 있는 장면은 이날이 단오임을 암시한다. 여체에 대한 호기심이 발동한 동자승은 개울가에 가면 당연히 목욕하는 여인을 볼 수 있을 것으로 기대하며 달려왔을 것이다.

목욕을 하면 기가 빠진다?

유두는 '동류수두목욕'(東流水頭沐浴)을 줄인 말이다. 동쪽으로 흐르는 물에 머리를 감고 목욕을 한다는 뜻이다. 물론 그 의미 속에는 양기를 머금고 있는 동쪽으로부터 흘러내린 물에 몸을 씻어내면 닥칠지도 모를 부정한 기운을 물리칠 수 있다는 기원이 담겨 있다. 그래서 이날 일가친척과 함께 가까운 계곡이나 시내를 찾아 머리를 감고 물놀이를 했다. 이는 무려 1500년의 역사를 갖은 우리 민족 고유의 풍습이다.

고려 명종 때 학자 김극기는 《김거사집》에서 "옛 동도(경주) 풍속에, 6월 보름에 동쪽으로 흐르는 물에 머리를 감아 불길한 것을 씻어버린다. 그리고 술 마시고 놀면서 잔치를 하는데, 이를 유두연(流頭宴)이라 한다"라고 쓰고 있다. 또 조선 순조 때 학자 정동유는 《주영편 (晝永編)》에서 "오직 유두만이 고유의 풍속이고 그 밖의 것은 중국에서 전래된 절일"이라고 했다.

그렇다면 지체가 높은 귀부인들도 단오나 유두에 개울가나 계곡에서 목욕했을까? 그랬을 개연성이 매우 높다. 아마도 밤늦은 시간에 하인들에게 망을 세우고 목욕을 함으로써 뭇 사내의 눈길을 피했을 것으로 짐작된다. 또 다른 방법으로 집안의 한쪽 모퉁이에서 목욕했다. 이이화의 《한국사 이야기》에 따르면 여자들은 후원이나 부엌 뒤쪽에 복수간이란 공간을 마련하여 목욕재계의 장소로 이용하였으며 대야, 함지박에 데운 물을 받아 목욕과 뒷물을 했다고 한다. 《조선왕조실록》에 비빈들이 궁궐 한쪽에서 차일을 쳐놓고 목욕했다는 기록도 남아 있다.

조선 시대에 목욕을 불온시한 또 다른 이유가 있다. 목욕을 자주 하면 몸의 기가 빠져나가 건강을 해친다는 잘못된 상식이기 때문이었다. 기란 무엇인가? 동양의학에서는 몸의 구성과 활동에 가장 기본이 되는 요소로 인식한다. 즉 생명을 유지하고 건강을 증진시키는 에너지다. '기가 빠진다'는 것은 몸의 에너지가 빠져나간다는 뜻이다. 목욕한 뒤 몸이 나른하고 노곤해지는 느낌을 기가 빠져나간 상태로 인식한 것이다. 그래서 잦은 목욕은 몸을 여위게 한다고 여겨 멀리했다. 이와 관련된 속설로 "복날에 시내나 강에서 목욕하면 몸이 여윈다"는 게 있다. '목욕을 하면 기가 빠진다'는 얘기는 동양의학의 기초가 되는 음양오행설로도 설명이 제대로 되지 않는다. 음양오행에서 몸은 금(金)을 뜻하는데 금과 수(물)는 상극이 아니라 상생이다. 이를 볼 때, 기를 핑계 삼아 유교적 신념을 공고히 하려는 의도가 숨어 있음을 알 수 있다.

이는 마치 흑사병이 유럽을 휩쓸고 간 뒤인 근대 초기 절대왕정 시대에 목욕을 극도로 피했던 것과 유사하다. 그중에서도 프랑스 사람이 목욕을 병적으로 싫어했던 것으로 유명하다. 흑사병이 창궐, 하루에도 수백 명이 죽어가던 게 당시 상황이다. 흑사병의 원인을 목욕에서 찾았다. 목욕하면 피부조직이 파괴되어 흑사병에 걸려 죽는다고 생각했다. 실제로 루이 14세의 딸 엘리자베스 샤를로트는 "목욕을 하면 세균에 감염된다"는 주치의의 말을 듣고 목욕할 때마다 숨 막히는 죽음의 공포에 시달려야 했다고 한다.

공자가 말한 "궁하면 통한다"는 말이 이럴 때 쓰는 것일까? 목욕하지 않는 생활을 건강한 삶으로 철저하게 합리화했다. 더 나아가 몸에서 나는 체취를 즐겼다. 수잔 와이즈 바우어는 《세계 역사 이야기》에서 루이 13세가 한달에 한번 세수를 했고 일곱 살이 되던 해에 처음으로 목욕을 했다고 썼다. 피터 콜릿이 쓴 《습관의 역사》에 따르면 "태양왕으로 불린 루이 14세는 셔츠를 하루에도 서너 번씩 갈아입음으로써 나름대로 청결을 유지했다"고 적고 있다. 용변 때마다 옷을 갈아입은 것으로 보인다. 프랑스어로 화장실을 뜻하는 트와일

(toile)의 어원은 '옷을 갈아입다'에서 유래했다.

조선시대의 최고의 여성미

그렇다고 조선시대 사람들이 전혀 목욕을 안 한 건 아니다. 아니 더러움이 밖으로 드러내는 것을 수치로 여겼다. 수많은 사료와 문헌에 나오는 '목욕재계'라는 표현이 이를 방증한다. 박영수의 《조선유사》에 따르면 목욕재계는 "우리 민족의 독특한 관습으로 육체적 청결과 정신적 순결을 상징한다"고 역설했다. 목욕의 목적이 위생과 청결이 아닌 신체의 정화에 있었다. 한마디로 제사 의식의 일부분인 셈이다. 제사 때는 목욕재계함으로써 부정을 예방했다. 왕도 예외가 없었다. 목욕을 싫어했던 연산군은 제사 때마다 목욕을 하지 않아도 되는지 과거의 문헌을 찾아보라는 지시를 내렸다는 게 《연산군일기》의 얘기다. 하지만 신하들은 그런 기록은 찾아내지 못했다.

굳이 임금이나 제주가 아니라도 기우제에 참석하는 사람들 모두 목욕재계를 하는 게 관례였다. 국가적 행사가 아닌 경우도 개인적 소신을 피력해야 하는 의미 있는 일을 행할 때도 의관을 갖췄다. 예를 들면 임금에게 상소문을 올릴 때 신하들은 목욕재계했다. 국사나 제례가 아닌 가사의 대사를 앞두고 청결의식을 행했다. 김장과 장을 담글 때도 몸을 청결히 했다.

공교롭게도 유교의 유(儒)자가 목욕재계를 상징한다. 떨어지는 물에 팔을 벌리고 있는 사람의 모습을 상형한 게 바로 선비 유(儒)자다. 상명대 박석 교수는 《대교약졸》에서 '儒'자 자체가 제사를 지내기 전 목욕재계를 했다는 뜻을 함축하고 있다고 주장한다. 목욕재계할 때는 자연수를 이용했다. 아무리 추운 겨울이라도 찬물로 몸을 씻었다.

몸을 정화시키지 않고는 조상의 신에게로 다가갈 수 없다고 여겼다. 그런 청경한 마음을 자세를 갖춘 사람이 바로 선비라는 뜻을 선비 유(儒)자에 함축하다.

조선 시대 때 목욕은 치료의 개념으로도 받아들여졌다. '관용찰색'(寬容察色)이라는 진단법이 있다. 혈색과 피부 상태를 보고 건강 정도를 파악하는 진단법이다. 요즘 피부를 건강미의 상징으로 여기는 것과 맥이 닿아 있다. 어떻든 목욕을 권하는 사회는 아닐지라도 피부 건강을 유지하기 위한 갖가지 노력이 이어졌다. 여기에는 그럴만한 이유가 있다. 조선 시대 권세가 높은 양반일수록 옷을 많이 겹쳐 입는 것을 예의로 여겼다. 목욕도 자주 하지 못하고 옷을 겹쳐 입고 있으니 피부병을 달고 사는 것은 당연지사.

가장 훌륭한 위생관리를 받고 최고 수준의 의료혜택을 받았던 왕들도 고질적으로 피부병에 시달렸다. 종기가 직접적 사인이 된 왕도 있다. 효종과 정조는 종기를 치료하다가 출혈이 멈추지 않아 숨을 거뒀다. 효종은 머리에 난 종기를 치료하기 위해 산침(일종의 벌침)을 맞았다. 침의 부작용으로 출혈이 멎지 않아 목숨을 잃었다. 정조의 등과 머리에 큰 벼루만한 종기가 있었다. 피고름을 서너 되나 짜낼 정도로 심각했다고 한다. 정조는 수은을 태워 나는 연기를 쐬는 '연훈방'이라는 치료를 받았다. 이 때문에 수은중독에 의해 49세의 젊은 나이에 죽음을 맞았을 가능성이 제기됐다.

세종도 심각한 안질과 전립선염에 시달렸다. 세종은 한글 창제를 마칠 무렵엔 눈앞에 있는 신하의 얼굴도 알아볼 수 없었다고 한다. 문종의 경우, 종기가 심해 환부에 고약을 붙였고 거머리로 고름을 짜냈다. 중종은 종기로 인한 고열을 내리기 위해 인분을 물에 녹인 '야인건수'(野人乾水)를 마시기도 했다. 요즘으로 말하면 소변을 마시는 치료인 '요로법'인 셈이다.

조선 시대는 부스럼, 풍질, 안질 등 피부병 치료 방법 중에 하나가 바로 목욕이다. 세종은 가난한 환자를 무상 치료하기 위해 요즘의 사우나인 한증탕을 만들었다. 〈세종실록〉 따르면 세종은 성균관에서 공부하는 학생들이 습진과 같은 피부병에 걸리는 경우가 많다는 보고를 듣고 선공감에 명하여 욕통을 만들어 지급하게 했다고 한다. 또 병든 사람을 구호하고 치료하기 위해 동소문 밖에 만들었던 목욕탕인 동활인원(東活人院)에 대해서도 언급했다.

> 과거에 지은 한증목욕실은 너무 좁아서 남녀가 많이 모인다면 병을 치료하지 못한 사람이 퍽 많이 될 것이다. 지금 대선사(大禪師) 일혜(一惠) 등이 존비 남자와 여자의 한증 목욕실을 구분하고자 하여 세 곳을 더 짓고 이내 석탕자(石湯子)를 설치하려고 하나 힘이 모자라 이루지 못한다.

한때 목욕을 벌로 내렸던 것과는 격세지감을 느끼게 한다.

병사들을 위한 군 진영에도 목욕탕이 있었다. 《난중일기》 음력 1959년 9월 25일 자에는 "밤 2시경(四更)에 배에서 내렸다. 동틀 무렵(平明)에 목욕탕(湯子)에 도착했다. 식사한 뒤 목욕을 하고 배에 올랐다"고 적고 있다.

왕과 왕족 그리고 사대부들은 온천도 즐겼다. 현종은 종기와 피부병 때문에 자주 온천욕을 하곤 했다. 〈현종실록〉에 따르면 현종은 즉위 6년부터 10년 사이 5년 동안 무려 다섯 차례 온천행궁을 하고 50

번이나 목욕을 했다고 한다. 현종 이외에도 세종, 세조, 숙종, 영조, 사도세자 등 여러 왕이 온양행궁을 했다. 사도세자의 온양온천 행궁 때에는 내의원에서 준비했던 약재들을 《온궁사실》에서 볼 수 있는 데, 그것은 부용향(芙蓉香) 한 재와 소목(蘇木) 한 근, 울금(鬱金) 여덟 량, 당작설(唐雀舌) 여덟 량 등 목욕물에 탈 약재들이었다. 〈성종실록〉에서는 왕과 왕실용 온천으로 사용된 온양온천의 일부 공간에 "재상 및 사족의 부녀에게 또한 목욕하는 것을 허락한다"는 기록(1470년 4월 17일)이 나온다.

온천으로 치료 효과를 톡톡히 본 사람은 세조다. 세조는 무더운 여름에 원주 오대산 상원사에 머물게 됐다. 깊은 계곡에서 목욕하고 있는 동안 파란 옷을 입은 동자가 옷을 벗고 물속으로 들어와 세조에게 목욕해 주겠다고 자청했다. 세조의 등을 문지르기 시작하더니 세조의 온몸에 난 종기가 벗겨져 내리는 것 같은 시원함을 느꼈다. 동자는 "문수보살을 만났다는 얘기를 다른 사람에게 하지 말라"는 말을 남기고 사라졌다. 그런 일이 있고 난 뒤 세조의 몸에 난 종기는 흔적도 없이 사라졌다고 한다. 문수보살은 인간을 좋은 길로 인도하기 위하여 여러 가지 형상으로 나타나는 부처다.

옻칠한 목간통을 진상하라

한 연구결과에 따르면, 조선 태조에서부터 철종에 이르는 25대 472년, 17만 2000여 가지의 일과 역사적 사실을 기록한 세계 최대 규모의 단일 역사서인 《조선왕조실록》에 '목욕탕' '욕실'이라는 단어가 각각 5회와 6회밖에 검색되지 않는다고 한다. 반면에 '목욕'이라는 단어는 1048회가 나온다. 지금처럼 공중목욕탕이나 혹은 궁궐과 양반의 저택에 따로 욕실을 만들지 않았음을 알 수 있다.

대신 욕통을 사용했다. 〈연산군일기〉에 궁궐의 목욕문화를 짐작할 수 있는 연산군의 명령이 나온다. "놋으로 큰 욕통 4개를 튼튼하고 두껍게 만들라. 이를 생일에 맞춰 대궐로 들이라" "경상도 관찰사는 욕통에 칠할 옻을 올려 보내라" 등이다. 이를 통해 욕통을 적당한 공간에 비치하고 물을 데워서 목욕했음을 알 수 있다.

사대부 양반들도 목간통이라고 불리는 둥근 욕탕을 이용했다. 별도의 목욕공간을 갖추고 있지 않았기 때문에 물을 데핀 욕탕을 안방과 사랑채에 들여놓거나 부엌에서 얇은 천으로 만든 욕의를 입은 채 바가지로 물을 끼얹는 방식으로 목욕을 했다. 기본적으로 프라이버시가 보호되지 않았기 때문에 편안한 목욕을 즐길 수 없었다. 그런 방식은 꽤 오랫동안 이어졌다.

흥미로운 사실은 궁궐이나 양반가 규수가 목욕할 때 다양한 약물을 첨가했다는 사실이다. 여성들에게 목욕은 미용 수단이었다. 여성이 아름다움을 추구하는 것이야 동서고금을 막론하고 무슨 차이가 있을까? 미용을 여성의 일로 규정하는, 좀 더 어렵게 말해 여성성을 규정하는 하나의 요소라고 해도 과언이 아니다. 궁녀와 사대부의 귀부인 그리고 기생들은 아름답고 탄력 넘치는 피부를 위해 인진쑥과 무청, 순무 잎, 죽염 등을 넣고 우려낸 물로 목욕을 함으로써 깨끗하고 하얀 피부를 가꾸었다.

하지만 욕탕조차 보편적인 것은 아니다. 궁궐과 극히 일부 사대부 집안에서나 가능한 일이다. 대부분 사람은 질곡과 애환의 삶 속에서 헤어나지 못한 채 하루의 끼니를 걱정하며 산 것을 염두에 둔다면 개울가에서 목욕할 시간적 여유조차 주어지지 않았을 것이다.

조선 최초 근대식 학교인 육영공원 교사로 1886년 초빙된 조지 길모어 선교사는 미국 귀향 이후 쓴《서울풍물기》에서 한 영국인의 말을 인용, "조선에서 가장 깨끗하다는 사람이 내가 본 가장 더러운 사람"이라고 적고 있다. 조선에서 '가장 깨끗한 사람'이란 행색이라도 갖춘 양반을 의미할 것이다. '가장 더럽다'는 의미 속에는 오랫동안 목욕을 하지 않았을 때 몸에 나는 고약한 냄새, 눈송이처럼 쌓인 머리의 비듬과 머릿속의 이, 피부에 드러난 각질 등 갖은 불결한 몸의 상태를 함축하는 말일 터. 그렇다면 이런 위생의 문제를 조선 사람들은 어떻게 해결했을까?

전신 목욕을 자주 하지 않기 때문에 생기는 체취를 제거하기 위해서 주로 향을 이용했다. 사향, 목단향, 백단향 등을 가루로 내어 섞어 넣은 향낭을, 또는 향을 동그란 환약 모양으로 만들어 몸에 지녔다. 이 같은 사향주머니를 몸에 지니게 된 사연은 사실 체취와 상관없다. 여성의 본능에서 비롯되었다.

옛날 한 기생집에 사향년(麝香女)이라는 기생이 있었다. 그는 미모가 뛰어나지도 않음에도 불구하고 '큰 손'을 끄는 재주가 있었다. 사향 주머니가 '사랑의 묘약' 역할을 한 것임을 쉽게 예상할 수 있을 것이다. 지금에 와서 '사향년'은 뭇 남성들을 유혹하는 끼 많은 여성을 일컫는 의미로 사용되는 것도 결코 우연은 아니다. "여성의 힘은 유혹의 힘"이라는 장 보드리야르의 말이 정곡을 찌르는 표현이다.

귀부인이 나체로 잠든 까닭

어떻든 그 사향은 무척 귀한 물건이었다. "사향당상"(麝香堂上)이라는 고사성어에서도 알 수 있다. 고사성어 속의 주인공이 '사랑의 묘약'을 고관대작의 첩에게 은밀히 바쳐서 얻은 벼슬이 '당상'이라고 해서 생긴 말이다. 당상관이라면 지금의 3급 공무원에 해당하는 높은 벼슬이다.

권문세가 남성들도 사향을 좋아했다고 한다. 사향가루를 섞어 만든 먹으로 그린 사군자를 방에 걸고 은근한 향이 즐겼다고 한다. 사향당상은 지금 '효과적인 뇌물'이라는 뜻으로 통용되는 것으로 볼 때, 권문세가들조차 이를 '품격 있는 뇌물'로 여긴 게 틀림없다.

다소 유교적 도덕관념에서 상상할 수 없는 파격적인 방법도 사용됐다. 옷을 모두 벗은 채 잠자리에 드는 '나체 취침'이 그것이다. 특히 체취 제거와 활발한 피부 활동과 피부재생을 돕기 위해 사대부 부인이나 궁녀들이 옷을 입지 않은 채 잠자리에 드는 경우도 있다고 한다. 이원섭은《조선왕조 500년의 자연요법 왕실비방》에서 "왕실과 대갓집 안방마님들도 발가벗고 잠자리에 드는 게 옛 섭생법"이라고 적고 있다. 피부호흡을 도와서 몸의 냄새를 사라지게 할 뿐 아니라 모공을 열어 피부를 곱게 하려는 '비상조치'는 아니었을까?

옷을 벗고 잠을 자든지, 향기로운 향을 이용하든지 고약한 체취는 어느 정도 제거할 수 있다. 그렇다고 하더라도 머리의 비듬이나 몸의 각질 그리고 몸에 붙은 이 같은 것은 어떻게 처리했을까? 사대부 남성들도 입던 옷을 털어 옷에 붙은 몸의 각질이나 때 등을 털어냈다. 이게 중요한 외출 준비 중 하나였다. 이이화는《한국사 이야기》에서 체면불구하고 틈나는 대로 한적한 곳으로 숨어들어 상투머리를 풀고 비듬을 털어냈다고 쓰고 있다. 옷과 머리를 터는 행위를 '백때를 턴다'고 했다.

《난중일기》에도 백때를 터는 모습이 나온다. 백태를 턴다는 표현대신 기두(技頭, 사람을 시켜 머리를 긁게 했다)라는 단어도 종종 보인다. 재미있는 것은 몸이 피곤했을 때 머리를 긁었다. 1596년 3월 23일(음력) 일기에 "새벽 3시(五更)에 몸이 불편해 금(今)이를 불러 머리를 긁게 했다"고 적고 있다.

여성들은 머리에 동백나무 기름 등을 발라서 머리를 정리했다. 또 참빗으로 머릿기름과 이 등을 떼어냈다고 한다. 또 조선 최고의 '로맨티스트 선비'로 불리는 심노숭은 《자저실기》에서 효종과 인선왕후 장씨의 다섯째 딸로 태어난 숙정공주가 효종 때 영의정을 지낸 시아버지 정태화의 머릿니를 잡아줬다는 믿기 어려운 얘기도 소개되어 있다.

조선 사람들은 비록 전신 목욕을 꺼렸지만 씻는 습관 자체가 없었던 것은 아니다. '부분 목욕'을 게을리하지 않았다. 특히 이채로운 것은 대야도 씻는 신체 부위에 따라 세분화되어 있다는 사실이다. 머리 감는 대야, 세수하는 대야, 손 씻는 대야, 발 닦는 대야 등으로 구분, 나름대로 위생관리를 철저히 하고 있다. 이 때문에 대야 재질도 다양해서 놋, 종이, 나무 등으로 만들기도 했다.

또 비누를 이용해 몸의 기름때를 벗겨냈다. 주로 곡물을 이용해 비누를 만들었는데 궁궐과 양반가에서는 팥, 녹두, 쌀겨, 메밀 등을 이용하였다. 특히 쌀뜨물의 미용효과는 현대과학으로도 입증됐다. 쌀뜨물에 녹아 있는 쌀 전분에서 뛰어난 피부의 수분 흡수력과 미백효과가 있음이 밝혀진 것. 사대부가 여자와 궁녀들은 율무를 이용해 만든 천연 팩을 사용하기도 했다. 율무는 얼굴이 부었을 때나 기미나 검버섯 등 잡티에도 효과가 좋은 것으로 알려져 있다. 수세미즙을 요즘 화장수처럼 얼굴과 가슴에 바르고 자거나 수세미즙에 가루 낸 쑥,

달걀노른자, 고운 진흙 등을 섞어 팩을 했다. 세수할 때 마사지도 했는데 기의 흐름을 따라 시계 바늘 반대 방향으로 마사지를 할 정도로 세심했다.

명성황후는 임오군란 망명 중에도 팥비누, 녹두비누를 챙겼으며 좌회전 마사지한 뒤 세수를 하였다고 《왕실양명술》에 전한다. 조선시대의 대표적인 미인 황진이도 인삼 잎을 띄워 목욕을 했다. 화장을 하지 않았음에도 그의 얼굴은 늘 절세가인의 아우라가 넘쳐났다고 한다. 천연감미료로 오래 전부터 사용되어 온 꿀은 영양크림 역할도 했다. 피부가 건조하고 거칠 때 꿀로 마사지했다. 머리를 감을 때도 창포물에 꿀을 타서 머리를 감으면 거친 머리카락이 부드러워진다고 한다.

끈적임을 벗고 여유를
적시다

일본인 처세술 1장 1절

"일본인이 세계에서 가장 청결한 민족이다."

호메로스 서사시의 중심 테마인 트로이 유적을 발굴한 독일인 하인리히 슐리만. 그가 19세기 중엽 일본을 방문했을 때, 가난한 사람조차도 하루도 거르지 않고 목욕을 하는 모습을 보고 이처럼 말했다.

사실 일본인은 몸을 씻는 데 이골이 났다고 해도 과언이 아니다. 마치 청결 집착증을 갖은 듯하다. 일본의 청소년사회에서 가장 저질스러운 욕설이 '사이킹'(細菌)이다. 사이킹은 곧 '더러운 사람'을 의미한다. 즉 '불결=야만'이라는 얘기다.

한국과 중국에서 가장 험한 욕설은 '호로 자식'이다. 애비 없이 자란 사람처럼 버릇없는 행동과 무례한 행위를 했을 때 쓰는 욕설이다. 욕설을 통해서도 효성과 예의를 숭상하는 한국과 중국의 문화를 엿볼 수 있다. 여기에 빗대 본다면 일본에서 청결이란 어떤 사회적 의미를 갖는지 짐작이 가고도 남는다.

이 때문에 더러운 사람으로 취급받지 않기 위한 일본인의 노력은 눈물겹다. 다다 미치다로는《생활 속의 일본 문화》에서 메이지 유신 직후 목욕을 싫어하는 집안의 어린아이가 목욕을 좋아하게 해달라는 기원을 담은 에마(繪馬, 예로부터 신이 말을 타고 인간 세상에 온다는 전설을 믿었던 일본인은 말 그림과 소원을 새긴 부적을 절이나 신사에 걸었다)가 유행했다고 적고 있다. 목욕을 안 하는 자녀가 혹시라도 이지메를 당하지 않을까 하는 어머니의 걱정이 배어 있다고 할 수 있다.

일본인은 또 몸을 씻고 닦는 데서 행복과 기쁨을 느낀다. 일본의 한 언론기관이 실행한 한 여론조사에서 10세 이하의 자녀를 둔 남성에게 '언제 가장 행복을 느끼느냐'고 물었다. 이 질문에 대한 가장 많은 답변은 "자녀를 차례로 목욕시켜 줄 때"였다고 보도했다.

그뿐 아니다. 목욕도 하나의 권리다. 강제적으로 목욕을 하지 못하도록 하는 행위 자체가 인권침해로 받아들여졌다. 전후의 일본 법원이 한 교도소에서 목욕 기회를 주지 않은 데 대해 제소한 수감자의 손을 들어준 판례가 기쿠타 고오이치의《일본의 행형제도》에 소개됐다. 신라 시대에 죄인의 생각을 정화하기 위해 '목욕 징벌'을 내렸던 것과는 천양지차다. 일본인에게 청결은 처세술의 1장 1절이다.

일본인은 왜 이처럼 목욕에 집착할까? 이런 습성은 무엇보다 기후의 영향이 크다. 섬나라 일본은 해양성 기후에 속한다. 여름에는 바닷바람이 불어 매우 고온다습하다. 도쿄는 1년 평균기온이 비슷한 서울보다 50%, 파리보다 두 배나 습도가 높다. 습도가 높아지면 땀이 흘러내려도 증발되지 않는다. 몸이 늘 끈적끈적하다. 쾌적함을 느낄 수 없다.

습기에 적응할 수 있는 구조로 집을 짓게 된 데도 이런 이유에서다. 즉 일본 주택구조는 여름 중시용이라고 할 수 있다. 습기를 흡수하기 위해서 다다미를 깔았다. 통풍을 최우선으로 고려했고, 가능한 한 얇은 벽과 많은 문을 만들게 됐다. 대신 겨울은 춥다. 거기다가 일본 주택에서 난방장치는 상대적으로 발전이 더뎠다. 습기와 추위를 동시에 해결하는 방법이 바로 목욕이다. 고온다습한 여름과 추운 겨울을 나는 한 방편으로 목욕을 즐긴 것이다. 목욕을 통해 여름에는 땀을 씻어내고 겨울에는 몸을 데우는 것이다.

목욕문화 발전의 기폭제

일본의 목욕개념과 방식은 우리와 다르다. 우리에게 목욕은 몸을 깨끗이 닦는 것이라면 일본은 따뜻한 물로 몸을 데우는 데 초점이 맞춰져 있다. 체온 1도를 높이면 면역력이 5~6배가량 증진된다고 한다. 목욕을 통해 체온을 높이는 것이다. 이로써 여름에는 불볕더위에서 약해진 기력을 보강하고, 겨울에는 혹독한 추위에 견딜 수 있는 체력을 키우는 셈이다.

내용은 형태를 규제한다. 한국과 목욕하는 이유가 다르다면 목욕하는 방법도 달라진다. 유부네(湯船)라고 부르는 속이 깊은 사각형 모양의 욕조에 몸을 담그는 게 일본식 목욕이다. 서양인들이 주로 샤워를 하는 것과는 차이가 난다. 우리가 수건으로 때를 미는 것과도 다르다. 이어령은《축소지향의 일본인》에서 "일본인들은 탕 안에 몸을 푹 담아 피부에 전해오는 따뜻한 감각을 즐긴다"고 말했다. 입욕과 온천의 도락을 즐긴 것이다. 나라 시대의 지리서인《출운풍토기(出雲風土記)》에 따르면 "남녀노소가 한곳에 모여 하루종일 술과 음식을 먹으며 온천욕을 즐겼다"는 대목이 나온다.

이런 일본의 목욕 풍습은 목욕탕이 집 안으로 들어간 뒤에도 달라지지 않았다. 일본어로 목욕탕을 뜻하는 '유'(湯)는 온천문화에서 유래했다. 언어학자들은 '유'가 강과 바닷물에 몸을 담근다는 뜻이고 주장한다. 목욕문화가 비약적으로 발전하는 계기도 1000년의 역사를 가진 온천 때문이다. 여기에 에도시대의 산킨고타이(參勤交代) 제도도 함께 기여했다. 도쿠가와 바쿠부는 쇼군이 통치하는 직할지(에도)와 다이묘가 지배하는 영지(지방)로 구분한 봉건제를 실시했다. 바쿠부는 이때 지방호족인 다이묘의 세력 확장과 부의 축적을 막기 위한 다양한 방법을 강구했다.

그중 하나가 다이묘의 가족을 에도지방에 볼모로 잡아두고 다이묘가 한 해씩 번갈아 에도와 영지에 머물도록 한 것이다. 이를 산킨고타이라고 한다. 다이묘가 에도와 영지를 오가는 행차를 다이묘 교레츠(大名行列)라고 한다. 매년 행차에 나서는 다이묘는 무려 260여 명이나 됐다. 또 규모가 큰 다이묘 행렬은 4000여 명에 이르렀다고 한다. 다이묘의 행렬로 도로교통망과 상업만 발전한 게 아니다.

온천과 료칸도 비약적인 도약을 했다. 다이묘는 행차 중간지점에 있던 온천에서 휴식을 취했다. 다이묘와 그 일행을 위한 료칸의 서비스 개선도 이뤄졌다. 료칸 실내에 온천목욕탕이 만들어진 것도 그런 이유 때문이다. 이렇게 해서 료칸에서 숙박과 식사 및 목욕을 함께할 수 있는 원스톱 서비스를 받을 수 있게 되었다.

쇼군은 물론 다이묘나 사무라이 등이 머무는 성곽에는 목욕탕이 있었다. 그것은 오늘날과 같은 형태의 욕조는 아니었다. 시바 료타로의 소설《도요토미 히데요시》에는 당시 히메지성의 욕실이 묘사되

료칸 온천탕
다이묘는 행차 중간지점에 있던 온천에서 휴식을 취했다. 다이묘와 그 일행을 위한 료칸의 서비스 개선도 이뤄졌다. 료칸 실내에 온천목욕탕이 만들어진 것도 그런 이유 때문이다.

어 있다. "목욕탕에는 더운물을 담는 솥과 찬물을 담는 솥 2개가 있으며 후세에 쓴 욕조와 같은 것은 없다"는 게 시바 료타로의 얘기다. 목욕을 유난히 좋아했던 도요토미 히데요시는 가마솥에 물을 끓여 그 증기를 이용하는 증기욕을 즐겼다. 상반신은 뜨거운 증기로 데우고 허리 아래는 뜨거운 욕조에 담그는 반신욕 형태가 주류였다.

도쿠가와 바쿠부 시절, 조선통신사로 일본을 다녀온 뒤 신유한은 《문견잡록》에서 "당상 역관의 숙소에는 각기 독립된 주방과 욕실, 화장실이 갖춰져 있다" "(일본) 풍속에 남녀가 교합하는 방에도 목욕탕을 설치하였다"라고 적고 있다. 이 역시 지금과 같은 목욕 시설과는 거리가 먼 것이다.

현재의 목욕문화가 서민들에게까지 보편화된 것은 그리 오랜 역

제7장 목욕, 같으면서 다른 시선

사를 갖고 있지 않다. 불과 100여 년 전의 일이라는 게 일반적인 견해다. 300년 전에 출간된 에도시대의 유학자 가이바라 에키켄의《양생훈》에 따르면, 목욕은 건강에 해롭다고 적고 있다. 민속학자 다치바나 히로부미에 따르면 가정에 목욕탕이 보급된 게 불과 100여 년밖에 안 된다고 주장한다.

어찌됐든 집안에 있는 목욕탕은 우치후로(內風呂)라고 해서 '유'와 구분했다. 지금 '유'와 같이 목욕이라는 의미로 통용되는 후로(風呂)는 본래 물에 몸을 담그는 일본식 목욕이 아니다. 후로는 조키후로(蒸氣風呂)를 줄여 쓴 것으로 조선시대의 한증과 비슷하다. 이런 근거에서 야나기다 구니오와 같은 민속학자는 후로의 어원을 '무로'(室) 즉 방으로 규정한다. '무로'로 해석되는 이유는 조선의 '한증'을 보면 쉽게 알 수 있다. 대륙경영의 뜻을 품고 조선 지리 등을 사전 조사하기 위해 1893년 한국을 찾은 혼마 규스케가《조선잡기》에 조선의 목욕탕을 다음과 같이 묘사하고 있다.

"목욕탕은 직경 3칸 정도 되는 원형의 건물로 높이 2칸 정도였다. 작은 돌을 쌓아서 벽을 만들고 그사이를 흙으로 발랐다. 지붕은 짚으로 엮어서 통상의 가옥과 다르지 않았다. 문을 열고 들어가면 실내는 어두워 작은 빛도 새지 않는다. 불기운이 뜨거워 심하게 더운 것이 마치 한 대에서 바로 적도로 한걸음에 날아간 것 같다."

그가 경험한 것은 한증탕에서의 열욕이었고 한증탕이 방 모양임을 충분히 짐작할 수 있다.

생명의 세탁

어떻든 기후와 풍토에 적응하면서 독특한 일본 목욕문화가 생겨났다. 하지만 기후와 풍토만으로 일본 목욕문화와 일본인의 결벽성을 설명하기에는 충분하지 않다. 청결을 유지하도록 하는 문화적 인자가 작동되고 있다. 일본교과서 바로잡기 운동본부에서 출간한《한·중·일 역사의식과 일본교과서》에 따르면, 일본인은 온천을 일본의 생활문화로 인식하는 데 그치는 게 아니라 일본 신도와 연결된다고 지적한다. 즉 온천→자연→신도로 연계한다. 그 연결 매체는 다름이 아니라 천황이 온천물로 하는 '미소기'(목욕재계) 의식이다.

사람 사는 일과 온갖 자연현상을 관장하는 신이 곳곳에 널려 있다고 믿는 일본인에게 목욕재계란 전혀 특별한 일도 아니다. 더욱이 일본 전역에 3,000여 개의 온천이 있고 1분에 270만 리터의 온수를 품어낸다고 하니 그런 이야기가 이해가 가고도 남는다. 어떻든 자신의 자랑거리가 되는 문화에 대해서는 어떤 의미를 붙이지 않으면 직성이 풀리지 않는 민족임을 온천에서도 다시 한번 보여주고 있다.

목욕재계를 얘기하면서 빠뜨릴 수 없는 일본의 의식문화가 있다. 변증법적 논리를 일본식으로 생활에 접목시킨 '게' '하레' '게하레'가 그것이다.《생활 속의 일본 문화》에 따르면 '게'는 사물이나 정신이 오염되어 있는 현재 상태나 일상생활을 말한다. 평소에 편하게 입는 옷을 게기(褻着), 평상시에 격식을 차리지 않고 먹는 음식을 게시네(褻稻)라고 한다. 이를 깨끗이 정화하는 행위가 바로 '하레'다. 특별한 날에 차려 입는 옷을 하레기(晴着), 나들이 옷차림이나 중요하고 의미 있는 자리에 선 모습을 하레스가타(晴れ姿)라고 한다. 하레를 한마디로 말하면 새로워지는 것이다. 무엇을 새롭게 하는 방식으로는 목욕

재계, 마쯔리, 기도 등 여러 가지가 있다.

그중에서도 목욕재계가 대표적 예다. 미에겐이세(三重縣伊勢)의 가시코지마(賢島)라는 어촌마을에서는 정월 초하루 새벽 먼동이 틀 무렵 해녀들이 실오라기 하나 거치지 않은 채 물속에 들어가 합장 기도한다. 새롭게 떠오르는 태양을 맞는 새해맞이 의식을 겸한다. 일종의 하례다. 여인들이 알몸 목욕 모습이 외신을 타고 전 세계에 타전된 뒤 이 풍습은 사라졌다. '하례'를 함으로써 본래 오염되지 않은 상태로 만드는 것이다. 이런 일련의 과정은 끝없이 반복된다. 이런 생활화된 의식이 '불결한 것은 야만적인 것이다' '불결하면 부정을 탄다'와 같은 일본인의 사생관이 낳았는지도 모른다. 어떻든 이렇게 길들어진 관념은 몸과 마음이 깨끗하지 않으면 안 되게 만드는 것이다. 일본인들이 자신들에게 '목욕은 생명의 세탁'이라고 하는 말이 이해가 된다.

'하례' 의식의 역사는 깊다. 하례 의식은 기기신화와 역사를 같이한다. 이자나기미코토와 이자나미미코토라는 남녀 두 신의 결혼으로 일본 국토와 국가가 생성됐다. 이자나미는 불의 신을 낳다가 죽게됐다. 이자나미의 죽음을 알지 못하는 이자나기는 그를 찾아 헤맨다. 급기야 도착한 곳은 '천국'이라는 불리는 곳이었다. 하지만 막상 도착해보니 지옥이나 진배없었다. 갖은 고생 끝에 그곳을 탈출한 이자나미는 "나는 정말 추하고도 더러운 나라에 다녀왔다. 나는 부정 탄곳을 깨끗이 씻어내야 된다"고 말했다. 목욕재계한 것이다. 그 뒤에이자나기는 우리나라로 치면 단군이라고 할 수 있는 아마테라 스오카미(天照大神)를 낳는다. 부정을 씻어버리는 의식인 미소기(목욕재계)가바로 하례인 것이다.

인간사라는 게 하레를 행한다고 모든 게 오염되기 전의 상태로 돌아가는 것은 아니다. 하레를 한 뒤에는 다시 오염과정을 겪게 된다. 그것이 곧 '게하레'다. 일본민속학자 나미히라 에미코는 《게하레의 구조》에서 '게'는 일상성과 세속성, '하레'는 청정성, 신성성을 의미하며 '게하레'는 부정성으로 파악했다.

목욕 권하는 사회

목욕은 부정을 씻어내는 것만이 아니다. 옷을 벗고 목욕하는 순간과 그 장소만큼은 직위 고하도 직업 귀천도 없다. 이런 공간은 평등한 사회를 뜻한다. 벌거숭이 상태에서는 만민이 평등하다는 주장과 일맥상통한다. 이를 일본에서는 '하다카노사와레아이'(裸の触れ合)이라고 한다. 의역을 하면 '나체의 스킨십' 정도가 된다. "욕탕에서는 누구든 다 똑같은 나체"라고 주장한 《우키요부로》에도 대중목욕에 대한 찬가를 느낄 수 있다.

이런 잠재의식은 일본을 '목욕 권하는 사회'로 만들었는지도 모른다. 루스 베네딕트는 《국화와 칼》에서 "일본에서는 쾌락을 의무처럼 배운다"면서 일본인의 냉수욕 습관에 관해 기술하고 있다. 그는 새벽 2시, 아침, 정오 그리고 해 질 무렵 행해지는 간게이코(추운 겨울에 추위를 견디면서 무술 또는 음악 훈련하는 것) 또는 미즈고리(신불에게 기원하기 위해 냉수를 끼얹어 몸을 깨끗이 하는 것) 등을 소개했다. 특히 "새벽의 냉수욕은, 단순히 진지하게 어떤 악기연주의 수업을 하거나 어떤 세속적인 직업을 준비하는 목적을 위해서도 사람들이 특히 즐겨 사용하는 수단이다"라고 말했다. 실제로 오카베 이도코와 같은 학자는 "목욕을 하고 나면 몸이 가뿐해져서 극락에 둥둥 떠다니는 느낌이 든다"면서

"그런 감각을 연마한다고 할 수 있을 것"이라고 베네딕트의 말에 공감을 표시했다.

베네딕트의 주장에서 주목해야 할 대목은 아침 목욕이다. 요즘 일본인은 대체로 아침에 목욕하지 않는다. 세월이 흐르면서 휴식개념의 목욕이 더욱 강조된 때문이다. 아침에 목욕하는 일이라면 죄를 씻어 내거나 부정 탄 일을 정화하기 위한 특별한 행동으로 이해한다. 이를 서양인의 눈에는 '쾌락을 위한 훈련'으로 비춰진 것이다. 베네딕트가 일본 부모들이 비바람이 몰아치는 겨울에도 어린아이들이 맨살의 반바지 차림인 것을 보고 '겨울나기 훈련'이라는 이름을 붙인 것이나 마찬가지다.

이런 잠재적 의식과 불교 예법이 결합, 일본의 목욕문화는 더욱 번성했다. 불교문화권의 나라에서 목욕은 공덕으로 여기는 시욕(施浴)이라는 전통이 있다. 일본도 마찬가지다. 사원에서 목욕탕을 만들어 일반서민들이 목욕할 수 있도록 하고 이를 공덕으로 삼았다. 이를 보여주는 단서가 홋케지(法華寺)의 목욕탕이다.

불교의 의례인 시욕도 나라 시대에 들어 일본의 설화와 접목이 되었다. 일본 최초의 불교통사 《원형석서》에 나오는 일명 고메이(光明) 황후의 시욕 설화다. 고메이 황후가 살던 8세기 당시엔 천연두가 만연했다. 죽어가는 중생을 구원하기 위해 고메이 황후는 홋케지에 목욕탕을 만들었다. 피고름이 흘러내리고 고약한 냄새가 나는 한 중생이 목욕탕을 찾았다. 고메이 황후는 주저하지 않고 피고름을 입으로 빨아냈고 몸을 씻어준 뒤 이 사실을 비밀에 부치라고 명령했다. 어떤 설화든 극전 반전이 있게 마련이다. 그 환자는 바로 동방의 부처인 아촉불이었다.

8,000개가 넘는 공중목욕탕

국난의 위기 속에서 신화는 다시 살아나는 법이다. 고메이 황후의 시욕 설화는 지난 2011년 일본 동북부대지진을 강타했을 때 재연됐다. 헤이세이 천황이 도치기겐에 있는 황실의 목욕탕을 개방, 인근 피해자를 대피시켰다. 일본 언론에서는 이를 '헤이세이 시욕'이라며 황실의 공덕을 칭송했다.

공중목욕탕도 불교에서 비롯되었다. 헤이안시대 말기에 커다란 사찰을 수리했을 때 공사를 하던 인부들을 위한 목욕탕을 만든 게 공중목욕탕, 센토(錢湯)의 기원이다. 지금도 사찰 건축기법으로 지은 맞배지붕 모양의 센토가 즐비하다. 목욕탕 자체가 불교와 사찰의 영향을 받은 때문이다. 전국시대를 끝내고 평화가 이어진 에도시대에 들어서면서 상업이 발전하면서 사람이 도시로 모여들었다. 센토도 점점 늘어나게 됐다. 1591년 이세노 요이치라는 사람이 제니가매바시에 개업한 게 현대식 센토다. 처음에는 한증탕이었다고 한다.

지금은 공중목욕탕인 센토가 줄어드는 추세다. 그럼에도 아직까지 일본 전역에 8,000개가 넘는다. 일본인들이 얼마나 자주 목욕하는지를 보여주는 또 다른 증거가 있다. 최근 들어 새롭게 관심을 끄는 게 있다. 일본 전통 보자기를 뜻하는 '후로시키'(風呂敷)다. 쉽게 말하면 일본인이 물건을 싸서 들고 다닐 때 사용하는 사각 보자기다. 후로시키는 질끈 묶은 보자기가 아니다. 매듭으로 장식을 한 선물포장용 보자기다. 단어에서 보듯 이 보자기는 목욕(風呂)과 관계가 있다. 목욕 후 몸을 닦을 때 몸에서 떨어지는 물을 흡수하기 위해 까는 발밑의 천이 본래의 뜻이다. 그런데 목욕이 끝난 뒤에 이 수건으로 목욕용품을 싸서 들고 다닌 데서 오늘날의 의미로 치환되었다.

목욕문화에서는 일본 색채가 물씬 풍긴다. 한·중·일 3국 문화에서 가장 이질적 부분이 바로 목욕문화다. 얼마나 많은 차이가 나는지 알아보기 위해 일본의 보통 가정 목욕탕으로 들어가 보자.

욕조에 담긴 물은 온 가족이 함께 사용한다. 한 번 받은 물을 버리지 않고 식구가 돌아가면서 욕조에 들어간다. 욕조에 들어가기 전에 간단히 몸을 닦아 낸다. 그리고 욕조 속에서 들어가 음악을 듣거나 책을 읽기도 한다. 가장 중요한 것은 욕조에 들어가는 순서가 있다. 가장이 들어가고 집안의 연장자 어른, 그다음에 어린아이 그리고 제일 나중에 안주인이 들어간다. 가부장적 위계질서를 엿볼 수 있는 대목이다. 만일에 손님이 찾아왔다면 목욕우선권은 손님에게 돌아간다. 집에 찾아오는 손님에게는 직위고하 불문하고 목욕시키고 식사 대접한 '제우스 크세니오스'라는 로마 시대의 풍습을 연상시킨다.

남녀혼탕

목욕문화의 이질성은 센토에 가면 더 분명히 드러난다. 공중목욕탕에 가면 요금을 받고 목욕탕 안내를 맡은 사람이 앉아 있는 카운터 일종인 반다이(番台)라는 게 있다. 문제는 반다이의 위치다. 이것은 남탕과 여탕의 중간에 있다. 센토 한가운데 높은 자리에 위치한다. 요즘도 반다이에 앉아 있으면 남탕과 여탕을 모두 볼 수 있다. 또 센토는 일정한 간격을 두고 남탕과 여탕을 바꿔 손님을 받는다. 음기와 양기를 순화하는 조치다. 그뿐 아니라 탈의실 천장 쪽 혹은 목욕탕 위쪽이 트여 있다. 그래서 남탕이나 여탕에서 떠드는 소리를 서로 들을 수 있다. 또 목욕탕에서 일하는 사람은 남탕과 여탕을 구분하지 않고 서슴없이 드나든다. 그의 성별이 무엇인지는 어떤 손님도 개의 하지 않는다.

이 같은 모습은 아마도 혼욕의 흔적일 것이다. 일본과의 개방을 요구했던 미국 페리 제독이 잠시 일본에 머물면서 쓴《일본원정기》를 남겼다. 거기에 일본인이 혼욕하는 것을 보고 경악 금하지 못하는 장면이 나온다. 사실 센토가 성행하기 시작한 에도시대 때 공중목욕탕은 다소 풍기가 문란했다.

하지만 초창기에는 혼욕한다고 해서 성행위나 매춘이 난무하는 질탕한 분위기는 아니었다. 성문란을 막기 위한 방어기제가 작동했기 때문이다. '도다나후로'(戸棚風呂)라고 불린 남녀혼탕은 무릎을 담글 정도의 반신욕탕이었다. 또 한증막 형식의 욕탕이어서 수증기 때문에 상반신은 보고 싶어도 볼 수 없었다.

게다가 최소한의 개인적 프라이버시를 지키기 위한 불문율과 같은 사회적 약속이 엄존했다. 센토에 출입하는 시간이 연령과 성별에 따라 약간씩 차이가 났다. 아침에는 노인, 오후에는 부녀자, 저녁에는 남성이 센토를 찾았다. 또 여의치 않아서 남녀가 함께 목욕해야 할 때도 남녀 모두 수건으로 중요 부위를 가리고 다녔고 혹시라도 시선이 마주치면 눈길을 돌리는 게 예의였다.

일본에서는 남녀혼탕이 거의 사라졌지만 성기를 가리는 풍습은 아직도 남아 있다. 센토에 가면 우리나라 때수건 같은 작은 수건이 있는데 이것으로 음부를 가린다. '다케쿠니 토모야스는《한국 온천 이야기》에서 "일본의 공중목욕탕에서 국부를 가리는 행위는 자신이 나체가 아님을 표현하는 상징적인 행위"라고 주장한다.

또 한스 페터 뒤르 교수가 쓴《나체와 수치의 역사》에 따르면, 남녀혼욕을 했던 로마 시대에도 매춘이 가능한 목욕탕이 따로 있다고 밝힌다. 일본 온천이 제공되는 료칸을 중심으로 역시 '유나'라고 이름 붙여진 목욕탕 도우미가 매춘행위를 했다는 기록이 심심치 않게 나오고 있다. 목욕탕에 매춘조직이 침투하면서 유희의 장으로 변질된 것이다. 특히 메이지 유신으로 서방 사회의 눈길을 두려워한 일본 정부는 혼욕금지명령을 잇달아 내렸다. 크리스토퍼 히버트가 저술한《도시로 읽는 세계사》에 따르면 혼욕금지명령이 1860년, 1870년과 1872년 되풀이 되면서 혼욕습속은 점차 사라지게 됐다.

목욕은 최고의 선물이다

목욕을 하고 싶어도 할 수 없는 처지

흔히들 중국인은 목욕을 자주 하지 않는다고 말한다. 일면 사실이다. 아니 안 하는 게 아니라 못한다는 게 정확한 표현일지도 모른다. 물 부족이 가장 큰 이유다. 물이 얼마나 귀한지는 물값을 보면 쉽게 알 수 있다.

2014년 현재 중국에서 물 1톤의 값은 10위안 정도다. 우리 돈으로 말하면 1,500원 정도다. 우리나라 상수도의 물값은 1톤당 563원(2012년 전국 평균가) 꼴이다. 무려 3배나 비싸다. 중국에서는 맥주가 생수보다 싸다는 얘기가 허언이 아니다. 베이징 슈퍼마켓에서 살 수 있는 생수 1병에 3위안 정도인데 같은 질량의 맥주는 2위안가량 한다. 이렇다 보니 생활이 넉넉하지 않은 일반 중국인은 목욕하고 싶어도 할 수 없는 처지다.

더욱이 중국인들은 절약을 미덕으로 삼는다. 무엇이든 지나치면 병이 된다. 불과 10여 년 전까지만 해도 외국인들에게 매우 낯선 광경이 연출되기도 했다. 세숫대야에서 손 씻기도 그중 하나다. 세숫대야에 물을 받아 손을 씻는 게 이상한 일이냐고 반문하겠지만, 문제는 한 사람이 손을 씻고 그 물을 버리지 않고 그대로 둔다. 또 다른 사람이 그 대야에서 손을 씻는다.

몇 년 전 상하이를 방문했을 때 한 남성이 소변기에 흐르는 물에 손을 씻는 것을 본 적이 있었다. 그가 변기에 가까이 서서 용변을 본 뒤 물을 흘려내는 등 정확한 화장실 사용법을 알고 있었다는 점에서 충격적이었다. 이런 행동에는 다른 이유가 없다. 비싼 물값 때문이다.

과거에 비하면 물 사정이 훨씬 좋아졌다는 지금도 그럴진대 옛날에야 말할 필요도 없다. 상상하고도 남는다. 부족을 채우는 방법은 아껴 쓰고 잘 관리하는 것이다. 물과 풀을 찾아 가축을 몰고 다니는 게 삶인 유목민족에게 물관리는 더욱 엄격했을 것이다. 그 실태를 보여주는 게 원나라의 '징기스칸 법'이다. 이 법에 따르면, 봄과 여름철 물속에 몸을 담그거나 강에 손을 씻으면 죽음을 면치 못했다. 또 초원에 젖은 옷을 펼쳐놓아서도 안 된다. 이를 위반한 사람은 사형에 처했다. 이런 행위가 벼락을 몰고 온다는 게 그 이유였다. 물론 법 취지는 식수 오염을 방지함으로써 자신들과 가축의 생명을 보호하기 위한 것이다.

실제로 늪에서 목욕하다가 목숨을 잃을 위기에 처한 사람이 오고타이(징기스칸의 아들)의 지혜로 살아난 에피소드도 전해져 내려오고 있다. 더위를 식히기 위해 목욕하던 한 백성을 본 오고타이 형인 치가타이가 즉결처분을 하려고 했다. 마침 형과 함께 사냥에 나섰던 오고타이는 "어떤 사정이 있을지 알아본 뒤 처형을 해도 늦지 않을 것"이라며 사형집행을 막았다. 오고타이는 형이 눈치채지 못하게 죽음에

직면한 백성에게 은화 한 닢을 주면서 "'그것을 줍기 위해서 물속에 뛰어들었다'고 말하라"고 명령했다. 고달픈 하루하루의 생활을 설명한 뒤 "은화를 버릴 수 없었다"며 사정을 둘러 된 백성이 목숨을 구했다는 이야기다. 물론 대대적인 우물파기사업을 전개함으로써 백성의 삶의 질을 높이려고 했던 오고타이의 치적을 포장하려고 했던 사관들의 의도도 엿보인다. 그 내막이야 어떻든 초원의 물 사정을 짐작하는 데는 충분하다. 초원 지역의 물 사정은 지금이나 몽고제국시대나 큰 차이가 없다. 과거에는 화북지방도 초원 지역에 비해 물 사정이 크게 좋지 않았다. 그래서 목욕이 보편적 문화로 자리 잡을 수 없었다.

하지만 중국도 중산층이 급증하면서 삶의 질이 높아졌다. 목욕문화가 생활 속으로 깊숙이 침투하고 있다. 중국 국가여유국(国家旅游局)이 발표한 '휴양그린북'(休闲绿皮书)에 따르면 2011년 목욕으로 소비한 돈이 1인당 약 100위안을 약간 웃돌았다. 점차 대중목욕탕도 중국인에게 보편적인 편의시설로 바뀌기 시작한 단계라고 할 수 있다.

평생 두 번 목욕한 쓰촨성 사람들

화북지방의 기후가 전체적으로 목욕을 안 해도 견딜 만하다. 한여름 30도가 넘는 뙤약볕에서도 나무 그늘 밑에서는 불쾌한 기분이 들지 않는다. 건조하기 때문이다. 견딜 수 있다는 것은 '내성습관'을 만드는 원인이기도 하다. 습관화된 행위에는 내성이 생기게 마련이다.

송나라 시인 왕안석은 씻지 않기로 유명한 인물이었다. 세수를 안해서 늘 얼굴이 검은빛을 띠었다고 한다. 소동파는 왕안석의 이런 행동에 대해 "자기만 편하면 그만이라는 독선, 청렴함을 드러내려는 위선의 냄새가 난다"고 비난했다. 이런 습관적 내성은 시대를 뛰어 넘는다.

루신(魯迅)의 일대기를 다룬 저서,《민족혼으로 살다》에 따르면 '중화민국'이라는 중국 국호를 작명하고 '국학대사'(國學大師)로 불리며 중국인의 존경을 한 몸에 받는 장 타이엔 같은 이도 목욕하기를 싫어했다. 덥고 습한 도쿄에서 여름을 지내면서도 목욕을 거부했다는 유명한 일화가 있다. "도쿄의 습한 날씨에도 불구하고 중국인은 목욕하는 습관이 되어 있지 않아 일본인처럼 자주 목욕하지 않아도 살아갈 수 있다"는 게 그가 목욕을 거부한 이유였다. 심지어 중국 서부 중심지 쓰촨성에는 "평생에 단 두 번 목욕한다"는 속담이 있을 정도다. 두 번이란 태어날 때와 죽을 때다.

기후와 물 사정이 허베이(華北)지방과 달랐던 화난(華南)지방은 꽤 발달된 목욕문화를 갖고 있다. 화난지방은 무엇보다 물이 풍부했다. 《동방견문록》에 따르면 마르코 폴로가 호수와 강의 도시인 항저우에 다리가 1만 2,000개나 있다고 기록했다. 거기다가 해양성 기후 탓에 매우 무덥고 습도가 높다. 일본과 마찬가지로 목욕을 하지 않으면 후덥지근해서 견디기 어렵다. 목욕문화 발달에 필요한 조건을 갖추고 있던 셈이다. 기후적 습속에서 비롯된 집단적 습관은 독특한 문화를 만들고 그 문화는 다채롭게 발전하게 마련이다. 특히 목욕이 내밀한 향락의 수단으로 치부되면서 화난지방이 사치와 유희문화의 중심이 됐다.

화난지방 중에서도 가장 목욕문화가 발달된 도시는 두말할 필요도 없이 항저우(港州)다. 중국 역사 전문가 자크 제르네는《전통 중국인의 일상생활》에서 "이나 벼룩이 활개를 치고 차림새도 지저분한 중국 내륙과는 달리 항주에는 기생충도 그다지 없었고 거리나 사람도 깨끗했다"고 밝혔다.

항아리 모양의 표식

1271년 중국에 도착한 마르코 폴로가 17년 동안 이 나라에 머물면서 겪은 일을《동방견문록》에 남겼다. 이 책은 "항저우는 세계에서 가장 세련되고 우아한 생활의 중심지"라고 규정했다. 그가 방문했을 당시 항저우는 남송 수도로서 위용이 그대로 남아 있는 상태였다. 더욱이 비단 산업이 발달되어 경제적 풍요를 누리는 도시였다. 마르코 폴로는 경제적 번영 못지않게 항저우 사람들의 목욕하는 습관에 깊은 인상을 받았다. 중세 유럽은 목욕문화가 없다고 해도 과언이 아니다. 그가 목욕에 관한 많은 기록을 남긴 것은 어쩌면 당연한 일일지도 모른다.

"중국에서는 누구나 1주일에 3번은 목욕을 한다. 식전에 씻는다. 겨울에는 매일한다. 상당한 지위에 있는 사람은 집에 전용 목욕탕이 있다. 아무리 장작을 쌓아놓아도 공급할 수가 없다. 그런데 타는 돌(석탄)이 많고 퍽 싸다. 시장과 연결된 거리가 많은 데 그중 몇 곳에는 냉천 욕탕이 있다. 시중을 드는 사람이 많다. 외국인을 위한 온천탕도 있다. 남녀 모두 사철 냉수목욕이 좋다고 말한다. 욕조는 나무나 금속 또는 도기로 그 안에 조그만 걸상이 있어 기대도록 해두었다. 바닥에 매트가 깔려 있어 수건이나 스카프로 몸을 닦았다. 여성 욕실에는 주위에 병풍을 쳤다. 콩과 약재(허브)로 만든 액체를 비누 용도로 썼다. 수통과 욕조의 물을 데울 때는 뜨거운 금속과 돌을 물속에 담갔다."

이 책에는 당시 항저우의 목욕탕 수, 크기, 목욕물의 공급원, 목욕탕의 내부시설 등 다양한 정보을 담고 있다. 눈을 의심하게 하는 대목은 무엇보다 항저우에 항아리 모양으로 표시이 된 3,000개 대중목욕탕이 있으며 한 번에 100명이 목욕할 수 있는 대형목욕탕도 존재했다는 것이다. 당시에는 대중목욕탕을 '혼당'(混堂)이라고도 불렀다. 귀천에 구분이 없이 여러 사람이 섞여서 목욕한 데서 나온 이름이라는 게《중국 사람들은 어떻게 살았을까》를 쓴 이재경의 주장이다.

또 이미 1000년 전에 대중목욕탕은 상업이익을 추구하기 위해 상당히 치열한 경쟁을 벌였음을 짐작할 수 있는 대목도 있다. 항아리 모양의 표식을 통해 목욕탕임을 알린 게 그 근거다. 요즘 술집에 화려한 네온사인을 돌리거나 미용실에 레인보우 형광등을 내거는 것과 같은 문화가 이미 생겨난 것이다. 대중목욕탕이 상업화된 것은 이보다 훨씬 이전이다. 당나라 때인 1072년 항저우를 방문했던 일본 승려 성심(成尋)은 자신의 일기에서 대중목욕탕 요금이 10전이었다고 밝혔다. 이미 마르코 폴로가 중국 방문을 하기 200년 전부터 대중목욕탕은 상업 시설이었다.

경쟁은 경쟁을 낳는다. 물론 도가 지나친 경쟁은 부작용을 낳게 마련이다. 마르코 폴로는 목욕탕 안에는 담소 공간, 주점, 안마시설 등 부대시설을 갖추고 있다고 밝히고 있다. 이미 목욕탕이 휴식공간 이상의 어떤 서비스가 제공되었음을 짐작하게 한다. 당나라 시인 장소원의 〈관등〉은 항저우의 에로티즘을 극적으로 표현해준 시를 남겼다.

〈관등(觀燈)〉

10만 인가에 일제히 등이 커지니

문 열리는 곳마다 화장한 여인들이 보이네.

노랫소리 밤새 요란하니 물시계 소리 묻히고

비단옷 거리에 가득하니 먼지조차 향기롭네.

황제 목욕값은 얼마일까?

세상에서 가장 비싼 목욕 요금은 얼마나 될까? 우리 돈으로 약 1700만 원이다. 2013년 2월 중국 허난성의 한 온천호텔이 개장기념으로 기획한 '황제목욕' 이벤트에서 경매로 정해진 가격(10만 위안)이다. 경매엔 무려 300여 명이 참여했다고 한다.

온라인을 통해 낙찰받은 한 중국의 거부가 '황제목욕'을 하는 사진 한 장이 공개됐다. 옛날 황제들이 이용하는 온천인 룽츠(龍池)를 재연했다는 게 이 사진의 설명이다. 왕관 같은 모자를 쓰고 황금빛 바지를 입은 한 남자가 대형온천탕에 앉아 있다. 속옷 차림의 두 궁녀가 물속에서 몸을 닦아주고 있다. 탕 밖에는 궁녀 차림의 한 여성은 수건을 들고 있고 다른 한 여성은 반듯하게 서 있다.

중국 언론은 "사회공동체 의식을 심각하게 훼손할 수 있다"며 과시적 소비 조장을 경계했다. 하지만 이벤트를 주최한 호텔 측은 이에 아랑곳하지 않았다. '더 많은 비난을 해달라'는 주문을 했다. 이를테면 상품홍보를 위해 고의로 비난을 감수하면서 소비자의 관심을 불러일으키는 노이즈 마케팅을 원했다.

호텔 측은 이 이벤트가 어떤 황제의 온천을 모델로 한 것인지 밝히지 않았다. 단지 '고대 중국 황제'라고만 밝혔다. 노이즈 마케팅과 마찬가지로 의도된 상술이다. 아마도 몽환적이고 환란적인 에로티즘을 자극하기 위한 하나의 마케팅 기술이라고 할 수 있다. '황제목욕'을 기획한 호텔이 루산(驪山)에 있다. 루산은 고대 중국의 중심지인 시안과 가깝다. 루산 온천은 중국에서 최초로 개발된 곳이다. 산자락 아래 온천지대인 화칭즈(華淸池)는 서주시대부터 청대에 이르기까지 황제나 황후의 휴양지였다.

　'황제목욕' 사진과 호텔의 위치(루산)만으로도 몽환적 쾌락을 연상하기 충분할 것 같다. '몽환적 쾌락'에 가장 부합하는 인물은 아마도 후한의 영제일 게다. 그는 호화롭기 이를 데 없는 나영관(裸泳館)이란 목욕탕을 지었다. 영제는 여기서 초경 이전의 어린 궁녀 300여 명과 함께 발가벗고 황음무도한 유희를 즐긴 황제로 유명하다. 쑨젠화가 쓴 《음담패설》은 "서역의 진상품인 균지향으로 향수탕을 만들었고 목욕하고 남은 향수를 전부 수로에 버렸다"고 적고 있다. 언제나 좋은 향기가 넘쳐나는 이 수로는 '유향거'(流香渠)로 불렸다고 한다.

　하지만 대부분 황제의 목욕은 사치스러웠지만 퇴폐적이지는 않았다 그렇다고 목욕시설이나 목욕재료가 검소하다는 얘기는 아니다. 중국 황실의 의약비방을 담은 《어원약방》에 따르면 중국 황제들이 목욕과 세수를 할 때 난초와 백지, 천궁, 세신 등을 배합해서 만든 '어전세면약'을 사용했다고 한다.

젖은 머리로 손님을 맞지 마라

　일반평민들과 달리 관리들은 꽤 청결 관리에 철저했다. 한나라와 당나라 때 청결은 관리의 의무사항이었다. 관리에게 열흘마다 휴가를 줬는데 이를 '휴목'(休沐)이라고 했다. 목욕하고 휴식을 취하라는 의미를 담고 있다.

나무학자 강판권 계명대 교수는 《중국을 낳은 뽕나무》에서 중국 관료들이 받는 급여는 '목욕수당'으로 불렸다고 썼다. 또 '씻을 완'(浣)자가 '열흘 사이'라는 의미로 통용됐다. 그래서 상완·중완·하완이 상순·중순·하순과 같은 의미로 사용되기도 했다.

한국도 마찬가지다. 휴목제도는 중국보다 훨씬 오랫동안 지속됐다. 조선 말기 외교업무를 담당했던 통리아문이 1887년 서양의 달력체계에 맞춰 관리들에게 5일마다 주던 휴가(휴목)를 7일마다로 바꿨다.

그렇다면 옛 중국인의 청결 관리를 위한 목욕은 황실과 관리 등에만 국한될까? 사실은 그렇지 않다. 위생 관념이 떨어져 목욕을 자주 안 했으리라는 고정관념에 지나지 않음을 사료를 통해 확인할 수 있다. 오히려 청결 의식 또한 역사와 전통을 자랑한다. 사서오경 중 하나인 《예기》의 〈내칙〉 편에 따르면, 선진(先秦)시대에는 3일에 한 번 머리를 감고 5일에 한 번 목욕하고 매일 얼굴과 발을 씻는 습관이 있다는 기록이 남아 있다. 이는 무려 2500년 전의 기록이다.

또 중국인은 방문객을 맞을 때 목욕하는 습관이 있었다. 방문객을 기다리게 하는 이유가 목욕이라면 양해가 됐다. 반대로 약속 시간을 맞추기 위해서 젖은 머리로 손님을 맞기라도 한다면 이것은 결례가 된다. 이를 잘 설명해주는 고사성어가 있다. 《한시외전(韓詩外傳)》에 나오는 "토포악발"(吐哺握髮)이다. 식사할 때나 목욕할 때 손님이 찾아오면 입속의 음식을 뱉고 감고 있던 머리채를 감싸고 나가 영접한다는 의미다. 이는 주나라 주공이 실례를 무릅쓰면서 훌륭한 인재를 얻기 위해 안간힘을 썼다는 속뜻을 담고 있다. 중국에서 목욕은 곧 최고의 예의다.

이를 좀 더 구체적으로 보여주는 예는 유비가 제갈량을 우군으로 만들기 위해서 했던 세 번의 걸음 즉 삼고초려(三顧草廬)라고 할 수 있다. 제갈량은 유비를 두 차례나 문전박대했다. 유비는 뜻을 굽히지 않는다. 목욕재계가 바로 그의 굳은 결의를 상징한다. 일종의 '계'(禊)의 예를 갖춘 것이다. '계'란 신하가 황제를 접견하기 전에 행하는 목욕재계를 말한다. 유비가 제갈량을 모시기 위해 황제에 비견되는 예를 다한 것이다. 유비가 세 번째 방문했을 때 제갈량은 마침 낮잠을 자고 있었다. 유비는 문밖에서 그가 깨길 기다렸다. 유비의 정성에 감동한 제갈량은 기꺼이 유비의 책사가 됐다.

반대로 목욕물이 선정의 상징이 되기도 한다. 의학에 조예가 깊었던 청나라 강희제는 사부인 이광지가 독창(일종의 부스럼)으로 고생하는 것을 보고 바닷물 두 통을 하사했다. 자오양은《5천년 내력의 중국 황실 건강법》에서 이광지가 이를 6등분 사흘 동안 하루에 두 차례씩 목욕했다는 이야기를 소개했다. 이광지는 그래도 차도가 없었는지 온천욕을 위한 휴가를 청하는 상소를 올렸다고 한다(《소통의 정치학, 상소》, 니우산과 빠산쓰 공저).

목욕의 풍속과 의례

중국인에게 목욕은 한국과 마찬가지로 풍속이자 의례였다. 우리가 단오절, 유두날 절기 행사로 목욕을 했던 것처럼 중국도 그렇게 했다. 삼월 삼진날과 단오절이 바로 그날이다. 중국에서는 이날을 '상사'(上巳)라고 했다. 이날 '상사' 때에는 복숭아 꽃잎을 띄운 물(桃花湯)로 목욕했다. 또 강가에 나와 목욕과 빨래를 하는 것으로 한해의 재액을 물리쳤다. 이 풍속을 '수계절'이라고 한다. '수계절'은 춘추전국시대 이전부터 행해졌고 위진남북조시대 이후 널리 펴졌다.

왕희지가 냇물이 울창한 대숲을 휘감아 도는 회계지방의 명승지, 난정에서 당대(동진)의 명사 41명과 함께 수계절을 즐기면서 행서의 대표적 작품《난정서》를 엮었다는 것은 꽤 알려진 이야기다. 이 자리에 초청된 인사들은 냇물에 띄운 술잔이 자신 앞에 다가오면 단숨에 술을 마셨다. 그리고 이내 시 한 수를 읊었다. 이를 적어 엮은 게 한 권의 시집이 됐다고 왕희지가 이 책의 서문에 적고 있다.

반면 단오절에는 창포물로 목욕을 했다. 중국 예의의 근본정신과 의례의 해설을 기술한《대대례》에는 "5월 5일에 축란(蓄蘭)으로 목욕한다"는 기록이 남아 있다. 축란은 창포다. 창포탕에 감은 머리에 장수와 행복을 기원하는 '수'(壽) 혹은 '복'(福)자로 장식했다.《세계무형문화유산과 민속예술》에 따르면, 지금도 중국의 많은 지역에서 단오절에 창포로 목욕하고 머리 감는 풍습이 남아 있다고 한다. 우리나라의 단오절에 창포로 머리를 감는 것도 중국에서 유래된 것이다.

한편 유난(雲南)성 소수민족 따이족(傣族)은 따이달력(傣曆)으로 정월, 우리로 말하면 4월 중순에 '발수절'(潑水節) 행사를 치른다.《중국문화의 이해》는 이 역시 남녀노소가 모두 목욕한 뒤 화려한 옷으로 치장한 뒤 물을 뿌리며 행복을 비는 절기풍속이라고 설명한다.

중국인들도 음력 정월 초하루인 춘제(春節) 앞두고 목욕재계를 하는데 역시 우리와 다르지 않다. 설맞이를 위해 소년(掃年)이라는 대청소와 목욕재계, 이발한다. 설 대청소의 모습은 "스물 이렛날(음력12월 27일) 온갖 고질병을 다 씻어내고, 스물여드렛날 온갖 불결한 것을 다 씻어낸다"는 속담에서도 엿볼 수 있다. 이런 의식이 지금은 손님을 맞을 때 목욕하는 습관으로 바뀌었다는 게 중국 사람들의 설명이다.

냄새를 지배하는 자가 세상을 지배한다

최근 한국 여배우 장서희가 세상의 모든 여성으로부터 부러움을
샀다. 남북조시대부터 당 현종 때까지 격변하는 중국 역사 속을 살아
간 수많은 영웅호걸과 여인들의 삶을 그린 〈수당영웅〉이라는 중국
드라마에 출연, "3만 리터 용량의 우유 욕조에서 목욕했다"는 보도
때문이었다. 잡티 없이 하얀 피부와 가녀린 장서희의 고혹적인 피부
결은 극 중 인물 장려화를 연상시키기에 충분했다. 장려화는 남북조
시대 때 진나라 마지막 황제인 진숙보의 귀비다.

장려화는 거부할 수 없는 묘한 매력과 치명적 아름다움을 가진 여
인이다. 현명하지 않은 황제의 권력보다 황후의 미모가 더 위력적임
을 '증명'해보인 인물이기도 하다. 〈수당영웅〉에서 진숙보의 파멸과
진나라 패망으로 몰아가는 팜므 파탈(매력적 미모를 앞세워 유혹한 남성을 불
행으로 몰고 가는 여인)을 상징적으로 보여주는 게 바로 이 목욕 장면이
었다.

10살에 궁궐에 들어와 어떤 후광도 없이 허드렛일을 하던 장려
화가 어떻게 왕의 여인이 될 수 있었을까? 《진서》《남사》와 같은 고
서에는 이런저런 설명을 하고 있지만 이를 압축하는 것은 '천향국
색'(天香國色)이라는 진숙보의 말 한마디다. 이는 천하제일의 향기와
빛깔이라는 뜻이다. 《진서》에는 그의 미모에 대해 "(피부색이) 빛이 날
정도로 윤기가 났다"고 적고 있다. 중국 최고 미인의 반열에 오르는
데는 그만의 독특한 미용법도 한몫했다. 그는 노른자를 뽑아낸 생달
걀에 주사(화장용 붉은 모래 가루)를 넣은 뒤 구멍을 막고 숙성시켜 이를

발랐다고 한다. 기록에 남아 있는 중국 최고(最古) 화장품이다. 이 화장품을 바르면 얼굴과 피부가 옥처럼 맑고 투명해진다고 《남사》에 적고 있다.

당 현종의 '연인'이었던 양귀비도 중국 역사상 가장 대표적인 팜므 파탈 중 한 명이다. 양귀비는 '개원의 치'라고 칭송을 받으며 전성기를 구가했던 당 현종을 한순간에 '향락에 빠진 무능한 황제'로 만들었다. 양귀비를 경국지색(나라를 기울게 할 정도의 미모)으로 지칭하는 이유다.

현종이 "삼천 궁녀의 총애가 한 몸에 있다"고 침이 마르도록 칭찬한 양귀비의 매력은 어디에 있을까? 어떻게 현종의 눈과 마음을 사로잡았을까? 그에 대한 대답은 예쁜 얼굴, 똑똑한 말재주, 뛰어난 몸매, 애간장을 녹이는 애교 등 여러 가지가 있을 수 있다. 그중에 빠뜨릴 수 없는 것이 목욕으로 만들어진 고운 피부다.

양귀비는 한마디로 '만들어진 미인'이다. 어린 시절 까무잡잡한 피부에 주근깨투성이였다고 한다. 그를 절세미인으로 만든 것은 살구나무다. 살구나무꽃을 띄운 물로 늘 세수와 목욕을 했다. 어느 날 그의 얼굴빛은 투명한 흰색으로 바뀌고 잡티도 사라졌다고 한다. 미인이란 '피부 한 꺼풀의 문제'라는 말을 입증한 하나의 사례라고 할 수 있다. 미인의 기준은 이목구비의 생김새가 아니라 피부라는 의미다. 사실 양귀비가 현종의 마음을 뺏은 것도 곱고 뽀얀 피부였다는 게 정설이다.

현종의 마음을 얻은 뒤 그의 목욕법도 더욱 다양해졌다. 행인(살구씨)과 청주를 탄 물로 전신 목욕을 했다. 또 '왕실양명술' 중 하나인 양태진홍옥고로 세면과 목욕을 했다고 한다.

이 같은 피부관리를 통해 '미모의 종결자'로 거듭났다. 이런 방법으로 목욕한 양귀비의 몸에서는 온갖 향기가 풍겨 나왔다고 한다. 양귀비는 이미 "냄새를 지배하는 자, 그가 바로 인간의 마음을 지배할 수 있다"(소설가 파트리크 쥐스킨트의 말)는 사실을 알고 있었던 것일까? 현종과 함께 겨울을 지내며 깊은 사랑을 쌓은 온천궁전인 화칭궁(華淸宮)에서 향탕(香湯)을 즐겼다. 화칭츠(華淸池)는 중국 역사상 최초로 개발된 온천이다. 양귀비는 자신 전용 목욕탕인 해당탕(海棠湯)에 용뇌향(龍腦香)을 푼 뒤 몸을 담갔다. 안녹산의 난 때문에 자결하게 된 양귀비의 시신에서도 용뇌향이 감돌았다는 이야기가 전해진다. 하지만 양귀비가 진정 현종의 명령대로 자결했는지는 아직 모른다. 시신은 끝내 수습되지 않았다. 어쨌든 화칭츠에서 목욕하고 나온 양귀비의 피부는 부드럽고 아름다웠다. 그의 몸은 마치 물속의 부용과도 같았다고 한다. 27세 때 목욕하고 나온 모습을 형상화한 조각상이 화칭츠에 있다.

향비, 측천무후 그리고 서태후

몸의 향기라고 하면 떠오르는 여인이 있다. 청나라 건륭제가 짝사랑한 여인, 향비(香妃)다. 그는 오늘날 신강지역에 살던 위구르족 족장의 딸이었다. 건륭제가 위구르 지역을 정복하고 오는 길에 '향비'를 자금성으로 데리고 와 총애했다. 향비는 그녀의 몸에서 나는 독특한 향기 때문에 붙여진 이름이다. 하지만 '향비'는 이미 결혼했다는 이유로 건륭제의 숙청을 완강하게 거부했다. 건륭제와 향비의 염사(艶事)가 배어 있는 곳이 바로 지붕을 돔 형식으로 장식한 목욕탕인 욕덕장이다.

건륭제는 그녀의 마음을 얻기 위해 욕덕장을 사우나식 목욕탕으로 개조했다. 욕덕장은 명나라 때부터 황제들이 국가적 제사를 모시기에 앞서 목욕재계하던 곳이다. 파격이다. 벽면도 온통 유리 벽돌로 쌓았으니 이런 호사가 따로 없었다. 건륭제의 애틋한 사랑을 느낄 수 있다. 향비는 끝내 건륭제에게 몸을 허락하지 않고 사약을 받았다는 이야기부터 몇 명의 자녀를 뒀으며 나중에 '용비'(榕妃)로 추대됐다는 얘기까지 다양하다.

그렇다면 향비의 몸에서 난 향기는 무엇일까? 아마도 약초 향이 아닐까 추측해본다. 욕덕장 내부를 보면 커다란 약초항아리 같은 것을 올려놓을 수 있는 선반이 있다고 한다. 여기에는 터키 등 중동지방에서 수입한 여러 가지 향 그릇을 놓지 않았을까 하는 생각이다.

중국 최초의 여제 측천무후와 3대 여걸 중 한 명인 서태후는 새로운 방법으로 개발한 비누를 피부미용과 목욕에 활용했다. 중국에 "물과 비누가 미인을 만든다"는 속담이 있다. 비누가 피부미용의 기본임을 강조하는 의미를 담고 있다. 당 고종의 황후이며 현종의 할머니였던 측전무후는 양귀비 못지않게 피부 관리에 열심이었었다. 목욕할 때 사용했던 재료는 노화방지 기능이 탁월한 익모초였다. 측전무후의 건강비법은 《신수본초(新修本草)》에 소개된 '익모초택면방'(益母草面澤方)이다. 이는 익모초로 피부를 윤기가 나게 만드는 일종의 '미용비법'이다. 햇볕에 말린 익모초를 잘게 찧고 채로 친 후 밀가루와 더불어 경단을 만든 것을 활석분, 연지와 섞어 미용제품으로 사용했다. 일종의 파우더였다. 중국에서는 이 비방을 '신선옥녀분'(神仙玉女粉)이라고 부른다. 측전무후는 익모초 가루를 파우더 비누처럼 몸과 얼굴을 바른 뒤 이를 씻어냈다고 한다. 그는 얼마나 철저하게 건강과

제7장 목욕, 같으면서 다른 시선

피부 관리를 했는지 62세 이르기까지 '꽃미남'을 침실로 불러 회춘을 즐겼다고 한다.

서태후도 그에 못지않다. 피부관리와 화장에 매일 세 시간 이상을 소비했을 정도다. 달걀과 옥으로 만든 막대로 얼굴을 마사지했고 장미와 재스민을 넣어 만든 비누로 목욕을 했다. 서태후는 여름에는 매일, 겨울에는 2, 3일에 한 번씩 목욕했다. 리아오가 집필한 《서태후의 인간 경영학》에는 서태후의 목욕하는 장면을 동영상 상영하듯이 상세하게 설명되어 있다.

이 책에 따르면 자금성에 목욕탕이 없었기 때문에 서태후는 침실에서 목욕했다. 목욕 시중을 드는 4명의 궁녀가 5분 정도 은을 두른 나무욕조에 몸을 담근 뒤 나온 서태후를 장미 비누로 씻겨냈다. 상반신용과 하반신용 두 개의 욕조, 그리고 다양한 모양의 용을 수놓은 황금색 수건 100장 이상을 사용됐다. 목욕 후 젖은 수건으로 피부에 붉은 윤기가 돌 때까지 마사지를 했다.

이처럼 철저한 피부관리를 받았던 서태후는 환갑이 넘은 나이에도 어린아이같이 보드라운 손을 가졌다고 중국 황실의 건강비법을 담고 있는 《5천년 내력의 중국 황실 건강법》은 기술했다. 이 책에는 '서태후의 화장법'도 소개하고 있는데, 이 화장의 진수는 미백용 화장품인 '서시옥용산'이다. 원료는 참새, 수컷 독수리, 비둘기의 똥오줌이다. 결국 서태후는 '분뇨화장품'으로 얼굴과 피부를 가꾼 셈이다. 측전무후와 마찬가지로 얼굴과 몸에 익모초를 발라 윤기를 유지하고 천연약재로 만든 팩을 발라 주름을 없앴다.

제8장

너무 낯선
화장실문화

한 사회의 문화행태와 그 구성원의 사고방식, 생활양식을 엿볼 수 있는 도구는 수없이 많다. 인간생활과 직결된 현상인 배설과 그것을 처리하는 화장실도 그중 하나다. 사실 배변문화는 인류역사와 함께해왔다고 해도 과언이 아니다. 한중일 동양 3국은 농경사회를 기반으로 해온 만큼 유목사회였던 서구와는 크게 다른 화장실문화를 갖고 있다. 농경사회와 화장실문화는 밀접한 관계가 있다. 인간의 배설물을 농사에 이용했기 때문이다. 하지만 보편적이라기에는 너무나도 낯선 형태의 화장실문화를 보이는 게 동양 3국이다. 개방된 화장실 변기 위에서 대화하는 중국인, 세계에서 거의 유일하게 엉덩이를 화장실 문 쪽으로 향하는 일본인의 배변자세, 또한 서서 오줌을 누는 일본인 여성….
양파껍질 속에 숨어 있는 화장실문화를 통한 한중일 세 나라를 관찰해본다.

똥은 밥이다

밥 적선은 해도 똥 적선은 못한다

한·중·일 동양 3국 등 농경문화사회에서 똥과 오줌은 수천 년 동안 비옥한 땅을 만드는 자원으로 여겨졌다. 똥은 아주 귀중한 거름 재료였다. 당연히 배설물에 부여된 가치는 대단했다. 조선에선 '자원'(거름)을 낭비하면 지금으로서는 상상하기 어려운 무거운 형벌을 감수해야 했다. '재를 버리면 곤장 30대를, 똥을 버리면 곤장 50대'(棄灰者 丈三十, 棄糞者 丈五十)를 맞을 각오를 해야 했다. 이 법의 취지가 청결한 도시조성이라는 데 초점이 맞춰진 게 아니다.

농법서 《산림경제》나 《증보산림경제》와 함께 생활백과전서인 《임원경제지》 등에도 거름을 하늘(날씨), 땀(노력)과 함께 1년 농사를 결정하는 3대 요소로 규정한 데서도 알 수 있다. "밥 한 사발은 줘도 한 삼태기 똥은 안 준다"는 속담에서 거름의 가치는 좀 더 구체화된다. 속담은 하늘로부터 배운 지혜다. 그 지혜는 일상생활에 그대로 적용됐음은 두말할 필요도 없다. 조선 시대에는 이웃집에 놀다가도 용변을 보기 위해 집으로 돌아오는 게 상례였다. 불가피하게 이웃집에서 볼일을 봤다면 다음 날 이웃을 자신의 집으로 '초대'해서 용변을 보게 할 정도였다. 혹시라도 '똥 빚'을 받지 못하면 똥 대신 채소를 받았다. 이를 '오줌채소'라고 했다.

전쟁마저도 똥의 가치를 떨어뜨리지는 못했다. 조선말 외무대신을 지낸 김윤식이 제주 유배 생활을 하던 당시 쓴 《속음청사》에 소개된 내용을 보면 똥에 대한 집착이 어느 정도인지 추측이 가고도 남는다.

"관군과 외세가 대항하던 제주의병항쟁 와중에도 뒤를 볼 때는 집에 있는 돼지에게 먹이를 주기 위해 집으로 달려갔다."

그뿐이 아니다. 남의 집 똥을 퍼가야 하는 경우, 메주콩을 사례하는 게 풍습이었다. 메주콩은 중요한 1년의 찬거리로, 똥의 가치는 된장과 비견될 정도였다. 이것은 평안도 지역의 풍습과 비교하면 그다지 놀랄 일은 아니다. 평안도 한 지역에서는 '똥의 재분배'를 통한 풍년을 기원하는 풍속이 있었다. 당시에는 산더미처럼 쌓인 풍성한 두엄을 가질 수 있는 사람은 많지 않았다. 많은 식솔과 가축을 거느린 고관대작이 아니면 불가능한 일이었다. 이 지역 평민은 정월 초하룻날에 '똥 부잣집'의 두엄을 훔쳤다. 이것이 재해예방과 풍년을 기원하는 하나의 의식이었다. 도둑맞은 부자는 결코 두엄 절도를 문제 삼지 않았다. 현대식으로 말하면 공동체의 공생공존을 위한 '비료 무상 지원 시스템'이라고나 할까?

퇴비도 똥과 오줌을 가렸다

농업사회에서 똥의 가치는 똥이 밥이 되는 순환성에서 나온다. 똥→퇴비→벼→모→쌀→밥→똥으로 이어지는 이 순환은 곧 자연법칙을 상징한다. 똥을 밥의 원료로 사용한 것은 자연에서 얻은 것을 자연으로 돌려줌으로써 새 생명과 에너지를 얻으려는 우리 조상의 지혜다. 이것이 화장실을 비료공장으로 만든 근원이다. 똥에 대해 '더럽다' '불결하다'는 협소한 생각을 가졌다면 이런 발상은 도저히 나올 수 없었다. "자기 똥을 3년간 먹지 않은 사람을 살 수 없다"는 속담에서 생태 철학의 본질이 다시 확인된다. 밥 먹고 똥을 누어 그것을 거름에 쓰고 다시 밥으로 돌아오는 생명의 순환을 조상들이 솔직하게 표현한 것이다.

자기가 눈 똥이 다시 자기 입으로 들어가니 건강한 똥과 건강하지 않은 똥을 구별하지 않을 수 없었다. 이를테면 "서울 사람 똥은 썩지도 않는다"는 속담이 이를 암시적으로 설명하고 있다. 단지 인색한 서울 사람의 인심을 비판한 게 아니라 부잣집의 호위호식을 경계한 것이다.

또 우리 선조들은 똥과 오줌을 구분하여 발효시키는 '지혜'도 있었다. 똥은 발효가 될 때 공기가 필요한데, 이를 효기발효라고 한다. 하지만 오줌은 굳이 공기가 필요하지 않다. 공기가 없어도 저절로 발효(협기발효라고 함)된다. 특히 오줌에는 질소 성분이 많이 함유되어 있다. 질소는 식물 생장에 중요한 물질이다. 이화여대 의대 심봉석 교수는 "콩팥에서 핏속의 물질들을 거르고 물에 녹여 소변을 만드는 과정에서 과다한 수분과 나트륨·칼륨 등의 전해질을 조절해 함께 배출한다"면서 "그래서 소변은 전해질과 무기·유기화합물이 들어 있는 귀

똥장군

분뇨를 재활용하기 위해서는 무엇보다 그것을 보관하는 게 중요했다. 발효된 퇴비를 치우는 삼태기와 오줌을 나르는 똥장군 그리고 똥장군을 지어 나르는 지게가 화장실에 있었다.

중한 물질이다"라고 말했다.

똥과 오줌을 구분함으로써 성분이 다른 자연 퇴비를 생산했다. 김광언이 쓴《민속지》에 따르면 1910년대 수원에서 퇴비의 상품성과 재료에 따라 퇴비 한 섬에 10전에서 30전까지 팔렸다. 물론 오줌 퇴비냐 똥 퇴비냐에 따라 가격은 달라졌다. 어떻든 우리 조상은 경험을 통해 현대과학에 못지않은 통찰력을 터득하고 있었다. 그러나 이해 못 할 대목도 없지 않다. 남녀의 분뇨까지도 구분했다. 이규태의《한국인의 힘》에 따르면 나무나 삼 같은 성장을 필요로 하는 작물에는 남자의 배설물을, 열매가 많이 열리고 뿌리가 뻗게 할 필요가 있는 작물에는 여자의 분뇨를 가려 썼다고 적고 있다.

중국도 똥과 오줌, 여뇨와 남뇨를 구분하기는 마찬가지다. 다른 점이 있다면 당시 우리보다는 월등하게 분뇨관리가 철저했다. 《열하일기》에는 "심지어 소외양간이나 돼지우리까지 모두 법도 있게 깔끔하다"면서 "두엄더미까지도 그림처럼 곱다" "중국 제일의 장관이 똥덩어리에 있다"고 찬사를 연발했다. 불결하기 짝이 없던 조선의 화장실문화에 대한 박지원의 자탄인 셈이다.

수세식 화장실이 도입되기 이전의 동양 3국을 포함한 농경사회에서는 똥오줌은 농업자원이었다. 분뇨를 재활용하기 위해서는 무엇보다 그것을 보관하는 게 중요했다. 이를 위해 재를 활용했다. 똥과 오줌을 적당히 발효시키기 위해 재를 뿌렸다. 이때문에 화장실은 재를 모아두는 잿간 역할도 겸했다. 발효된 퇴비를 치우는 삼태기와 오줌을 나르는 똥장군 그리고 똥장군을 지어 나르는 지게가 그곳에 있었다. 이 때문에 뒷간, 해우소, 북수간, 동시 등으로 불린 우리의 화장실은 늘 고약한 냄새가 나고 지저분하기 짝이 없었다.

폭탄보다 무서웠던 똥

박지원이 자탄할 정도라면 서양인의 눈에 어떻게 비췄을까는 상상이 가고도 남는다. 더욱이 이미 19세기부터 수세식 변기를 사용이 일반화됐던 서양인의 눈에는 열악한 환경에서 살아가는 조선 사람들이 신기했을지도 모른다. 영국인 인류학자 이사벨라 버드 비숍은 《조선과 그 이웃 나라들》에서 한양의 거리를 다음과 같이 묘사했다.

"한 나라의 도시인 큰 도시치고 그 조악함이란 말 할 수 없을 지경이었다. 25만 명으로 추정되는 시민이 땅에서 살고 있는데…. 군데군데 뚫린 고약한 구멍과 미끈거리는 시궁창으로 인해 더욱 좁아진 그런

골목을 끼고 살고 있고 이 시궁창들은 집들에서 버려진 고체, 액체의
오물을 운반하는데 그 더럽고 썩은 시궁창이 새까맣게 땟국이 흐르
는 벌거벗은 어린이들과 개들이 즐겨 노는 곳이고…. 밖에는 수렁이
있어서 밤새도록 역겨운 냄새를 풍겼고…. 구토증을 일으키게 했다.”

이 글에서 조선은 위생 관념이 뒤떨어진 미개한 국가라는 인식이
밑바탕에 깔리지는 않았을까? 화장실을 '1.5평의 문화관'으로 여겼
던 당시 서양인의 시각이라면 그럴 수도 있을 것 같다. 부끄럽지만
이같이 청결하지 못한 거리는 광복 이후까지 이어졌다. 미국 조지아
주 애틀랜타 초등학교 4학년 사회 교과서에 한국전쟁이 소개되어
있다. 당시 참전 미군이 두려움에 떤 것은 북한 인민군의 포탄이 아
니다. 어디에 있을지 모르는 복병 '똥'이었다는 내용이 실려 있다.

사실 한국 학자에 의해 밝혀진 조선 시대의 실상도 서양인의 시각
과 큰 차이가 없는 듯하다. 최근 한 대학 교수팀이 경복궁 담, 종묘
광장, 광화문 세종대왕 동상 밑, 서울시청 청사 부근 서울의 주요 지
점에 대한 지층조사를 벌인 결과 회충, 편충 등 기생충 알이 대량으
로 발견됐다. 이는 조선 한양의 번화가에 인분이 넘쳐났음을 알려주
는 근거다.

베르사유 궁전엔 화장실이 없다

화장실 형태는 한 사회가 배설물의 가치를 어떻게 평가하느냐에
따라 달라진다고 해도 과언이 아니다. 서양에서는 '위생'이 사회적
규범으로 자리 잡기 이전이든, 이후든 인간의 배설물은 오물에 지나
지 않았다. 특히 중세 유럽 사람들은 집안에서 변소나 요강에 모아둔

똥과 오줌을 길거리나 하수구에 버리면 그만이었다. 농촌에서도 웅덩이를 파서 똥오줌을 묻는 게 보통이었다.

L. 호한은 서양의 화장실문화를 다룬 저서, 《1.5평의 문명사》에서 "똥을 중요한 농경수단이자 건축재료로 사용한 민족은 게르만 민족 정도"라고 기술하고 있다. L. 호한은 또 "런던 다리의 변소에서는 매년 2톤에 달하는 배설물이 템스강으로 떨어졌다"고 중세 서양의 분뇨처리 방식을 설명했다.

중세 유럽의 화장실 문화를 보여주는 예가 있다. 화려함의 극치를 보여준 프랑스 베르사유 궁전에는 화장실이 없다. 요강이 300개 정도 있을 뿐이었다. 휘황찬란한 샹들리에, 불후의 명작들로 치장된 천장과 '프렌치 도어'(대형 유리 창문)로 장식된 2000개의 방이 있는 그곳에 화장실이 없었다.

언론인 정명숙이 쓴 《세계 역사 첫발》에 따르면, 루이 14대 때 상주하던 사람을 제외하고도 하루에 5000여 명의 귀족이 베르사유 궁전을 출입했다고 한다. 베르사유 궁전은 그 자체가 하나의 도시였다. 베르사유궁에 살거나 찾는 사람에게 가장 곤란한 일은 용변 처리였다. 요의를 참는 데도 한계가 있다. 궁전 안에서 어떤 형태로든 해결해야 했다. 영주와 귀부인은 요강을 지참하는 번거로움을 감내해야 했다. 그것도 일부에 지나지 않았다. 대부분 사람은 적당히 궁궐 내에서 처리했다. 궁전이 코를 찌르는 불쾌한 냄새로 늘 진동한 것도 당연하다. 유럽에는 이미 16세기에 조립식 수세식 화장실이 개발되어 있었다. 또 루이 14세 집권 당시 프랑스에 200km에 육박하는 상하수도 설비가 갖춰져 있었다. 베르사유 궁전에 물을 공급하는 데 큰 문제가 없었다. 하지만 어느 누구도 베르사유 궁전의 배변 처리방식에 대해 문제의식을 갖지 않았다.

대신 더러움을 피하는 방법을 모색했다. 치맛자락에 길거리의 오물을 묻히지 않기 위해 신발 굽을 높였다. 이게 하이힐의 기원이다. 서양 신사와 숙녀의 품격을 상징하는 중절모와 우산은 역시 가옥에서 내버리는 오물을 피하거나 용변 보는 모습을 숨기기 위해 고안됐다는 게 정설처럼 여겨진다. 망토도 길거리 이동식 화장실의 칸막이가 역할을 하던 게 나중에 의류로 변형된 것이다. 똥과 오줌이 오늘날 패션산업에 중대한 영향을 끼친 셈이다.

의식변화는 하루아침에 오지 않는다. 19세기 중엽 페스트, 콜레라 등 전염병이 유럽을 강타한 뒤에 화장실 개선 작업이 시작된다. 전염병의 원인이 오물의 세균에 있다는 사실이 알려지면서부터다. 전염병은 수세식 화장실의 대중화에 큰 기여했다. 수세식 화장실이 보편화되고 배설물과 배설행위가 사회적 규범으로 통제받은 뒤에도 유럽에선 똥오줌을 물로 씻어냈을 뿐 재활용할 생각을 하지 않았다. 서양에선 독을 양산하고 있는 셈이었다. 흙과 섞인 똥은 자원이 되지만 물과 섞이면 독이 되기 때문이다.

동양 3국에선 서양의 위생관념을 수입했다. 서양식 분뇨처리법도 함께 들어왔다. 이동범의 《자연을 꿈꾸는 뒷간》에 따르면, 우리나라에서 화장실 공간이 처음으로 살림집 안에 들어온 것은 1941년 영단주택(문화주택)이다. 지금과 같은 세면기, 변기, 욕조로 구성된 화장실은 1962년 마포아파트가 시초라고 한다. 배설물을 물로 씻어내는 것은 서구식 의식이다. 해외 생활에 몸이 밴 이승만 전 대통령이 경북도 도정 순시 때 한 기업의 공장 내부에 있는 숙소에 머물렀다. 당시 대구엔 이곳에만 좌변기가 설치된 화장실이 있었기 때문이라고 한다.

향기 나는 화장실

금값이 된 사무라이 똥값

우리나라와 중국은 이미 만들어진 문화의 흐름을 숙명처럼 받아들이는 경향이 있다. 일본은 자기들 나름대로 새로운 문화 흐름을 찾아가는 성향이 짙다. 분뇨처리에서도 그렇다. 일본은 분뇨를 체계적으로 상품화함으로써 불결의 문제를 해결했다. 마츠기에이빙(松岐敏英)이 쓴《흙과 퇴비와 유기물》에 따르면, 도쿄나 간사이 지방 등에서 사람 분뇨를 비료로 사용했는데 특히 간사이 지방에서는 지방 영주와 미세코(店子)에게 똥과 오줌의 대금을 지불했다고 한다. 대금은 주로 돈이나 야채였다.

포르투갈 선교사 프로이스는《일본과 유럽 문화비교》에서 "유럽에서는 인간의 똥을 수거하는 사람에게 돈을 지불하는데 일본에서는 거꾸로 똥을 퍼가는 사람이 쌀이나 돈을 가지고 와서 똥을 사간다"고 적고 있다. 사실 중세 잉글랜드에서 가장 벌이가 좋은 직업 중하나가 도시의 분뇨구덩이를 청소하는 공퍼머(Gongfetmer)다.

어쨌든 일본에서도 분뇨를 처리하는 사람은 막대한 부를 차지했다. 천한 직업일수록 많은 돈을 벌었던 셈이다. 이들이 벌어들인 돈은 오사카 자본축적에 중요한 역할을 했다. "천하의 부는 오사카에 있고 오사카의 부는 똥배에서 나온다"는 얘기가 있을 정도였다. '똥배'는 에도, 교토 등 대도시의 분뇨를 모아 농촌으로 옮기는 배를 말한다. 이를 갈서선(葛西船)이라고 불렀다. 민속학자 김광언은 《동아시아의 뒷간》에서 일본은 똥오줌을 농촌으로 나르는 일은 1940년까지 이어졌다고 쓰고 있다.

천한 곳에서 가장 귀한 게 나오는 것일까? 에도시대의 분뇨 값은 한마디로 금값이었다. 이 책에서는 10명의 점원을 둔 오사카 상점에서 화장실의 분뇨를 퍼가는 데 한 번에 2~3푼의 금을 받았으며 어느 대가에서는 한해 30냥 이상의 수입을 올렸다고 적고 있다. 금 1푼은 쌀로 환산하면 8홉에서 한 되 두 홉의 가치가 있었다. 역시 돈에서는 구린내를 느낄 수 없는 모양이다.

사실 분뇨산업은 사무라이 계급의 생계수단, 더 나아가 재산증식의 방편이 됐다. 상인의 뒤를 봐주며 거름으로 쓰는 똥을 팔아서 재미를 보았던 것이다. 이익의 극대화를 위해 '똥의 계급화'도 꾀했다. 신분이 높을수록 똥값이 높게 매겨졌다. 사무라이의 똥은 '명품 똥'으로 둔갑됐다. 당연히 엄청나게 비쌌다.

남녀의 분뇨도 구분해서 값이 매겨졌다. 크리스토퍼 히버트의 《도시로 읽는 세계사》에 따르면 "농민들은 빈곤층보다 부유층, 그리고 여자 변소보다는 남자 변소의 값을 더 쳐줬다"고 기록하고 있다. 에도시대 때 인구가 약 100만 명 정도이고 이중 사무라이 계급이 50만 명에 이르렀다. 상도덕은 그 상업적 윤리를 주도하는 사람에서 나온다. 하지만 상도덕이라는 게 결국 상거래의 이익을 보장하기 위한 수단이 되는 경우가 적지 않다. 일본은 사무라이가 주도하는 사회였다. 사무라이는 농·상공인들의 지배 기초 위에 서 있었다. 똥값 인플레이션의 원인을 사무라이들이 제공했는지도 모른다. '차별화된 똥값'이 문제였다. 당시는 똥값에서도 가진 자가 더 많이 가지려고 하는 자본주의 탐욕과 속성을 여실히 드러내고 있었던 셈이다.

일본의 대도시에서 용변을 지정된 장소에서 처리하는 수준까지 이르기에는 많은 시간이 걸렸다. 메이지 유신(1868년)이 시작되고 난 뒤에도 상당한 시간이 흐른 뒤의 일이다. 메이지 유신 직후까지는 조선보다 사정이 낫다고는 하지만 큰 차이는 없었던 것 같다. 공개적인 장소에서 용변을 보는 것이 체면을 상하게 하는 일은 아닌 듯하다. 1876년의 경범죄 목록 1만 건 중 거의 절반이 '변소 이외에 장소에서 소변보기'였다고 한다.

앉아서 오줌을 누면 바보야

생텍쥐페리의 소설 《어린왕자》에 '길들이다'는 말이 자주 나온다. 이 소설에서 '길들이다'의 의미는 '관계를 맺다' '친구가 된다'는 뜻으로 쓰였다. 관계를 맺고 친구가 되기 위해서는 익숙해져야 한다. 익숙해졌다는 것은 몸에 밴 것이다. 몸에 배면 무감각해지기 일쑤다. 이를테면 본래 '남자는 서서' '여자는 앉아서' 소변을 봤다고 당연시하는 것과 마찬가지다. 정말 그럴까? 《동아시아의 뒷간》에서 인용한 헤로도토스의 《역사》는 이에 대한 답을 하고 있다. 헤로도토스가 2500년 전 둘러본 이집트의 이질적이고 생소한 문화에 관한 것이다. 그 내용은 다음과 같다.

"이 나라 특유의 풍토와 독특한 하천, 성격을 달리하는 강 때문인지, 거의 모든 습관이 다른 민족과 정반대다. 예컨대 여자는 시장에서 장사함에도 남자는 집에서 옷감을 짠다. (……) 오줌도 여자는 선 채 누고, 남자는 쪼그려 앉는다. 그들은 똥오줌은 집안에서 누고 식사는 집 밖의 길에서 한다."

태초부터 변하지 않고 오늘날까지 전해졌을 것만 같은 일도 실제는 그렇지 않은 게 의외로 많다. 사실 남자가 앉아서, 여자가 서서 오줌을 누는 행위는 단지 2500년 전 이집트에 국한된 이야기가 아니다. 《한 권에 담은 우리생활 뒷간》에 따르면, 옛날 몽골·네팔·방글라데시·인도·중국 남자는 앉아서 소변을 봤다. 이란은 불과 10여 년 전까지 아예 남성용 소변기가 없었다. 이들은 대부분은 남자가 서서 소변을 보는 행위를 짐승이나 하는 몰지각한 행동으로 여겼다. 사실 우리나라도 조선 때까지는 더러 앉아서 소변을 보는 남자들이 있었다. 이 책에서는 "앉아서 소변을 보는 조선 남자는 그런 방식이 더 점잖은 행동으로 여겼다"고 주장한다.

반대로 중세의 유럽, 이집트, 태국, 에티오피아 여성들은 치마를 걷고 엉덩이를 뒤로 뺀 채 서서 오줌을 누었다. 여자가 서서 오줌을 누는 모습은 일반화시킬 수는 없지만 전 세계 곳곳에서 볼 수 있는 현상이었다. 일본도 마찬가지다. 일본에서 20세기 초까지 여성이 선 채 소변을 본 흔적은 어렵지 않게 찾아볼 수 있다. 1907년 후쿠시마 현에서 여성의 용변 자세를 고쳐야 한다는 주장이 학계를 중심으로 제기된 기록이 남아 있다. 김광언은 "치마폭이 좁은 기모노를 입은 일본 여성은 서서 오줌 누는 것을 편하게 생각했다"고 주장했다.

서서 오줌 누는 일본 여성

치마폭이 좁은 기모노를 입은 일본 여성은 서서 오줌 누는 것을 편하게 생각했다.

그는 책에서 "윗몸을 앞으로 조금 기울이고 다리를 벌린 다음 무릎을 구부리고 나서 기모노 자락을 쥔 왼손을 허리에 대고 시작하는데 오줌은 두 다리 앞쪽으로 뻗쳐 나간다"고 일본 여성이 소변보는 모습을 본 것처럼 적나라하게 묘사하고 있다. 일본 학자인 야스다 도쿠타로오도 "일본 여성은 2000년 전부터 선 자세로 용변을 봤으며 처녀가 앉아서 오줌을 누면 어린아이나 바보라고 놀림을 받았다"면서 "여성이 소변을 앉아서 눈 것은 메이지 시대에 들어와 화장실이 서양식으로 개조되고 팬티가 들어온 뒤"라고 설명했다.

일본인의 배변 자세

　수세식 화장실은 인간의 사생활을 획기적으로 바꿨다. 단지 용변보는 자세만 바꾼 게 아니다. 상당한 시간이 걸리기는 했지만 세계의 화장실 문화는 표준화되어 가고 있다. 가장 은밀하고 사적인 공간이 거의 동일한 형태로 바뀔 날도 멀지 않았다.

　세계적으로 공통화된 화장실 문화 몇 가지만 예로 들어보자. 바로 백화점과 같은 대형 빌딩이나 고속도로 휴게소와 같은 대중 이용시설에 화장실 입구의 출입문이 없다. 대신 화장실 입구를 사각(死角)으로 처리함으로써 화장실 내부를 볼 수 없는 것도 마찬가지다. 또 공중화장실의 경우, 남자화장실은 오른쪽, 여자화장실은 왼쪽에 있는 게 설계상 관례가 되고 있다. 또 프라이버시를 침해하지 않기 위해 내부 화장실의 문은 안쪽으로 열리도록 단다. 혹시라도 고장 난 상태에 있는 문을 낯모르는 사람이 밖으로 연다면 얼마나 황당한 일이 일어날 것인가를 생각해 보면 그 이유를 짐작하고도 남는다. 기본적으로 볼 일을 보는 사람의 프라이버시를 지켜주면서 위생과 편의성을 도모하기 위한 '화장실 장치'들이라고 할 수 있다. 화장실 변기의 방향도 그렇다. 양변기가 보급되면서 표준화됐다. 문을 향해서 앉아 용변을 보도록 설치된 것이다.

　표준에서 어긋날 때는 낯설게 느껴진다. 그것이 신선함으로 다가올 때도 있지만 때로는 거북함, 불편함으로 여겨지기도 한다. 그중 하나가 와식(和式) 변기로 불리는 쭈그려 앉는 일본 수세식 변기의 방향이다. 우리와는 반대 방향으로 엉덩이가 문 쪽을 향한다. 어떤 화장실은 옆면 벽을 바라보도록 한 것도 있다. 재래식 변기라고는 하지만 아직 료칸이나 상가의 공중화장실에서도 흔히 볼 수 있다. 이런 식으로 변기를 설치하는 나라는 전 세계에서 일본밖에 없다.

최근 한국을 처음 방문한 일본인 지인이 화장실 방향이 달라서 매우 낯설고 어색했다는 얘기를 토로했다. 그는 "모르는 사람이 화장실 문이라도 열게 되면 서로 눈이 마주칠 텐데 창피하지 않겠느냐"는 얘기를 했다. 변기의 방향까지도 심리적 상태를 염두에 둔 일본인 심성에 감탄을 자아낼 만하다. 어쨌든 "일본에서의 상식은 세계에서의 비상식"이라는 말이 그저 생긴 것은 아닌 듯하다.

오래전 일본도 중국과 마찬가지로 화장실 문이 없었다. 일본 속담에 "뒷간 태생"이라는 게 있다. 문을 열어 놓은 채 출입하는 사람을 일컫는 말로 옛날 화장실에 문이 달려 있지 않은 데서 유래한 속담이다. 화장실 문이 없어 용변 보는 모습이 완전히 노출됐다. 수치심을 임시방편으로 해결하는 방법이 바로 뒤로 돌아앉아서 일을 보는 것이었다.

화장실에서도 일본인의 청결 의식을 새삼 확인할 수 있는 게 있다. 남성용 변기에 있는 긴가쿠시(金隠し)라는 가리개가 그것이다. '긴'은 남자의 성기를, '가쿠시'는 가리다는 뜻이다. 《동아시아의 뒷간》에 따르면, 15세기 말 나무로 만든 긴가쿠시가 후쿠이(福井)현 유적에서 발견됐으며 19세기 말부터 도기 변기에 적용됐다고 한다. 한 때 '긴가쿠시'라는 이름의 변기제품도 나왔다.

변기 방향이 달라진 이유

루스 베네딕트는 일본 문화를 '수치심의 문화'라고 규정했다. 수치심의 문화가 갖는 본질은 내가 남을 어떻게 보느냐에 중점을 두는 게 아니다. 남이 나를 어떻게 보느냐를 중시한다. 적어도 대면하지 않음으로써 수치심을 숨기려고 하는 일본인의 본성이 화장실 변기 방향을 통해 엿볼 수 있다.

여기에다가 수백 년 동안 무사가 지배하던 역사적 배경도 고려해 보면 변기 방향이 달라진 이유를 파악할 수 있다. 일본은 한때 칼의 문화 속에 살았다. 역사의 고비마다 칼이 등장한다. 일본 통일의 시대를 연 오다 노부나가의 세력에 필적했던 우에스키 겐지(上杉謙信)와 일본 우익의 정신적 뿌리라고 할 수 있는 사카모토 료마(坂本龍馬)도 자객에 의해 희생됐다.

일본 근대화의 문을 연 메이지 천황도 자객의 위협에 시달려야 했다. 역사적으로 중요한 인물의 죽음은 그만큼 심적 영향을 크게 주는 법이다. 물론 우에스키 겐지 사망 원인에 대해서는 이론의 여지가 있다. 하지만 화장실에 숨어 있던 자객에 의해 살해됐다는 게 정설처럼 믿어지고 있다.

칼은 칼을 두려워하는 법이다. 칼을 쥔 사람은 사무라이였다. 칼을 피하기 위한 만반의 준비를 하는 것도 사무라이다. 사무라이의 저택 화장실은 거주하는 방에 비해 상당히 큰 규모로 지어진 것도 그런 이유다. 혹시라도 닥칠지 모르는 자객과 결투를 대비, 칼을 뺄 수 있는 공간을 확보하기 위함이다. 이런 사무라이의 문화는 용변을 볼 때도 얼굴을 드러내지 않기 위해 화장실 구조를 바꿨을 개연성을 배제할 수 없다.

물론 중국은 말할 것도 없고 우리나라 역사에서도 화장실 참사는 수없이 많다. 이 때문에 측간을 음모와 범죄, 폭력이 일상화한 공간으로 여긴 것은 일본과 마찬가지다. 심지어 측간을 저주의 공간으로 인식하기도 했다. 원한에 사무친 사람에 대한 저주 방식이 바로 측간

밑에 두 발과 두 날개를 잘린 까마귀를 두는 풍습이 우리나라에 있었다. 물론 화장실에 대한 부정적 인식에는 유교적 양반 의식도 중요한 역할을 했다. 하지만 그렇다고 우리나라는 화장실 구조까지 바꾼 것은 아니다. 일본은 사무라이 문화가 생활영역에서 훨씬 강력하게 작용하고 있다는 것을 알 수 있다.

일본인은 민망하고 창피한 상황에서만 얼굴을 가리는 게 아니다. 속내를 숨기고 싶은 상황에서도 대면을 기피한다. 이를테면 가부키 공연에서 사랑의 고백을 받을 때 기모노를 입은 여장한 남자 배우는 등을 돌려 감정 상태를 드러내지 않는다.

일본인의 특성은 숨기고 싶거나 들키고 싶지 않을 때 등을 돌린다. 그렇다면 일본 여성의 전통의상인 기모노를 설명할 때 '후면미의 극치'라고 하는 것은 다소 작위적인 냄새가 난다. 일본인은 기모노를 정면보다 후면을 강조한 옷이며 기모노의 오비(고름)가 '후면의 미'를 감상하는 포인트다.

화장실에서 도시락을 먹는 이유

똥과 오줌이 아무리 농업생산성을 결정하는 중요한 자원이라고 해도 의식 속에는 불결, 혐오의 대상으로 여겨진다. 하지만 일본은 조금 다르다. 몇 년 전 일본 몇몇 대학 화장실에서 식사하는 학생이 있다는 사실이 알려지면서 해외토픽이 된 일이 있다. "화장실에서 식사하지 말라"는 경고문이 붙어 있는 것을 이상하게 여긴 한 대학 교수가 실제의 상황인지, 얼마나 많은 학생이 그런 경험을 했는지, 또 왜 그런 '불결한 행위'를 하는지 설문조사를 했다. 놀랍게도 무시할 수 없는 숫자의 학생이 "벤죠한(便所飯)을 먹은 경험이 있다"는 답변을 했다. 그것도 대다수가 여학생이었다. 화장실에서 밥을 먹는 이유는 단순하지만 다소 황당했다. '혼자 식사하는 모습을 남에게, 특히 아는 사람에게 보여주기 싫고 두렵다'는 것이다.

사실 일본에서 혼자 식사하는 것은 낯선 모습이 아니다. 혼자서 식사를 즐길 수 있는 전문음식점도 수없이 많다. 걸어가면서 컵라면이나 오니기리를 먹는 사람도 흔히 볼 수 있다. 그런데 왜 굳이 다른 사람의 눈길을 피해서 식사를 할까? 그것도 냄새나는 화장실에서.

화장실에 대한 일반적인 시각은 한국인이나 일본인이나 큰 차이가 없다. 화장실을 더럽고 불결한 곳으로 여긴다. 비위생성을 강조한 속담도 우리와 비슷한 게 있다. "뒷간과 사돈(처갓집)은 멀수록 좋다" "며느리와 뒷간은 멀어야 좋다"가 대표적이다.

하지만 옛날 일본인들이 화장실에서 식사한 흔적을 엿볼 수 있는 속담이나 속신도 있다. "뒷간에서 밥을 먹으면 빚정다리가 된다"는 얘기가 오래전부터 내려오고 있다. 물론 이는 화장실에서 무엇인가 먹는다는 것은 잘못된 행동이며 나쁜 행위임을 경고하는 말이다.

"뒷간 만두"라는 관용어도 있다. 이는 동자승이나 하인들이 뒷간에 숨어서 몰래 먹던 맛있는 음식에서 유래된 표현이다. 지금은 의미가 달라져서 숨어서 기발한 꾀를 내고 이를 드러내지 않는다는 뜻으로 쓰인다. 어쨌든 화장실에서 음식을 먹었음을 유추할 수 있는 표현이다.

속담이야 똑같은 사물을 갖고 경계의 뜻을 담기도 하고 권유의 의미를 드러내기도 한다. 속담 하나를 갖고 하나의 사회현상으로 단정적으로 설명할 수는 없다. 하지만 옛날 화장실 식사라는 독특한 행위를 한 것은 부인할 수 없다. 그렇다면 그런 행위를 한 데는 나름대로 이유가 있을 듯하다. 화장실 식사는 좀 더 연구를 해봐야 할 문제이지만 일본인의 청결성과 깊은 관련이 있어 보인다.

황금의 신은 화장실에 산다

30여 년 전 처음으로 일본에 가서 본 공중화장실은 그 자체가 하나의 충격이었다. 당시 한국의 화장실은 생리현상을 해결하는 데 급급했다. 불편하고 불결하기가 짝이 없었다. 먹고살기도 빠듯한 상황에서 화장실 청결까지 신경 쓸 여유가 없던 게 한국의 현실이었다. 하지만 일본 화장실에는 아름다운 선율(클래식 음악)과 멋진 그림 그리고 다양한 꽃장식이 있었다. 일본에선 '향기를 쫓아가면 화장실이 있다'는 말이 있다. 화장실이 공간적 문화로 손색이 없었다.

일본인에게 화장실에 대해 강박관념이 있는 건 아닐까? 그에 대한 대답은 일본인의 의식에서 찾아야 할 듯싶다. 우선 일본인은 화장실을 깨끗이 관리해야 부자가 된다고 믿고 있다. 베스트셀러 작가 요시카와 나미는 《돈이 넝쿨째 굴러들어오는 부자의 법칙》에서 화장실을 깨끗이 관리해야 신에게서 복을 받고 집안으로 돈이 들어온다고 믿는다고 적고 있다. 한국 못지않게 애니미즘 성향이 짙은 일본에서는 만물에 신이나 혼이 깃든다고 믿는다.

신령이 머무는 곳을 '요리시로'(依代)라고 한다. 요시카와가 말한 신 즉 뒷간의 요리시로는 셋칭신(雪隠神), 간죠신(閑所神) 등이다. 그는 또 "셋칭신이 우물의 신인 와조왕과 함께 '황금의 신'으로 불린다"고 부연설명하고 있다. "화장실은 그 집안을 나타낸다"는 일본 속담도 그와 일맥상통하는 것이라고 할 수 있다.

이런 '미신'은 현대화된 화장실에도 적용된다. 일본인들은 용변을 본 뒤 꼭 변기 뚜껑을 닫는 습관이 있다. "변기 뚜껑을 열어두면 금전 운이 달아난다"는 '속신'이 만든 습관이라고 한다.

변소를 깨끗이 해야 예쁘고 건강한 아이를 낳는다는 믿음도 갖고 있다. 아이의 탄생과 배변을 동일한 개념으로 파악하고 있다. 탄생 의식 중에 '셋징마이리'(雪隱參り)라는 게 있다. 이는 아이가 태어난 지 3일과 7일째 되는 날 아이를 안고 변소에 가서 셋징신에게 아이의 탄생을 알리고 건강한 성장을 비는 풍습이다.

어떤 지방에서는 갓 태어난 아기에게 똥을 먹이는 시늉을 하기도 한다. 이는 갓 태어난 아이의 생명을 뒷간신의 배설물로 인식하고 있음을 짐작케 한다. 향기가 나도록 화장실 관리를 하지 않을 수 없는 이유다. 또 화장실이 실내로 들어왔기 때문이기도 하다.

금기가 없다

화장실 노크하면 큰일 난다

중국의 화장실문화에서 이들 중국인의 생활윤리를 엿볼 수 있다. 불과 10여 년 전까지만 해도 글로벌 스탠더드에 부합하는 공중화장실이 많지 않았다. 시설이나 위생·청결 상태는 정말 형편없었다. 개별 화장실 문이 없거나 칸막이가 없는 경우도 많았다. 2008년 베이징올림픽 이후 상당히 개선되었지만 지금도 농촌은 물론 대도시의 뒷골목에 문이 없는 공중화장실을 어렵지 않게 볼 수 있다.

시설 문제만도 아니다. 설령 문에 잠금장치가 있어도 이를 이용하지 않거나 문을 연 채 용변을 보는 중국인이 아직도 많다. 또 문이 닫혀 있어도 노크는 피해야 한다. 화장실 노크는 곧 빨리 용무를 마치라는 재촉의 의미를 담고 있기 때문이다. 그래서 문이 닫혀 있으면 '사용 중'으로 생각하면 된다.

나 역시 2000년 중국 헤이룽장성(黑龍江城)에 갔을 때 화장실 때문에 난감한 경험을 했다. 하얼빈에서 무단지앙(牧丹江)으로 가던 국도변 주유소에 용변을 보기 위해 들렀다. 문제는 화장실 문은커녕 칸막이도 없었다. 통로 모양의 구덩이를 줄지어 파놓았을 뿐이다. 이런 화장실을 따통푸스 마오캉(大通鋪式 茅坑)이라고 부른다는 것도 나중에 알았다. 더욱 어리둥절했던 것은 이 주유소 건물은 지은 지 불과 1년도 안 되어 보였다는 사실이다. 지금도 베이징과 상하이의 뒷골목이나 농촌에 이런 형태의 화장실이 널려 있다.

사생활도 나라마다 제각각의 방법으로 표출된다. 아마 일본인 여성들이 중국의 민망한 화장실 구조에 가장 기겁할지도 모르겠다. 화장실을 갈 때 용무가 없는 사람과 동행하는 게 일본 여성의 습성이라고 한다. 누가 볼일을 보러 가는지 알 수 없게 하는 배려라고 한다.

또 용무를 보는 여성도 밖에 기다리는 친구나 지인이 용변 소리를 듣지 못하도록 물을 계속 내린다고 한다. 여기서 생기는 물 낭비를 막기 위해서 개발한 게 바로 '물소리 나는 변기'다.

사회의 폐쇄성이 강할수록 문화 양상이 단조롭다. 어느 나라, 어느 민족보다 문화 포용력이 뛰어나고 넓은 문화적 스펙트럼을 가

문이 없는 중국의 화장실
개별 화장실 문이 없거나 칸막이가 없는 경우가 많다. 2008년 베이징올림픽 이후 상당히 개선되었지만 지금도 농촌은 물론 대도시의 뒷골목에 문이 없는 공중화장실을 어렵지 않게 볼 수 있다.

진 중국에서 '개방식 화장실 문화'를 갖게 된 것은 불가사의 중에 하나다. 더욱이 어느 사상보다도 강력하게 중국을 지배한 가치관이 유교다. 이를 염두에 둔다면 화장실 개방으로 인한 육체의 노출은 뭔가 이치에 맞지 않는다는 생각이 든다.

그렇다면 왜 화장실에 문과 칸막이를 만들지 않을까? 중국인들은 화장실 이용 시간을 줄이고 화장실 시설의 훼손을 막기 위해서라는 대답을 하곤 한다. 이런 대답이 이상하다고 여길 수 있다. 어쨌든 중국인의 실용적 사고와 관련 있지 않을까? 아니면 공중화장실을 사회적 공간으로 인식한 탓은 아닐까?

빗소리를 들을 수 있는 작은 집이 뭐지?

똥이 상징하는 의미는 더러움이다. 이를 보여주는 속담은 "똥이 무서워서 피하냐, 더러워서 피하지"다. 그렇다. 상징성과 효율성이 일치되지 않는 대표적인 게 바로 똥이다. 더럽다는 상징성과 귀한 자원으로 여긴 효율성이 부합되지 않는다.

하지만 중국인은 화장실에 대한 인식은 한국보다 훨씬 관대한 측면이 있다. 완곡하게 표현하는 화장실 명칭에서 이를 확연히 볼 수 있다. 중국인은 변소와 같은 '노골'적인 명칭을 사용하는 것을 매우 꺼린다. 중국 전통주택에서는 화장실의 위치를 집의 동쪽에 둔 데 연유하여 '떵 똥'(登东, 동쪽에 오르다), 고관대작들이 화장실 갈 때 옷을 갈아입는다고 해서 '겅기'(更衣, 옷을 갈아입다)라고 했다. 중국 전통 복장은 목에서 발끝까지 이어지고 소매가 늘어져 있다. 보통 용변을 볼 때 옷을 벗는다. 죄인들은 '지이에슈'(解手, 손을 풀다)라고 했다. 죄수가 화장실에 갈 때 손에 묶인 밧줄을 풀어줬기 때문에 생긴 말이다. 지금은 대부분 웨이셩지안(卫生间) 혹은 지슈우지안(洗手间)이라고 한다. 간혹 여성들은 화장실을 궤이하오(去一号)라고 지칭하는데 용변 보는 일보다 더 중요한 일이 어디에 있겠느냐는 반어적 의미를 담고 있다.

문학적 표현이 동원되기도 한다. 남자화장실을 '꽌바오팅'(觀瀑亭 폭포를 감상할 수 있는 정자), 여자화장실을 '팅위쉬앤'(聽雨軒 빗소리를 들을 수 있는 작은 집)라고도 했다. 여기서 중국인들의 과장된 상상력을 엿볼 수 있다. 명나라 소설《서유기》에서는 '다섯 가지 곡식이 윤회하는 장소'라는 철학적 표현이 등장하기도 했다.

또 중국의 석학들이 화장실에 대한 친밀감은 더욱 대단하다. 근대의 중국 최고 석학으로 불리는 린위타(林語堂)도 인생삼락으로 쾌식(快食), 쾌면(快眠), 쾌변(快便)을 들었다. 노신의 동생이자 문장으로 이름을 날린 주작인은 늘 화장실에서 독서를 즐겼다고 한다. 그것을 세상 사람에게 권하는《입측독서(入厠讀書)》라는 책을 남기기도 했다.

이 같은 친근감을 별개로 하더라도 중국인의 작명 센스는 참으로 대단하다. 아무래도 외래어에서 그런 기지가 두드러지게 발휘되는 것 같다. 일례로 코카콜라는 커코우컬러(可口可樂)라고 한다. 입맛에 맞아 즐겁다는 의미다. 코카콜라의 경쟁사인 펩시콜라는 바이스컬러(百事可樂)다. 이 역시 만사가 두루 잘된다는 의미다. 우리나라 상품으로 중국에서 큰 인기를 끌고 있는 초코파이는 하오리유·파-인(好麗友·波-仁)라는 이름을 얻었는데 이를 해석하면 좋고 예쁜 친구들이 나눠 먹는 파이가 된다. 중국에서 콘돔을 달라고 하면 무엇인지 뜻하는지 모른다. 안전한 덮개라는 의미를 담아 안쮜안타오(安全套)라는 전혀 다른 이름으로 팔리기 때문이다. 이 같은 일이 일어나는 것은 결국 비슷한 발음과 좋은 뜻을 결합해서 이름을 짓기 때문이다. 물론 좋은 뜻에서 좋은 이미지를 창출하는 중국인의 습관이 담겨 있는 것이다.

하지만 정의롭지 못한 사람이나 행위에 대해서는 가혹하게 이름을 바꿔 부르기도 한다. 일종의 '네이밍다운'(Namingdown)이다. 네이밍다운은 정치인과 같은 공인이나 탤런트나 가수와 같은 사람들에겐 아무리 그들이 나이가 많아도 호칭을 붙이지 않고 그저 이름을 부르는 사회학 용어다. 축재협의로 체포된 보시라이 전 충칭시 서기의 부인 구카이라는 크고 작음을 가리지 않고 돈이든 긁어모았다. '낡은 갈퀴'라는 별명이 붙은 이유다.

열린 화장실에서 자유를 느낀다

중국인에게 공중화장실은 열린 공간이다. 마을 사람과 어울리는 사회적 공간이라 할 수 있다. 그렇다면 화장실이 사회적 공간이 된 까닭은 무엇일까? 아마도 중국의 전통적 사고방식과 관련이 깊은 듯하다. 중국인들은 화장실을 음기가 가장 강한 곳으로 여긴다. 특히 음기가 강한 화장실을 통해서 들어온 기운은 집안의 좋은 기운을 억누른다고 믿었다. 그래서 가능한 한 집에서 멀리 떨어진 곳에 화장실을 두려고 했다. 그렇다 보니 번거로움을 감수하면서 공중화장실을 마을 사람이 함께 사용하게 되었다. 공중화장실은 자연스럽게 마을 사람이 모이게 되면서 사회적 공간이 됐다. 그곳에서 가족의 안부를 묻고 마을의 관심사에 대한 의견을 나눴다. 이런 대화가 용변으로 보는 동안까지 이어지는 게 다반사다.

공중화장실이 사회적 공간으로 이용됐다. 하지만 사회적 공간이라고 하기에는 너무 불결했다. 게다가 옛날 중국인이 입던 옷은 매우 길기 때문에 용변을 보기에 거추장스럽다. 이 때문에 중국인은 화장실에 다녀온 뒤에는 반드시 옷을 갈아입었다. 중국 소설가 유심무(劉心武)는 《종고루(鐘鼓樓)》에서 중국인의 '공중화장실 사용습관'을 실감나게 묘사한 바 있다. 작품 중 인물인 장기림 국장이 외국 출장을 위해 공항으로 가기 위해 집을 나섰는데 갑자기 배 통증을 느껴 공중화장실에 가야 할 상황이었다. 비행기 시간에 쫓기면서도 그는 집으로 돌아간다. 외출복을 평상복으로 갈아입고 신발도 바꿔 신은 뒤에 공중화장실로 향한다. 용변을 본 뒤 다시 외출복으로 갈아입고 공항으로 이동하는 장면이 흥미롭게 묘사되어 있다.

중국의 성과 역사의 변천을 다룬 《중국인과 에로스》를 보면 중국인에게 배설과 관련해서 프라이버시라는 개념이 크지 않다는 것을 알 수 있다. 이 책에서는 "중국인은 배설하면서 옆에 있는 사람과 이야기를 하거나 책을 읽는 것은 오랜 습관이다. 고대 중국에는 배설과 관련된 아무런 금기도 없다"고 주장한다. 이것은 꼭 공중화장실에만 국한된 일이 아니다.

개인적 변기인 마통(馬桶·요강)을 사용하는 고관대작이나 여인들도 마찬가지다. 중국인은 밤에 마통을 침대 옆에 두고 자며 요기를 느낄 때 사람을 의식하지 않고 이를 이용했다. 심지어 엉덩이를 까고 요강에 앉아 손님과 대화했다고 이 책은 설명하고 있다. 여자 하인이 용변 보는 것을 지켜본 뒤 상전의 뒷수발을 들었다고도 한다. 뒷수발이 인연이 되어 막강한 권력을 얻은 사람도 있다. 중국 최초의 여자 황제 측천무후다. 그녀는 태종의 눈에 띄기 전에 이미 황태자 시절의 고종과 눈이 맞았다. 고종의 배변 시중을 들던 궁녀가 바로 측천무후였다. 고종은 등극한 뒤 사랑하는 여인을 비구니로 만들었다. '아버지의 여자'라는 전력을 세탁하기 위해서다. 그 뒤에 대궐로 불러들여 전직 궁녀를 무황후로 맞은 것이다.

또 황제들은 용변을 보면서 공무를 처리하는 것도 예사였다. 중국 역사저술가 샤먼대 이중텐(易中天) 교수는 《초한지 강의》에서 한나라 무제가 흉노 정벌에 혁혁한 공을 세운 장군, 위청의 알현을 예를 갖추지 않고 화장실에서 맞았다는 기록을 남겼다. 중국 공산혁명 과정에서 마오쩌둥(毛澤東)을 도왔던 저우언라이(周恩來)도 방광암 때문에 화장실 이용 시간이 길어지자 화장실에서 총리 업무를 봤다. 저우언라이 전 총리의 화장실을 '제2의 사무실'이라고 부른 이유다.

그래도 중국인은 프랑스 사람들보다는 정도가 심하지 않은 듯하다. 제러미 리프킨은 《유럽피언 드림》에서 루이 14세 때의 프랑스인은 요강에서 볼일을 볼 때 황제를 알현하는 것을 최고의 영예로 여겼다고 쓰고 있다.

마오쩌둥이 중국 전통화장실을 고집한 이유

중국인이 문이 없는 화장실을 사용한 역사는 꽤 오래됐다. 경험으로 학습된 이 같은 현상이 문화적 유습으로 자리 잡는 데 결정적 역할을 한 장본인은 마오쩌둥이다. 마오쩌둥이 약 1만 2,000km의 대장정을 마감하고 베이징에 입성했을 때 그의 사무실 화장실이 양변기로 만들어진 것을 보고 한마디했다.

"화장실이 그렇게 편해서 뭐 해. 너무 편안하면 수정주의가 나오게 마련이야."

그는 자신의 말에 책임을 졌다. 평생 양변기를 사용하지 않았다. 그가 전통 중국 화장실에 이처럼 애착을 보인 데는 다른 이유가 있다는 주장도 있다. 화장실에서 목숨을 구한 인연 때문이라고 한다. 일종의 '역(逆) 외상 후 트라우마'라고 할 수 있을까? 마오쩌둥은 고향, 후난(湖南)성 창사(長沙)시에서 지역 군벌 자오시형(趙錫恒)에게 야간 기습공격을 받았다. 오직 마오쩌둥의 목숨을 겨냥한 습격이었다. 마오는 대규모 병력을 동원한 자오에게 물리적으로 대항할 병력이 없었다. 궁여지책으로 자오의 군대가 철수할 때까지 냄새나는 뒷간에서 숨어 있어야 했다.

마오쩌둥은 또 개인 화장실을 '부르주아적 퇴폐주의 사치물'로 규정했다. 중국 공산혁명 과정에서 마오는 혁명의 지도자가 아니었다. '혁명의 신'이었다. 중국대륙 전체가 그의 어록을 달달 외웠다. 그의 말대로 사는 세상이었다. 학습효과 때문인지는 모르지만 한 때 중국인은 서양식 변기에 알레르기 반응을 보였다고 한다.

중국인에게 화장실은 또 다른 의미가 있다. 바로 돈이다. 중국 제1의 재신으로 여겨지는 '여원'(如願)이 숨어 있는 곳이 화장실이다. 여원은 원하는 무엇이든지 들어주는 신이다. 이 때문에 중국인들은 여원의 탄신일(정월 2일)이 겹치는 춘절(설)에는 화장실 청소를 하지 않는다. 혹시라도 화장실 분뇨 속에 숨어 있는 여원이 다칠 것을 두려워하기 때문이다. 중국인은 돈만 있으면 귀신도 마음대로 부릴 수 있다고 생각한다. 재신이 숨어 있는 곳을, 그것도 재신의 생일날 청소한다는 것은 중국인에게는 불경스런 일이d1다.

세월의 흐름과 문화의 침투는 막을 수 없는 일이다. 중국에서도 좀더 편안하고 청결한 화장실 문화의 확산은 피할 수 없는 일이다. 베이징시가 2008년 베이징올림픽을 앞두고 "공중화장실에 파리 2마리로 제한한다"는 공공위생조례를 만든 것도 이미 흘러간 얘기가 됐다. 최근에는 초호화 화장실이 논란이 될 정도다.

깨끗한 화장실이 만들어낸 일

《돈이 넝쿨째 굴러들어오는 부자의 법칙》을 쓴 요시카와 나미의 말처럼 화장실 청결위생관리를 잘해서 큰돈을 번 사례가 있다. 불결하고 노출된 화장실 구조 때문에 '어글리 차이나'라고 비난받던 중국에서 한국 기업이 화장실 변신을 상술로 이용했다. 일종에 '반현지화 전략'이라고나 할까? 이야기를 좀 더 구체적으로 해보자.

1997년 베이징에서 개업한 두산그룹 직영 전통 한국식당인 '수복성'은 종업원 서비스 교육이 철저하기로 유명하다. 화장실 위생과 청결 관리의 중요성을 알려주기 위해 수복성 관리자는 직원과 함께 일주일에 한 번씩 정기적으로 화장실에서 식사했다. 최고급 설비는 물론 서양에서도 1% 이내의 엘리트들이 보는 고급 잡지도 비치했다. 이를테면 '회장실 같은 화장실'을 만든 것이다. "화장실에서 밥을 먹어도 불쾌감을 느끼지 않을 정도로 깨끗한 식당"으로 입소문이 나면서 당시 후진타오 중국 국가주석, 우이 국가부주석 등 중국 최고위층 관리가 단골손님이 됐다. 개업한 지 얼마 지나지 않아 중국 정부로부터 '특급식당' 지정도 받았다. '특급식당'은 중국 전역에 수백만 개의 식당 중에 선발된 최고급 식당 83개뿐이다. 더욱이 외국 국적을 가진 식당으로는 수복성 그리고 미국 패밀리 레스토랑 T.G.I뿐이었다. 이 식당의 당시 사장인 온대성은 "중국의 화장실 문화가 아니었으면 고객에게 어필하기 어려웠던 전략"이라고 말했다. 수복성의 성공 일화가 알려지면서 중국에선 회장실이 아니라 서양의 궁전 같은 화장실도 속속 들어서고 있다.

2011년 안후이성 마안산시 환경위생국이 60만 위안(약 1억700만 원)을 투자해 지은 초호화 화장실이 논란이 됐다. 화장실 건물 안에는 부유층 가정집 거실을 연상시키는 소파, 42인치 디지털TV, 에어컨이, 또 각 칸에는 브랜드 좌식변기, 비데, 방향 분무기 등이 설치돼 있다고 한다.

하이얼 그룹 장루이민 회장의 화장실에 관한 일화도 유명하다. 장루이민 회장은 1984년 당시 35세의 나이로 국가 기업이던 하이얼 책임자로 발령을 받았다. 젊은 관료의 취임 일성은 "아무 데나 대소변을 보지 말라"는 것이었다. 비가 오면 똥오줌과 진흙이 뒤섞인 공장 바닥은 도저히 걸을 수조차 없을 정도로 불결했다. 장 회장은 "야만적 생활환경에서 결코 좋은 품질이 나올 수 없다"고 판단했다. 그는 이미 30여 년 전에 사소한 무질서를 방치하면 그것이 결국 큰 범죄로 이어진다는 '깨진 유리창의 법칙'을 간파하고 있었다. 하이얼은 한때 세계 5위의 가전회사로 성장, 중국 발전의 상징으로 여겨졌다.

집, 인간이 만든 자연

개정 증보판 1쇄 인쇄일 | 2021년 1월 25일
개정 증보판 1쇄 발행일 | 2021년 1월 30일

....

지은이   김경은
펴낸이   하태복

....

펴낸곳   이가서
주소   경기도 고양시 일산서구 주엽동 81 뉴서울프라자 2층 401호
전화   031) 905-3593
팩스   031) 905-3009
등록번호 제10-2539호

....

ISBN   978-89-5864-333-3 03900